MONTERREY

QUERETARO

CD. NEZAHUALCOYOTL

E MEXICO

PUEBLA

TOLUCA

Horst Friedemann
Wolf Hempel
Rainer Nachtigall
Jürgen Nöldner

Sportverlag Berlin

# Fußball-
# Weltmeisterschaft
# 1986

ISBN 3-328-00099-2

© Sportverlag Berlin
Erste Auflage
Lizenznummer: 140 355/34/86
9005
Lektor: Michael Dingel
Gestaltung: Rolf Kampa
Einband und Illustrationen: Dieter Gröschke
Fotos: ADN-ZB 15 (AFP 1; AP 10; ČTK 1; dpa 3); Robert Collette 19;
Aage Dahlby 1; Klaus Feuerherm 1; Fotosports International 1;
Horst Friedemann 1; Christoph Höhne 17, U. Kohls 13;
Frank Kruczynski 1, Nordisk Pressefoto 1 (Rasmussen);
Klaus Schlage 84; Jan Surkup 1; Bob Thomas 6; Eberhard Thonfeld 37;
Piet van der Klooster 2; Voetbal International 12 (Collette 10;
van der Klooster 2)

Statistik: Andreas Baingo, Horst Friedemann
Printed in the German Democratic Republic
Satz, Druck und Einband: Karl-Marx-Werk Pößneck V 15/30
Reproduktionen: Druckerei Fortschritt Erfurt
Redaktionsschluß: 18. 7. 1986
671 631 1


02850

# WM-Karussell – wie 1970 Mexiko

*Das imposante Azteken-Stadion und die Souvenirhändler in Erwartung der zweiten WM-Auflage*

*Auch von zwei, drei Gegenspielern in seinen Sturmläufen oft nicht zu bremsen; Diego Maradona, hier umringt von den Belgiern Ceulemans (Hintergrund), Grün und Vervoort (Titelfoto)*

Jede der bisher 13 Weltmeisterschaften hat ihre lange Vorgeschichte. Keine jedoch eine so konfliktgeladene und turbulente wie die '86er. Noch nicht einmal der 10. Gewinner der World-Cup-Trophäe war ermittelt, da vergab die FIFA, der Fußball-Weltverband, auf einer Sitzung des Exekutivkomitees am 9. Juni 1974 die Ausrichtung der Endrunde 1986 an Kolumbien. Unumstritten, gar problemlos war diese Entscheidung von Frankfurt (Main) schon seinerzeit nicht. Die Republik Kolumbien, deren 1 138 914 Quadratkilometer großes Territorium weithin von den Hochgebirgszügen der Kordilleren bedeckt sind, zählte nicht gerade zu den wohlhabenden Staaten. Und auch nicht zu den großen Fußballändern, was Leistungsvermögen und Erfolgsbilanz seiner Klubs und Auswahlmannschaften betrifft.

Bedenken, ein solches Mammutturnier mit 16 Mannschaften, etwa 5 000 Reportern und Journalisten von

Funk, Fernsehen, Presse, Zehntausenden Touristen stelle eine Überforderung an Wirtschaft, Verkehrswesen und Organisationsvermögen dar, gab's hinreichend. Aber Vorbehalte ähnlicher Art hatte es bei der vorangegangenen WM-Endrunde von Mexiko 1970 auch gegeben – und waren zerstreut worden. Stolz, Anteilnahme, Begeisterungsfähigkeit und leidenschaftliche Einsatzfreude vermochten das Abenteuer WM auch dort zu Erfolg und Erlebnis werden zu lassen.

Als die DDR-Auswahl im Frühjahr 1973 auf ihrer Südamerika-Tournee auch in Kolumbien gastierte, schwenkten die Zuschauer auf den Stadienrängen ausgelassen und zuversichtlich Transparente: „Kolumbien – Organisator der WM '86". Alfonso Senior, damaliger Fußballpräsident und Mitglied der FIFA-Exekutive, erläuterte in einem *Sportecho*-Interview die Beweggründe und Möglichkeiten: „1969 schlug ich unserer Regierung vor, eine Bewerbung ins Auge zu fassen. Kolumbien müßte bei realer Einschätzung seiner Möglichkeiten in der Lage sein, diese WM-Aufgabe zu lösen. Der Erfolg von Mexiko 1970 bestärkte uns. Ich denke, daß wir in bezug auf geeignete Stadien in großen Städten, auf Unterbringung und Transport, auf Informations- und Nachrichtenübermittlung Mitte der achtziger Jahre den internationalen Anforderungen gerecht werden können." Alfonso Senior bot den FIFA-Beobachtern sechs Stadien und zeigte sich bereit, gegebenenfalls zwei neue noch errichten zu lassen.

Kolumbien bekam den Zuschlag, nicht ohne wärmste Unterstützung von den übrigen lateinamerikanischen Verbänden. Nach ungeschriebenen FIFA-Gesetzen wechselt bekanntlich seit 1958 die WM-Vergabe regelmäßig zwischen Europa und Übersee. Und nach Uruguay (1930), Brasilien (1950), Chile (1962), Mexiko (1970) und Argentinien (1978) wäre Kolumbien somit der

sechste amerikanische WM-Ausrichter.

Gewichtige, wenngleich nicht ganz uneigennützige Fürsprache kam aus Brasilien, dessen Vertreter Joao Havelange 1974 die Nachfolge des greisen FIFA-Präsidenten Sir Stanley Rous (England) anzutreten hoffte. Und der einstige Wasserballspieler bei Botafogo Rio de Janeiro, spätere Präsident der brasilianischen Sportkonföderation, im Privatleben Direktor mehrerer Banken und Industrieunternehmen, führte dafür eine gezielte Wahlkampagne unter den Vertretern der „Dritten Welt" und bewies seine Neigung zu den sogenannten „Kleinen" mit der Fürsprache zum „kleinen Kolumbien als Ausrichter der großen WM". Wie vordergründig motiviert dieser Beistand des tatsächlich zum FIFA-Präsidenten gewählten Joao Havelange war, sollte sich zeigen.

In Kolumbien nahm die zeitlich ja noch ferne WM bereits früh Konturen an. In der Karibikstadt Barranquilla wurde ein Stadionneubau begonnen, die Arena von Bogota, Austragungsstätte für Eröffnungs- und Finalspiel, für ein Fassungsvermögen von 88 500 (bisher 55 000) konzipiert. Ein „Gesetz zur Finanzierung und Realisierung der WM" fand in der Regierung des damaligen Staatspräsidenten Julio Cesar Turbay Ayala Zustimmung. Allerdings, all das ging nicht ohne innenpolitische Debatten ab, die wirtschaftliche wie soziale Aspekte zum Inhalt hatten. Der „schwarze November 1979", als Erdbeben und Überschwemmungen das Land zusätzlich belasteten, mehrte die Stimmen, daß Kolumbien jeden Peso für Schulen und Krankenhäuser, für Arbeitsplätze und Berufsausbildung nötiger brauche als für eine Fußball-WM. So verständlich das Für und Wider der Öffentlichkeit Kolumbiens erscheinen mochte, auffällig und verdächtig zugleich war, daß eben die „soziale" Komponente in den FIFA-Führungsgremien die Runde zu machen begann. Partout in jenem Moment, da Präsident

*Erinnerungen an ein großes Fußball-fest 1970 und die bunten Ballontrauben während des Eröffnungszeremoniells*

Havelange, wieder einmal auf Stimmenfang, das ehrgeizige Projekt einer WM-Endrunde mit 24 (statt bisher 16) Endrundenteilnehmern durchzusetzen suchte. Er lockte mit einer größeren Teilnehmerzahl, damit größeren Chancen für Außenseiter auch Asiens, Afrikas, Ozeaniens und Mittel-/Nordamerikas.

Das Projekt kam durch. Für Spanien 1982 kein unlösbares Problem, für Kolumbien aber? De facto verdoppelte sich der Aufwand. Und natürlich wußte man dies in den FIFA-Gremien. Aber noch während der Spanien-WM 1982, acht Jahre nach der Endrundenvergabe an Kolumbien, schoben die Verantwortlichen um FIFA-Präsident Havelange Konsequenzen vor sich her. „Wir sind uns einig, daß Kolumbien es mit 24 Mannschaften nicht schaffen kann", sagte der (auch deshalb?) frühzeitig aus dem Amt des Generalsekretärs scheidende Dr. Helmut Käser

(Schweiz) offen. Aber die FIFA-Exekutive entschied zu diesem Zeitpunkt lediglich: Auch 1986 wird mit 24 Mannschaften gespielt. Und sie beauftragte den FIFA-Vizepräsidenten und WM-Organisationschef Hermann Neuberger (BRD), einen Auflagenkatalog für Kolumbien (oder eventuelle andere Ausrichter) aufzustellen, der binnen 90 Tagen zu beantworten sei. Darauf fußende Entscheidungen wurden für den 13. Dezember 1982 in Zürich vorgesehen.

Der FIFA-Pflichtenkatalog nahm Kolumbiens WM-Ausrichter die Luft zum Atmen. Neben einer Regierungsgarantie für die Kostenübernahme wurden zehn bis zwölf moderne Stadien mit einem Fassungsvermögen von

7

40 000 Zuschauern gefordert, eine Hauptarena für mindestens 80 000 Zuschauer. Vor allem aber galt's, entsprechend erweiterte Hotelkapazitäten in allen WM-Orten, Eisenbahnverbindungen der Städte untereinander, in jedem Spielort einen Flughafen für Großraumtransporter und zu alledem ein Rundfunk- und Fernsehzentrum gigantischen Ausmaßes zu schaffen. Kolumbiens Verantwortliche reagierten bestürzt, die Öffentlichkeit verletzt, empört. *Espectador*, eine große Zeitung in Bogota, nahm die aufschlußreichen Vokabeln wie „Ultimatum", „Erpressung" aus den internationalen Nachrichtenagenturen auf und kommentierte ironisch: „Die Herren der FIFA haben nur eines vergessen: eine Eisenbahn über die Gipfel der Anden zu fordern."

Der im August 1982 neugewählte Präsident Belisario Betancour sah sich ohnmächtig diesen „ultimativen Forderungen" gegenüber. Ein Projekt mit 24 Mannschaften, aber in sechs Stadien, wie langfristig und ursprünglich geplant, war er noch bereit zu unterstützen, den Neuberger-Katalog aber konnte er nur ad acta legen. „Wir haben nicht einmal die Zeit, uns mit den Extravaganzen der FIFA abzugeben", erläuterte er in seiner Fernsehansprache am Abend des 25. Oktober 1982, in der er offiziell den WM-Verzicht Kolumbiens erklärte. „Diese WM ist meinem Land nicht zuzumuten." Und er fand überwiegend Zustimmung bei seinen in ihrem Stolz verletzten Landsleuten. „Die Voraussetzungen, unter denen wir uns bewarben, sind nicht mehr gegeben. Wir fühlen uns hintergangen."

Wie er, so dachten viele der 28 Millionen Kolumbianer. Als bei internationalen Radrennen in Medellin der Minister für Bildung und Erziehung, Ramirez, die 10 000 Zuschauer über Mikrofon fragte: „Soll die Fußball-WM in Kolumbien stattfinden?", kam als donnernde Antwort ein zehntausendfaches „No". Umfragen von Zeitungen und Rundfunkstationen ergaben ähnliches. Ein Gutachten der Universität Bogota brachte zudem zutage, daß die Investitionen – geplant waren umgerechnet 140 Millionen Mark – angesichts von Wirtschaftskrise und Inflation (100 %) im gesamten kapitalistischen lateinamerikanischen Raum kaum kalkulierbar ins Unübersehbare steigen würden.

Die *Frankfurter Allgemeine Zeitung* zitiert in einem Bericht aus Bogota aus Leserbriefen dortiger Zeitungen, die Stimmung skizzierend. Hier einige der aufschlußreichen Argumente: „Kolumbien kann sich nicht im Frack präsentieren, solange es nicht einmal ein Hemd besitzt" ... „Millionen unterernährter, kranker, unwissender Kolumbianer müssen erst einmal versorgt werden, ehe man so viel Geld in eine Sportveranstaltung investiert" ... „Erst wenn wir die verlassenen Kinder von den Straßen geholt haben und wieder unbesorgt durch unsere Straßen gehen können, dürfen wir an eine solche Geldverschwendung denken." Eine WM mit 24 Endrundenteilnehmern war für die Andenrepublik nach über neun Jahren Hoffnung und Vorbereitung kein Thema mehr.

Daß es gewissen an Prestige und wohl noch mehr an Geschäft interessierten Kreisen inner- und außerhalb der FIFA gar nicht in erster Linie um eine reibungslose WM-Veranstaltung allein ging, zeichnete sich seit langem ab. In Kolumbien war bei der Vielzahl an Spielen kein Zuschauerboom zu erwarten, mit hohen Eintrittsgeldern ohnehin nicht. So geisterte denn eine Zeitlang ein Vorschlag „Nachbarschaftshilfe Mundial '86" durch die Medien. Im Fußball Brasiliens und Argentiniens integrierte findige (und windige) Vertreter der Finanzwelt witterten gute Pfründe. So las sich der Vorschlag laut *Stuttgarter Zeitung*: „Zwei der WM-Vorrundengruppen könnten in Rio de Janeiro und Sao Paulo, zwei in Buenos Aires und Rosario ausgespielt werden. Nach Ermittlung der Halbfinalteilnehmer würde ‚Mundial '86' nach Kolumbien übersiedeln und dort zu Ende gebracht werden. Damit hätte Kolumbien sein Prestige als WM-Ausrichter gewahrt, unterstützt von der Solidarität des Subkontinents." Ein Vorschlag mit schönen Worten, aber manchem Haken. Wo blieb z. B. die Garantie (der jeweiligen Regierung)? Mithin keine Chance. Als der 13. Dezember heran war, liegen der FIFA vier offizielle Bewerbungen vor – Brasilien, USA, Kanada und Mexiko. Sie erhielten die Auflage, bis zum 13. März 1983 Garantien der jeweiligen Regierungen und Belege für die Einhaltung des FIFA-Auflagenkatalogs zu erbringen.

Keine Frage, mit FIFA-Präsident Joao Havelange im Rücken wurde Brasilien als hoher Favorit gehandelt. Giulite Coutinho, der Präsident der Föderation im Land am Zuckerhut, wurde eigens vom Staatspräsidenten Jaoa Baptista de Figeiredo empfangen. „Er hat mir alle Unterstützung zugesagt", frohlockte Coutinho. Demoskopische Umfragen erbrachten nur 32 Prozent Einwände und Ablehnung. Viele Voraussetzungen schienen zudem gegeben – eine entsprechende Infrastruktur, große Stadien, deren es mehr als erforderlich gibt, ein gutes Telekommunikationssystem und ausreichende organisatorische Erfahrung. Aber Brasilien hat auch etwas anderes – horrende Staatsschulden. Mit umgerechnet rund 100 Milliarden Mark gilt es als höchstverschuldetes Land. Deshalb erklärt am 10. 3. 1983 der Staatspräsident, seine Regierung sei außerstande, die Austragung der Fußball-WM zu garantieren. So teilt Giulite Coutinho beim Ende der Meldefrist drei Tage später der FIFA mit: „Die Ausrichtung der WM ist für Brasilien finanziell untragbar." Selbst die stockkonservative Bonner *Welt* mokiert sich darüber: „Das

FIFA

## WM-Modalitäten

### I. WM 1930 in Uruguay
13 Endrundenteilnehmer
Die Sieger der vier Vorrundengruppen bestreiten das Halbfinale

### II. WM 1934 in Italien
16 Endrundenteilnehmer
Alle Spiele im K.-o.-System

### III. WM 1938 in Frankreich
Modus wie 1934

### IV. WM 1950 in Brasilien
16 Endrundenteilnehmer
Die Sieger der vier Vorrundengruppen bestreiten eine Endrunde mit Spielen jeder gegen jeden

### V. WM 1954 in der Schweiz
16 Endrundenteilnehmer
In den vier Vorrundengruppen werden jeweils zwei Mannschaften gesetzt, die nicht gegeneinander zu spielen brauchen. Die beiden Gruppenersten kommen jeweils weiter. Ab Viertelfinale K.-o.-System

### VI. WM 1958 in Schweden
16 Endrundenteilnehmer
Aus vier Vorrundengruppen kommen jeweils die beiden Ersten weiter ins Viertelfinale. Ab da K.-o.-System

### VII. WM 1962 in Chile

### VIII. WM 1966 in England

### IX. WM 1970 in Mexiko
jeweils wie 1958, stets 16 Endrundenteilnehmer

### X. WM 1974 in der BRD
16 Endrundenteilnehmer
Vier Vorrundengruppen, aus denen sich die beiden Ersten für eine 2. Finalrunde qualifizieren. Die Sieger dieser zwei Gruppen bestreiten das Endspiel, die Zweitplazierten das „kleine Finale" um Platz 3

Und aufmerksam werden auch die Leistungen europäischer Teilnehmer bei Vorbereitungsturnieren registriert, so bei England—BRD (3:0). Mariner kommt vor Jacobs zum Schuß

Er bereitet die Auswahl der Gastgeber unter hohem Erwartungsdruck mit über 50 Länderspielen vor – V. Milutinovic (l.)

Eine ganze Serie an Länderspielen bestreitet die Auswahl der Gastgeber, Tests für Aktive, Trainer, Organisatoren – im Sommer 1985 unterliegt die BRD 0:2. Hier erzielt Flores (am Boden) sein Tor gegen Augenthaler und Torwart Stein

muß man genießen: Die FIFA mit ihren schier unerfüllbaren Forderungen hat schon Kolumbien zum Rückzug gezwungen und sucht jetzt einen neuen Bewerber ... Der brasilianische FIFA-Chef aber mag den eigenen Landsleuten nicht zumuten, was er zu verantworten hat." Was bleibt? „FIFA in der Klemme", umreißt ein Kommentar des Züricher *Sport* die prekäre Situation. Mexiko sei ob der Krisenlasten ein „unsicherer Kandidat" für die FIFA, die USA „haben im Zusammenhang mit dem olympischen Fußballturnier, wo verschiedene Stadien nicht zur Verfügung gestellt wurden, die FIFA-Oberen schwer enttäuscht. Und auch Kanadas Aussichten stehen nicht gerade rosig." Er stimmte mit der schon zitierten *Welt* überein, die da sarkastisch formulierte: „Fußball ist in den USA und Kanada so populär wie Bäumefällen in der Sahara."

Aber diese Häme in der Bonner *Welt* für den sonst so heißgeliebten großen Verbündeten USA kam natürlich nicht von ungefähr. „Eine Bewerbung der Bundesrepublik ist nicht auszuschließen. Wir können die WM kurzfristig übernehmen." Niemand anders als WM-Organisationschef Neuberger, Intimus von Präsident Havelange, warf das so nebenbei in die Öffentlichkeit. Doch damit wäre die FIFA wohl am Ende jedes Kredits der Weltöffentlichkeit gewesen. Sie prüfte die Vorschläge der drei verbliebenen regulären Bewerber USA, Kanada, Mexiko.

In den USA, deren Soccer-Liga nach kurzer Treibhausblüte rasch welkte, haben höchste Regierungskreise die Chance für eine USA-Werbekampagne mit Hilfe der weltweit Interesse weckenden WM erkannt. Und Profitchancen überdies. So stellte sich ein gewisser Henry Kissinger, ehemaliger Außenminister, an die Spitze der WM-Werber. Mit einer klaren Mehrheit des Repräsentantenhauses im Rücken, mit

## XI. WM 1978 in Argentinien
16 Endrundenteilnehmer
wie 1974

## XII. WM 1982 in Spanien
24 Endrundenteilnehmer
Sechs Vorrundengruppen mit jeweils vier Mannschaften. Die beiden Ersten gehen weiter in eine 2. Finalrunde mit vier Gruppen à drei Mannschaften. Die Sieger bestreiten das Halbfinale

## Modus '86
Die erste Finalrunde (24 Mannschaften in sechs Gruppen) wird in einer Punktrunde jeder gegen jeden ausgespielt. Die jeweils beiden Erstplazierten (12 Mannschaften) sowie die vier besten Dritten sind für die Runde der letzten 16 qualifiziert. Ab Achtelfinale wird im K.-o.-System gespielt.
Die vier besten Dritten werden nach dem Punktstand in den Vorrundengruppen ermittelt. Bei Punktgleichheit entscheidet die Tordifferenz, danach die Anzahl der erzielten Tore, in vierter Instanz gegebenenfalls das Los

## Groteske Rechnerei

In *Vorwärts*, Bonn:
„Jede WM hat ihre Absurditäten. Das gilt besonders für die bevorstehenden Titelkämpfe in Mexiko. Da kann nämlich eine Mannschaft den begehrten Pokal gewinnen, die erst durch Losglück das Achtelfinale erreicht und in den K.-o.-Runden bis zum Finale und auch im Endspiel in insgesamt sieben Spielen tor- und sieglos bleibt ... Denkbar ist, wenn auch nicht wahrscheinlich, Team X spielt in der Vorrunde 0:0 gegen Mannschaft Y, beide verlieren die weiteren zwei Begegnungen zum Beispiel 0:2 und haben dann je 1:5 Punkte und 0:4 Tore. Da müßte das Los über die Plätze 3 und 4 entscheiden ... Der so weitergekommenen Mannschaft genügten dann bis zum WM-Gewinn vier 0:0-Ergebnisse und die besseren Elfmeterschützen. Steht nämlich ein Spiel nach Verlängerung unentschieden, müßte vom Achtelfinale bis Endspiel ein Elfmeterschießen entscheiden."

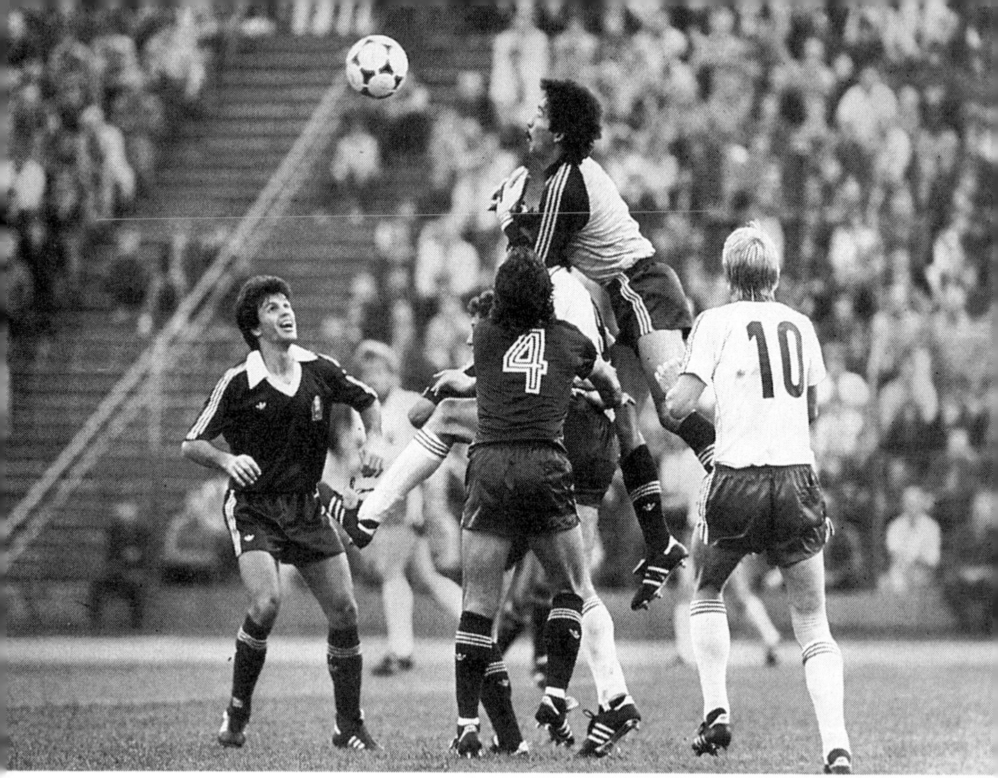
4
10

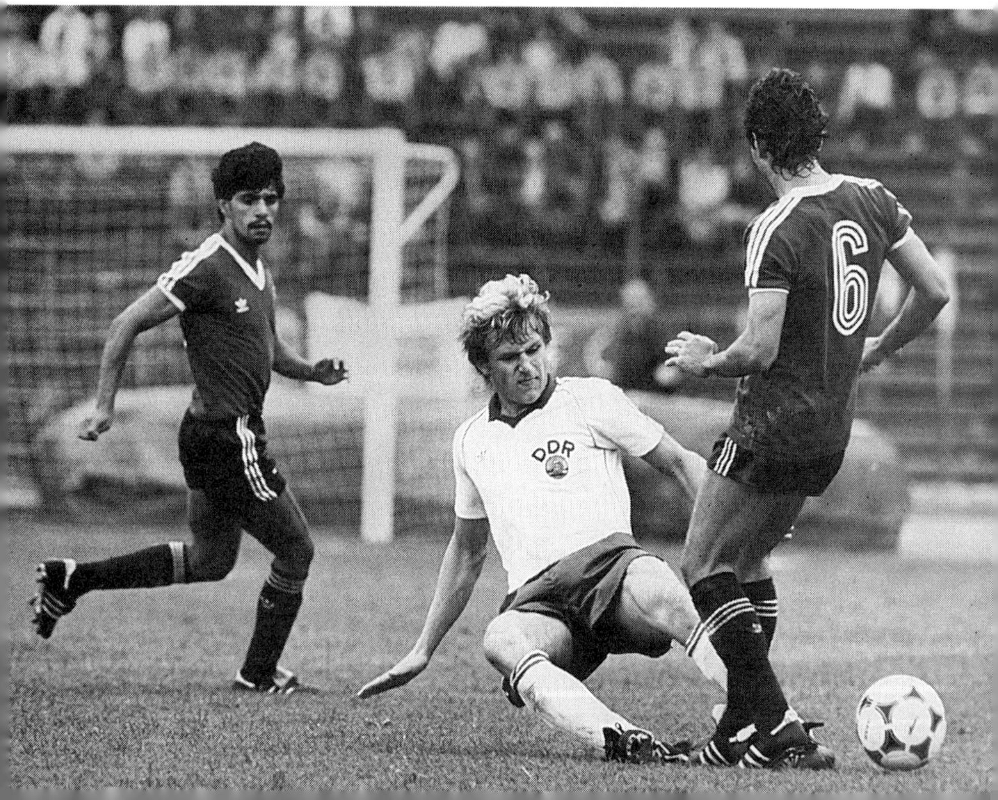
DDR
6

der Zustimmung aller zuständigen Gouverneure und einem Schreiben von Präsident Reagan in der Tasche: „Ich glaube, daß mit den USA eine gute Wahl getroffen werden würde ...", hieß es da wärmstens. Auf dem Flug nach Stockholm, wo am 20. Mai 1983 das 21-Mann-Gremium der FIFA-Exekutive über die WM-Vergabe entscheiden würde, tönte er selbstbewußt in einem *Times*-Interview: „Meine Mission wird von Erfolg gekrönt sein. Nie zuvor hatte ein Ausrichterland so große Vorzüge wie die USA." Mit Brasiliens WM-Star Pele und dem BRD-Rekordinternationalen Beckenbauer, damals unter Vertrag amerikanischer Firmen, hatte er prominente Fachberater und Werber an seiner Seite. Aber auch dies nutzte letztlich nichts. Beckenbauers markiger Spruch blieb ein Werbespruch, mehr nicht. „Die USA erfüllen alle Voraussetzungen. Ich bin seit 20 Jahren Profi, und ich weiß, wovon ich rede." Die USA-Delegation erläuterte ihren Antrag beinahe eine Stunde, die Kanadier den ihren 30 Minuten. Mexiko kam mit zehn Minuten aus – und siegte. Sensationell, triumphal – wie immer man die Entscheidung der 21 sehen mag. Keiner stimmte für die USA, keiner für Kanada, alle für Mexiko. Nach dem Dilemma um Kolumbien konnte sich die FIFA den Unmut der Entwicklungsländer wohl auch nicht zuziehen, mutmaßten Sachkenner. Günter Schneider, DFV-Vizepräsident und Mitglied des 24köpfigen WM-Organisationskomitees, erläuterte ein anderes Motiv:

*Ein erstes Abtasten geht schon im Sommer 1984 über die europäische Bühne mit Spielen in Irland, Ungarn, Finnland, der UdSSR und der DDR. Nur in der UdSSR verliert man, in Berlin heißt's 1:1. Steinbach dribbelnd von Zarza verfolgt (S. 12/13); Torwart Larios in Höhenlage von Quirarte, Chavez sowie Minge, Ernst umringt; Zötzsche im Duell mit Flores*

## Der Schlüssel für die WM-Qualifikation '86

**Europa:** 12 oder 13 Endrundenteilnehmer sowie Titelverteidiger Italien
**Südamerika:** 4 Endrundenteilnehmer
**Nord-/Mittelamerika:** 1 Endrundenteilnehmer plus Gastgeber Mexiko
**Afrika:** 2 Endrundenteilnehmer
**Asien:** 2 Endrundenteilnehmer
**Ozeanien:** (plus Israel) 1 oder kein Teilnehmer (Sieger muß sich gegen den Zweiten der Europagruppe 7 qualifizieren).
Leistungsgruppen Europas und Südamerikas zur Einteilung der Qualifikationsgruppen:
**Europa:** „Topf 1" – Österreich, England, Frankreich, BRD, Polen, Spanien, UdSSR; „Topf 2" – Belgien, ČSSR, Dänemark, Ungarn, Nordirland, Schottland, Jugoslawien; „Topf 3" – Bulgarien, DDR, Griechenland, Irland, Niederlande, Portugal, Rumänien, Schweden, Türkei, Wales, Schweiz; „Topf 4" – Albanien, Zypern, Finnland, Island, Luxemburg, Malta, Norwegen.
**Südamerika:** „Topf 1" – Argentinien, Brasilien, Uruguay; „Topf 2" – Paraguay, Peru, Chile; „Topf 3" – Kolumbien, Ekuador, Bolivien. Venezuela wird einer Gruppe zugelost.

## Zusatzqualifikation

Die europäischen Starter wurden in Zürich durch „Losen und Setzen" in sieben Qualifikationsgruppen eingeteilt, vier mit je fünf Mannschaften, drei mit je vier. Aus den Fünfergruppen sind die jeweils ersten beiden qualifiziert, aus den Vierergruppen vorerst nur der Erste. Die jeweils Zweitplazierten der Vierergruppen ermitteln in einer Ausscheidungsrunde noch einen Mexiko-Starter, der Zweitplazierte dieser Runde spielt gegen den Sieger der Ozeanien-Gruppe noch einen freien Platz aus. Spätere Modifizierung, da diese ursprüngliche Regelung aus Termingründen undurchführbar wurde: Zusatzqualifikation der Zweiten der Europagruppen 1 und 5 in Spielen untereinander, des Zweiten der Gruppe 7 gegen den Sieger Ozeaniens. Belgien–Niederlande bzw. Schottland–Australien lauteten dann die Paarungen.

„Die FIFA ist zutiefst daran interessiert, ihr Weltturnier auch in ihren Händen zu wissen." Die Erfahrung, die man schon in Vorbereitung von Olympia 1984 in Los Angeles mit jenem „privaten Konsortium" gemacht hatte, unterstützte das einhellige Votum. Tatsächlich aber konnte bis zu jenem 13. März nur Mexiko exakt, detailliert und auch mit der offiziellen Regierungsgarantie auf den FIFA-Auflagenkatalog antworten. Eine Spezialkommission überprüfte im Land der Azteken, fand 13 von 16 vorgeschlagenen WM-Stadien in neun Städten in gutem Zustand vor und konnte darüber hinaus „mit einer unglaublichen Begeisterung aller Bevölkerungsschichten beeindrucken", wie FIFA-Generalsekretär Sepp Blatter (Schweiz) argumentierte. „Wir wollen der Welt ein Fest wie 1970 bieten", versicherte Guillermo Canedo, damals schon Chef des mexikanischen Organisationskomitees. Niemand hegte daran Zweifel, und so reiste die FIFA-Kommission gar nicht erst in die weiteren Bewerberländer USA, Kanada.

„Eine empörende Entscheidung", fand Howard S. Samuels, Präsident des USA-Verbandes, sein kanadischer Kollege Jim Fleming beließ es bei „maßloser Enttäuschung". Nachtrag aus Englands *World Soccer* zur Entscheidung von Stockholm: „Wir glauben, daß die FIFA das Bestreben der Amerikaner, alles nur dem wirtschaftlichen Vorteil unterzuordnen, richtig erfaßt hat. Letztere ließen sich vom Dollarzeichen blenden und vergaßen, daß die WM kein Profitunternehmen sind, sondern sich in erster Linie auf dem Fußball selbst aufbauen und gründen." In erster Linie …

## Von Modalitäten und Töpfen

Der ungeteilte Jubel im 70-Millionen-Land Mexiko über den Vertrauensbeweis des internationalen Sports, diesem Land zum zweiten Male die Aus-

*Der Liebling der Nation, Hugo Sanchez, in Spanien unter Vertrag — erst bei Atletico, dann bei Real —, soll kurzfristig in das Mannschaftsgefüge integriert werden*

richtung einer Endrunde zu übertragen, nährt weltweit wieder Hoffnungen auf eine Annäherung der FIFA an traditionelle sportliche Werte. Noch in zu guter Erinnerung die unguten Vorkommnisse von Spanien '82, als die unheilige Allianz von Profimoral und Kommerz wahre Sumpfblüten trieb. „Durch die zunehmende Kommerzialisierung besteht die Gefahr, daß die WM aus der Kontrolle unserer Föderation gerät", warnte auf dem FIFA-Kongreß von Madrid der Äthiopier Tessema. „Die ethischen Werte des Sports müssen erhalten bleiben. Und es darf nicht sein, daß die sportlichen Ergebnisse einer Mannschaft abhängig sind von den unsportlichen Resultaten anderer Vertretungen." Auch der DFV-Vertreter, Vizepräsident Günter Schneider, beschwor die Verantwortung für klare sportliche Fairneß. „Die immer mehr um sich greifende Kommerzialisierung darf keineswegs das Entscheidungsrecht der FIFA einengen, und die Föderation darf im Bestreben um möglichst hohe Einnahmen in keiner Weise von Firmen oder anderen Organisationen abhängig sein. Der Spielplan der WM darf nie von kommerziellen Gesichtspunkten, sondern nur von sportlichen bestimmt werden."

In den Fachgremien drängten sie, manch sachkundigen, sportlich ambitionierten Streiter an der Seite, auf Konsequenzen in Vorbereitung und Durchführung der XIII. WM. Unsportliche Machenschaften bei der Gruppenzusammenstellung mittels „Setzen und Losen", die selbst westliche Medien zu Worten wie Manipulation greifen ließen, ein Spielplan und Modus, der jener schäbigen Haltung im Spiel BRD–Österreich mit dem zum Weiterkommen beider notwendigen Resultat Vor-

schub leistete, gilt's auszuschließen. Als die FIFA am 8. Dezember 1983 in Zürich zur Zusammenstellung der Qualifikationsgruppen schritt, berücksichtigte sie Vorschläge der Konföderationen, teilte, gestützt auf Qualifikations- und Endrundenresultate der WM 1982, die 32 europäischen Starter in vier, die zehn südamerikanischen in drei Leistungsgruppen (sogenannte „Töpfe") ein. Durch welche Fürsprache dabei England in den „Topf 1" und damit unter die Gesetzten geriet, löste selbst auf der Insel Rätselraten aus. Aber wie dem auch sei, über die üblichen heißen Debatten nach dem Loszeremoniell im Züricher „Holiday Inn" um die „schweren und leichteren Lose", um Chancen und Termine hinaus bewegten Modusdebatten die Gemüter.

Aufatmen allenthalben, denn Mexiko erlebt einen neuen (alten) Modus. Nach den Vorrundenspielen geht es im K.-o.-System mit 16 Mannschaften weiter. Sie rekrutieren sich aus den jeweils zwei Gruppenersten und den vier besten Dritten. Letztmalig war 1970, auch in Mexiko, nach dem K.-o.-System gespielt worden, da freilich erst ab Viertelfinale. Diesmal setzt die FIFA schon ab Achtelfinale auf diese Spannung und Offensive fördernde Variante.

Und noch eine bemerkenswerte Konsequenz, die Skandalspielen à la BRD–Österreich (1982) oder Argentinien–Peru (1978) vorbeugen hilft: zeitgleiche Spielansetzungen für unmittelbare Konkurrenten.

„Das Ausrichterland mit seiner unglaublich begeisterungsfähigen Bevölkerung und der veränderte Modus bieten die Gewähr für ein ungetrübtes Fußball-Weltfestival", frohlockte FIFA-Generalsekretär Sepp Blatter. Das Rennen der 119 Starter um die 22 offenen WM-Endrundenplätze wurde unter optimistischen Vorzeichen freigegeben.

# Im Land der Azteken

# Mexiko –
# das indianische,
# progressive
# und moderne

*Der Vulkan Popocatépetl – der Berg des rauchenden Herrn (5 452 m)*

*Blick aus der Vogelperspektive auf die Metropole Mexiko-Stadt (S. 18/19)*

Im Jetzeitalter wird die Welt immer kleiner. In nur zwölf Flugstunden ist Mexiko erreicht. Ein Land, das sich dem Gast hemmungslos öffnet. Seit es „Republica Mexicana" und nicht mehr koloniales Vizekönigreich „Nueva España" ist, meint es nichts verbergen zu müssen. Dabei begegnet dem Fremden in diesem Land mit jedem Schritt und Blick viel Ungewohntes, Neues, schwer Faßbares. Alles Schöne und Häßliche in der Natur und im Menschen, alles Großartige und Erbärmliche, alles Zahme und Wilde vereinigt sich hier in seltener Vollständigkeit. Und immer kehrt der Mexikaner seine Haltung hervor. „Ich, el Mejicano!" – „Ich bin nicht Lateinamerika, nicht Amerika, nicht die Welt", heißt es. „Ich bin Mexiko!" Stolz klingt darin, Bewußtsein für die eigene Rolle, die Mexiko seit dem vorigen Jahrhundert einnahm und heute wieder einnimmt, nicht nur als Brücke zwischen Nord- und Mittelamerika und als Bindeglied zwischen beiden Kontinenten der „Neuen Welt".

Der deutsche Gelehrte Alexander von Humboldt beschrieb schon Anfang des vorigen Jahrhunderts Mexikos Weg in die Zukunft: „Die Stadt Mexiko steht durch ihre natürliche Lage gleichsam in Verbindung mit allen Teilen der zivilisierten Welt. Auf einer Landenge erbaut… scheint sie zu einer wichtigen Rolle auf dem großen Schauplatz politischer Ereignisse bestimmt zu sein."
Mit Weitblick würdigte der Humanist des Volkes Kraft und Größe: „Das unermeßliche mexikanische Reich, mit gehörigem Fleiß angebaut, könnte fast allein die Produkte erzeugen, welche der Fleiß schiffahrender Nationen auf allen übrigen Teilen des Erdballes sammelt, Zucker, Cochenille, Kakao, Baumwolle, Kaffee, Weizen, Hanf, Flachs, Seide und Weine. Es besitzt alle nutzbaren Metalle, selbst das Quecksilber nicht ausgenommen."

Das Land zwischen Pazifik und Golf mit seinen endlosen Steppen und Wäldern, Seen und Flüssen, seinen Ebenen, Sierren und Vulkanen ist mit knapp zwei Millionen Quadratkilometern der drittgrößte Staat Lateinamerikas. Die von der Pazifikküste aus alpin wirkenden Ketten der Sierra Madre Occidental, eines der gewaltigsten Gebirge der Erde, und die bizarre wilde Südküste sowie die dem Golf zugewandte Sierra Madre Oriental erscheinen oben häufig nur noch wie ein Mittelgebirge, denn das Hochland dazwischen erstreckt sich von Nord nach Süd zwischen 1 000 und 2 500 m. Überwältigend ist die Größe und Weite des Landes, ein Ausdruck dessen ist die häufige Landschaftsbezeichnung „Mesa" – „Tafel" oder „Tisch".

Respekteinflößend strecken sich in Höhen über 5 000 m die Vulkane, deren Krater und schneebedeckte Gipfel über viele Kilometer ins Blickfeld rükken, der Popocatépetl, dessen altindianischen Namen jedes Schulkind lernt

Etwa 4 000 Kakteenarten wachsen in Mexiko. Sie geben dem Landschaftsbild der Hochebenen mit ihr Gepräge

(Berg des rauchenden Herrn, 5 452 m), der Ixtaccihuatl, in dem die Phantasie der Azteken eine schlafende Frau mit herabwallendem Haar, ausgestreckten Armen und kräftig gewölbtem Busen zu erkennen meinte (5 286 m), sowie der Pico de Orizaba (5 700 m).

Der deutsche Publizist Alfons Goldschmidt formulierte die geographische Lage Mexikos bildhaft: Es „ist das noch gedrungene Stück des Halses, auf dem der Kauapparat Vereinigte Staaten, der Schädel Kanada und die Krone Alaska sitzen. Des Halses, der sich unter dem langen Adamsapfel Yucatán lächerlich verdünnt, bis er wie angeklebt an dem zwergigen Leib Südamerika schräg und unorganisch endet. Das große Oberstück des Halses, Mexiko eben, ist gequetscht zwischen zwei Ozeanen, aber doch noch wuchtig."

## Eine schmerzhafte Geburt

Mexiko hat eine jahrhundertelange Vergangenheit und eine dramatische Geschichte. Ältestes Zeugnis in deutscher Sprache über Mexiko dürfte ein Heft sein, das sich in der Bibliothek der Universität Jena befindet und unter dem Titel „Newe zeittung vo Pruhsla" vom „18. martze 1522" einen Bericht enthält „von dem lande, das die Sponier funden haben ym 1521. iare genannt Jucatan". Die spanischen Eroberer mit ihrem Anführer Hernán Cortés, dem Abgesandten des spanischen Königs Karl V., überwältigten nach langen, blutigen Kämpfen die Indianer und gründeten auf den Trümmern der 200 Jahre alten Aztekenhauptstadt im Hochtal Anahuac die neue Hauptstadt.

Eine Gedenktafel auf dem „Platz der drei Kulturen" in Mexiko-Stadt trägt heute die inhaltsträchtige Inschrift: „Am 13. August des Jahres 1521 fiel das von Cuauhtémoc heroisch verteidigte Tlaltelolco in die Hand von Hernán Cortés. Es war weder ein Triumph noch eine Niederlage. Es war die schmerzhafte Geburt des Mestizenvolks, welches das Mexiko von heute ist."

40 Kilometer nördlich der Metropole liegt Teotihuacan, der größte bekannte Komplex einer alten Kulturstätte der Indianer, heute archäologische Zone und Fremdenverkehrsattraktion. Zwei Pyramiden beherrschen die 4,2 km² große Fläche, die 65 m hochragende Sonnen- und die 46 m hohe Mondpyramide. Steile Treppen führen auf die Spitzen, auf denen einst Tempel standen. Priester schnitten hier mit scharfem Lavagestein ihren Opfern das Herz aus dem Leib und weihten es den Göttern. Doch wie konnte Cortés sich über solche Riten der vordem von manchen grausamen Herrschern regierten Indianervölker entsetzen? Die Konquistadoren „kamen mit dem Kreuz in der Hand und mit der unersättlichen Gier nach Gold im Herzen", wie der spanische Geschichtsschreiber Bartolomé de Las Casas urteilte. Mit dem „Schwert und Kreuz" zerstörten sie bestialischer noch eine Kultur, eroberten und bekehrten das Land zum Christentum. Nicht lange, und die Eindringlinge ließen ihre Maske fallen. „Acabar con el alma del indio", so hieß die Parole – das indianische Wesen auslöschen. In zwei Jahrzehnten reduzierten sie die Indianer von 25 auf 6,5 Millionen.

Mit vielen bedeutenden Städten im Hochland, die zumeist in der Kolonialzeit entstanden, verknüpfen sich die Namen und Begebenheiten des opferreichen Kampfes des Volkes gegen seine Unterdrücker – gegen die Spanier und die Verräter aus der nationalen Bourgeoisie, gegen Napoleon III. und Kaiser Maximilian von Habsburg sowie gegen die USA. In Ciudad (Stadt) Cuauhtémoc wird der heldenhafteste von Cortés' Gegnern, der Neffe des Aztekenkaisers Moctezuma, geehrt. Vergeblich suchten die Spanier Cuauhtémoc das Geheimnis des Goldschatzes zu entreißen. Bronzefarben, wie er war, steht sein Denkmal heute auch an der schönsten Stelle von Mexiko-Stadt, am Paseo de la Reforma; den Speer gegen seine Peiniger erhebend, schreitet er ruhig vorwärts. Auf einem Relief des Sockels sieht man seine Folterung, daneben steht sein Bezwinger Cortés, der kein Denkmal in dem über 300 Jahre lang zum spanischen Kolonialgebiet gehörenden Vizekönigreich Neu-Spanien hat.

„Wiege der Unabhängigkeit" nennt sich die Kleinstadt Hidalgo Dolores. In der Nacht vom 15. zum 16. September 1810 läutete der Landpfarrer Miguel Hidalgo y Costilla die Glocke der Dorfkirche von Dolores zum Sturm und rüttelte die Mexikaner auf, den Kampf für nationale Freiheit und Unabhängigkeit zu wagen. Damals erwies sich die spanische Kolonialmacht noch als stärker, die Aufständischen wurden geschlagen. Miguel Hidalgo, dem die viele Jahre in Mexiko lebende deutsche Antifaschistin und Schriftstellerin Anna Seghers in der Geschichte des Mädchens Crisanta ein literarisches Denkmal setzte und der „als erster das Zeichen zum Aufstand gegen die Spanier" erhob, fiel unter den Kugeln der Okkupanten. Diesen Septembertag feiert Mexiko jedes Jahr als den Tag der Unabhängigkeit, obwohl diese erst 1821 erkämpft wurde.

Mit dem Namen Guadalupe Hidalgo verbunden ist das Friedensdiktat von 1848. Mexiko mußte sich damals der Überlegenheit der USA beugen und verlor im Ergebnis des Mexikanisch-Nordamerikanischen Krieges fast die Hälfte seines Territoriums an die USA; zu dem bereits 1845 von Sklavenhaltern der Südstaaten annektierten Texas nun Neu-Mexiko, Oberkalifornien, Arizona und Teile der USA-Bundesstaaten Utah und Colorado. Alexander von Humboldt verurteilte diesen Raub entschieden: „Die Eroberungen der republikanischen Amerikaner mißfallen mir höchlichst. Ich wünsche ihnen alles Unglück im tropischen Mexiko."

Über den in diesem Verteidigungskrieg Mexikos eine unrühmliche Rolle spielenden Präsidenten Antonio Lopez de Santa Ana klären heutige mexikanische Schulbücher auf: „Er war ein schlechter Regierungschef und ein ganz schlechter Patriot!" Dagegen erinnert im Chapultepec Park ein Denkmal an die „Niños Heroes", die heroischen Knaben. Kadetten der Militärschule verteidigten sich bis zur letzten Patrone gegen die feindliche Übermacht. Der letzte sprang, in eine mexikanische Flagge gehüllt, von einem Felsen.

Auf den Kampf gegen die USA Mitte des vorigen Jahrhunderts geht übrigens der Spitzname „Gringo" zurück, mit dem ganz Lateinamerika heute die Nordamerikaner bedenkt. Die US-Truppen zogen mit dem Lied „Green

## Bevölkerung

76,8 Millionen Einwohner (1984); der Zuwachs beträgt im Durchschnitt jährlich 2,5 Prozent. In Städten leben derzeit 60 Prozent.
55 Prozent der Einwohner sind Mestizen (Nachkommen von indianischen Ureinwohnern und Spaniern), 29 Prozent Indianer, 15 Prozent Kreolen (Nachkommen von Mestizen und Schwarzen), 1 Prozent Schwarze und Mulatten.

## Beobachtungen

Mexikaner sind ausgesprochene „Nachtmenschen", selbst die Kinder bleiben bis tief in die Nacht auf den Straßen oder vor dem Fernsehapparat – Verkehrspolizisten dirigieren mit einer Zigarette im Mund die Autokolonnen – Damen bewegen sich tagsüber mit Dutzenden Lockenwicklern im Haar durch die Straßen oder in Bussen, schön wollen sie am Abend sein – Eine Einladung zu einer „copita", einem Trunk, schlage man nur vorsichtig aus, es könnte als tödliche Beleidigung empfunden werden.

## Antrittsrede des Präsidenten

Mexikos Staatspräsident Miguel de la Madrid 1983 in seiner Antrittsrede: „Wir werden weiterhin mit unbeugsamer Überzeugung für das Selbstbestimmungsrecht der Völker, für Nichteinmischung, die fortschrittliche Lösung von Konflikten, die rechtliche Gleichheit der Staaten, für Abrüstung zur Erhaltung des Friedens sowie für gleichberechtigte und effektive internationale Zusammenarbeit eintreten."

## Mais

Alfons Goldschmidt, Publizist, Wirtschaftswissenschaftler, über den Mais: „Diese Pflanze ist die Grundnahrung der Mexikaner, sie wird gegessen, getrunken, gebraucht und geleckert. Das Mehl wird zu kleinen Torten, den Tortillas, auf den alten Steinen noch gewalzt, eine Hand wirft der anderen noch den Teig zu, bis er geformt ist wie ein dünner Pfannkuchen. In allen Straßen gibt es diese primitiven Bäckereien, du hörst an jeder Ecke, wie die Tortilla gegen die Hände klatscht und über sie weg von braunen Mädchen geschwatzt wird. Früchte und Gemüsegemengsel, Fleischgemengsel werden in diese Maiskuchen gehüllt. In siedendem Wasser nur gekocht, gebraten, gebacken werden die Kolben ge-

grow the lilacs in the valley ..." – „Grün wächst der Flieder im Tal ..." – in den Krieg. Die Mexikaner wandelten das „green grow" in „Gringo" um und bezeichneten fortan die US-Amerikaner so, in eindeutig ablehnender Haltung.

Ein anderes Wort geht ebenso häufig um: „Malinchismo". Ein Name, der an Malinche erinnert, die die Sprache der Maya beherrschte, als Dolmetscherin den Eroberer Cortés begleitete, ihm ihren Leib und ihre Liebe schenkte und alles zum Vorteil des Spaniers verbog. Sie spielte damals eine Rolle, die man heute als Kollaborateur bezeichnet. Es ist ein Schimpfwort, mit dem bis heute eine unmexikanische, antinationale Haltung ausgedrückt wird. Früher für Spanienhörige gebraucht, gilt sie in der Gegenwart für Kreise der mexikanischen Großbourgeoisie, die die USA hofieren und die Politik des Landes nach dem nördlichen Nachbarn auszurichten trachten.

Der „Sturm von Dolores" verhallte nicht. Als der mexikanische Präsident Benito Juarez ein Moratorium über die Zahlung von Auslandsschulden verkündete, nahmen dies Frankreich, England und Spanien 1861 zum Vorwand für eine militärische Expedition, die Karl Marx als „eines der ungeheuerlichsten Verbrechen, das je in die Annalen der internationalen Geschichte eingetragen worden ist", geißelte. Napoleon III. setzte den österreichischen Erzherzog Ferdinand Maximilian als „Kaiser von Mexiko" ein. Doch der indianische Freiheitskämpfer Benito Juarez hatte sich vor den Invasoren nach El Paso del Norte zurückgezogen, in die heute nach ihm benannte Ciudad Juarez, von wo aus er 1867 Maximilian besiegte, sein Land befreite und sein Volk auf das Indianische besinnen ließ. Auf dem „Platz der Konstitution" in Mexiko-Stadt, dem Zocalo, steht sein Denkmal, und sein Ausspruch ist Inschrift des

Sockels: „El respeto al derecho ajeno es la paz" – „Der Respekt vor dem Recht des anderen ist der Frieden". Ein Grundsatz mexikanischer Außenpolitik bis in die Gegenwart.

## Im Geiste des Benito Juarez

Vor Jahren legte der US-Amerikaner C. Wright Mills, Professor an der Columbia-Universität in New York, seinen Landsleuten ein mahnendes Buch vor: „Listen, Yankee!" – „Hör mal, Yankee!" Darin heißt es: „Wir Völker Lateinamerikas beginnen uns über eine Menge Dinge den Kopf zu zerbrechen, die wir bisher für selbstverständlich angesehen oder über die wir niemals nachgedacht haben!" Die Mexikaner haben im Verlauf ihrer mit viel Blut geschriebenen Geschichte über vieles nachgedacht, schon zu Zeiten des Diktators Porfirio Diaz (1876/1911). Die fortschrittliche Entwicklung wurde mit der bürgerlich-demokratischen Revolution 1910–17 eingeleitet, und am 5. Februar 1917 nahm Mexiko in Querétaro eine der fortschrittlichsten Verfassungen ihrer Zeit an. Der Weg war damit geebnet für eine Bodenreform auf dem Lande und einen staatlichen Sektor in der Industrie, auch wenn die Ziele der Revolution bis in die Gegenwart bei weitem nicht erreicht worden sind.

Der weltberühmte, 1969 in Mexiko-Stadt verstorbene Anwalt der indianischen und weißen Unterdrückten, B. Traven, ein von unbestechlichem Realismus erfüllter Sozialkritiker, rief deshalb die Mexikaner in seinem Roman „Die Rebellion der Gehenkten", dessen Bühnenfassung schon vor 50 Jahren auf Verpflichtung des Staatssekretariats für Öffentliche Erziehung von einer Schauspieltruppe im Lande aufgeführt und 1986 wieder inszeniert wurde, auf: „Revolutionen gewinnen gessen, morgens, mittags und abends. Sie werden gegessen als Tamales, süß oder scharf, weich-quetschig gekörnt im Maisblatt dargeboten, härter, mit Pfeffrigkeiten versetzt, als Enchiladas. Getrunken wird der Mais als Atole, ein süßlicher, nährender Saft. Es gibt Maisfeste, Tamaladas, Maisbankette der Dörfler mit Tamales und Atole, fettige Leckereien."

## Pulque

Das Bild vieler Straßen wird vom berauschenden Pulque bestimmt, dem Saft der Agaven. Es ist ein Rauschsaft, ein milchiges Bier, das von den Mexikanern viel besungen und bebildert wird. Schilder der Pulquerias mit Reklamen locken: „Die Starke", „Die Ruhe", „Der Indiohimmel", „Die schöne India", „Der letzte Seufzer". Für die Armen ist es Volksgift, das Seligkeit verheißt. Die Pulquerias sind die Stätten, die für Stunden eigenes Elend vergessen lassen.

## Kostbarkeiten

Das Land ist Erbe vieler indianischer Kunstschätze. Kaum ein Land besitzt so viele architektonische Reste alter, entschwundener Kulturen wie Mexiko. Mehr als Italien oder Griechenland ist Mexiko mit Ruinen übersät – Chichén-Itzá, Mitla, Cholula, Xochicalco und Teotihuacán. Es besitzt über 10 000 archäologische Stätten.

## DDR–Mexiko

Erich Honecker, der Generalsekretär des ZK der SED und Vorsitzende des Staatsrates der DDR, in einem Interview für die mexikanische Zeitung *Excelsior* im März 1986: Seit meinem Besuch in Mexiko 1981 „haben sich die historisch gewachsenen Beziehungen der Freundschaft zwischen unseren beiden Völkern erfolgreich weiterentwickelt und vertieft. Der politische Dialog zwischen unseren beiden Staaten ist konkreter Ausdruck für das gemeinsame Streben der Deutschen Demokratischen Republik und Mexikos, alles zu tun, um ein nukleares Inferno zu verhindern, den Frieden zu bewahren und die anstehenden globalen ökonomischen Probleme zu lösen."

*Das Revolutionsdenkmal in Mexiko-Stadt*

die Beherrschten nur durch erbitterten Kampf … Vergeßt das nicht, Muchachos! Nicht heute, nicht morgen und nicht in hundert Jahren!" Der Ruf der mexikanischen Revolution ist Travens Wort „Tierra y Libertad — Erde und Freiheit!"

Was der deutsche Antifaschist Alfons Goldschmidt, den Mexikos Regierung 1940 mit einem Staatsbegräbnis ehrte, in der „Weltbühne" 1927 prophezeite, bewahrheitete sich bis heute: „Mexiko ist Vormacht im Kampf der lateinamerikanischen Länder um ihre Unabhängigkeit von Washington. Seine soziale und außenpolitische Entwicklung ist daher von entscheidender Bedeutung für ganz Lateinamerika."

Mexikos bürgerlich-demokratische Regierung unterhält friedliche Beziehungen zu anderen Ländern, und sie betreibt im Vergleich mit vielen lateinamerikanischen Staaten eine relativ unabhängige Außenpolitik. Mexiko war das erste Land Lateinamerikas, das diplomatische Beziehungen zur UdSSR (1924) und auch zum neuen Kuba (1964) aufnahm. Die DDR und Mexiko unterhalten seit dem 5. Juli 1973 diplomatische Beziehungen. Starke Impulse zur Festigung der Freundschaft und Zusammenarbeit sind vom Staatsbesuch Erich Honeckers im September 1981 ausgegangen.

Mexiko war der einzige Staat des Kontinents, der sich dem Druck der USA erfolgreich widersetzte und die diskriminierende Wirtschaftsblockade gegen das sozialistische Kuba von Anfang an verurteilte. Es unterstützte das Chile des gewählten Präsidenten Salvador Allende und brach nach dem faschistischen Militärputsch alle Beziehungen zum Pinochetregime ab. Mexiko ist Mitglied der „Organisation der amerikanischen Staaten" (OAS), doch es verweigerte seine Beteiligung an interamerikanischen Streitkräften zur Durchsetzung aggressiver Ziele des USA-Imperialismus in anderen Ländern. Es war Initiator des 1967 in Tlatelolco abgeschlossenen Vertrages, demzufolge Lateinamerika zur atomwaffenfreien Zone erklärt wird, in der die Herstellung, Erprobung und Lagerung von Kernwaffen untersagt ist. Seit 1974 gehört das Land zu den Unterzeichnerstaaten der „Deklaration von Ayacucho", die sich verpflichtet haben, für Frieden und wirksame Rüstungsbegrenzung einzutreten. So sieht Mexiko auch seine Rolle im Rahmen der 6-Staaten-Initiative zu umfassender Sicherheit ohne Kernwaffen. Ganz in diesem Sinne ist Mexikos positive Haltung zur Sandinistischen Revolution in Nikaragua und den Volksbefreiungsbewegungen in El Salvador und Guatemala zu verstehen und sein Wirken innerhalb der im Januar 1983 in Panama ins Leben gerufenen Contadora-Gruppe, die für eine Beilegung der friedensgefährdenden Spannungen in Mittelamerika eintritt. Mexikos Staatspräsident Miguel de la Madrid berief sich in seiner Antrittsrede 1983 ausdrücklich auf den Geist des Nationalhelden Benito Juarez und die Traditionen mexikanischer Außenpolitik, die dem Land weltweit hohe Achtung eingebracht hat.

## Wachsende Industrialisierung

Traven erzählt im „Schatz der Sierra Madre" von dem zerlumpten US-Abenteurer Dobbs, der in Mexiko ein Lotterielos kauft, sich mit dem Gewinn für die Goldsuche ausrüstet, in die Berge zieht, das Edelmetall findet und durch den Hieb mit einer Machete den Kopf verliert. Diese Zeiten sind vorbei. Mexiko sucht seine Schätze selbst zu heben — ist aber bis heute ein Land vieler Extreme geblieben. Mit der Verstaatlichung der Eisenbahnen und der Erdölindustrie durch Präsident Cardenas 1937 und 1938 nahm Mexiko erfolgreich Anlauf zur Industrialisierung. „Die ausländischen Gesellschaften sind

*Vollendete Handwerkskunst in der Silberstadt Taxco. Ein Silberschmied mit seinen museumsreifen, hochwertigen Erzeugnissen*

nicht gewillt, das Urteil unseres höchsten Gerichtes anzuerkennen", so im Erlaß, „sie bauen darauf, daß sich ihre Macht als stärker erweisen wird als die Würde und Unabhängigkeit Mexikos, das großzügig seinen Naturreichtum in ihre Hände gelegt hatte. Die Enteignung wurde angeordnet."

Die mexikanische Wirtschaft begann sich aus der Abhängigkeit von den USA zu lösen. Das Land ist reich an Rohstoffen und Energiequellen. In der Erdölförderung erreichte es Anfang der achtziger Jahre den vierten Platz in der Welt und überbot in der Tagesausbeute Venezuela, das bis dahin führende Erdölland Lateinamerikas. Mexiko ist der bedeutendste Silberproduzent der Welt und verfügt über reiche Vorkommen an Blei, Zink, Gold, Kupfer-, Eisen-, Uran-, Manganerzen und Schwefel. Eindrucksvoll stieg die Produktion von Elektroenergie zwischen 1950 und 1975 auf das Zehnfache und in dem folgenden Jahrfünft noch einmal um 50 Prozent. Mit solchen Größenordnungen wird die schnelle Industrialisierung, der Übergang zum Industrie-Agrar-Staat, verständlich.

Doch von diesem wachsenden

## Rio de la Loza Nr. 86

Das Haus Nummer 86 in der Rio de la Loza in Mexiko-Stadt existiert nicht mehr. Die Erinnerung an die Wirkungsstätte deutscher Antifaschisten ab August 1943 bleibt aber aktuell. Hier arbeitete das Sekretariat der „Bewegung Freies Deutschland" in Mexiko, die Exilleitung der KPD, die Redaktion *Demokratische Post*, der Verlag „El Libro Libre" und der „Heine-Club". Das „Haus der freien Deutschen" gestalteten Anna Seghers, Bodo Uhse, Ludwig Renn, Alexander Abusch und Egon Erwin Kisch zu einem Mittelpunkt des gesellschaftlichen Lebens. 1981 bildete sich in Mexiko-Stadt ein Komitee zur Würdigung der gemeinsamen Traditionen im Kampf deutscher und mexikanischer Antifaschisten. Im Gründungsdokument heißt es: „Die humanistische Aufgabe unserer Zeit besteht darin, das wichtigste Recht des Menschen zu sichern, das Recht, in Frieden zu leben."

### Parteien

PRI – Revolutionäre Institutionelle Partei (1929 gegründet, Regierungspartei)
PSUM – Sozialistische Einheitspartei Mexikos (1981)
PPS – Sozialistische Volkspartei (1948)
PAN – Partei Nationale Aktion (1938)
Im Jahre 1981 schlossen sich die 1919 gegründete Mexikanische Kommunistische Partei (MKP), die älteste Partei des Landes, und vier weitere Linksparteien in der PSUM zusammen. Im Rahmen einer Wahlkoalition durften sie zwei Jahre zuvor erstmals bei den Parlamentswahlen eigene Kandidaten aufstellen und errangen 18 Sitze.
Drei große Aufgaben der PSUM:
– Bildung einer revolutionären Arbeiter- und sozialistischen Massenpartei
– Entwicklung einer von Regierung und Unternehmern unabhängigen demokratischen Massenbewegung
– die Einheit aller Kräfte der Linken Mexikos

### Perspektive ...

In der Tageszeitung *Excelsior* vom 16. November 1984 war zu lesen, daß täglich etwa tausend Menschen von überallher aus den Provinzen des Landes nach Mexiko-Stadt strömen, um hier eine Lebensmöglichkeit zu finden; daß alle 22 Sekunden ein Kind in dieser Stadt geboren wird; daß es hier

Reichtum profitieren die Mexikaner nur begrenzt. Obwohl ein Regierungsprinzip der Unabhängigkeit der Wirtschaft besteht, wonach in jedem Betrieb mindestens 51 Prozent mexikanisches und höchstens 49 Prozent ausländisches Kapital stecken dürfen, verraten schon viele US-Firmennamen die fremden Einflüsse – American Metal Company, American Smelting, um nur zwei Trusts zu nennen. Die USA-Färbungen sind nicht zu übersehen.

Ungeachtet der Industrialisierung ist die Wirtschaft noch immer stark an die Landwirtschaft gebunden, deren Hauptzweige der Anbau von Mais, Bohnen, Weizen, Baumwolle und Kaffee sind. Zwei Drittel aller Erwerbstätigen – deren Gesamtzahl von 1960 bis 1980 von 11 auf 19 Millionen stieg – sind auf dem Lande beschäftigt. Die Bodenreform wurde nur schleppend vorangeführt; Präsident Cardenas verteilte zwar kräftig Land, doch die Vormachtstellung des Großgrundbesitzes wurde nicht gebrochen. Die Verteilung von Boden an landarme Bauern und die Bildung von „Ejidos", Dorfgemeinschaften, befriedigte nicht die Landbevölkerung und löste nicht die Probleme. 4,2 Prozent der Großgrund- und mittleren Betriebe verfügen noch immer über 48,5 Prozent der landwirtschaftlichen Nutzfläche und erbringen 70 Prozent der gesamten Agrarproduktion, wie eine offizielle mexikanische Regierungsstatistik von 1975 aussagt. Ein Ergebnis dessen ist auch ein wachsender Anbau und Export gewinnträchtiger Kulturen wie Baumwolle, Kaffee, Zucker, doch die Produktion von Grundnahrungsmitteln wie Mais, Weizen, Bohnen und Reis blieb immer mehr hinter dem Bevölkerungswachstum zurück, in den siebziger Jahren um 50 Prozent jährlich.

Mit einem Programm zur Selbstversorgung suchte die Regierung dem entgegenzuwirken und erreichte dies 1981 erstmals bei Mais und einigen anderen Kulturen, doch der Aufschwung konnte nicht gehalten werden. 1982 sank die Realproduktion der Wirtschaft erstmals seit einem halben Jahrhundert, kletterte die Inflation auf die schwindelerregende Höhe von 98,8 Prozent. Das alles angesichts einer gewaltigen Bevölkerungsexplosion, erhöhte sich doch Mexikos Einwohnerzahl zwischen den Fußball-WM-Endrunden 1970 und 1986 von 50,7 Millionen auf über 75 Millionen, begünstigt durch katholische Dogmen und ungelöste soziale und kulturelle Probleme.

Die Regierung verwendet beträchtliche Mittel, um für jedes Kind eine sechsklassige Grundschule zu sichern. Sie sagt dem Analphabetentum, das 1942 noch 46,5 und 1970 28 Prozent betrug, den Kampf an und senkte es auf 14 Prozent. Für die Jugend der regierenden Institutionellen Partei (PRI) ist die Mitarbeit bei der Alphabetisierung einer der wichtigsten Programmpunkte. Erschwert wird das durch die Tatsache, daß von 30 verschiedenen Indianervölkern und 300 Stämmen über 100 verschiedene Sprachen gesprochen werden, viele sich untereinander nicht verständigen können und Millionen überhaupt nicht die Nationalsprache Spanisch verstehen.

Mit einem „Nationalen Entwicklungsplan" der Wirtschaft und einem Komitee zur Aufdeckung von Bodenreserven, das brachliegendes Land von Großgrundbesitzern gegen Entschädigung nationalisiert und an „Ejidos" übergibt, versucht die Regierung die Inflation, wachsende Auslandsverschuldung und Arbeitslosigkeit zu bekämpfen und die Wirtschaft zu beleben – nicht ohne Teilerfolg.

Dennoch sind weite Kreise der Bevölkerung unzufrieden. Die Früchte einer beachtlichen Entwicklung ernten in wesentlichem Maße die Großen der Finanzwelt und Industrie, deren Interessen mit dem ausländischen Kapital eng verflochten sind. Die fortschrittlichen Kräfte haben es schwer, ihre Ansprüche durchzusetzen. Die in der Confederacion Regional Obrera Mexicana (CROM) 1918 zusammengeschlossenen und 1936 unter Einschluß der Bauern neu organisierten Gewerkschaften versuchen, die in der Revolution proklamierten Forderungen in ihrem ganzen Umfang durchzusetzen. Die Einführung von Mindestlöhnen, einer Sozialversicherung und verbesserte Wohnbedingungen für Teile der Werktätigen sind durchaus Erfolge im sozialen Bereich. Doch wird der Kampf um größere Gerechtigkeit durch die Zersplitterung der progressiven Kräfte erschwert. 1981 schlossen sich die Kommunistische Partei und vier weitere Linksparteien zur Sozialistischen Einheitspartei Mexikos (PSUM) zusammen.

Bis in die Gegenwart ist die Revolution, die John Reed in seinem Buch „Mexiko in Aufruhr" so anschaulich schilderte, eine unvollendete geblieben.

## Das „Monstrum"

Ciudad de Mexico (Mexiko-Stadt), das Zentrum der Fußball-WM, grüßt als erste Stadt. In einer Höhe zwischen 2 200 und 2 400 m ist es schon geographisch eine Weltstadt eigenen Gepräges. Der erste Eindruck ist der unendlicher Größe und Weite in der Hochebene Anahuac. Fährt man hinauf auf den 181,33 m hohen Torre Latinoamericana, aufs Aussichtsrondell Mirador im 42. Stock, hat man einen Rundblick auf das riesige Fadenschema der sich rechtwinklig kreuzenden Straßen. Mexiko-Stadt ist der Zocalo, der „Platz der Konstitution", einer der größten Plätze der Welt, mit dem Nationalpalast, der Kathedrale. Ein Ensemble aus spanischem Barock mit blätterndem Stuck und stumpfen Farben, das am ehesten an die „Stadt der Paläste" Humboldts

2,8 Millionen Hunde gibt – einen Hund auf je sechs Erwachsene; daß über zwei Millionen Autos die Luft verpesten – von der Industrie ganz zu schweigen – und über 20 000 Tonnen vertrocknete Exkremente aus den nicht mit sanitären Installationen versehenen „Verlorenen Städten" in der Luft herumschwirren; daß diese Stadt von 100 Millionen Ratten und 500 000 Verbrechern heimgesucht wird und daß die Gesamtzahl der Einwohner im Jahr 2000 um die 35 Millionen betragen, die Stadt aber etwa zur gleichen Zeit infolge des fortschreitenden Entzugs von Grundwasser durch Pumpanlagen monatlich zwei Zentimeter absinken werde ...

## Vergangenheit

D. H. Lawrence, der Autor des Erfolgsromans „Lady Chatterley", in seinem Buch „Gefiederte Schlange" über Mexiko-Stadt in den zwanziger Jahren: „Äußerlich war es sicher sehr nett: mit den Villenstädten, den schönen Straßen im Zentrum der City, den Tausenden Automobilen, den Tennis- und Bridgepartien. Herrlich schien jeden Tag die Sonne, und große Blüten schmückten die Bäume. Ein reiner Festtag! Bis man allein mit ihm war. Dann vernahm man das leise, wütende Surren eines nachtgefleckten Jaguars. Eine schwere Last drückte den Geist nieder: die großen Windungen der Schlange der Azteken, der Schlange der Toltecs, die sich um einen wand und auf der Seele lastete ... Der Geist der Stadt war grausam, niederdrückend, zerstörend ..."

Harry Graf Kessler über Guadalajara 1896: „Das Gedränge in den Straßen hier ist größer als selbst in unseren Millionenstädten. Aber still und lautlos wogt die dunkle, schillernde, massenhaft flutende, fremdartige, bunte Menge überallhin: auf die Märkte und Plätze, durch die Gärten und Höfe; in die Kirchen und Theater, in die Kneipen und Spielhöllen, in die entlegenen Straßen und die schlechten Viertel, dort, wo die Häuser nicht mehr vergittert sind, sondern nachts lichtstrahlend offenstehen und ihre ausgekleideten geschminkten Insassen ohne Scheu zeigen."

*Eine der typischen Tortilla-Bäckereien unter freiem Himmel. Sie gehören überall auf dem Lande wie in den Städten zum Straßenbild*

erinnert, der Anfang des 19. Jahrhunderts schwärmte: „Mexiko gehört zu den schönsten Städten, welche die Europäer in den beiden Hemisphären aufgeführt haben."

240 000 Einwohner zählte damals die Stadt, und seitdem ist sie wie ein Gigant über ihre Widersprüche hinweggewachsen. 1,2 Millionen Bewohner waren es 1930, 5,8 Millionen im Jahr 1964, und zwei Jahrzehnte darauf spricht man von 20,5 Millionen! Für eine Stadt mit ihren Randgebieten — mit unserem Maßstab schwer vorstellbar.

Zum „Monstrum", wie die Mexikaner ihre Metropole bezeichnen, gehören die Neubauten und Wolkenkratzer zwischen dem Prachtboulevard Paseo de la Reforma und der Insurgentes,

der Straße der Aufständischen, sowie die eleganten Geschäftsviertel um die Avenida Juarez. Es sind die übervölkerten Arbeitersiedlungen an der Peripherie wie die eleganten Villenviertel Pedregal und Lomas de Chapultepec, die gewaltigen Industrieballungen im Norden und Osten.

Ein großer Teil der vom Land in die Stadt Angelockten bewohnt die Mexiko-Stadt wie ein Hufeisen umschließenden „Ciudades Perdidas", die „Verlorenen Städte". Auf über 3 600 bezifferte die Zeitung *El Universal* 1979 diese Elendssiedlungen aus Blech-, Holz- und Papphütten, vielfach ohne Kanalisation und Elektrizität, deren Bewohner unter chaotischen Bedingungen, oft ohne Arbeit und Einkommen und mit chronischer Unterernährung, ihr Dasein fristen. Jeder vierte Mexikaner teilt dieses Los, sagen Statistiken. Der frühere Präsident Luis Echeverria Alvarez gestand selbst einmal: „Auf den

Boulevards der Stadt Mexiko, in eleganten Restaurants und bei importierten Weinen ... vergessen wir mitunter, was die Bauern von uns denken." Die Regierenden wissen um die Probleme, zu lösen aber vermochten sie diese bisher nicht.

Mexiko-Stadt hat in Wachstum und Ausdehnung andere Weltstädte des Kontinents, wie Rio de Janeiro, Buenos Aires oder New York, in diesem 20. Jahrhundert mit Riesenschritten überholt. Wie aber war der Anfang dieser Metropole, die dem Land ihren Namen gab? Auf ihrer Suche nach einem Siedlungsgebiet kamen die Azteken eines Tages im Hochtal Anahuac an eine Insel inmitten eines Sees. Auf einem Feigenkaktus erblickten sie einen Adler mit einer Schlange im Schnabel, und einer ihrer Führer verkündete: „Hier laßt uns bleiben! Huitzilopochtli, unser Gott, hat es befohlen." Es wurde die Geburtsstunde des großen Tenochtitlan, „der Platz, wo ein Kaktus auf einem Felsen steht". Man schrieb das Jahr 1325. Und der Adler mit der Schlange auf dem Kaktus wurde auch das Symbol für Mexiko und ging ins Wappen des Landes ein.

Für die Nachfahren blieb es ohne Belang, ob die Legende sich um den Namen webt oder ob sich der Ort nach dem Orakel bildete. Die Stadt erreichte bald die Ufer des Texcoco-Sees und wuchs über diese hinaus. Stadtväter und Architekten sahen sich über Jahrhunderte durch das Problem einer auf Sumpf erbauten Stadt herausgefordert. Francisco Javier Clavijero, einer der frühen Chronisten, schrieb 1607: „Wie sehr sich die Bewohner bemühen, solide Fundamente zu legen, ihre Häuser sinken zur Hälfte doch in den Boden ein, der sie nicht trägt."

Einem Überfluß an Wasser folgte Dürre. Mit dem Wachstum der Stadt und dem größer werdenden Wasserbedarf sank das Grundwasser, und der schwammige Boden schrumpfte zusammen. Ende des 19. Jahrhunderts errichtete man die Gebäude auf Holzpfählen, sie blieben stehen, auch wenn der Boden sich senkte. Mit der modernen Technik lösten Schwimmtanks die Pfähle ab, auf ihnen ruhen die Betonfundamente vieler Wolkenkratzer. So sah sich Mexiko nicht dazu verurteilt, sich nur in die Breite statt wie andere Städte in die Höhe zu strecken. Die Gebäude der Kolonialzeit aber, auch der Palacio de Bellas Artes, der Palast der schönen Künste, sanken in einem Jahrzehnt bis zu 60 Zentimeter im Jahr. Das Schicksal der Hauptstadt aber überlassen die Mexikaner nicht dem Selbstlauf, dem Boden wird Wasser zurückgegeben.

Der schwammige Boden wirkte vielfach wie ein Kissen, das die Stöße in dem durch Erdbeben in jedem Jahr erschütterten Mexiko abfing. Die Seismologen registrierten die Erschütterungen, deren geringe Stärke keinen Anlaß zur Besorgnis gab, die Bewohner lasen gewöhnlich nur tags darauf in den Zeitungen davon. Am 19. September 1985 aber geschah eine der größten Naturkatastrophen in der Geschichte des Landes. Wellenförmig breiteten sich die Erschütterungen der Erdkruste mit der Stärke 7,8 auf der Richterskala aus und wurden von den die Metropole umgebenden Bergen reflektiert. Früh um 7.19 Uhr, in nur zwei Minuten, richteten sie ihre verheerende Zerstörung an, die auch andere Landesteile erfaßte, so die Bundesstaaten Michoacan, Jalisco, Guerrero und Colima. Tags darauf, um 19.40 Uhr, erschütterte ein zweites Beben der Stärke 6,5 Mexiko-Stadt und richtete weitere schwere Schäden an.

Die Naturkatastrophe forderte über 2 000 Todesopfer, über 10 000 Verletzte und machte ebenso viele obdachlos. In der Hauptstadt wurden 760 Gebäude beschädigt, 411 davon völlig zerstört. Präsident Miguel de la Madrids Appell an die nationale Solida-

Ein leidenschaftliches, aber objektiv-faires
Publikum lernten die 24 Mannschaften in
den Stadien und auf Straßen kennen

Mexiko-Stadt, gezeichnet auch im äußeren
Stadtbild vom schweren Erdbeben, doch
tatkräftig beim Wiederaufbau

rität fand ein zehntausendfaches Echo. Das mexikanische Volk bewies in den Stunden tiefen Schmerzes Hilfsbereitschaft und Aufopferung. In keiner Minute verlor es seine Lebenskraft, vergaß es den Blick auf die Aufgaben der Zukunft zu richten. Keinen Augenblick zögerten die Mexikaner, als unüberlegte Stimmen aus Europa laut wurden, die Zweifel an der Durchführung der Fußball-WM in Mexiko äußerten, diese als ihre ureigene Angelegenheit aufzufassen.

Die verschiedenen Gesichter kehrt die Stadt wie eine Einheit hervor, das indianisch-koloniale und das moderne. Am Platz der drei Kulturen erheben sich neben den Ruinen der Azteken die Kirchen der Spanier und das zwanzigstöckige Außenministerium als ein Ensemble. Vor der Metropolitan Kathedrale tanzen wirkliche Azteken in prachtvollen, goldgestickten Purpurmänteln mit Jaguarschurz und Kopffederschmuck ihre Figuren, führen vom Morgen bis zum Abend die Kämpfe und die Inquisition den Besuchern vor, die sich beim Anblick der kupferfarbenen Indianer in ihre Jugendträume versetzt fühlen.

Mexikos chaotisch anmutenden Verkehr ergänzte 1970 eine elegante, fast geräuschlos auf Gummirädern fahrende Metro mit drei Linien auf 42 Kilometern als Kind des 20. Jahrhunderts. Und als solches stellt sich auch die ob ihrer Ausmaße und eigenwilligen Architektur am meisten bekannt gewordene Universitätsstadt vor. 400 Jahre nach ihrer Gründung 1551 entstand auf einem Lavastrom die größte Universität Lateinamerikas in einem 80 Quadratkilometer großen Park, deren Bauten mit den berühmten Monumentalbildern eine beispielgebende künstlerische Synthese darstellen: der Block der Zentralbibliothek mit dem farbenreichen Mosaik der mexikanischen Geschichte von Juan O'Gorman oder das Bild des Kommunisten

David Alfaro Siqueiros am Rektoratsgebäude das Streben der Arbeiter und Bauern Mexikos nach Wissen. Maler wie Siqueiros und Diego Rivera haben diese künstlerische Richtung, die „Murales" an Häusern, Fassaden und in öffentlichen Gebäuden, begründet, ergriffen vom revolutionären Aufbruch nach 1910 und von den Wandmalereien der alten Indiokulturen. Kein Thema der mexikanischen Geschichte, das sie nicht gestalteten. Ihr Anliegen formulierte der Revolutionsmaler José Clemente Orozco mit den Worten: „Die Bilder an den Wänden großer öffentlicher Gebäude ... sagen ziemlich genau das aus, was Mexiko denkt, was Mexiko liebt und haßt; was ihm Sorgen bereitet, was es quält, was es beunruhigt; was es fürchtet und was es hofft ..." Die Künstler sind Kämpfer mit dem Pinsel gegen Unrecht und für eine gerechte Welt. Ihre Monumentalbilder klagen an und rufen auf, und sie lassen die Kräfte der Gesellschaft sichtbar werden, die Probleme der Zukunft

*Ein Wandbild von David Alfaro Siqueiros am Rektorat der Universitätsstadt (Ausschnitt). Es zeigt das Streben der Arbeiter und Bauern Mexikos nach Wissen*

*Mazahua-Indianer*

zu lösen. Mit Erleichterung nahm Mexikos Volk trotz seines Schmerzes den Bericht des Nationalen Instituts der schönen Künste im Herbst '85 auf: Von 549 Wandbildern wurden nur 94 durch die Beben beschädigt, überwiegend durch unbedeutende Risse. Da auch das ehrwürdige Hotel „Del Prado" rekonstruiert wird, bleibt Diego Riveras vielerörterte „Sonntagsträumerei in der Alameda" an seinem Platz. „Por un arte al servicio del pueblo!" – „Für eine Kunst im Dienste des Volkes!" Diesem selbstgewählten Motto fühlen sich auch die Mexikaner Vlady und Arnold Belkin verpflichtet, die aufgrund eines Abkommens zwischen den Regierungen Mexikos und Nikaraguas 1986 Murales für öffentliche Gebäude in Managua gestalten.

*Im Zentrum von Guadalajara, der zweitgrößten Stadt Mexikos. Hier stand auch die Wiege der Mariachis, der berühmten Volksmusikanten Mexikos*

## Weitere WM-Städte und ihre „ambiente"

Als liebenswerte Eigenschaften der Mexikaner empfindet der Gast den natürlichen Charme der Frauen und die angeborene Höflichkeit der Männer. Und irgendwie spürt man bei den Mestizen das indianische Element, eine Bescheidenheit und Unaufdringlichkeit sowie den Stolz, Indianer zu sein. All das gehört zur mexikanischen Atmosphäre, der „ambiente", die die anderen WM-Orte unverfälschter als die Hauptstadt besitzen.

700 Kilometer bester Autostraße führen von Mexiko-Stadt 1 000 m hinunter ins tropische Guadalajara (1 550 m). Die zweitgrößte Stadt ist gleich der Metropole in der jüngsten Vergangenheit in hohem Tempo gewachsen; in einem halben Jahrhundert stieg die Einwohnerzahl von 80 000 um 1900 auf 300 000, doch im letzten Jahrzehnt verdoppelte sie sich auf 3,2 Millionen im

Jahr der XIII. Fußball-WM. Das alte Guadalajara mit dem im Kolonialstil erhaltenen Zentrum, mit Kathedrale und Patrizierbauten und ihren Arkadengängen deutet auf die spanische Gründerzeit. 1530 wurde der Grundstein zu „Espiritu Santo" gelegt und ihm 12 Jahre später der Name der Heimatstadt des Konquistadoren Nuno de Guzman gegeben. Guadalajara nimmt die erste Stelle in der Geschichte mexikanischer Volkskunst ein, und es ist das Zentrum des Töpferhandwerks. Einer seiner hervorragendsten Meister, der Indio Zacharias Jimon, erzählte einmal: „Ich male, weil mich etwas im Kopf quält, was mich nur mit Schmerzen arbeiten läßt – und ich male auch, um irgendeine Fläche an einem Krug auszufüllen."

Von Guadalajara singen viele Lieder, und sie beschwören, so berichtet schon Kisch, hier blühe ständig das Glück. Vielleicht rührt das daher, daß Guadalajaras Frauen als die schönsten gerühmt werden und die Männer als die besten Musiker und Sänger Mexikos. Guadalajara steht im Rufe, die Wiege der Mariachis zu sein, der Kapellen mit meist vier bis sechs Musikanten mit Gitarren, Geigen und Trompeten. Ihr Name leitet sich vom französischen Wort „mariage" – Hochzeit – ab. Diese fröhlichen Musikanten fehlten auf keiner Hochzeit und anderen festlichen Gelegenheit. Charakteristisch auch ihre Kleidung, die schwarzen, roten und blauen Anzüge mit großen Silberbeschlägen und die wagenradgroßen Sombreros. Ihre Volkslieder wie die neuesten Canciones, die Schlager, klingen mal wehmütig, mal heiterübermütig. Zu ihren Klängen tanzen die Schönen den Nationaltanz „tapatio", eine in Bewegung übertragene Of-

*Zu den Klängen von Mariachis führen die Schönen den Nationaltanz „tapatio" vor*

fenbarung von Traum und Hoffnung, Suchen und Zögern, Begehren und Verschenken.

Die nördlichste WM-Stadt ist das über tausend Kilometer von der Metropole entfernte Monterrey (470 m). 1582 als Raststation am Paß der Sierra Madre Oriental gegründet, erwuchs es zum zweitgrößten Industriezentrum des Landes. Zwischen 1960 und 1965 verdoppelte sich seine Einwohnerzahl auf eine Million, heute spricht man von 2,8 Millionen. Die Stadt des Stahls und Eisens, der Hütten und metallverarbeitenden Industrie, der Glas- und Keramikfabriken trägt den Beinamen „Chicago Mexikos". Ganz ungewöhnlich für das Land, hat Monterrey nicht als Grundriß das strenge Schachbrettmuster der Straßen. Es ist vielmehr ein Durcheinander von alten und neuen, hohen und niederen Häusern, beherrscht von der Reklame US-amerikanischen Musters. Eine Stadt der Arbeit mit einem Hauch Cowboyromantik.

Nur 400 Kilometer nordwestlich der Hauptstadt grüßt Leon (1 850 m) — zu deutsch: der Löwe, von dem gesagt wird, er wandele auf Schuhen einher. Die Schuhindustrie ist hier beheimatet und die Produktion silberbeschlagener Sättel. Die Fußballfreunde verbinden mit Leon darüber hinaus den Namen des Torwarts Antonio Carbajal, des berühmtesten Fußballers Mexikos, der von 1950 bis 1966 an fünf WM-Endrundenturnieren teilnahm.

Unweit entfernt liegt Querétaro, einer der geschichtsträchtigen Orte Mexikos. Die stille Bergstadt bezeichnete der Deutsche Harry Graf Kessler vor 90 Jahren als „die kahlste und blasseste in Mexiko. Und in diesen Rahmen hat der Zufall die düstere Endtragödie der mexikanischen Monarchie verlegt." Auf dem Glockenhügel wurde 1867 der im Volke verhaßte Kaiser Maximilian gefangengehalten und erschossen. Genau ein halbes Jahrhundert später stand in dieser Stadt die

Wiege der Verfassung der „Vereinigten Staaten von Mexiko".

Spezialitäten Querétaros sind heute die in Holzkästchen verpackten, verzuckerten Camote(Süßkartoffel)-Scheiben und in Flaschen eine dickliche Malzmilch als Brotaufstrich. Ob das aber die richtige Nahrung für Fußballer ist, fragte man sich in den WM-Tagen in Querétaro, was in der Sprache der Tarasker-Indianer den Platz bezeichnet, „an dem man mit Bällen oder Kugeln spielt".

Nahe von Mexiko-Stadt liegen Toluca, die mit 2 680 m höchstgelegene größere Stadt Mexikos, und im Nachbartal Puebla (2 136 m), die bunteste des Landes. Sie strahlt in allen Mustern und Farben. Die Millionenstadt ist reich an Kunstschätzen. Mit ihren Patrizierhäusern, den 95 Kirchen mit 95 verschiedenen Kuppeln sowie den Talavera-Kacheln, die hier seit Jahrhunderten hergestellt werden und die meisten Bürgerhäuser und Kirchen schmücken, ist es ein Museum der Kolonialzeit. Zur 450-Jahr-Feier wurde das Zentrum der vom Franziskanerorden 1531 gegründeten Stadt erst kürzlich erneuert. Puebla ist zugleich ein Zentrum der Baumwoll- und Textilindustrie, in der DDR-Maschinen wie in Monterrey und anderen Städten Mexikos hochgeschätzt sind. „Hecho en la RDA" — „hergestellt in der DDR" — ist ein erstklassiges Markenzeichen.

## Sport und Spiele Mexikos

In der Liebe der Mexikaner zu Spielen widerspiegelt sich die Vermischung zwischen Spaniern und Indianern. Diego Riveras dreidimensionaler Fries an der Vorderseite des Universitätsstadions veranschaulicht die Geschichte des mexikanischen Sports vom Ballspiel der Mayas bis zum Baseball heute. Archäologische Spuren, Skulpturen und Malereien mit sportlichen Motiven, weisen Jahrhunderte ins vor-

*Voladores, die fliegenden Männer, vor der Nischenpyramide in Tajín. Ein Spiel der Indianer, das den Zyklus von 52 Jahren symbolisiert*

*Die „Fiesta brava", das wilde Fest, lieben die Mexikaner. 60 000 Besucher faßt die Arena Monumental Plaza Mexico, die größte Stierkampfarena der Welt*

spanische Mexiko zurück. Am verbreitetsten waren die Ballspiele, das Tlachtli und das Pelotaspiel, die in zahlreichen Zentren der Mayas und Azteken gepflegt wurden, in Chichén-Itzá und Monte Alban, in Xochicalco, Tula wie in Teotihuacán. Gespielt wurde auf einem von hohen Wällen eingefaßten Platz, dessen Fläche die Form eines doppelten T aufweist. In die Seitenwände waren senkrecht Ringe aus Stein oder Holz eingelassen, die Tore, durch die zwei sich gegenüberstehende Mannschaften die Bälle aus massivem Kautschuk zu treiben hatten. Dabei war es den Spielern gestattet, die Kugel mittels Ellenbogen, Hüften, Schenkeln, Knien oder Gesäß fortzubewegen. Nur in Teotihuacán wurde der Ball auch mit einem Stab geschlagen; Keramik-Skulpturen zeigen hier Ballwerfer mit dem Stab, die den Baseballspielern der Gegenwart ähneln.

Indianer pflegten in der vorkolonialen Zeit Akrobatik und Kunststücke, so ein Spiel fliegender Menschen. Als Adler kostümiert, schwebten vier durch Stricke an einem Mast hängende Männer in 13 Umdrehungen zur Erde, während ein fünfter oben blieb und im Takt der selbst gespielten Trommel oder Flöte tanzte. Ein Spiel, das den Zyklus von 52 Jahren symbolisierte und eine tiefe religiöse Wurzel hatte. Und nicht zuletzt seien die Langstreckenläufer genannt, die als Übermittler von Nachrichten oder Dingen in einem Staffellauf bis zum Sitz des Aztekenherrschers nach Teotihuacán eilten. Die Bewohner der Sierra Turahumara im Staate Chihuacan, die Tarahumaras, setzen dieses Erbe heute fort.

Die Spanier brachten nicht nur Pferde, Rinder und Hühner ins Land, sie führten zugleich neue Spiele ein, die fortan Tausende, ja Millionen fesselten: Stierkämpfe, Reiterspiele und Hahnenkämpfe. Unter Cortés sah Mexiko am 13. August 1529 den ersten Stierkampf, dessen Chronik in Spanien bereits 1090 aufgeschlagen wird. Und Punkt 16 Uhr ertönt in der Saison heute jeden Sonntag in der größten Stierkampfarena der Welt, der 60 000 Besucher fassenden Arena Monumental Plaza Mexiko, das erste Trompetensignal. Die „Fiesta brava", das wilde Fest, lieben die Mexikaner über alles, während Ausländer nicht selten voller Unverständnis die ungleichen Gefechte zwischen Mensch und Stier als Tierquälerei ablehnen.

Die Mexikaner, die einst die Pferde

*Sehr beliebt sind die Charreriás, die Reiterfeste mexikanischer Viehhirten, heute überall in den Städten kommerziell ausgerichtet*

des Cortés für Hirsche aus der Götterwelt hielten und sich bei ihrem Wiehern erschrocken in den Staub warfen, rangieren später im internationalen Polo unmittelbar hinter England. Großer Beliebtheit erfreuen sich die Charreriás. Die Reiterfeste, die als Rodeo oder Jaripeo in vielen Varianten auf dem amerikanischen Kontinent nicht nur harmlose Vergnügen für Tausende Schaulustige sind. Mexikanische Viehhirten führen Reiterkünste aus ihrer Praxis vor. Der Charro, mit enganliegender schwarzer Hose, silberbestickter Lederjacke, die Pistole im Gürtel und den Sombrero auf dem Kopf, demonstriert in der Beherrschung von Pferden und Kühen Kraft und Geschicklichkeit. In einem unblutigen Kräftemessen zwischen Mensch und Tier, wenn er sich zehn Sekunden lang nur mit den Beinen und einer Hand auf dem Rücken eines ungesattelten wilden Pferdes hält. Oder wenn er vom galoppierenden Pferd aus ein Tier mit dem Lasso einfängt.

Auf dem Lande indes gibt es die „Plaza de Gallos", die mit Holzlatten umzäunten Plätze für Hahnenkämpfe. In den Städten sind sie verboten, weil sie Glücksspiele sind. Denn die von ihren Besitzern an den Flügeln gestutzten, am Kamm geschorenen Hähne kämpfen gegen ihre Artgenossen mit zusätzlichen Hornprothesen, Stahlsäbelchen auf Leben und Tod um hohe Wettbeträge.

Mexiko richtete 1968 die XIX. Olympischen Spiele im Geiste des Friedens und des friedlichen Zusammenlebens der Völker aus und verstand sich als erfolgreich organisierende Kraft, obwohl die Nation sich noch in der Entwicklung befindet. Die Begeisterung, die Mexiko diesen Olym-

pischen Spielen entgegenbrachte, wirkte in die Zukunft. Zur Freude an Fuß- und Baseball, Boxen und Reiten entdeckten die Mexikaner Leichtathletik und Turnen für sich. Olympia als „Ansporn und Gelegenheit" nutzte die mexikanische Sportföderation, die Schulsportligen in den Ballspielen, in Leichtathletik und Schwimmen zu verbreitern und vermehrt Kinder- und Jugendsportwettkämpfe durchzuführen.

Die Einrichtung eines Nationalen Sportinstituts, die Ausschreibung eines Nationalpreises für Sport und erstmals 1982 die Formulierung eines Nationalen Sportplans illustrieren Mexikos verstärkte Anstrengungen in der Körpererziehung.

## Der Pionier P. C. Clifford

Zwei Jahre nach den XIX. Olympischen Spielen blickt die Sportwelt erneut nach Mexiko. Fast jeder siebente Bewohner der Erde wird per Bildschirm Augenzeuge der von den Mexikanern hervorragend organisierten IX. Fußball-WM. 1 491 000 Besucher erleben die Spiele, im Mittel 46 600 bei jedem Treffen. Eine Rekordkulisse bei WM-Turnieren. Stärker in der Erinnerung aller Teilnehmer bleiben die überschäumende Begeisterung und die bewegende Herzlichkeit der Gastgeber, die diese WM zu der ihren gestalteten — Voraussetzung für die nachhaltigen Impulse, die von Mexiko '70 für das Spiel ausgehen.

Die Vorstellungen, die die Mexikaner selbst an die IX. WM knüpfen, formulierte ihr langjähriger Fußballpräsident und FIFA-Vizepräsident Guillermo Canedo: „Ein noch schnellerer Aufschwung des in unserem Land sehr populären Fußballsports." Sichtbar wird dies in der Breite wie in der Leistungsspitze gleichermaßen. In 60 Jahren sind in Mexiko nicht so viele Fußballplätze gebaut worden wie in den sechs Jahren vor der Endrunde 1970. Und die sportliche Bilanz sollte die Mexikaner nicht enttäuscht haben. Als Gastgeber zogen sie erstmals ins Viertelfinale.

Die Legende über England als das Mutterland des Fußballs wird nicht überall unwidersprochen anerkannt. Doch die Wiederentdecker des modernen Fußballsports sind Englands Fußballer. Und mit England verbunden ist auch die Geschichte des mexikanischen Fußballs. Von den britischen Inseln verbreitete sich das Spiel einst auf den europäischen Kontinent, so nach Dänemark, Holland und Deutschland 1875. Ein Vierteljahrhundert später waren es englische Bergleute und Techniker der Berggesellschaft Pachuca im Bundesstaat Hidalgo, die den Fußball in Mexiko verbreiteten. 1900 – genau zur Jahrhundertwende – standen sie Pate beim ersten Fußballklub, dem Pachuca Athletic Club.

Englische Landsleute stellten sich auf dem neuen Kontinent den Pionieren zur Konkurrenz. Die in den Industriegebieten Mexiko-Stadt, Puebla und Veracruz gegründeten Klubs Orizaba AC, Reforma AC, British Club FC und Mexiko Cricket Club schlossen sich mit Pachuca zur Liga de Football Asociacion Amateur zusammen. Die erste Meisterschaft des Landes, in einer einfachen Runde jeder gegen jeden, sah 1902 den Orizaba AC als Gewinner. Die Mexikaner bezeichnen die Anfänge als romantische Periode. Gekennzeichnet ist diese schon durch ausgeprägten Mannschaftsgeist, Diszi-

plin, straffe Organisation des Spielbetriebs und ein Regelwerk nach englischem Muster. Maristen und Jesuiten, die Schüler höherer Lehranstalten pflegten mit großer Begeisterung das Spiel. Zwölf Jahre nach der Fußball-Geburtsstunde bildete sich als erste echte mexikanische Mannschaft der Club Mexico und 1917 der Club America.

Einer der noch heute verehrten Gründungsväter war P. C. Clifford. Er spielte beim Reforma Athletic Club und gehörte im Premierenjahr der Meisterschaft zu den Initiatoren des British Club und des England Club. Ihm ging es darum, den Sport nicht nur einzelnen privilegierten Kreisen zu erschließen, sondern der ganzen Jugend und das Fußballspiel überall im Lande populär zu machen. Vielseitig setzte er sich in diesem Sinne ein, übernahm die technische Leitung des Klubs Cataluna und des FC America und betreute zeitweilig die Mannschaften von Asturias und Aurrera.

Der große mexikanische Sportpädagoge sah das Anliegen des Fußballs vor allem darin, in jungen Menschen die Gedanken der Gemeinschaft und Verantwortung zu wecken. Jungen Spielern erklärte P. C. Clifford: „Der Sport ist ein gesunder Zeitvertreib, verbittere nicht beim Ausüben des Sports und bedenke, daß du dann deine guten Augenblicke der Zerstreuung damit verbringst, jähzornig mit deinen eigenen Kameraden oder mit deinen sportlichen Gegnern zu kämpfen oder zu streiten. Dabei wirst du nicht die Freude empfinden, die der auf gesunde Weise betriebene Sport bereitet."

Von England wurden Struktur und Fairplay des Fußballs übernommen, von den Briten gelangte auch das dort 1885 eingeführte Berufsspielertum über den Atlantik. P. C. Clifford sah seine Ideale bedroht, als in Mexiko 1929 der Profisport etabliert wurde, und er stellte seine Dienste im Fußball ein. Den durchdrang immer stärker die Kommerzialisierung, und 1943 löste der Berufsfußball offiziell die Amateurmeisterschaft ab.

Der Sport wurde zum Geschäft, die Meister der ersten Jahre von neuen Klubs abgelöst. Diese gerieten in Besitz von Geschäftsleuten und finanzstarken Gruppierungen und wurden sogar zu Spekulationsobjekten. Das zu illustrieren, seien ein paar Beispiele genannt. Der Club Veracruz wurde Aushängeschild eines Autofabrikanten. Den Club Atalante verkaufte sein Besitzer 1965 mit allen Einrichtungen nebst sämtlichen Vertragsspielern. Und Nexaca wechselte den Eigentümer in einem Jahrzehnt fünfmal – kein Spieler wurde ein einziges Mal gefragt.

Eine Entwicklung, der einzelne verantwortungsbewußte Männer, mit dem Nationalgefühl der Mexikaner, und ihre Klubs die Stirn boten. Der in den sechziger Jahren erfolgreichste Club Deportivo Guadalajara, Serienmeister und Abonnementsgewinner der „Copa Campeon de Campeones", der seit 1942 alljährlich zwischen Meister und Pokalsieger ausgespielten Trophäe, vertraute zu der Zeit einzig auf die eigenen Kräfte. „Nie spielte in der über sechzigjährigen Geschichte des Klubs ein Fremder in Guadalajara", erklärte ihr Trainer Javier de la Torre. „Neun von zehn Spielern der I. Division erhielten ihre Ausbildung in der eigenen Jugendabteilung. So sind ihnen Disziplin und Spielsystem vertraut." Und der Ortsnachbar Atlas Guadalajara, ein 1916 gegründeter Klub, entsprach gleichen Grundsätzen. Sein Direktor für Amateure, Eduardo Valdatti, meinte: „Den Traditionen unseres Klubs entsprechend werden nur mexikanische Spieler eingesetzt."

Doch die Zeichen der Zeit weisen in Mexikos Fußball der Gegenwart in eine andere Richtung. Der FC America, Mexikos großer Klub der zwanziger Jahre, gewann die Meisterschaft 1965 mit fünf Ausländern, und ein Vorstandsmitglied suchte das Geschäftsinteresse hinter vorgetäuschtem sportlichem Motiv zu verbergen: „Unserer Auffassung nach hat Mexikos Fußball noch viel zu lernen, und dabei können uns die Südamerikaner helfen." Zwei Jahrzehnte darauf ist Mexiko der Rolle des Lernenden nicht entschlüpft, und eine von Mexikos Fußballverband veröffentlichte Spielervertragsliste der 20 Vereine der I. Division veranschaulicht eine gewaltige Überfremdung des Spitzensports: 90 von 489 Spielern sind Ausländer! Ein Erfolgsrezept zur Gesundung war solcher Weg, der die Entfaltung der eigenen Talente einschränkt, noch nirgendwo.

Die Mexikaner spielten 1930 in Uruguay bei der ersten Weltmeisterschaft, und sie nahmen von 1950 bis 1970 an jeder WM-Endrunde teil, ehe sie 1974 und 1982 die Qualifikation verpaßten. Mexiko zählt nicht zu den Großen des Fußballs, auch wenn es seit über fünf Jahrzehnten regelmäßig in ihrem Kreis mitmischt. Alle vier Jahre ringen seine Fußballer um einen Endrundenplatz in der Zone Nord-/Zentralamerika/Karibik, ohne auf starke Widersacher zu treffen. „Wir verharren auf einem bestimmten Standard", erläuterte Mexikos langjähriger Trainer Ignacio Trelles einmal, „wir verbessern uns nur langsam, weil in unserer Region die ernsthaften Gegner fehlen und Südamerikas beste Auswahlvertretungen nur selten zu Vergleichen kommen. Mexiko ist ein kleines Fußballland."

Seine Spieler bestechen durch Technik und Eleganz, Ideenreichtum und Witz, Leidenschaft und Schußfreude. Nur in der Kraft und Ausdauer, in der taktischen Disziplin über 90 Minuten mangelt es noch ihrem Spiel. Mexikos Fußball sucht so die Begegnungen mit den Großen – als Wechsel auf die Zukunft.

# Träume – Tragik – Tränen

# Entscheidung am Schlußtag

## Die DDR-Nationalmannschaft in der WM-Qualifikation

*Zwei gegen einen. Die Jugoslawen Sestic (l.) und Zajec gegen den Berliner Frank Rohde*

*Andreas Thom schießt das 2:0 im Belgrader Stadion (S. 44/45)*

### Tribut an die Unerfahrenheit

Die Lose aus Zürich finden sofort ihr erstes Echo in Paris und Belgrad, in Sofia und Luxemburg, in Berlin. Von den Luxemburgern einmal abgesehen, rechnet sich jeder Chancen aus. „Das ist ein ziemlich gutes Los", läßt Frankreichs Teamchef Michel Hidalgo von sich hören. Jugoslawiens Verantwortlicher Todor Veselinovic meint: „Für mich sind Frankreich und Jugoslawien die aussichtsreichsten Anwärter auf die beiden WM-Plätze." Doch auch der Bulgare Iwan Wuzow gibt sich optimistisch: „Wir haben reale Chancen, in Mexiko dabeizusein." Der Cheftrainer des Fußball-Verbandes der DDR, Dr. Dieter Fuchs, erklärt: „Für uns ist das Los eine echte Herausforderung, und nicht anders dürfen wir es auffassen. Jawohl, bei konsequenter und systematischer Arbeit mit unserer Nationalelf besteht durchaus die Möglichkeit, sich zu qualifizieren."

Schon in Zürich einigen sich die fünf Verbände, am 11. Januar 1984 in Paris zusammenzutreffen, denn bis zum 15. Februar müssen der FIFA die Spieltermine signalisiert werden. Mehr als die Zeit, die zwei Fußballspiele beanspruchen, währen die Verhandlungen an diesem Tag in der Avenue d'Iena in Paris, dem Amtssitz des französischen Verbandes. „Die Terminverhandlungen verliefen an und für sich komplikationslos", schildert Dr. Dieter Fuchs, der zur Verhandlungsdelegation des DFV der DDR gehörte. „Jeder von uns hatte so seine Vorstellungen, doch es war auch klar, daß der eine oder andere Kompromiß eingegangen werden mußte." Und DFV-Vizepräsident Günter Schneider fügt hinzu: „Die Gespräche fanden in einer aufgeschlossenen Atmosphäre statt, und jeder war bemüht, die Prozedur zu einem guten Gelingen zu führen." Das ausgefertigte Protokoll trägt die Unterschriften der Herren Nikolow (Bulgarien), Gantenbein (Luxemburg), Pejovic (Jugoslawien), Sastre (Frankreich) und Schneider (DDR).

Den Auftakt der Gruppenspiele wird die Partie Jugoslawien gegen Bulgarien am 29. September 1984 bilden. Bemerkenswert der Abschlußtag am 16. November 1985 mit den Begegnungen DDR gegen Bulgarien und Frankreich gegen Jugoslawien. Schon jetzt einigen sich die Verbände, daß der Anstoß beider Spiele zur gleichen Zeit erfolgt. Auch der vermeintliche Torlieferant Luxemburg soll in der Gruppe 4 nicht zum Zünglein an der Waage werden. Die vier Anwärter auf die beiden Endrundenplätze duellieren sich am Schlußtag untereinander. Vorahnung auf Kommendes? Frankreich und Jugoslawien richten ihre Aufmerksamkeit erst einmal auf die Europameisterschaft, für die DDR-Fußballer steht die Olympiaqualifikation im Blickpunkt. Doch die Zeit eilt dahin. Der Sommer bringt den glanzvollen Triumph der

Equipe tricolore im eigenen Land, Fußballeuropa schwärmt von dieser Mannschaft aus Esprit und Können. Der faszinierende Angriffsfußball regiert bei der Europameisterschaft über den schematischen, durchschaubaren. Tendenzen werden abgeleitet, Erkenntnisse verallgemeinert. Bulgariens Auswahlverantwortlicher Iwan Wuzow, ebenso wie DFV-Trainer Bernd Stange unter den aufmerksamen Beobachtern dieser EM-Endrunde, meint im Hinblick auf die immer näher rückende WM-Qualifikation: „Natürlich offerierten die Gastgeber glanzvollen Fußball. Aber jeder Mannschaft ist mit geeigneten Mitteln beizukommen."

Neue Gesichter zeigen sich nach der EM auf den Trainerbänken. In Frankreich vollzieht sich die schon zuvor angekündigte Wachablösung. Michel Hidalgo übergibt den Dirigentenstab an Henri Michel. Nach dem unbefriedigenden Abschneiden Jugoslawiens nimmt Todor Veselinovic seinen Hut. Neuer Auswahltrainer wird nach langen Diskussionen der frühere Nationalspieler Milos Milutinovic. In der DDR ist die Verantwortung dem 37jährigen Bernd Stange übertragen worden. Er holt den 41fachen Nationalspieler Harald Irmscher als Assistenten an seine Seite.

Stange und Irmscher stehen vor allem vor der Aufgabe, aus der bisherigen Nationalmannschaft und der Olympiaauswahl schnellstens und komplikationslos eine Elf zu schaffen, die modernen, angriffsorientierten Fußball spielt. Noch vor dem Saisonstart im August 1984 kommt WM-Gastgeber Mexiko zu einem Abstecher nach Berlin. Beim 1:1-Unentschieden zeigt sich nur zu deutlich, daß es unserer Nationalmannschaft noch an Harmonie und spielerischer Fitneß fehlt.

Gleich auf zwei Hochzeiten tanzen unsere Nationalspieler ein paar Wochen danach. Während die Galabesetzung im ehrwürdigen Londoner Wembley-Stadion den Engländern mit 0:1 unterliegt, überrascht der „zweite" Anzug mit einem 1:0-Erfolg in Zwickau gegen Griechenlands Auswahl. London und Wembley erweisen dem Magdeburger Joachim Streich die besondere Reverenz. Der Torschützenkönig der Nationalmannschaft rückt an diesem Abend in den internationalen „Klub der Hunderter" auf. „Ein unvergeßlicher Tag in meinem Leben", drückt er seine Gefühle aus. „Doch noch schöner wäre es, unsere Nationalmannschaft würde sich wieder einmal für die Endrunde einer Weltmeisterschaft qualifizieren." Die DDR-Mannschaft bietet kein schlechtes Spiel gegen die stürmisch angreifenden Engländer. Vor allem die Abwehr hält stand. Zwar muß sie kurz vor dem Ende doch noch das

entscheidende Tor durch Robson hinnehmen, doch guten Mutes kehrt man nach Hause zurück. Viel Lob wird verteilt. Zu überschwengliches? Dem genauen Betrachter bleibt nämlich nicht verborgen, daß unsere Mannschaft wie gehabt zuwenig spielerische Ideen entwickelt, mehr auf die Engländer reagiert, statt zu agieren.

Auch Jugoslawiens Coach Milos Milutinovic bekommt in diesen Tagen seine Sorgen. Mit 1:6 gerät seine Mannschaft in Schottland unter die Räder. Seinen rigorosen Neuaufbau muß er erst einmal aufschieben, bewährte Kräfte wieder in die Auswahl zurückberufen. Denn jetzt beginnt der Ernst der Weltmeisterschafts-Qualifikation.

Nur 12 000 Zuschauer füllen das „JNA"-Stadion in Belgrad, als sich Jugoslawien und Bulgarien gegenüberstehen. Milutinovic bietet sieben Spieler aus der Mannschaft zur Europameisterschaft auf, um eine möglichst große

*Nur selten konnte sich Michael Glowatzky so gegen die sichere jugoslawische Hintermannschaft durchsetzen*

Homogenität zu erreichen. Der Gastgeber erspielt sich auch eine Vielzahl von Chancen, aber ausgerechnet Kapitän Sestic erweist sich bei vier klaren Gelegenheiten als der größte Sünder. „Wie bei der Europameisterschaft wurde deutlich, daß wir momentan über keine Torjäger verfügen", zeigt sich der frühere Auswahlspieler Dragan Dzajic zutiefst enttäuscht. Die Bulgaren bringen mit ihrer verdichteten Hintermannschaft das Konzept der „Blauen" völlig durcheinander. „Dieser Punkt kann am Ende der Qualifikation Gold wert sein", frohlockt Bulgariens Trainer Iwan Wuzow. *Sport*, Belgrad, erscheint dagegen mit einer Karikatur, die den neuen Auswahltrainer Milutinovic einen Fußball unter Schweißtropfen bergauf rollen sah. „Unser Sisyphus", lautet die sinnträchtige Überschrift.

Der Einstieg des Europameisters Frankreich erfolgt standesgemäß. Die 10 000 im Luxemburger Stadion hoffen vergeblich auf eine Überraschung durch ihre Auswahl oder wenigstens auf ein achtbares Ergebnis. „Auf ein konzentriertes Spiel kommt es mir an", sagt Henri Michel. In einer guten halben Stunde legen die Franzosen einen beruhigenden Viertorevorsprung hin. Danach lassen sie es weitaus ruhiger angehen. Starspieler Michel Platini hat es eilig. Nach einer Stunde ist sein Auftritt vorüber. Als seine Mannschaftskameraden noch duschen, sitzt er schon wieder in einem Privatjet nach Turin.

Das Fußballbarometer klettert in die Höhe, je näher der erste Auftritt unserer Nationalmannschaft in diesem WM-Konzert rückt. Die Trainer Bernd Stange und Harald Irmscher, durch die Europameisterschaft inspiriert, setzen auf den Offensivfußball. Aber zu wenige stellen sich die Frage, ob der moderne Trend schon genügend Fuß gefaßt hat in unserem Fußball. Wer allwöchentlich in der Meisterschaft mit

**FRANKREICH**
Fläche: 547 026 km² *)
Einwohnerzahl: 54,3 Millionen
Verband: Federation Francaise de Football ˙
Gegründet: 1908 als Comite Francaise Interfederal, 1919 Zusammenschluß mit anderen Verbänden zur FFF
Mitglied der FIFA: seit 1904
Mitglied der UEFA: seit 1954
In der WM: Endrundenteilnehmer 1930, 1934, 1938, 1954, 1958 (Dritter), 1978 , 1982 (Vierter), 1986
Bei Olympia: 1900 (Silber), 1908, 1920, 1924, 1928, 1948, 1952, 1960, 1968, 1976, 1984 (Gold)
In der EM-Endrunde/Europapokal: 1960 (Dritter), 1984 (Europameister)

*) Daten aus: Bl/Elementarlexikon, Leipzig 1985

**BULGARIEN**
Fläche: 110 912 km²
Einwohnerzahl: 8,9 Millionen
Verband: Bulgarska Federazija po Futbol
Gegründet: 1923
Mitglied der FIFA: seit 1924
Mitglied der UEFA: seit 1954
In der WM: Endrundenteilnehmer 1962, 1966, 1970, 1974, 1986
Bei Olympia: 1956 (Bronze), 1968 (Silber)
In der EM-Endrunde/Europapokal: –

**JUGOSLAWIEN**
Fläche: 255 804 km²
Einwohnerzahl: 22,7 Millionen
Verband: Fudbalski Savez Jugoslavije
Gegründet: 1919
Mitglied der FIFA: seit 1919
Mitglied der UEFA: seit 1955
In der WM: Endrundenteilnehmer 1930 (Vierter), 1950, 1954, 1958, 1962 (Vierter), 1974, 1982
Bei Olympia: 1920, 1924, 1928, 1948 (Silber), 1952 (Silber), 1956 (Silber), 1960 (Gold), 1964, 1980, 1984 (Bronze)
In der EM-Endrunde/Europapokal: 1960 (Zweiter), 1968 (Zweiter), 1976 (Vierter), 1984

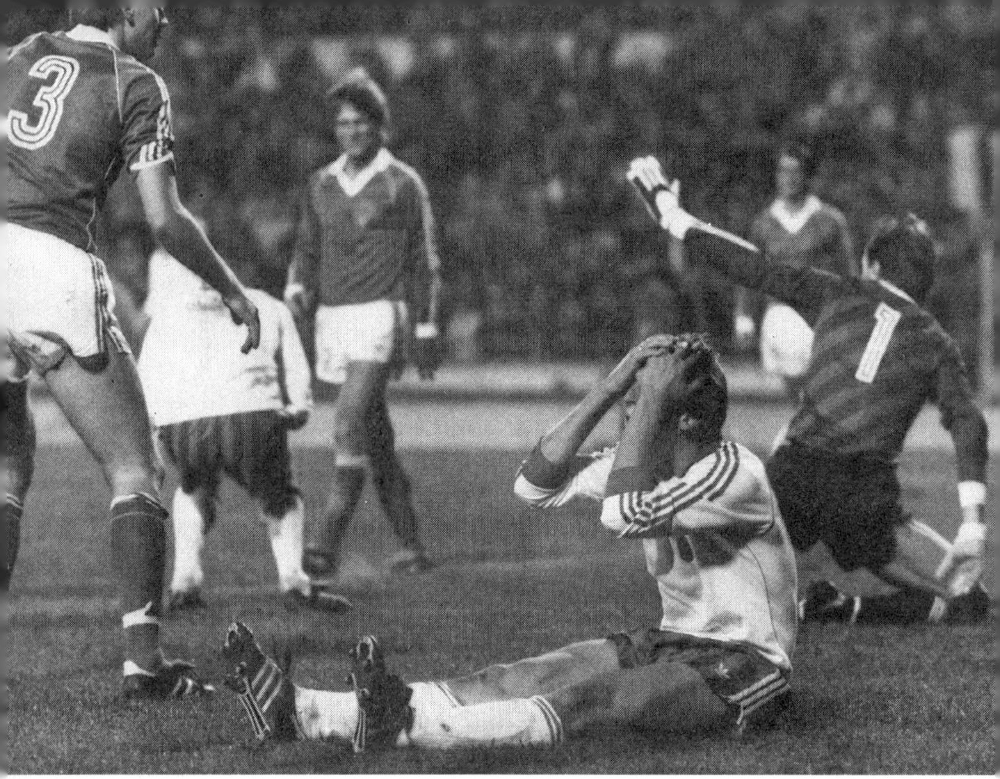

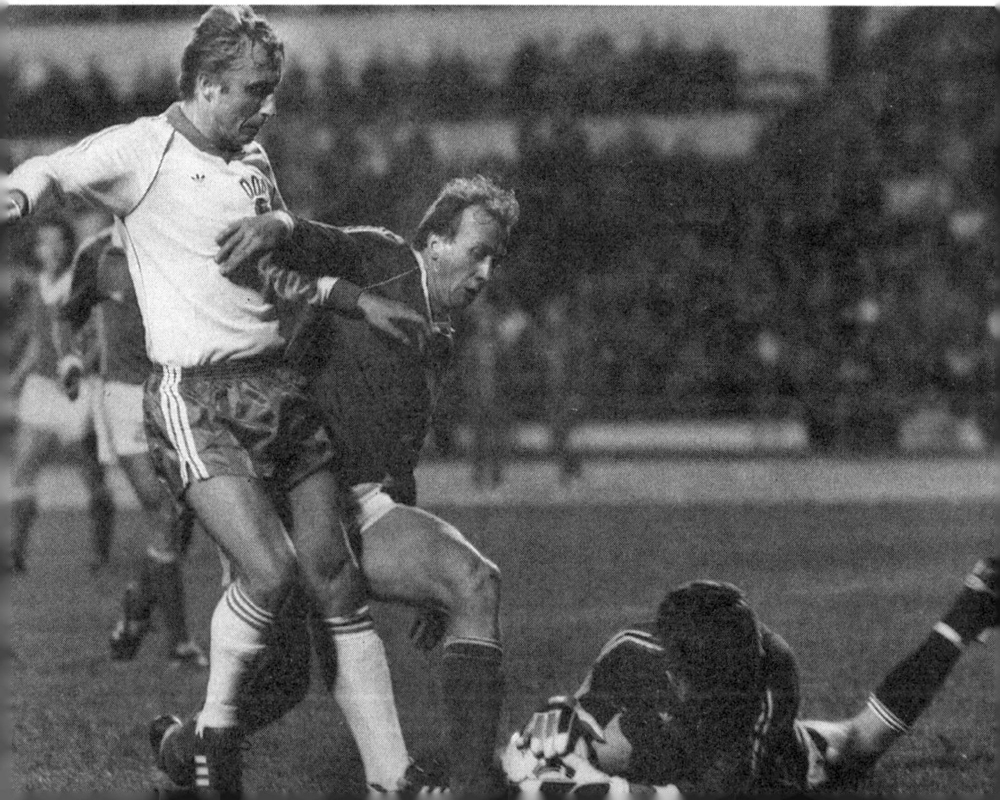

überlebten taktischen Varianten konfrontiert wird, wem Manndeckung mehr als Toreschießen gepredigt wird, kann sich wohl nicht sofort auf die neuen Erfordernisse einstellen. Unsere Trainer bringen aber diesen Mut zum Risiko auf. Milos Milutinovic reist mit festen Vorstellungen in der Messestadt Leipzig an. „Wir vertrauen einer Taktik, die uns den Erfolg bringt und den Punktverlust gegen die Bulgaren mehr als wettmacht", verspricht er. Sein verlängerter Arm auf dem Spielfeld soll der Kapitän Jugoslawiens, Velimir Zajec, sein, der beim griechischen Meister Panathinaikos Athen unter Vertrag steht. Mit welchem Erfolg – die neunzig Minuten bestätigen es nachdrücklich.

Auch in der DDR-Mannschaft fällt die Entscheidung über die Aufstellung. Die beiden Mittelfeldakteure Matthias Liebers und Hans-Uwe Pilz müssen wegen Verletzungen schweren Herzens absagen. Bernd Stange beordert den Berliner Rainer Ernst ins Mittelfeld, vertraut der Angriffsspitze Glowatzky und Minge.

20 Minuten hat es den Anschein, als sollte unsere Mannschaft die Jugoslawen in Grund und Boden spielen. Die Führung durch Michael Glowatzky löst Freudenszenen im gut besetzten „Rund" aus. Doch die Jugoslawen spüren, daß ihnen schon hier das Aus in der Qualifikation droht. Zajec reißt das Zepter im Verein mit Sestic, dem Dribbelkünstler, an sich. Nach dem Ausgleich durch Bazdarevic – Müller wird von seinem Hinterhaltschuß überrascht – halten beide Mannschaften mit einem offenen Schlagabtausch Zu-

*Frank Rohde kann es nicht fassen. Wieder ist eine Chance gegen die „Blauen" vertan*

*Auch Routinier Joachim Streich kommt gegen Zajec und Torhüter Stojic nicht zum Zuge*

**LUXEMBURG**
Fläche: 2 586 km²
Einwohnerzahl: 365 000
Verband: Federation Luxembourgeoise de Football
Gegründet: 1908
Mitglied der FIFA: seit 1910
Mitglied der UEFA: seit 1954
In der WM: keine Endrundenteilnahme
Bei Olympia: –
In der EM-Endrunde/Europapokal: –

**DDR**
Fläche: 108 333 km²
Einwohnerzahl: 16,7 Millionen
Verband: Deutscher Fußball-Verband der DDR
Gegründet: 1948
Mitglied der FIFA: seit 1952
Mitglied der UEFA: seit 1954
In der WM: Endrundenteilnehmer 1974
Bei Olympia: 1964 (Bronze), 1972 (Bronze), 1976 (Gold), 1980 (Silber)
In der EM-Endrunde/Europapokal: –

## Einsätze, Tore, Zuschauer in der WM-Qualifikation

● Eingesetzte Spieler: 128
**Frankreich** (insgesamt 23): 8 Spiele Bats, Fernandez, Platini; 7 Amoros; 6 Bossis, Giresse, Stopyra, Tigana, Toure, Bellone; 5 Ayache; 4 Battiston, Bibard, Tusseau; 3 Le Roux, Rocheteau; 2 Anziani, Senac, Specht; 1 Ferreri, Brisson, Genghini, Poullain
**Bulgarien** (insgesamt 26): 8 G. Dimitrow, Sdrawkow; 7 Arabow; 6 Michailow, Petrow, Sadakow, Mladenow, Getow; 5 Welitsch-

51

*In Leipzig gewonnen, doch am Ende gescheitert: Jugoslawiens Coach Milos Milutinovic*

schauer und Verantwortliche in Bann. Doch es ist sichtbar, die Aktionen der Gäste sind durchdachter und systemvoller, die Homogenität in ihren Reihen größer.

Vokris erstmalige Führung für die „Blauen" beantwortet Ernst postwendend mit dem Ausgleich. Aber die Mannschaft der DDR kann sich danach nicht entschließen, durch energisches Pressing die Aktionen der Gäste zu verunsichern, bei ihnen Fehler zu provozieren. Bei Steinbach macht sich ein Kräfteverschleiß bemerkbar – ein folgenschwerer Fehler von ihm ermöglicht den Siegestreffer der Jugoslawen, zumal Troppa die Abseitsfalle aufhebt und damit die eigene Hintermannschaft „ausspielt". Zwar drängt unsere Mannschaft noch einmal, bieten sich ihr auch vier klare Gelegenheiten, für Glowatzky sogar noch in den letzten Sekunden, doch dann reißen die Jugoslawen die Arme hoch. Geschafft!

In unserer Kabine herrscht Niedergeschlagenheit. Die Spieler sind gezeichnet von den physischen, mehr noch von den nervlichen Strapazen. Jeder ringt mit sich, die 90 Minuten mit dem bitteren Ausgang zu verkraften.

„Es besteht kein Grund, auf die Mannschaft Steine zu werfen. Trotz der Niederlage sind wir mit dem offensiven Stil auf dem richtigen Weg", meint Bernd Stange. Dabei übersieht er nicht, daß unsere Spieler in Fragen der kombinierten Mann-Raum-Deckung noch großen Nachholebedarf haben. Mut zur Offensive darf nicht auf Kosten eines disziplinierten Abwehrverhaltens gehen. Schaltpausen, Deckungslücken und Übergabeprobleme erleichterten den Gästen den Sieg. Von der Trainerbank kam auch kein Signal zu einer taktischen Umgruppierung, um Regisseur Zajec – vielleicht durch den deckungsstarken Rohde – in seinen Handlungen einzuschränken. Auch die Auswechslung von Ernst, der bei allen Fehlern sich gerade nach dem Ausgleichstor im psychologischen Aufwind befindet, ruft Diskussionen hervor. „Den Rainer hätten wir drin lassen müssen, er kann noch bis zur letzten Sekunde mit einem Tor viel verändern", sagt ein erfahrener Akteur wie Joachim Streich.

Dieses Spiel ist ein Tribut an die Unerfahrenheit: von den Spielern, aber auch von den noch jungen Trainern.

## Den Europameister ins Schwitzen gebracht

Luxemburgs Kicker genießen überall Respekt. Nicht daß ihre fußballerischen Meriten besonders groß sind, aber ihr Fleiß und ihre Hingabe in allen Konkurrenzen trotz deutlicher Unterlegenheit ringen Bewunderung ab. Mexikopläne sind ihnen fremd, aber für die eine oder andere Überraschung halten sie sich gut genug. Bernd Stange mahnt zur Vorsicht: „Es wäre sicher leichtfertig, angesichts dieses Spiels in Esch und der Rolle von Luxemburgs Auswahl nur über die Torquote zu spekulieren. Außenseiter haben so ihre Tücken." Als unsere Auswahl ins „Stade de la Frontiere" nach

Esch reist, hat sich ihr Gesicht gegenüber dem Jugoslawienspiel weiter verändert. Joachim Streich, fast schon legendäre Figur, ist zum erstenmal nicht mehr dabei. Dafür sind nach ihren guten EC-Leistungen zwei neunzehnjährige Burschen, der Berliner Andreas Thom und der Dresdner Jörg Stübner, ins Aufgebot gerückt. Ein Wechsel auf die Zukunft.

Unsere Nationalmannschaft kommt in der Nacht vor dem Spiel im Hotel „Novotel" mit dem Schrecken davon, als sich nach einem Kurzschluß ein Schwelbrand entwickelt. Die Spieler werden durch den ätzenden Rauch aus dem Schlaf gerissen, verbringen die restlichen Stunden der Nacht in unserem Bus und in einem kleinen, nahe gelegenen Hotel.

Doch daran liegt es nicht, daß unsere Burschen vor der Pause nicht das Tor der Luxemburger treffen, das Vorhaben, mit Mann und Maus zu stürmen, stockt schon oft auf der zweiten, dritten Station. Skeptische Gesichter in der Halbzeit. „Wer weiß, wenn die Luxemburger in Führung gehen sollten ...", orakelt Milos Milutinovic auf der Tribüne. Doch nach dem Wiederanpfiff gibt es keinen Grund mehr zur Klage. Dauerdruck und spielsichere Aktionen machen die Festung „Letzeburg" sturmreif. Rainer Ernst, wenn auch mit Unterstützung von Verteidiger Meunier, eröffnet den Torreigen, zwei weitere Treffer fügt er ebenso wie der Dresdner Minge hinzu. „Unsere Mannschaft hat, nicht unbelastet durch die nächtlichen Brandvorkommnisse, Zusammenhalt und Moral bewiesen", lobt DFV-Generalsekretär Karl Zimmermann. Lutz Renner, Korrespondent des DDR-Fernsehens in Paris, muß nach dem Abpfiff mutmaßen: „Ich sah Frankreich in Luxemburg mit spielerischer Leichtfüßigkeit siegen und nun die DDR-Elf, wie sie zuerst in kämpferischer Manier und dann gleichfalls mit spielerischen Mitteln

kow, Gotschew, Sirakow; 4 Gospodinow, Paschew, Nikolow, Iskrenow; 3 Markow, Sheljaskow, Kostadinow; 2 Spassow, Walow, Kolew; 1 Jantschew, Tanes, Iliew, E. Dimitrow, Koew

**DDR** (insgesamt 26): 8 Müller, Minge; 7 Kreer; 6 Ernst, Thom, Liebers; 5 Dörner, Zötzsche, Rohde, Stübner; 4 Stahmann, Glowatzky, Döschner, Kirsten; 3 Troppa, Steinbach, Pilz, Sänger; 2 Heun; 1 Streich, Trautmann, Richter, Krause, Backs, Weidemann, B. Schulz

**Jugoslawien** (insgesamt 33): 8 Radanovic, Gudelj, Bazdarevic; 7 Stojic; 6. Zl. Vujovic, Hadzibegic; 5 Baljic, Djurovski; 4 Sestic, Sliskovic, Vokri, Zajec, Caplijic; 2 Zo. Vujovic, Gracan, Pancev, Milus, Mlinaric, Kapetanovic, Skoro; 1 Radovic, Jozic, Derevic, Pasic, Halilhodzic, Bahtic, Mrkela, Ljukovcan, Elsner, Nikolic, Vermetovic, D. Stojkovic, Bursac

**Luxemburg** (insgesamt 20): 8 van Rijswijck, Schonckert, Hellers, Dresch; 7 Weis, Langers, Reiter; 6 Meunier, Bossi; 5 Malget, Barboni; 4 Scheuer, Girres, Wagner; 3 Petry, Hoscheidt, Rohmann; 2 Jeitz; 1 Michaux, Scholten

● Torschützen: 31

**Frankreich** (15 Tore – 8 Schützen): 4 Platini; 3 Stopyra, Rocheteau; 1 Battiston, Fernandez, Giresse, Anziani, Toure

**Bulgarien** (13 Tore – 8 Schützen): 3 G. Dimitrow; 2 Mladenow, Sirakow, Getow; 1 Petrow, Welitschkow, Gotschew, Kostadinow

**DDR** (16 Tore – 7 Schützen): 6 Ernst; 4 Minge; 2 Thom; 1 Kreer, Zötzsche, Glowatzky, Liebers

**Jugoslawien** (7 Tore – 6 Schützen): 2 Vokri; 1 Sestic, Gudelj, Bazdarevic, Djurovski, Skoro.

**Luxemburg** (2 Tore – 1 Schütze): 2 Langers

● Zuschauer: 637 540 (Ø je Spiel 31 877) Tore: 53 (Ø je Spiel 2,65)

zum klaren Sieg gelangt. Das verspricht einiges für den 8. Dezember."

Doch zuvor tut sich der Europameister gegen Bulgariens Auswahl im Pariser Prinzenpark alles andere als leicht. Erst ein umstrittener Strafstoß, von Platini verwandelt, beschert der sieggewohnten Equipe tricolore den mageren 1:0-Erfolg. Mit einer disziplinierten Abwehrtaktik erschwerten die Wuzow-Schützlinge dem „Blauen Express" mehr als einmal die Durchfahrt.

„Selbst bei solch klugem Spiel in der Hintermannschaft wird der Erfolg nicht garantiert. Wir werden couragierter den Angriff suchen müssen", resümiert Bernd Stange danach.

Als die DDR-Mannschaft gen Paris aufbricht – „wo wir nur alles zu gewinnen und nichts zu verlieren haben, wo wir uns nicht verstecken werden", wie Kapitän Hans-Jürgen Dörner die Stimmung in der Mannschaft ausdrückt –, steht erneut nicht das stärkste Aufgebot zur Verfügung. Verteidiger Ronald Kreer hat sich in Luxemburg unmotiviert die zweite gelbe Karte eingehandelt, der Dresdner Hans-Uwe Pilz fehlt schon längere Zeit wegen einer Verletzung – nun muß Rainer Ernst auch noch kurzfristig ausscheiden.

Die Ankunft unserer Mannschaft wird mit gebührender Aufmerksamkeit registriert. Bei aller Selbstsicherheit, daß Platini das „Blaue Wunder" zum zwölften Erfolg hintereinander führen wird, fehlt es nicht an warnenden Stimmen. l'Equipe, Frankreichs größte Sportzeitung, ringt sich gar zu der Schlagzeile durch: „Franzosen, Achtung!" Der französische Fußball hat nämlich in den europäischen Klubwettbewerben mit dem DDR-Fußball bittere Erfahrungen gemacht. In elf von 18 Partien gab es Niederlagen, selbst für die Renommierklubs Girondins Bordeaux und AS St-Etienne. Auch Stanges Ankündigung, in Paris mitspielen zu wollen, und Michels Beobachtungen in Leipzig finden das Interesse.

Unsere Mannschaft hält, was sie versprach. Sie bietet den „Blauen" die Stirn. Troppa und insbesondere der junge Stübner in seinem ersten Länderspiel von Anbeginn engen den Aktionsradius der französischen Spielgestalter Platini und Giresse weitestgehend ein. Frankreichs erste Angriffswelle verpufft, zumal unsere Jungen jede Gelegenheit zum Gegenangriff nutzen. „Die DDR-Elf hat uns zum Spiel gefordert, nicht zu einem Sturm auf eine Abwehrfestung", gesteht Henri Michel. Fast scheint sich der französische Expreß festgefahren zu haben, da stört der kleine Magdeburger „Maxe" Steinbach gegen Bibard nicht energisch genug, und Stopyra nutzt die Gelegenheit zur Führung.

Der Sieg des Gastgebers ist aber damit noch nicht gesichert, denn in dem wechselvollen Spiel setzt unsere Auswahl alles auf eine Karte. Steinbach verzieht in bester Position nach blendender Vorarbeit von Thom. Die DDR-Elf fightet verbissen, die Unruhe der 52 000 Zuschauer im ausverkauften Prinzenpark nimmt zu. In dieser Phase kann es keine taktische Absicherung mehr geben. Sicherlich, ein 0:1 gegen Europas Champion würde unserer Mannschaft als Ergebnis gut zu Gesicht stehen, aber sie müßte mit dem Vorwurf leben, nicht alles gewagt zu haben. Also riskiert sie alles, auch auf die Gefahr hin, in einen Konter der Gastgeber förmlich hineinzulaufen. In den letzten Sekunden des Spiels geschieht es auch. Der pfeilschnelle Bellone zieht ab, Stahmann greift zu ungestüm an, so daß er leicht ausgespielt werden kann, und die Eingabe verwandelt der eingewechselte Anziani. Der Anstoß wird schon nicht mehr ausgeführt.

Die Freudenszenen der französischen Spieler und von Trainer Michel beweisen, wie erlöst sie sind. „Wir mußten eine wirklich gute Leistung bieten. Die DDR-Mannschaft besaß neben läuferischer Bereitschaft auch viel spielerische Ausstrahlung. Sie spielte so stark, wie ich es mir vorgestellt hatte", lobt Michel Platini den Kontrahenten.

Für unsere Trainer und Spieler ist das Resultat enttäuschend. „Unser und auch mein Optimismus wurde von der Realität überholt", kann Bernd Stange seine eigene Enttäuschung nicht ganz verbergen. Doch was ist geschehen? „Das Normale ist eingetreten." Die Meinung von DFV-Präsidenten Prof. Dr. Günter Erbach und Generalsekretär Karl Zimmermann ist auch die der vielen, die nüchtern kalkulierten. Wenngleich das 2:4-Punktekonto nach drei Spielen dem Optimismus auf einen WM-Endrundenplatz einen argen Dämpfer versetzt, steckt niemand den Kopf in den Sand. Natürlich kann es unsere Auswahl noch nicht an spielerischer Harmonie und Glanz mit den Franzosen, auch Jugoslawen aufnehmen, überwiegt oft das Wollen gegenüber dem Können, doch das Kollektiv hat durchaus die Substanz und die Moral, um mehr als eine Nebenrolle in dieser WM-Gruppe zu sein. Dafür spricht vor allem die Leistung zweier 19jähriger Burschen: Andreas Thom und Jörg Stübner.

## Vorentscheidung fällt gegen uns

Die Winterpause gibt hinreichend Gelegenheit, Bilanzen zu ziehen, Erwartungen und Hoffnungen zu äußern. Bernd Stange und Harald Irmscher zeigen sich unduldsam: „Die Nationalmannschaft nahm unsere Ideen entschlossen auf und versuchte sie umzusetzen, für den Zuschauer sichtbar zu machen. Wir glaubten aber, daß unser Fußball insgesamt mehr Mut zum Risiko zeigen, die Hinwendung zu einer offensiven, aggressiven Spielweise größer sein würde. Viel Zeit hat aber niemand", urteilt der verantwortliche Auswahltrainer.

Die Nationalmannschaft tritt eine Südamerikareise an, bei der es weniger ums Probieren als um die Festigung der Harmonie geht. Aber ein Problem brennt auf den Nägeln. Wie soll in Zukunft das Stoppergespann aussehen? Dörner, Rohde, Stahmann und Trautmann ziehen die Trainer in die engere Wahl. Als die Mannschaft nach Spielen in Uruguay, Ekuador und Bolivien zurückkehrt, glaubt Bernd Stange mit dem Gespann Dörner–Rohde die beste Lösung gefunden zu haben. Zufrieden zeigt er sich über die Leistungen der jungen Spieler.

Über die Bedeutung des nächsten WM-Spieles, gegen Bulgarien, braucht niemand lange Erklärungen abzugeben. Beide suchen das Tor nach Mexiko. „In Sofia geht es um alles!" drückt die *fuwo* die Situation vor der Partie im Lewski-Stadion aus. Bernd Stange appelliert: „Wer nicht daran glaubt, in Sofia gewinnen zu können, hat schon von vornherein verloren." Doch erneut gibt es in unserer Mannschaft Aufstellungssorgen. Gerade im Deckungszentrum. Frank Rohdes Zerrung ist nicht rechtzeitig auskuriert. Der Einsatz von Backs und Krause im Mittelfeld deutet schon an, daß wir mehr vom Kampf als von spielerischen Ideen erhoffen müssen.

45 Minuten lang entwickelt sich ein Nervenspiel, das im taktisch-kämpferischen Gestrüpp zu enden droht. Jeder versucht jedem Fesseln anzulegen. Jugoslawiens Chef Milutinovic, auf der Tribüne ebenso interessierter Zuschauer und Beobachter wie Henri Michel, denkt: „Beide haben Angst vor der Niederlage."

Wohl das Wissen, daß ein Unentschieden vornehmlich auf französischer und jugoslawischer Seite wohlwollend aufgenommen werden würde, bringt mehr Schwung in die Aktionen. Bei uns mühen sich Stübner, Thom, Kreer und Dörner um Präzision, Spielsicherheit, bei Backs, Stahmann und

Krause fehlt sie weitestgehend, auch Ernst hat nicht seinen stärksten Tag. Die Bulgaren zeigen nach ihrer Tempohatz mit fortschreitender Spieldauer Ermüdungserscheinungen. Nur spärlich gelingen noch ihre Angriffsversuche. Und dann verlieren wir das Spiel und mehr, als ein Sieg greifbar nahe schien. Schiedsrichter Wöhrer verhängt an der Strafraumgrenze drei Minuten vor dem Abpfiff einen Freistoß. Mladenows Schuß wird von Thom un-

*Das Ziel der Bulgaren: Mexiko '86*

*Freistoßspezialist Getow möchte unsere Abwehrmauer mit einem angeschnittenen Ball überlisten*

glücklich und unerreichbar für René Müller ins Tor abgefälscht. Ein bitteres Ende.

„Ein echter Tiefpunkt", gesteht Bernd Stange. Nach der Halbzeit der Qualifikation stehen wir praktisch schon draußen vor der Tür.

Für die bulgarische Auswahl gibt es dagegen einen wunderschönen Fußballfrühling. Denn auch Frankreich und Jugoslawien verlieren in Sofia beide Punkte. So ist es fast schon zur Gewißheit geworden, daß Bulgarien die Fahrkarten für Mexiko buchen wird. „Niemand kann sie uns mehr entreißen", meint Kapitän Georgi Dimitrow, der glänzende Abwehrorganisator.

Im historisch betrachtet bedeutsamen und auch im Fußball auf reiche Traditionen verweisen könnenden Babelsberg geht es für unsere Mannschaft gegen Luxemburg nicht nur um ein klares Ergebnis, sondern vor allem um Rehabilitation. Das Publikum ist freundlich, fordert die Mannschaft förmlich zur Leistung auf. Eine Halbzeit danken unsere Spieler für diese Unterstützung durch ansprechende Aktionen mit drei schönen Toren. Doch nach dem Wiederanpfiff scheinen sie von allen guten Geistern verlassen zu sein. Nichts läuft mehr zusammen, unser Kollektiv bröckelt förmlich auseinander. Der 3:1-Sieg verträgt keinen Jubel.

Einen markanten Punkt in der Entwicklung der Nationalmannschaft hatte es jedoch schon einige Tage zuvor gegeben. Mit 1:4 gerät sie in einem freundschaftlichen Vergleich mit den Dänen unter die Räder. Unsere Spieler werden von den Gastgebern förmlich herumgehetzt. Es ist eine Standortbestimmung, die schmerzt. „Nun haben wir den modernen Fußball in bester Ausführung am eigenen Leibe verspürt. So weh es auch tat, besseren Anschauungsunterricht konnten unsere Spieler kaum erhalten", gewinnt Harald Irmscher dem Debakel von Kopenhagen noch das Positive ab.

Glückwunsch für Kapitän Hans-Jürgen Dörner zum 100. Länderspiel durch den DFV-Präsidenten Prof. Dr. Günter Erbach

Zwei Dirigenten im Duell: Hans-Uwe Pilz und Guy Hellers

Der Blick von Hans-Jürgen Dörner gilt dem Gegenspieler Roby Langers aus Luxemburg

## Ein Herbst mit goldenen Tagen

Die Orientierung auf eine moderne, offensive Spielweise kann nicht nur theoretischer Natur sein. Sie verlangt auch eine praktische Anwendung. Kosmetische Veränderungen auf einzelnen Positionen, oft notgedrungen, sind zwar erste Anzeichen einer Wandlung zu einem attraktiveren, erfolgsorientierten System, doch sie reichen nicht aus. Nach stundenlangen Diskussionen, Beratungen ringen sich Bernd Stange und Harald Irmscher zu entscheidenden Eingriffen ins Mannschaftsgefüge durch. Die Öffentlichkeit nimmt es mit Staunen zur Kenntnis, daß Hans-Jürgen Dörner, gerade noch zum „Fußballer des Jahres" gewählt, bei der mannschaftlichen Vorbereitung in Österreich nicht mehr dabei ist. Auch andere Akteure fehlen. Bernd Stange sucht mit dem bisherigen Kapitän die Aussprache und erklärt ihm sein Anliegen, eine neue Mannschaft aufzu-

bauen. Auch wenn es schwerfällt, der Kapitän zeigt Verständnis und hält sich für den Notfall bereit.

Die beiden Trainer nutzen auch die Zeit, um mit Vorbehalten bei den Spielern aufzuräumen. Das Gerangel in der Meisterschaft schlägt sich nämlich in der Auswahl nieder, fördert nicht gerade die Harmonie. Das Mannschaftsaktiv rauft sich zusammen, strahlt auf die übrigen aus. „Keiner steht in unserer Mannschaft als Spieler eines bestimmten Klubs, sondern jeder vertritt den DDR-Fußball", macht Bernd Stange unmißverständlich klar.

Der Europameister weilt in der Messestadt Leipzig. Ein Fußballfest in der Feststadt. Die Kartennachfrage ist groß – 78 000 Besucher werden später das Stadion füllen. Doch viele Karteninhaber gestehen, daß sie hauptsächlich wegen der Franzosen kommen, um die Platini, Giresse, Fernandez einmal aus nächster Nähe zu verfolgen. Unserer Mannschaft dagegen räumen

René Müller zeigt es an. Wir fangen den gallischen Hahn

Ein Youngster erntet viel Lob. Der 19jährige Ulf Kirsten von Dynamo Dresden versetzt die Abwehr oft, in dieser Szene Bibard

Packende Luftduelle liefern sich Angreifer Minge und Vorstopper Le Roux beim 2:0-Erfolg der DDR-Elf gegen Europas Champion

Einen der Glanzpunkte setzt der Berliner
Rainer Ernst mit einem tollen Solo. Poullain
(am Boden) und Toure können den langen
Blonden nicht aufhalten. Erst an Torhüter
Bats scheitert er

die wenigsten eine echte Chance ein.

Frankreichs Trainer Henri Michel ist sich seiner Sache aber nicht ganz sicher. Nach der Niederlage in Sofia droht dem Europameister selbst große Gefahr. „Wir wollen es nicht unbedingt auf das Schlußspiel gegen Jugoslawien in Paris ankommen lassen. Deshalb spielen wir in Leipzig auf Sieg", verkündet er den wartenden Journalisten im Leipziger Hotel „Astoria". Der genaue Beobachter spürt, daß die Franzosen bei aller gezeigten Nonchalance einen gewissen Respekt vor diesem Abend haben.

Es wird ein großer Fußballabend! Ein Abend der DDR-Mannschaft. Als die Mannschaften sich im Tunnelgang aufwärmen und die Aufstellungen über die Leuchttafeln flimmern, bleibt der Beifall spärlich. Beim Berliner Ernst ertönt gar ein gellendes Pfeifkonzert. Doch der Geist dieser jungen DDR-Elf beweist sich in diesen Sekunden. Alle Spieler umringen den blonden Berliner und erzeugen einen Krach, in dem das Pfeifkonzert auf den Rängen untergeht. „Das war wie Balsam", weiß Rainer Ernst diese Hilfe zu würdigen.

Eine veränderte, verjüngte Elf — mit Kirsten und Sänger erhalten weitere Talente eine Chance — fordert die Musketiere keß und frech heraus. Das Publikum traut seinen Augen nicht, ebensowenig wie die Schar ausländischer Reporter und Journalisten den ihren. Unsere Jungen bieten modernsten Fußball. Nicht Platini und Giresse dirigieren, vielmehr Rohde, Stübner, Thom setzen ein Glanzzeichen nach dem anderen. Der Weg der reinen Manndeckung wäre sicherlich gegen Frankreichs Fußballkünstler gangbarer gewesen, aber unsere Trainer vertrauen dem Können der Spieler, wissen um ihre gewachsene Leistungsstärke und ihr Selbstbewußtsein. Ein Selbstvertrauen, das mit Fingerspitzengefühl, auch nach enttäuschenden Niederlagen, immer wieder durch die Trainer, die Leitung des Verbandes gestärkt, manchmal sogar erst wieder geweckt wurde.

Prasselnder Beifall verabschiedet unsere Mannschaft in die Halbzeit. Gegenseitiges Aufmuntern in der Kabine. „Wir können es packen", möbelt Kapitän René Müller seine Mitspieler auf. Die harte Trainingsarbeit des Sommers zahlt sich aus. Unsere Auswahl kennt kein Nachlassen, immer deutlicher drückt sie der Partie den Stempel auf, wenngleich die Gäste durch den schlaksigen Toure auch zu ihren Chancen kommen. Aber René Müller bildet den glänzenden Rückhalt einer verschworenen Gemeinschaft. Sie erobert die Herzen der Zuschauer. Als Ernst eine Flanke von Thom einköpft, hält es niemand mehr auf den Sitzen. Die „Zugabe, Zugabe"-Rufe dröhnen durch das Stadion, treiben unsere Jungen vorwärts. Kreer ist zur Stelle, um einen Rückpaß zum alles entscheidenden 2:0 zu verwandeln. Die letzten Minuten vergehen wie im Fluge, dann kennt der Beifall kein Ende.

„Wir sind keine Illusionisten, was die Qualifikation betrifft, obwohl wir bis zum Schlußtag unser Bestes geben werden, aber unsere junge Mannschaft bewies, daß sie die Zukunft auf ihrer Seite hat. Das wird unsere weitere Arbeit bestimmen, uns optimistisch an die Aufgaben herangehen lassen", sprudelt Bernd Stange hervor. Jugoslawiens Trainer Milos Milutinovic eilt nachdenklich, aber nicht unzufrieden aus dem Stadion. „Das Ergebnis kommt uns entgegen."

Am 25. September 1985 fällt die erste Entscheidung in der Gruppe. Was sich seit dem Frühjahr schon abgezeichnet hat, machen die Bulgaren mit einem 3:1-Sieg in Luxemburg perfekt — die Teilnahme an der Endrunde der

## Die Fußballer des Jahres

**FRANKREICH**
1981 Maximo Bossis
1982 Alain Giresse
1983 Alain Giresse
1984 Michel Platini
1985 Michel Platini

**BULGARIEN**
1981 Georgi Welinow
1982 Radoslaw Sdrawkow
1983 Stoitscho Mladenow
1984 Plamen Nikolow
1985 Georgi Dimitrow

**JUGOSLAWIEN**
1981 Vladimir Petrovic
1982 Ivan Gudelj
1983 Zoran Simovic
1984 Velimir Zajec
1985 Blaz Sliskovic

**LUXEMBURG**
1981 Carlo Weis
1982 Gilbert Dresch
1983 Gilbert Dresch
1984 Guy Hellers
1985 Carlo Weis

**DDR**
1981 Hans-Ulrich Grapenthin
1982 Rüdiger Schnuphase
1983 Joachim Streich
1984 Hans-Jürgen Dörner
1985 Hans-Jürgen Dörner

## Die DDR-Elf des Herbstes '85 im Spiegel der Presse

**Zu DDR–Frankreich (2:0)**
*Sportecho*: Die Musketiere keß und frech herausgefordert.
*fuwo*: Europas Beste machten únsere Männer munter.
*l'Humanite*: Die DDR-Elf hat erreicht, was sie wollte — einen aufsehenerregenden Prestigeerfolg über den Europameister.
*l'Equipe*: Es herrschte eine unglaubliche Atmosphäre. Die DDR-Auswahl hatte zeitweise einen enormen Vorteil, beeindruckte durch ihren physischen Einsatz und Athletik, durch die Qualität der Konter, durch ihre Schnelligkeit und vor allem ihr Kopfballspiel.

*Ein großer Kämpfer in der DDR-Mannschaft ist der Dresdner Ralf Minge. Hier wird er von Nikolic und Elsner (Nr. 5) flankiert*

Weltmeisterschaft. „Bereits bis zur Pause bestand daran kein Zweifel", meint Harald Irmscher, als er in Belgrad zu unserer Auswahl stößt.

Jugoslawiens Anhänger sind in dieser WM-Qualifikation durch manches Tal der Enttäuschung gewandert. Fast schien schon das Aus für ihre Lieblinge gekommen zu sein, weil zu Hause gegen Bulgarien und Frankreich nur ein Unentschieden glückte, in Sofia verloren wurde, doch der Sieg der

DDR-Elf in Leipzig gegen den Europameister hat für die „Blauen" die Möglichkeit geschaffen, noch aus eigener Kraft, mit Siegen in Belgrad und in Paris, die Endrunde zu erreichen. Doch von „Dankbarkeit" werden unsere Burschen nicht viel spüren, wenn es für beide Vertretungen um „alles oder nichts" geht. Alle Querelen der letzten Wochen, ob Trainer Milos Milutinovic nun die im Ausland unter Vertrag stehenden Akteure in die Elf zurückholen

### Zu Jugoslawien–DDR (1:2)

*Sportecho*: Den Favoriten noch aus allen Träumen geholt.

*fuwo*: Vielen Dank für diesen Abend.

*Sport*, Zürich: Von dieser jungen, vor Ehrgeiz und Entschlossenheit sprühenden DDR-Elf dürfte noch zu hören sein. Ihr 2:1-Sieg beim Spektakel von Belgrad war der Lohn einer modernen Spielauffassung.

*Sport*, Belgrad: Die DDR zeigte modernen Fußball, war enorm abwehrstark und startete stets schnelle und gefährliche Konter.

*Figaro*: Die DDR hat die Blauen in eine gute Ausgangsposition gebracht. Der Himmel hat sich wieder aufgeklärt, und ein neuer Horizont wurde sichtbar.

### Zu DDR–Bulgarien (2:1)

*Junge Welt*: Ein Herbst mit sonnigen Tagen.

*fuwo*: Verdienter Sieg zum Abschluß – das Beste gegeben.

*Sportecho*: Auch ohne frohe Pariser Kunde mit viel Elan und Forsche.

*DPA*: Die Teilnahme der Franzosen ist sicherlich ein Gewinn für die spielerische Qualität des Turniers. Aber ebenso gewiß muß das Scheitern der DDR-Auswahl als ein großer Verlust aufgefaßt werden.

*Naroden Sport*: Die DDR bewies ihre Zugehörigkeit zu den gleichwertigen 4 dieser Gruppe.

## Abschied

Für zwei der besten DDR-Fußballer kam während dieser WM-Qualifikation der Abschied aus der Nationalmannschaft. Zuvor hatten sie noch in dem internationalen „Klub der Hunderter" Aufnahme gefunden. Der Magdeburger **Joachim Streich** bestritt von 1969 bis 1984 102 Länderspiele und erzielte dabei 55 Tore. Mit 229 Treffern führt er auch die ewige Torschützenliste der Oberliga an. Der gebürtige Wismarer wurde 1979 und 1983 „Fußballer des Jahres". Seit der Saison 1985/86 fungiert er als verantwortlicher Trainer des 1. FC Magdeburg.

**Hans-Jürgen Dörner,** der Libero von Dynamo Dresden, brachte es von 1969 bis 1985 auf 100 Berufungen in die Nationalmannschaft. „Dixie" wurde dreimal – 1977, 1984, 1985 – von den Journalisten zum „Fußballer des Jahres" gewählt.

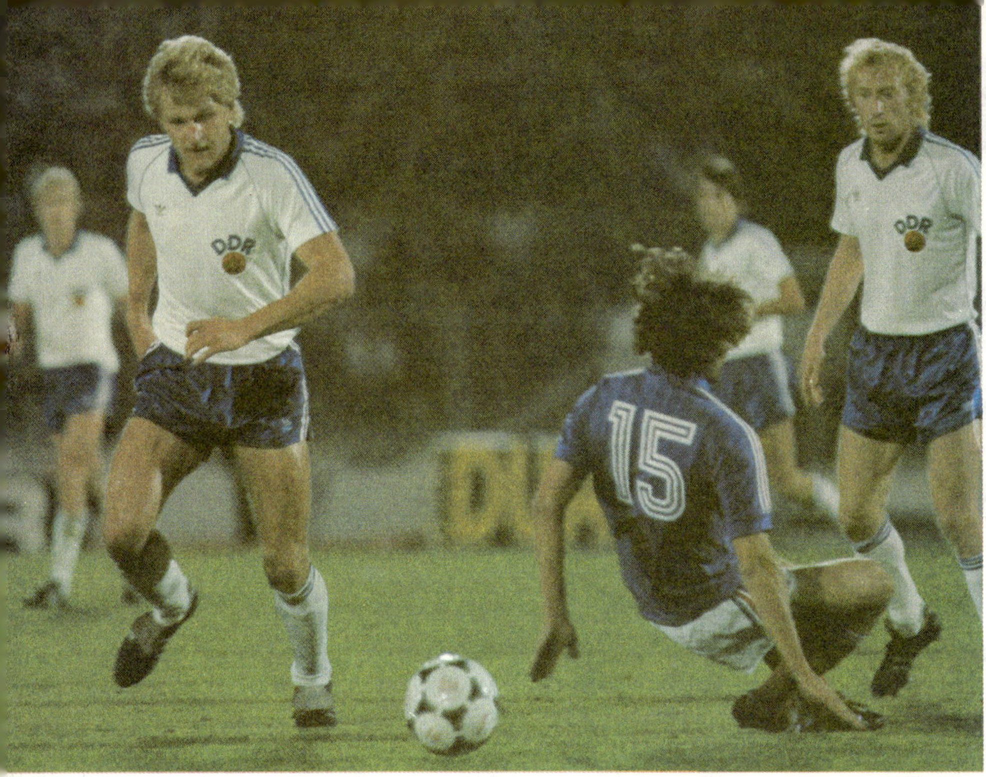
DDR
DDR
15

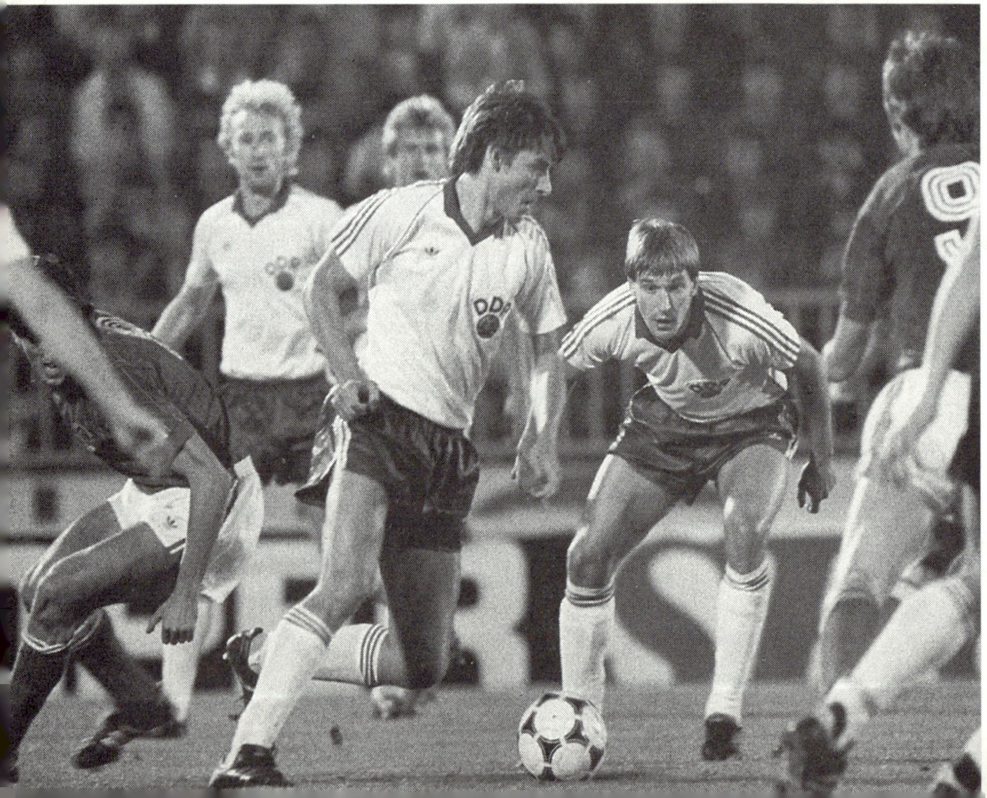
DDR

soll, sind vergessen. Trainer, Spieler
und Zuschauer bilden eine leidenschaftliche Einheit im Belgrader Stadion.

Unsere Auswahl ist darauf vorbereitet. Die Stimmung im Hotel „Jugosla-
vija" ist gelockert, beinahe froh. Der
Erfolg gegen Frankreich, mehr noch
die große Resonanz im ganzen Land
heben spürbar das Selbstvertrauen der
Spieler. „Wir wollen, müssen kontrol-
lierten Fußball bieten, nicht anders als
gegen Frankreich", orientiert Bernd
Stange. Eine Marschroute, an die sich
unsere Auswahl hält. Die „Blauen"
kommen nicht ins Spiel. Wo immer sie
auftauchen, versuchen, die Aktionen
aufzuziehen, sind unsere Männer zur
Stelle, stören, bringen sich in Ballbesitz. Doch das ist nur die eine Seite.
Sofern sich die Gelegenheit bietet,
wird der eigene Angriff gesucht.

Zur Pause ist noch nichts entschieden, doch im Stadion herrscht nicht
mehr die anfängliche Zuversicht. Zu
selbstbewußt, zu klug trumpft die
DDR-Elf auf. Fragende Gesichter im
weiten Rund. Das Staunen wird noch
größer, als der Berliner Andreas
Thom, der an diesem Abend eine
Weltklasseleistung bietet, mit durchdachten Aktionen eine 2:0-Führung unserer Auswahl herausholt. Ein drittes
Tor erkennt der sowjetische Unpartei-
sche leider nicht an.

Für uns laufen die Minuten nicht
schnell genug, werden zur Ewigkeit,
nachdem Skoro den Anschluß herge-

Die Glanztat von Torhüter René Müller. Er
pariert in Belgrad in der letzten Minute
einen Strafstoß. Rohde, Minge, Pilz und
Kreer feiern den „Helden"

Freude nach dem Abpfiff bei Trainer Bernd
Stange, Jörg Weißflog, Andreas Thom und
Wolfgang Steinbach

stellt hat. Die Schlußminute. Schiedsrichter Miminoschwili zeigt nach einem korrekten Rempler von Kreer plötzlich auf den ominösen Punkt. Sollen der große Kampf und das kluge Spiel unserer Elf nun doch keine Belohnung finden? Fast möchte man nicht hinschauen, als Gracan anläuft. Nur Torhüter René Müller behält die Nerven. Ein Aufschrei des Entsetzens im Rund. Dann der Schlußpfiff. Und der donnernde Applaus für unsere Elf vom leidenschaftlichen, verwöhnten, aber objektiven Belgrader Publikum.

Milutinovic ringt in der Pressekonferenz sichtlich um Worte. „Die DDR-Mannschaft stellt ein eingespieltes Team dar, das einen modernen Fußball offeriert. Sie bot in physischer Hinsicht eine kaum zu übertreffende Leistung", erklärt er.

Was wohl nach den Spielen des Frühjahrs kaum noch jemand für möglich gehalten hätte, tritt ein. Wenn es auch nur eine Minichance ist, die DDR-Auswahl darf bis zum Schlußtag

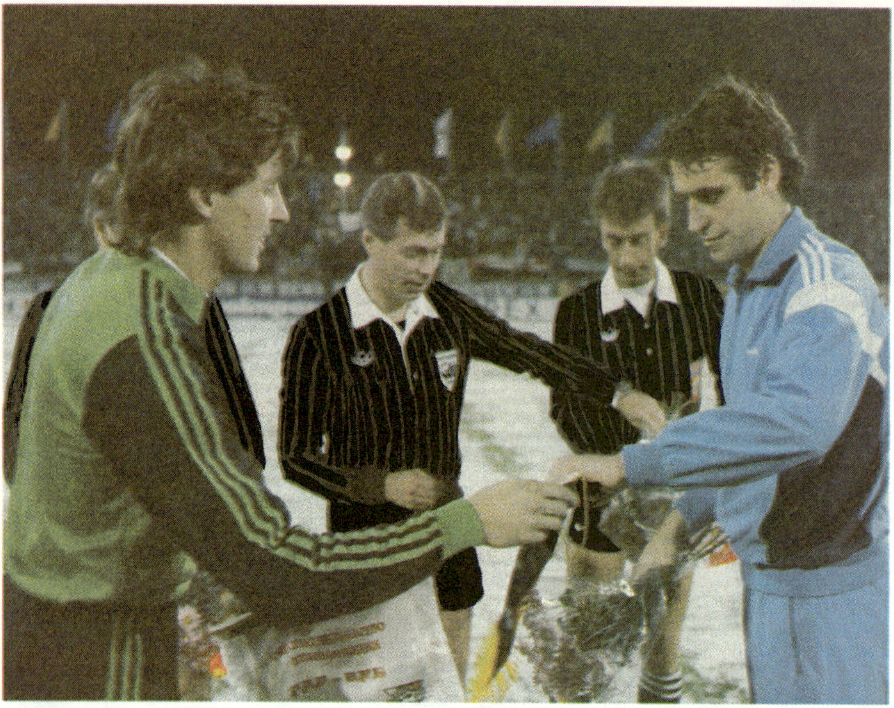

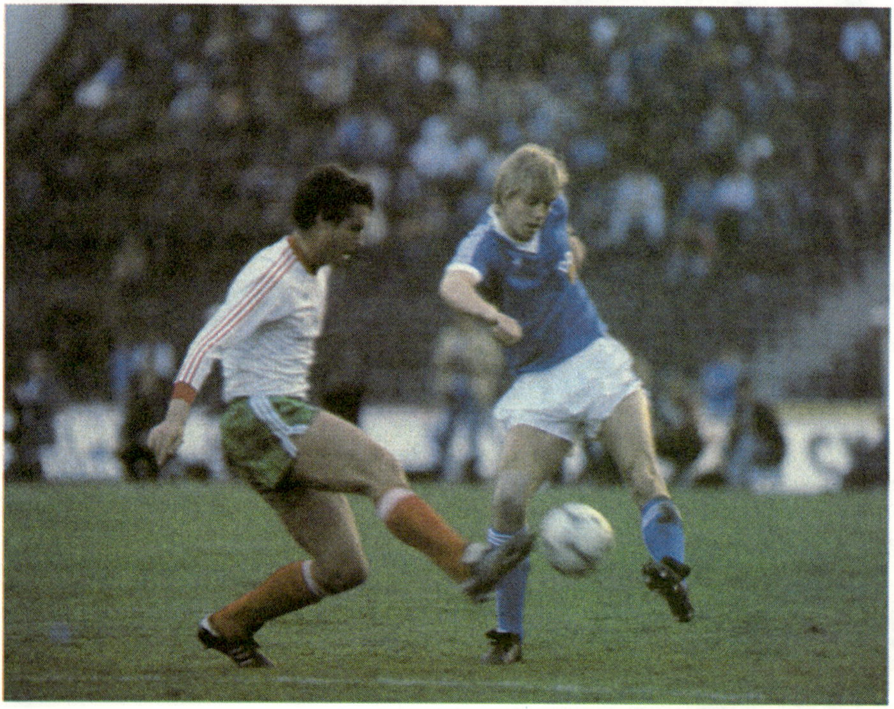

auf eine Endrundenteilnahme hoffen. „Das macht uns stolz" – wer kann Bernd Stange und seine Schützlinge da nicht verstehen?

In den Tagen vor dem Fernduell zwischen Karl-Marx-Stadt und Paris macht jeder seine Rechnung auf. Doch bei allen Hoffnungen und damit verbundenen Spekulationen sind nur zwei Fakten unumstößlich: Bulgariens Elf hat bereits die Tickets am WM-Schalter gebucht, und Frankreichs Equipe kann den Sprung zur Endrunde aus eigner Kraft schaffen.

Michel Platini läßt es jeden hören: „Meine Tore bringen uns nach Mexiko!" Für unsere Mannschaft steckt

Bernd Stange die Ziele ab: „Wir besitzen nur eine Minichance. Wenn das Unerwartete in Paris eintreten sollte, wollen wir uns aber nicht vorwerfen lassen, nicht alles versucht zu haben." Darum schauen unsere Spieler auch nicht gerade begeistert drein, als sie den Platz in Karl-Marx-Stadt besichtigen. Früher als erwartet ist der Winter gekommen und hat den Boden mit einer leichten Schneedecke überzogen. Das bringt natürlich Nachteile für die angreifende Mannschaft. „Aber wir müssen uns damit abfinden", meint Rainer Ernst. Viel schwerwiegender wohl, daß mit Andreas Thom der überragende Akteur der letzten Spiele wegen seiner zweiten gelben Karte zum Pausieren gezwungen ist.

„Über den Spielstand sind wir stets informiert, doch wir möchten das Er-

*Kostadinow leistet „Hilfestellung" für Rainer Ernst. Rechts Kapitän Georgi Dimitrow*

gebnis von den Spielern möglichst fernhalten." Bernd Stange zur kribbligen Situation in diesen Minuten. Doch auf den Tribünen macht die schnelle Führung der Franzosen durch Platini bald die Runde. Frankreich ist auf dem Weg nach Mexiko. Wenngleich es im Pariser Prinzenpark noch einige brenzlige Momente für den Gastgeber gibt, „das Hirn der Mannschaft", Platini, reicht aus, um Jugoslawien zu schlagen. *Journal du Dimanche* kann frohlocken: „Es lebe der November im Prinzenpark."

Die DDR-Mannschaft selbst bietet eine große kämpferische Leistung. Dabei verschenken die Bulgaren nichts, „denn wir möchten unseren ersten Platz behaupten", verkündet Iwan Wuzow. Uwe Zötzsche mit einem verwandelten Foulstrafstoß sorgt trotz der bitteren Kälte für Stimmung auf den Tribünen. Daran ändert auch der Ausgleich von Gotschew nichts, weil im Gegenzug Matthias Liebers mit einem knallharten Freistoß unsere Jungen erneut in Führung bringt. Und René Müller erweist sich gegen Sdrawkow wie-

derum als Elfmetertöter. Mehr Tore fallen an diesem Abend nicht, doch erneut hat sich unsere Auswahl mit einem überzeugenden Spiel den Erfolg geholt.

Um 21 Uhr ist es jedoch nüchterne Realität: Unsere Nationalmannschaft belegt mit 10:6 Punkten — ein Konto, das in anderen Gruppen für Mexiko ausgereicht hätte — nur den undankbaren dritten Rang. „Unser Glückwunsch gilt der bulgarischen und der französischen Auswahl zur erfolgreichen Qualifikation", sagte Bernd Stange in der Pressekonferenz.

Die Weltmeisterschaft ohne uns — eine Fußballwelt ist für niemanden zusammengebrochen. Vielmehr ist nach den Leistungen der Herbstspiele eine nicht geringe Zuversicht auf Kommendes entstanden. „Wir können mit europäischen Spitzenmannschaften mithalten, sind zu ihnen aufgerückt", urteilt Kapitän René Müller. Diese Erkenntnis ist für diese Mannschaft das Wertvollste in dieser WM-Qualifikation.

*Fangsicher: René Müller. Seine Mitspieler können beruhigt zuschauen*

# Steinige Wege nach Mexiko

# Magyaren als erste durchs Ziel

Die WM-Qualifikation der europäischen Länder

*Der pfeilschnelle Smolarek versucht es mit einem Direktschuß, von van der Elst eng beschattet. Pfaff auf der Lauer*

*Polens Schlußmann Mlynarczyk ohne Schlußpanik, vielmehr die Ruhe selbst – v. l. Komornicki, Scifo, Ceulemans (S. 74/75)*

## WM-Gruppe 1

(Polen, Belgien, Griechenland, Albanien)

## Den „Teufeln" bleibt nur die Hintertür

„Endlich einmal nicht Holland als Gegner!" Wie ein Stoßseufzer mutet dieser Satz an, den die Brüsseler Zeitung *Het Laatste Nieuws* nach der Mexikoauslosung im Dezember 1983 an den Beginn ihrer WM-Betrachtung stellt. 112 Ländervergleiche weist die Statistik zwischen beiden aus, darunter manch heißes Duell in Qualifikationsspielen der WM und EM. „Man soll sich nie zu früh freuen …", heißt's bekanntlich im Volksmund. Ob Guy Thys, der Auswahltrainer mit der unerschütterlichen Autorität, schon eine Vorahnung hat? Noch inmitten der allgemeinen Freude ob des „Losglücks", die *Gazet van Antwerpen* so artikuliert: „Mexiko – ohne

Komplikationen erreichbar", äußert er bedachtsam: „Es ist nicht so sehr unsere Chance, die mich bewegt, sondern die schwierige Aufgabe, die hinter einer Viererrgruppe lauert." Dabei, ein Pechvogel ist er wahrlich nicht. Die FIFA hat den Zweiten der Gruppen 1 und 5 mit einer Zusatzchance ja noch eine Hintertür nach Mexiko geöffnet. Doch darauf angewiesen zu sein, daran glaubt keiner in Belgien. Das Selbstbewußtsein ist so groß, daß Präsident Wouters in Richtung FIFA-Obere wettert, weil Belgien nicht für die Auslosung gesetzt wurde. Und er schleudert das Wort „Manipulation" über den Kanal, weil statt Belgien unbegründet das zuletzt bei WM und EM erfolglose England auf jene Vorzugsposition kam.

So ganz ernst ist dieser (Fußball-) Theaterdonner aber wohl auch nicht zu nehmen. Nur zu gern wird er genutzt, um vom leidigen Bestechungsskandal abzulenken, der Belgiens Auswahl vor den EM-Tagen in Frankreich erschütterte. Neben dem ehemaligen Auswahltrainer Goethals und Standard Lüttichs Präsident Petit (zugleich Vizepräsident des Verbandes) wurden 16 Spieler zwischen sechs Monaten und drei Jahren gesperrt, darunter mit Meeuws, Gerets, Plessers, Preudhomme, Vandersmissen auch fünf Stammspieler der Auswahl. Die WM ist eine Chance, die Wogen zu glätten, zu zeigen, wie weit Thys „seit der Stunde Null des Auswahlneuaufbaus" ist. „Ohne Polen, Griechenland, Albanien zu unterschätzen, wenn wir das nicht schaffen …" Jean-Marie Pfaff, der Auswahltorwart in Diensten der Münchener Bayern, ist wie alle voller Zuversicht.

Bei den Terminverhandlungen hat Belgiens Delegation Zeitgewinn geplant. Nach der Devise „den schwersten Brocken zuletzt" setzt tatsächlich die Partie Polen–Belgien im September '85 in Chorzow den Schlußpunkt. Und

## Gruppe 1

Eingesetzte Spieler: 93
Zuschauer: 357 000 – ∅ pro Spiel: 29 750
Erfolgreichste Torschützen:
Für Polen (10 Tore) 3 Dziekanowski, Smolarek, 2 Boniek;
für Belgien (7 und 2 in der Zusatzqualifikation) 3 Vercauteren, 2 Scifo;
für Albanien (6) 2 Mingha, Omuri.
In allen sechs Spielen dabei: Wojcicki, Matysik, Boniek, Dziekanowski, Smolarek (Polen), Grün, Renquin, Scifo, Voordeckers (Belgien), Musta, Turgaj, Demolari, Hodja, Josa, Muca, Minghakola, Smijani (Albanien), Sarganis, Anastopoulos (Griechenland).
Torreichstes Spiel: Griechenland–Polen 1:4.

**POLEN:**
Fläche: 312 683 km$^2$
Einwohnerzahl: 36,4 Millionen
Verband: Polski Zwiazek Pilki Noznej
Gegründet: 1919
Mitglied der FIFA: seit 1920
In der WM: Endrundenteilnehmer 1938, 1974 (Dritter), 1978, 1982 (Dritter), 1986
Bei Olympia: 1972 (Gold), 1976 (Silber)
In der EM-Endrunde/Europapokal der Nationalmannschaften: –

**BELGIEN:**
Fläche 30 513 km$^2$
Einwohnerzahl: 9,9 Millionen
Verband: Union Royale Belge des Societes de Football-Association
Gegründet: 1895
Mitglied der FIFA: seit 1904
In der WM: Endrundenteilnehmer 1930, 1934, 1938, 1954, 1970, 1982, 1986
Bei Olympia: 1920 (Gold), 1924, 1928
In der EM-Endrunde/Europapokal: 1972 (Dritter), 1980 (Zweiter), 1984

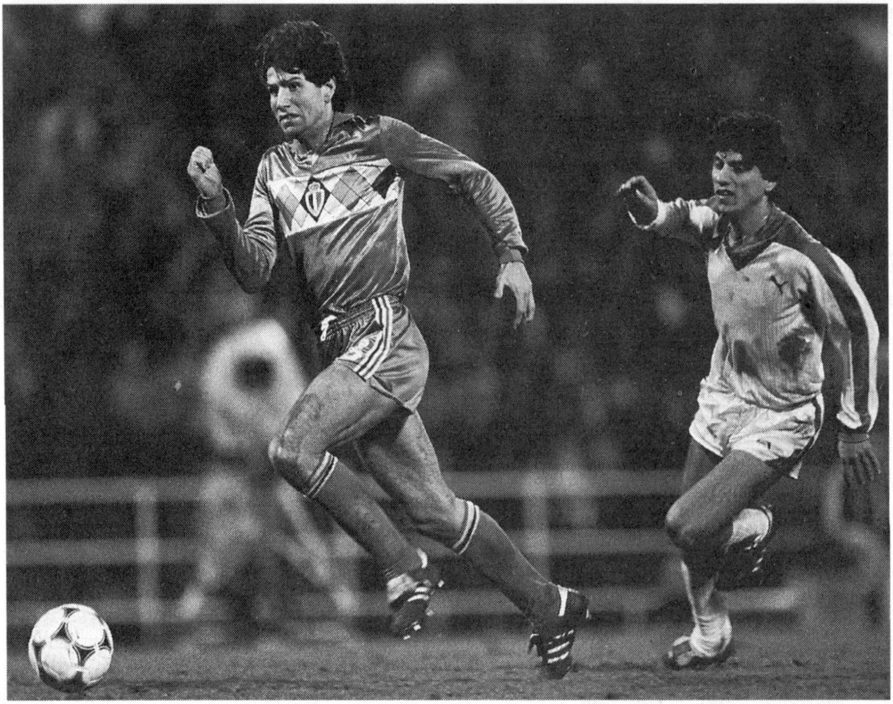

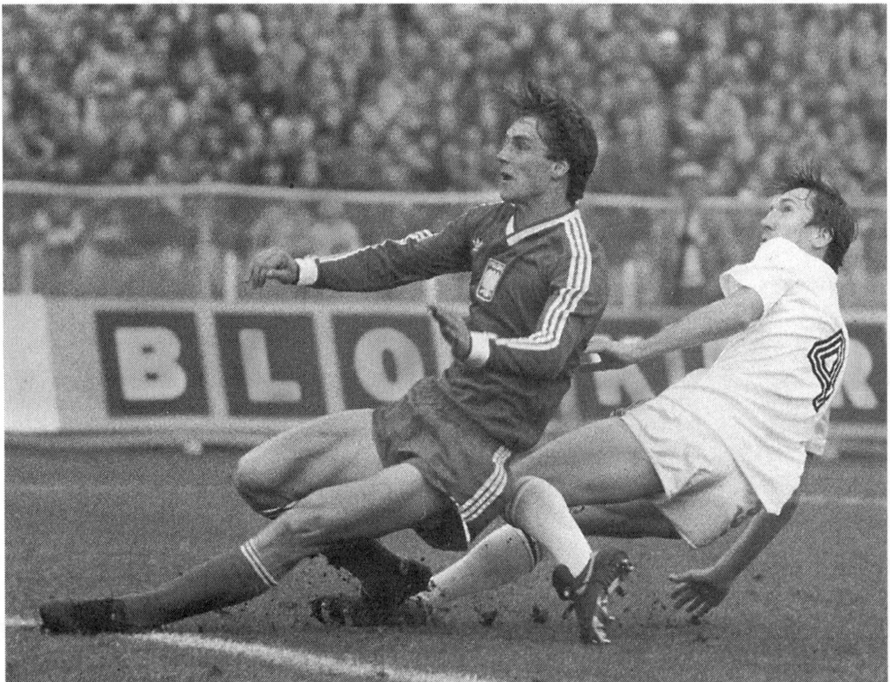

auch der Start erfolgt, als in anderen Gruppen längst der tollste Trubel herrscht, dazu noch gegen den vermeintlichen Punktlieferanten Albanien.

Aber die Talente aus dem Land der Skipetaren haben das Fürchten vor den Großen Europas längst verlernt, seit sie in Saarbrücken der BRD-Auswahl fast die EM-Suppe versalzen hätten. Daß die Nachwuchsauswahl gar in jener BRD-Gruppe Sieger werden konnte, nährt bei Trainer Rreli leise Hoffnungen. „Wir sind seitdem eher stärker geworden", sagt er in Brüssel mit Blick auf die neue Generation, unter ihnen Ocelli, Josa, Jera, Liti, Vila — alle aus der U 21 nachgerückt. Ja, und Belgiens Elf bekommt zum Auftakt am 17. 10. 84 im Heysel-Stadion Sorgen. Ohne Torjäger Vandenbergh, an beiden Knien operiert, rollt der Angriff mühsam. Die dürftige Kulisse der 9 000 Unentwegten muß lange warten, ehe aus dem 1:1 (Führungstor Claesen, Ausgleich Omuri) in den Schlußminuten (2:1 Scifo 84., 3:1 Voordeckers 88.) noch ein Sieg wird. Es ist der zweite in den letzten zehn Spielen, der „zwei Punkte im Angstschweiß" bringt, wie Guy Thys gesteht.

Aber er kann noch aufatmen; der Trainer des Mitfavoriten aus Polen, Antoni Piechniczek, bekommt ein paar graue Härchen mehr. Auch wenn beim letzten Testspiel (1:1 in Norwegen) nur die Abwehr Sicherheit ausstrahlte, die beiden Vornamensvetter Dariusz Ku-

**ALBANIEN:**
Fläche: 28 748 km$^2$
Einwohnerzahl: 2,8 Millionen
Verband: Federation Albanaise de Football
Gegründet: 1932
Mitglied der FIFA: seit 1932
In der WM-Endrunde: —
Bei Olympia: —
In der EM-Endrunde/Europapokal: —

**GRIECHENLAND:**
Fläche: 131 994 km$^2$
Einwohnerzahl: 9,7 Millionen
Verband: Elliniki Podosfairiki Omospondia
Gegründet: 1926
Mitglied der FIFA: seit 1927
In der WM-Endrunde: —
Bei Olympia: 1906 (Silber), 1912, 1952
In der EM-Endrunde/Europapokal: 1980

*Kein fröhliches Weihnachten für die Belgier 1984 nach der Doppeltour Griechenland (0:0), Albanien (0:2). Auch dieses energische Solo von Scifo in Athen bringt nichts ein*

*Gruppen-„Endspiel" in Chorzow, den Gastgebern genügt ein Remis, die „Roten Teufel" brauchen einen Sieg. Energische Zweikämpfe prägen das Spiel — hier Dziekanowski vor van der Elst am Ball*

bicki und Dariusz Wdowczyk von Legia Warschau auf den Außenverteidigerpositionen, das Stopperpaar Josef Adamiec (Lech Poznan) und Wladyslaw Zmuda (Cosmos New York) Klasse verkörpern: gegen Griechenland und Albanien erwartet jeder nur Siege.

Gegen die Hellenen, die Assistenztrainer Bernhard Blaut in Zwickau beim Länderspiel gegen eine DDR-Elf beobachtet, kann ein 0:1-Rückstand noch in einen 3:1-Sieg verwandelt werden. Lokalmatador Andrzej Palasz und der ausgefuchste Zbigniew Boniek sorgen da für den nötigen Ballnachschub auf den pfeilschnellen Wlodzimierz Smolarek und auf den Doppeltorschützen Dariusz Dziekanowski.

Diese Doppelspitze von Widzew Lodz „sticht" in Mielec gegen die Albaner nicht mehr annähernd so spürbar. Zmuda, der hochaufgeschossene Stopper mit der Riesenerfahrung von 82 Länderspielen, nach zwei Jahren wieder in der Auswahl aufgeboten, mahnt zwar: „Dieser zweite Heimsieg wäre der nötige Rückhalt für die drei Auswärtsspiele im Frühjahr", aber vergebens. Albaniens junge Elf, im 4–5–1 ihren wendigen Stürmer Kola geschickt mit Steilpässen fütternd, sorgt für den ersten Paukenschlag.

Bis zur Pause kann sich Torwart Kazimierski noch in der Herbstsonne aalen, kein Schuß stört ihn. Aber nach dem Wechsel wird er aufgeschreckt. Verteidiger Wojcicki hat den weit vorn lauernden Kola entwischen lassen. Dessen Flanke drückt Mingha ins Netz, den Führungstreffer von Smolarek ausgleichend. Und damit nicht genug, einen weiteren Schnitzer seines Bewachers nutzt Kola selbst: 2:1-Führung nach 77 Minuten. Fassungslosigkeit unter den 25 000. Palasz verhindert mit seinem 2:2 nur das Schlimmste. „Nun

*0:0 – und doch geschafft. Die unglaubliche Spannung entlädt sich auf der Trainerbank des Gruppensiegers*

sind wir schon nach dem Start in Zugzwang", klingt es bei *Sport*, Katowice, nicht eben freudig und zuversichtlich. Anders die Albaner, die das Pünktchen wie eine Trophäe mit nach Hause an die Adria nehmen und dazu eine gehörige Portion Zuversicht. Dort rüsten sie zu weiteren Taten – und Überraschungen.

„Non – vintage Belgium", überschreibt das Londoner Fußballmagazin *World Soccer* einen Kommentar, als das Jahr 1985 gerade begonnen hat. Vintage=Weinlese, Ernte, und für Belgien ist der Dezember '84 wahrlich kein „Ernte-Monat". Die „Operation Balkan" mit der Doppelreise Athen–Tirana wird zum Fehlschlag. „Drei Punkte" sind das Ziel der Roten Teufel, Guy Thus läßt daran keinen Zweifel. Aber er verkalkuliert sich. Immerhin hat der RSC Anderlecht, Starklub der Belgier, einen taufrischen 1:6-Einbruch im Europacup bei Real Madrid zu verkraften. Die „geschorenen Schafe" Vercauteren, Scifo, Grün, Czerniatynski, de Groote, Munaron, die den Stamm der Auswahl bilden, also nicht in bester psychischer Verfassung für eine Reise gen Süden. Thys setzt auf Defensive, bietet fünf Verteidiger auf, darunter mit Vorstopper Jaspers von Beveren-Waäs einen Fastneuling (gegen Argentinien eingewechselt) und Frank van der Elst (FC Brügge) einen Debütanten als Libero. Und entsprechend der Remisdevise operiert der Gast. Eine einzige Chance in neunzig Minuten erspielt sich Wunderknabe Scifo, scheitert jedoch an Griechenlands Torwartroutinier Saraganis. Dennoch keine Enttäuschung bei den Belgiern, wohl aber bei Griechenlands Fans und Fachleuten. Auswahltrainer Papastopolou kritisiert: „Nicht einen Distanzschuß sah ich, und das bei einer solchen Doppeldeckung."

Guy Thys stärkt auf der Weiterreise nach Athen seinem jungen Stopperpaar den Rücken: „Gut gemacht, umsichtig, energisch, ich habe keinen Grund, binnen drei Tagen die Abwehr zu ändern", läßt er Journalisten wissen. Nur einmal ist er in Athen ins Zittern gekommen, als Mitropoulos sage und schreibe aus zwei Metern Entfernung einen Kopfball an die Latte setzte. Mit Athen, so meint er, sei der schwierigste Teil der Reise gemeistert. Irrtum! Denn aus der Direktive „Nun noch zwei Punkte in Tirana" wird nichts. Allein daß Torwart Pfaff zum besten belgischen Spieler erkoren wird, läßt ahnen, wie sehr die Favoriten in Verlegenheit geraten. Optische Vorteile in der ersten Halbzeit bringen nichts. Die Stimmung steigt. Helle Begeisterung füllt den Stadionkessel, als erst Josa (75.), dann Mingha (85.) bei sehr weiträumigen und schnellen Angriffen kaltblütig zwei Tore erzielen. „Einer unserer schönsten Siege", nennt der auf Schultern vom Platz getragene Trainer Rreli dieses 2:0, das einer sportlichen Sensation gleichkommt. „Wir sind stärker geworden seit der EM."

Auch die Griechen lassen in Tirana einen Punkt (0:0) und landen schließlich, „ohne Herz, ohne Feuer", aber unter Milo Papastopolou „auch ohne Konzept", wie die Athener Zeitung *Akropolis* urteilt, sogar hinter Albanien.

Polen bringt 1985 im Wonnemonat Mai aus Albanien und Griechenland vier wertvolle, ja entscheidende Pluspunkte mit. „Es ist unser fester Vorsatz, den Punktverlust vom 2:2 gegen Albanien auswärts gutzumachen", hatte Trainer Antoni Piechniczek, seit Januar 1981 im Auswahlamt, angekündigt. Das gelingt mit zwei Siegen (4:1 in Athen, 1:0 in Tirana) sogar überzeugend. *Trybuna Ludu* kann damit, trotz des 0:2 vom 1. Mai in Brüssel gegen Belgien, sogar die Geographie korrigieren: „Nach Mexiko ist's gar nicht mehr so weit." Die Fußballmathematik beweist es. Im eigentlichen Schlußspiel der

Gruppe benötigt Polens Auswahl gegen den Rivalen nur noch ein Unentschieden, um dank der besseren Torausbeute auf Platz 1 einzukommen. Vergessen die enttäuschende Leistung von Brüssel, die *Przeglad Sportowy* so umschrieb: „Ein trauriges Spiel mit einem traurigen Resultat. Hatten die Belgier eine Mannschaft, so wir nur einen Mlynarczyk." Im rekonstruierten Slask-Stadion von Wroclaw steht er jedoch am 11. 9. wieder in einer Elf, die den Ruf Klub Polska in jeder Beziehung rechtfertigt. Obgleich die Belgier mit Gerets, der sein 51. A-Spiel bestreitet, und Plessers zwei ihrer Skandalsünder wieder dabei haben, vermögen sie nach vorn kaum Wirkung zu erzielen. Die 80 000 stehen wie eine Wand hinter ihrer Elf, um das 0:0 zu sichern. Risiko wird dabei kleingeschrieben. Am Ende dieses taktischen Gefechts scheint die imponierende Arena zu bersten. Bedrückende Stille in der belgischen Kabine, vor der Guy Thys, der 62jährige, die unvermeidliche Zigarre im Mundwinkel, karge Kommentare gibt. „Ausgerechnet hier in Wroclaw auf einen Sieg hoffen, spielen zu müssen, da sind die Chancen von vornherein nicht rosig", sagt er, nach einem Zug dann hinzufügend: „Und für einen außerordentlichen Sieg fehlte uns einiges." Dieses 16. Unentschieden der Auswahl unter seiner Stabführung im 68. Spiel (darunter 31 Siege) schmerzt ihn. Doch ein Trost, eine Hoffnung bleibt: die Hintertür nach Mexiko. Nur: da, in der Zusatzqualifikation gegen den Zweiten der Gruppe 5, wartet niemand anders als Holland, der gefürchtete ewige Rivale, zum 113. und 114. Duell. Polens Sportfamilie aber ist stolz, stolz auf ihre Jungen, die zum vierten Male hintereinander die WM-Endrunde erreicht haben. Und gemeinsam feiert das ganze Land am Abend jenes 11. 9. „Wir sind dabei – und nur das zählt im Moment", verkündet *Przeglad Sportowy* am Tag darauf.

## WM-Gruppe 2

(BRD, ČSSR, Schweden, Portugal, Malta)

### Vier Trainer kommen, ein Trainer geht

Als „Mann Fortunas" gilt er nicht, Schwedens Trainer Lars Arnesson. Bereits bei seiner Berufung muß er sich gefallenlassen, nach dem Motto „Der Mann, der vor dir war, der war so wunderbar" mit seinem Vorgänger verglichen zu werden. Gemeint ist natürlich Erfolgstrainer Georg Ericsson, der die „Tre Kronors" von 1970–78 jeweils in die WM-Endrunde führte. Nur zu schnell scheint vergessen, daß eben mit jenem „Aby" Ericsson eine große Generation ihren Abschied nahm und Schweden schon zur EM 1980 in Italien (noch unter Ericsson) hinter der ČSSR und Frankreich nur auf Rang 3 in der Gruppe einkam. Rekordnationalspieler Nordqvist, mit 115 Auswahleinsätzen bis zum Frühjahr 1986 „Weltrekordmann", und an seiner Seite der Weltklassetorwart Hellström, dazu der Stürmerhüne Edström, der Offensivverteidiger Borg und manch andere langjährige Stütze müssen ersetzt werden. Kein leichtes Unterfangen. Talente, die zu Weltklassespielern reifen, wachsen halt auch in Schweden nicht wie Pilze. Zumal die Besten wie eh und je von den ausländischen Großklubs aufgekauft werden. Der „neue Nordqvist", der Stopperhüne Glenn Hysen, ist seit 1983 beim PSV Eindhoven unter Vertrag, der untersetzte Rackerer im Mittelfeld, Robert Prytz, seit 1982 bei den Glasgow Rangers, die Sturmasse Torbjörn Nilsson, Dan Corneliusson wechselten über die BRD-Klubs 1. FC Kaiserslautern bzw. VfB Stuttgart in südlichere Gefilde, nach Lissabon und Como. Strömberg (Atalanta Bergamo), Holmqvist (Düsseldorf), Sandberg (Athen), Svensson (Frankfurt/M.) sind weitere Beispiele. Dennoch äußern der langjährige Präsident Tore Brodd und Trainer Lars Arnesson Zuversicht, beurteilen die Gruppe mit Doppelweltmeister BRD (1954, 1974), Europameister ČSSR (1976) und dem EM-Dritten Portugal (1984) vorsichtig-diplomatisch: „Wir hätten uns leichtere Gegner vorstellen können, aber für die anderen führt der Weg nach Mexiko auch über Schweden." Wahrlich. Und ihre Prognose, „eine Gruppe, die zugkräftige Spiele und derbe Überraschungen verspricht", wird eher übertroffen. Schwedens Auswahl mischt da munter mit.

Standesgemäß das 4:0 über die bescheidene Fußballstreitmacht Malta, das mit dem bulgarischen Trainer Genscho Dobrew und einem schmucken Stadion — endlich mit Rasendecke — die Gegnerschaft angenehm überrascht. Doch fast kurios, eigentlich unerklärlich Verlauf und Ausgang der Duelle mit Portugal. Sechsmal hat Portugal bislang vergeblich versucht, ein Länderspiel gegen die Tre Kronors zu gewinnen. Im September '84 gelingt's im siebenten Anlauf. Und ausgerechnet auswärts, im berühmten Rasunda-Stadion vor den Toren Stockholms. Ohne den Wirbelwind Chalana, ohne den „Speer" Jordao, die Einmannspitze aus EM-Tagen, bleibt den Portugiesen nur der Versuch, die Schweden in ihrem Abwehrlabyrinth zu verwirren, gelegentliche Ausbrüche nach vorn zu riskieren.

Neunzig Minuten Powerplay vor dem Gehäuse des Torwart-„Zwerges" Bento, ohne daß die 30 000 jemals ein Schwedentor bejubeln können. Vielmehr sind es die Gäste, denen ein seltener Ausflug ihres europäischen Rekordschützen Gomes das „goldene Tor" beschert. Jose Torres, nach dem Engländer Mario Wilson, seinem früheren Auswahlkollegen Otto Gloria und Julio Cernades Pereira erst 1984 zum neuen Auswahltrainer berufen, ist in dem Freudenknäuel unschwer auszumachen. Seinem Namen gemäß überragt

der Turm (Torres), respektable 1,98 m groß, ohnehin jeden aus der Equipe. „Nach diesem unverhofften Auswärtssieg kann Torres seine Nase schon an WM-Luft gewöhnen", frohlockt A Bola, die Sporttageszeitung in Lissabon. Tatsächlich scheint der EM-Dritte auch ohne seine beiden großen Stars — Jordao (geb. 9. 8. 1952) wird von Verletzungen geplagt, kann kaum noch in seinem Klub Sporting eingesetzt werden — geradenwegs auf Mexiko zuzusteuern. Im Oktober '84 kommen nach einem 2:1 gegen die ČSSR weitere Punkte auf das Konto. In der Hafenstadt Porto hat Josef Masopust, 1962 mit der ČSSR-Elf Vizeweltmeister und als ihr Dirigent im Mittelfeld zum „Fußballer Europas" gewählt, mit seinen Schützlingen nicht den Hauch einer Chance. „Zu verhalten" habe seine Elf gespielt, sagt er mit Ärger in der Stimme. Den Gastgebern scheinen die 30 Hitzegrade nichts auszumachen, vor allem dem Tausendsassa Carlos Manuel nicht. Er übertrifft alle, fühlt sich regelrecht zu Sturmläufen aus dem Mittelfeld über die rechte Flanke eingeladen. Schnell, sicher am Ball, serviert er Diamantino den Ball zum 1:0 und besorgt nach Janeckas Ausgleich den Siegtreffer selbst.

Auch Franz Beckenbauer ist vom technisch hochklassigen Spiel der Portugiesen überaus beeindruckt, meint danach sogar: „Nach diesem zweiten Sieg und mit dieser Leistung ist der EM-Dritte absoluter Favorit unserer Gruppe. Wir müssen uns an den Schweden orientieren." Und die werden am 27. 10. empfangen, in einem Spiel nicht ohne Schwierigkeiten, aber ohne Höhepunkte 2:0 bezwungen. „Retter" wird dabei Einwechsler Rahn von Möchengladbach, der — gerade 15 Sekunden im Spiel — das 1:0 markiert. Zwei Minuten vor Abpfiff sichert Rummenigge den Sieg.

Doch bleiben wir bei Beckenbauers vermeintlichem Favoriten. Portugal kann und will in den nächsten drei Spielen – 4. 11. Heimspiel gegen Schweden, 10. 2. 85 auf Malta und 24. 2. Heimspiel gegen die BRD – die Mexikofahrkarten de facto sichern. Schließlich hat man ja dann noch die Heimpartie gegen die Malteser in petto. Es kommt alles ganz anders.

Schwedens Trainer Arnesson behebt seine Sorgen (Corneliusson verletzt) mit Überredungskünsten. Nach dem Europacupsieg des IFK Göteborg 1982 hat der Durchreißer Torbjörn Nilsson erklärt, „nie mehr" in der Auswahl zu spielen. Es sei ihm als Auslandsprofi nahe der 30 „zuviel". Arnesson gewinnt ihn zurück und riskiert auch den Einsatz von Prytz, bei den Rangers in Glasgow zu dieser Zeit nur Edelreservist, sowie den von Torwart Thomas Ravelli. Von ihm weiß er nicht, ob seine Verletzung völlig ausgeheilt ist. „Mit dem Mut der Verzweiflung", so *Sydsvenska Dagbladet*, fliegen die Wikinger gen Süden, wo Torres auch noch mal Jordao, nach Toren erfolgreichster aktueller Nationalspieler, reaktiviert hat. Er wird bei seinem Comebackversuch zum Unglücksraben in einer zum Schluß äußerst unglücklichen Elf. Dabei beginnt alles geradezu traumhaft. Keine elf Minuten sind vergangen, und die 40 000 in Lissabon springen von den Sitzen. Jordao bringt seine stattliche Größe bei einem Eckball zur Geltung, 1:0 per Kopf – sein 15. Auswahltor. Ob die frühe Führung zu selbstsicher macht? Jedenfalls erläuft sich der zwanzigjährige Mats Gren im Kurzpaßgeplänkel der Gastgeber eine mißglückte Rückgabe. Bento attackiert den hakenschlagenden Stürmer regelwidrig. Prytz verwandelt den Strafstoß, gleicht aus. Auf den Rängen erst Jubel und dann Entsetzen, als 60 Sekunden später Jordao die Riesenchance eines postwendend folgenden Strafstoßes nicht nutzt. Ravelli angelt sich den Ball im Flug, und die Fassungslosigkeit der Portugiesen ausnut-

## Gruppe 2

Eingesetzte Spieler: 143
Zuschauer: 602 000 – ∅ pro Spiel: 30 100
Erfolgreichste Torschützen:
Für die BRD (22 Tore) 4 K.-H. Rummenigge, 3 K. Allofs, Rahn, Littbarski, 2 Herget, Völler;
für Portugal (12) 5 Gomes, 3 Carlos Manuel, 2 Diamantino;
für Schweden (14) 4 Prytz, 3 Corneliusson, 2 Sunesson;
für die ČSSR (11) 3 Janecka, 2 Vizek;
für Malta (6) 2 L. Farrugia.
In allen acht Spielen dabei: Schumacher (BRD), Bento, Joao Pinto, Carlos Manuel, Gomes (Portugal), Dahlqvist, Fredriksson (Schweden), Berger (ČSSR), Aquilina, Vella (Malta).
Torreichste Spiele: BRD–Malta 6:0, ČSSR–BRD 1:5.

**BRD:**
Fläche: 248 198 km$^2$
Einwohnerzahl: 59,8 Millionen
Verband: Deutscher Fußball-Bund
Gegründet: 1947
Mitglied der FIFA: seit 1950
In der WM: Endrundenteilnehmer 1954 (Weltmeister), 1958, 1962, 1966 (Zweiter), 1970 (Dritter), 1974 (Weltmeister), 1978, 1982 (Zweiter), 1986
Bei Olympia: 1952, 1956, 1972, 1984
In der EM-Endrunde/Europapokal: 1972 (Europameister), 1976 (Zweiter), 1980 (Europameister), 1984.

**PORTUGAL:**
Fläche: 92 082 km$^2$
Einwohnerzahl: 9,9 Millionen
Verband: Federaceo Portuguesa de Futbol
Gegründet: 1914
Mitglied der FIFA: seit 1926
In der WM: Endrundenteilnehmer 1966 (Dritter), 1986
Bei Olympia: 1928
In der EM-Endrunde/Europapokal: 1984 (Halbfinalist)

Das 3:0 durch Matthäus mit straffem Schuß,
Borovicka kommt nicht heran, Rahn dreht
ab, Chalupka schaut zu

Keine Chance für ČSSR-Torwart Borovicka,
Berthold erzielt das erste von fünf Toren in
Prag gegen die ČSSR.
Links Völler

Schumacher geschlagen, prächtige Torak-
tion vom Schweden Corneliusson

Flankenlauf des quirligen Littbarski, in Prag
kaum zu stellen, hier auch von Prokes nicht

zend, setzt Prytz Bento einen Freistoß in die Maschen. Nilsson erläuft sich einen weiteren unglaublichen Fehlpaß, diesmal von Diamantino, fackelt nicht lange, vollstreckt ohne Zögern: 3:1. Das ist der Beginn eines Leidensweges der Schützlinge von Jose Torres, da die nächste Heimspielchance gegen die BRD prompt wieder vertan wird.

Die BRD-Elf, seit acht Tagen im südlichen Portugal, um dem Winter auszuweichen, wird dennoch von ihm eingeholt. Eine Grippe-Infektion setzt Rummenigge und K.-H. Förster außer Gefecht, läßt die Gäste noch vorsichtiger, auf Sicherheit bedacht beginnen. Aber auch die Portugiesen wagen nichts, fürchten wohl die Konter à la Schweden. Und werden doch von ihnen überrascht. Die Doppelspitze Völler—Littbarski findet kaum Widerstand in der porösen Abwehr vor Bento. Jeweils nach sicherem Ballgeplänkel im eigenen Drittel geht in der 28. Minute Littbarski davon — 1:0, in der 37. Völler, auch uneinholbar — 2:0. Die 60 000 sind betroffen. Erst als Torres mit Diamantino eine dritte Spitze bringt, wendet sich das Blatt. Zumindest optisch. Aber nur der Anschlußtreffer gelingt noch, mehr nicht. „Es war, als hätten von uns zwei verschiedene Mannschaften gespielt", rätselt der Trainer in der allgemeinen Enttäuschung seiner Landsleute. „Portugal out?" läßt danach *Sport*, Zürich, die große Frage im Raum stehen. Wer zwei Heimspiele verliert, kann nach menschlichem Ermessen kaum mehr hoffen.

Sicherer Kandidat für Rang 1 ist nun natürlich die BRD-Elf, die von inneren Selbstzweifeln geplagt in diese WM startete und erst in Lissabon wieder Oberwasser bekommt. „Ein riesiger

*Die Portugiesen in Prag ohne Chance — und auch da noch ohne Hoffnung auf Platz 2. Bento einarmiger Sieger in diesem Luftduell gegen Janecka und Straka, links Venencio*

**SCHWEDEN:**
Fläche: 449 964 km²
Einwohnerzahl: 8,3 Millionen
Verband: Svenska Futbollförbundet
Gegründet: 1904
Mitglied der FIFA: seit 1904
In der WM: Endrundenteilnehmer 1934, 1938, 1950 (Dritter), 1958 (Zweiter), 1970, 1974, 1978
Bei Olympia: 1908, 1912, 1920, 1924, 1936, 1948 (Gold), 1952 (Bronze)

**ČSSR:**
Fläche: 127 881 km²
Einwohnerzahl: 15,4 Millionen
Verband: Československy Fotbalovy Svaz
Gegründet: 1901
Mitglied der FIFA: seit 1906
In der WM: Endrundenteilnehmer 1934 (Zweiter), 1938, 1954, 1958, 1962 (Zweiter), 1970, 1982
Bei Olympia: 1920, 1924, 1964 (Silber), 1980 (Gold)
In der EM-Endrunde/Europapokal: 1960 (Dritter), 1976 (Europameister), 1980 (Dritter)

**MALTA:**
Fläche: 316 km²
Einwohnerzahl: 365 000
Verband: Main Football Association
Gegründet: 1900
Mitglied der FIFA: seit 1959

*Dieser Schuß von Hruska vorbei an Antonio Andre bringt das 1:0*

Schritt Richtung Mexiko", kabeln die Reporter in ihre Redaktionen. Und Teamchef Beckenbauer atmet tief durch. „Der wichtigste Sieg meiner Amtszeit." Einer seiner alten Auswahlkollegen, Nachwuchstrainer Vogts, bezeichnet die 2:1-Partie „als beste Länderspielleistung seit acht Jahren". Blenden wir zurück.

Nach Spanien '82, als das gute Abschneiden über schwindende Spielsubstanz noch hinwegtäuschte, folgte mit der EM '84 ein spielerischer Tiefpunkt. *France Football* kam in einer Analyse aller acht Endrundenteilnehmer bilanzierend zu dem Schluß: „Die BRD-Elf hat in den französischen Stadien den altmodischsten Fußball gespielt." Noch bevor in Paris das Endspiel über die Bühne ging, war damit das letzte Wort über Trainer Derwall gesprochen, als „Neuer" der Rekordinternationale

Franz Beckenbauer (103 Länderspiele) gewonnen. Beckenbauer in der Nacht seiner Berufung vor wartenden Journalisten: „Warum ich auf dieses Schleuderbrett des Auswahltrainers steige? Weil man ja nicht immer nur kritisieren kann, sondern auch zeigen sollte, daß es vielleicht doch anders und besser geht." Er gilt als Symbolfigur, anerkannt von Aktiven, Zuschauern, Funktionären, und er bekommt Kredit. Als er im Frühherbst '84 sein Debüt gibt mit einer Heimniederlage gegen eine junge, aufstrebende argentinische Mannschaft, zeigt sich das auch in der *Stuttgarter Zeitung*: „Die Nationalmannschaft ist den Argentiniern hintergehergehumpelt, wie sie im Frühsommer durch die EM gehumpelt ist. Wenn Jupp Derwall auf der Bank gesessen hätte in Düsseldorf, dann wäre er im hohen Bogen aus dem Rheinstadion hinausgepfiffen worden. Dem ‚Kaiser' blieb Majestätsbeleidigung erspart." Und tiefer lotend folgt: „Wie soll vereinigte Klasse entstehen, wenn es an der

*Berger sucht die Lücke zum Doppelpaß und riskiert dann ein Dribbling*

individuellen hapert? Es muß zuviel Durchschnitt mitgeschleppt werden."

Kurz, ein schwieriger Neuaufbau steht an, und aus dem vollen kann keiner mehr schöpfen. Das Talenteangebot ist bescheidener geworden. Die Suche nach einem Regisseur endet beim Hamburger Felix Magath. Viel Zweifel allenthalben, und auch der mutige Griff zu jungen Burschen wie Berthold (Eintracht Frankfurt/M.), Frontzeck (Borussia Mönchengladbach), Thon (Schalke 04), Kögl (FC Bayern München) erweist sich nicht als Allheilmittel. Mühsam der WM-Auftaktsieg über Schweden, angstvoll das 3:2 auf Malta – da muß der Erfolg von Lissabon wie ein warmer Regen wirken. Und die Hoffnung sprießt, früh auch die leidige Selbstüberschätzung. Mahnt Beckenbauer noch in Portugal: „Das waren fast 100 Prozent unserer

Möglichkeiten", dann ist nach dem gewiß eindrucksvollen 5:1 in Prag gegen eine freilich ziemlich konfuse ČSSR-Vertretung Zurückhaltung nicht mehr gefragt. Josef Masopust erlebt mit einem 0:4 schon zur Pause den „schwärzesten Tag" seiner langen Fußballerlaufbahn. „Jeder Schuß ein Treffer!" Er schüttelt deprimiert den Kopf. „Mir fehlen einfach die Worte." Anderen fehlen sie nicht. Bei Trainern, Spielern der BRD-Equipe ist die Freude verständlich. Der quirlige Littbarski strahlt nur: „Uns gelang eben alles, dem Gegner nichts. Das gibt's." Die meisten Medien zwischen Hamburg und München schwelgen: „Wie Phönix aus der Asche", „Eine Halbzeit lang aus dem Lehrbuch", „Nationalelf zündet tolles Feuerwerk" und „Schon wieder eine Weltklasse-Elf". Als ob dazu zwei, drei gute Spiele genügen! Mehr ist vonnöten, wie bald klar wird.

Im Sommer 1985 gibt's Kontakte mit Klassemannschaften in Mexiko. 0:3 gegen England, 0:2 gegen die Mexikaner, „Montezuma" wird mit seiner „Rache" zur Erklärung bemüht, weil in der Mannschaft Durchfallerkrankungen auftreten. Doch spätestens im Herbst-Qualifikationsendspurt tauchen die alten Probleme wieder auf ... Der Rang 1 gerät dadurch allerdings in keiner Phase in Gefahr. Mit dem 2:2 in Schweden hat die Mannschaft der Schwarz-Weißen die Mexikotickets in der Tasche. Aber des Trainers Zwischenbilanz: „Wir haben jetzt 20 Spieler, die wir ohne Risiko einsetzen können, wir haben wieder eine Mannschaft" hält wohl nicht jeder Kritik stand. In Moskau (0:1) fällt die Elf glatt durch, in den Schlußspielen geht nicht nur ein WM-Rekord mit der ersten Qualifikationsniederlage, gegen Portugal (und das zu Hause), verloren (im 37. Spiel!), gegen die ČSSR im folgenden 2:2 auch noch der letzte öffentliche Kredit.

„So hat noch kein Verantwortlicher zuvor die Auswahl demontiert", staunt selbst die Bonner *Welt*, als der „Chef" von „mangelnder Einstellung, von Überheblichkeit" spricht und bekennt: „Die Portugiesen waren uns in allen Belangen überlegen − spielerisch, technisch, taktisch." In der *Neuen Zürcher Zeitung* liest man: „Eine Nation ist ratlos. Die Mannschaft der BRD hat zwar die Qualifikation frühzeitig erreicht, aber ihre Leistungen wurden von Spiel zu Spiel schwächer." Die *Stuttgarter Zeitung* wählt sogar die Titelzeile: „National-Elf in der schwersten Krise seit 54 Jahren". Was ist ernst zu nehmen an der darin verkündeten Prognose: „Schlechte Aussichten für Mexiko", weil der Teamchef nicht mehr viele habe, auf die er sich verlassen könne, und schon gar keinen Spielgestalter mehr. „Den aber braucht man im Land der Azteken wie die Luft zum Atmen. Denn in 2000 m Höhe wird man wegen des Sauerstoffmangels mit Rennen und Kämpfen allein gar nichts erben."

Portugal, Ende des Frühjahrs 1985 weg vom Fenster, sieht sich trotz Niederlage in Prag, mit dem mageren 3:2 zu Hause gegen Malta und ebenjenem sensationellen Auswärtssieg in der BRD plötzlich wieder im Rampenlicht der WM-Endrunde. Und jubelnd ob des eigenen Glücks, läßt man enttäuschte Mitbewerber um Platz zwei zurück. Voran die Schweden. Sie besitzen noch im Sommer 1985 nach dem Stockholmer 2:0 gegen den Angstrivalen ČSSR eigentlich die günstigste Ausgangsposition. „Ein großer Schritt nach Mexiko", eilt *Dagens Nyheter* der Realität voraus. In 18 Vergleichen zuvor hatte man die ČSSR nur zweimal bezwingen können! Der Sieg auf Malta, als letztes Pfand in der Hinterhand, wird jedoch nach dem Rückspiel gegen die ČSSR nicht mehr wirksam, weil Portugal in der BRD alle Rechnungen zunichte machte. Dies geschah am gleichen Mittwoch des 16. 10., da Schweden in Prag 1:2 unterlag, nur Stunden später. Trainer Arnesson nimmt seinen Hut. „Ich habe nie ein Hehl daraus gemacht, die Konsequenzen zu ziehen, wenn wir ausscheiden."

In der ČSSR sind von Anbeginn die Chancen nicht sonderlich rosig eingeschätzt worden. Der Abschied einer Garde an Könnern wie Masny, Nehoda, Vojacek, Jurkemik riß Lücken, die „nicht auf Anhieb zu schließen sind", wie Josef Masopust wußte. Daß die Elf im Schlußdrittel zusehends besser in Schwung kam − Siege über Portugal, Schweden und das versöhnlich stimmende Auswärts-2:2 gegen die BRD −, läßt leise Hoffnungen keimen für die Zukunft. Masopust bleibt im Amt. „Wir haben bewiesen, daß wir wieder auf dem Weg zu einer guten Mannschaft sind. Wenn wir gemeinsam die Ärmel hochkrempeln, wird dieses uns natürlich nicht befriedigende Ende einer WM-Qualifikation ein neuer Anfang sein", äußert Fußballpräsident Rudolf Kocek.

## WM-Gruppe 3

(England, Nordirland,
Rumänien, Finnland, Türkei)

### Suomis Söhne lassen bitten

Ende Juli 1982 gibt Ron Greenwood auf, sein letztes Wort als Manager der englischen Nationalelf nach der WM von Spanien. Seit dem Weltmeistertitel 1966 wird der britische Löwe, gleich drei zieren das Emblem des ältesten Fußballverbandes der Welt, nicht mehr sonderlich gefürchtet. Auch unter dem Neuen, Bobby Robson, gibt's keine Wundertaten. Ja, die nächste Qualifikation, die zur EM 1984 in Frankreich, wird gar verpaßt. Der einstige Fußballschüler Dänemark hat da in der Gruppe III die Nase vorn. Robson legt den Finger auf die Wunde. „Bei einer kraftsaugenden Saison mit 22 Mannschaften in der First Division, bei drei, vier verschiedenen Cupwettbewerben bleibt nichts an Kraft- und Spielreserven für die Auswahl ... Technik und Spielkunst kommen zu kurz." Er predigt gegen den Wind, findet kein Gehör bei den Klubgewaltigen, die um die Existenz der 92 Profiklubs aller vier Divisionen fürchten. Fürchten müssen. Wie schreibt doch Stuart Jones, Fachmitarbeiter der *Times*: „Höchstens fünf aller 92 stehen finanziell gesund da", und er zählt sie auf, die Giganten: Arsenal London, Tottenham Hotspur, Manchester United sowie die beiden Liverpooler Klubs FC und Everton.

Und dennoch sucht Fußball auf der Insel seinesgleichen. Bill Shankley, der große alte Mann beim Serienmeister FC Liverpool, formuliert es so: „Fußball ist hier keine Frage von Leben und Tod, sondern ernster als das." Trotzdem muß und will Bobby Robson Englands Auswahl wieder hoffähig machen im Kreise der Weltbesten. Sein WM-Countdown für Mexiko 1986 beginnt in der ersten Septemberwoche 1984. In einem ehemaligen Kloster, 50 Kilome-

ter westlich vor den Toren Londons gelegen. Dorthin, in die „Bisham Abbey", die heutzutage das nationale Sportzentrum beherbergt, hat er Old Englands Elitekicker bestellt, 28 an der Zahl. Einige kommen, kennzeichnend für die ökonomische Situation, aus Italien, wohin zunehmend mehr Stars für Millionenbeträge an Freigabesummen „transferiert" werden – wie es so schön und unverfänglich heißt. Verkaufen, das erinnert ja auch zu sehr an Handel. Jedenfalls reisen zur „Besinnung auf Ruf und Tugend" und zum Probespiel gegen die DDR drei seiner Schützlinge von weither an, Ray Wilkins und Mark Hateley aus Mailand (AC), Trevor Francis aus Genua (Sampdoria).

Die „Mobilmachung vor der WM", wie *The Telegraph* das Unternehmen nennt, beendet Bobby Robson mit dem selbstbewußten Fazit: „Wir werden ein gutes Team für die WM aufbieten können, eines, das eine Chance gegen jede Mannschaft der Welt hat." Das 1:0 gegen die DDR-Elf, mit einem Traumtor seines Lieblingsspielers und Namensvetters Bryan Robson von Manchester United erzielt, bestärkt ihn. 23 Spiele hat er mit Englands Auswahl bis zum WM-Beginn absolviert, nicht weniger als 48 Akteure eingesetzt. Und im „Filter" bleiben neben den Oldtimern wie Torwart Shilton (34 Jahre, 64 Länderspiele), Libero Butcher (28/25), Trevor Francis (28/44), Toni Woodcock (28/36), Paul Mariner (31/34) oder Bryan Robson (28/37) auch einige sogenannte „Newly Capped", die, wie der farbige John Barnes (20 Jahre/FC Watford), Mark Hateley (22), Gerry Lineker (23/Leicester City), Remo Moses (23/Manchester United), Mark Wright (21/FC Southampton), Dave Watson (22/Norwich City), mit ihrem Talent auf bessere Zeiten hoffen lassen.

Die Auftaktspiele bestärken Robson in der Auffassung: Finnland wird in

Wembley kurz und bündig 5:0 abgefertigt, in der Türkei gelingt mit einem 8:0 sogar der höchste Auswärtssieg seit 20 Jahren. Ist es gegen die Finnen Hateley, der mit zwei Treffern Stoff für Schlagzeilen liefert, so warten in Istanbul Robson (drei Tore), Woodcock und Barnes (je 2) mit besonderen Taten auf. Und Tor Nummer 8 steuert jener Viv Anderson bei, der als erster farbiger Auswahlspieler Englands in die Geschichte eingeht. „Der ermutigende Aspekt dieser WM-Anfangsphase", urteilt der *Daily Telegraph*, „ist Englands wiederentdeckte Fähigkeit, Überlegenheit auf dem Feld auch in Tore umzumünzen." Ray Wilkins ist der „Kopf", der sechs der acht Tore vorbereitet. Er und Kapitän Robson gehören „unbestreitbar zur Weltklasse". Die *Times* charakterisiert den geschmeidigen Techniker Wilkins als „Samthandschuh", den dynamisch-aggressiven Robson als „eiserne Faust".

Verständliche Sorgen, als der Kapitän beim Treff in Belfast mit Nordirland fehlt. Aber seit 57 Jahren hat England in Nordirland nicht verloren. Und diesmal, am 27. 2. 1985, geht auch nichts schief. FA-Sekretär Dave Bowen will ursprünglich ob der brisanten politischen Situation auf der geteilten Insel, deren nördliche Region einst machthungrig ins „Vereinigte Königreich" eingegliedert wurde, mit der Mannschaft erst kurz vor dem Spiel anreisen, danach sofort die Heimreise antreten. Doch da pochen die Gastgeber auf das FIFA-Reglement, daß mindestens 24 Stunden vor Spielbeginn anzureisen ist. So verbringt das Gästeteam die Nacht an „unbekanntem Ort auf dem Lande".

Das Spiel selbst wird als „hart, zerhackt" gekennzeichnet. Hateley ist der Sonntagsschütze zum Siegtor (77.). Die optisch überlegenen Gastgeber sind im Angriff zu drucklos, und dann trifft Quinn von den Blackburn Rovers mit einem Kopfball auch nur die Latte.

Robsons Elf ist heilfroh, diese Klippe genommen zu haben. 6:0 Punkte nach drei Spielen — in einer Zwischenbilanz geht der Blick schon zu den Sternen. „England ist im Begriff, wieder eine Fußballgroßmacht zu werden", wertet der *Daily Telegraph*, und *The Guardian* meint gar: „Die jetzige Auswahl ist das Beste, was England seit der WM 1970 zu bieten hat." Abwarten. Keine Frage allerdings, Gruppenfavorit sind und bleiben die „Löwen".

Eigentlich haben Experten nach den 82er WM-Leistungen einen Kopf-an-Kopf-Kampf mit den Nordiren erwartet. Doch Billy Bingham, der zwischen 1951 und 1964 56 Länderspiele für Nordirland bestritt, für Sunderland, Luton Town, Everton und Port Vale kickte, kommt mit seinen fast durchweg in englischen Klubs verpflichteten Profis nicht so gut aus den Startlöchern. Das 0:1 gegen England zu Hause war zwar erst die zweite Niederlage in seiner Amtszeit im heimischen Windsor Park (bei 12 Siegen, 3 Unentschieden), aber sie schmerzt. Den 39jährigen Pat Jennings im Tor wohl besonders, bestreitet er doch gegen England sein 108. Auswahlspiel und egalisiert damit den britischen Rekord von Bobby Moore (West Ham United), der zwischen 1962 und 1974 so viele „Kappen" für England erspielte. „Auch wenn wir letztmalig 1927 zu Hause gegen England gewannen, das durfte nach dem Ausrutscher in Helsinki nicht auch noch passieren", ärgerte sich der neue Rekordinternationale.

Ja, die Nordiren haben zu diesem Zeitpunkt schon zwei Niederlagen kassiert. Zum Gruppenauftakt gab's in Helsinki eine kalte 0:1-Dusche. Und der *Observer* stimmte danach bereits einen Trauermarsch an: „Mit diesem Team wird Nordirland wohl kaum eine Chance auf die zweite Mexikofahrkarte haben." Vor allem die Angriffsschwäche macht Bingham Sorgen. Nur der drangvolle 19jährige Whiteside (Manchester United), der zur WM in Spanien jüngster Teilnehmer war, verbleibt ihm aus dem Sturmtrio. Armstrong (Real Mallorca, 30 Jahre/57 Länderspiele) und Hamilton (Oxford, 37 Länderspiele) fallen aus. So stehen Nordirlands Chancen trotz des Rückspielsieges über Finnland (2:1), des genauso knappen, mühevollen 3:2 über Rumänien nicht rosig, zumal in der Türkei, wo die Konkurrenz ausnahmslos siegt, auch noch ein Punkt gelassen wird (0:0)! Und die Konkurrenz hat Zuwachs bekommen. Durch die Söhne Suomis sogar auf sensationelle Weise.

1981 feiert Helsinki seinen Doppelsieger HJK, der Meister und Pokalsieger wird. Vater dieses Coups ist der am 9. 10. 1945 geborene Martti Kuusela. Noch im gleichen Jahr übernimmt der Mann mit Trainerdiplomen Schwedens, der BRD, Finnlands die Auswahl. Und dazu die Olympiaelf. Über sie führt er manches Talent nach oben. Im klassischen Land der Leichtathletik und des Wintersports ist Fußball zur Nummer 1 in der Popularitätsskala aufgestiegen. Nicht von ungefähr. Große Hallen in den städtischen Zentren lassen auch im Winter Training und Spiel unter günstigen Bedingungen zu. Die Leistungen steigen. Nach Kuuselas Aufbauarbeit wird der Aufschwung zur Mexiko-WM offensichtlich. Nordirland ist das erste, nicht das einzige Opfer. Alle Favoriten, alle Gegner werden geschröpft. Die Türken sogar auswärts. In Antalya, bei 30 Grad, spielen die Gäste auf, als wären für sie solche Hitzegrade alltäglich. Über das sichere Mittelfeld werden Chancen erspielt, die Hjelm und der schnelle Lipponen zu Toren ummünzen. Und der Sieg gerät auch nach Tüfekcis Strafstoßtor zum Anschluß nicht in Gefahr. Der Türken Startspiel wird für sie sofort der Anfang vom Ende. Ein winziges Pünktchen holen sie in acht Vergleichen!

In Finnland hingegen „steigt der

## Gruppe 3

Eingesetzte Spieler: 137
Zuschauer: 719 230 — $\emptyset$ pro Spiel: 35 960
Erfolgreichste Torschützen:
Für England (21 Tore) 5 Robson, 4 Hateley, 3 Woodcock, Lineker, 2 Barnes;
für Nordirland (8) 3 Whiteside;
für Rumänien (12) 4 Hagi, 3 Camataru;
für Finnland (7) 3 Lipponen, 2 Rantanen.
In allen acht Spielen dabei: Shilton, Sansom (England), Jennings, J. Nicholl, Donaghy (Nordirland), Rednic, Hagi (Rumänien), Houtonen, Ukkonen (Finnland).
Torreichste Spiele: Türkei—England 0:8, England—Türkei 5:0, England—Finnland 5:0, Nordirland—Rumänien 3:2.

### ENGLAND:

Fläche: 130 363 km$^2$
Einwohnerzahl: 46,5 Millionen
Verband: The Football Association
Gegründet: 1863
Mitglied der FIFA: seit 1905 (bis 1920), 1924 bis 1928 und wieder seit 1946
In der WM: Endrundenteilnehmer 1950, 1954, 1958, 1962, 1966 (Weltmeister), 1970, 1982, 1986
Bei Olympia: 1900 (Gold), 1908 (Gold), 1912 (Gold), 1920, 1936, 1948, 1952, 1956, 1960
In der EM-Endrunde/Europapokal: 1968 (Dritter), 1980

### NORDIRLAND:

Fläche: 14 120 km$^2$
Einwohnerzahl: 1,5 Millionen
Verband: Irish Football Association Ltd.
Gegründet: 1880
Mitglied der FIFA: seit 1911 (bis 1920), 1924 bis 1928 und wieder seit 1946
In der WM: Endrundenteilnehmer 1958, 1982, 1986
Bei Olympia: —
In der EM-Endrunde/Europapokal: —

*Sieg in Bukarest, die Nordiren und ihr Vorstoß aus der Hinterhand. Stützen Pat Jennings, McDonald, Nicholl, O'Neill, die hier Coras gerade noch abblocken können*

Hoffnungspegel", wie *Helsingin Sanomat* versichert. Auf großer Tour nach Südamerika mit fünf Länderspielen wird trotz Niederlagen (Chile 0:2, Uruguay 1:2, Bolivien 2:3, Ekuador 1:3, Mexiko 1:2) viel für den Zusammenhalt in der Mannschaft getan. Vor allem Anschlußspieler werden vorangebracht, denn Kuusela muß auf seine Auslandsprofis wie Rautiainen (Bielefeld), Ukkonen (CS Brügge), Lahtinen (Notts County) verzichten, und dazu noch auf Lipponen und Stammtorwart Huutonen. Sie sind natürlich dabei, als zum Rückspiel gegen England, dem „Spiel des Jahres" in Finnland, gerüstet wird. Das DDR-Schiedsrichtertrio Kirschen, Scheurell, Supp erlebt die Überraschung hautnah mit. „Die Finnen imponierten mir, kamen nicht per Zufall zum 1:1", faßt sich der DDR-Referee kurz und diplomatisch. Rantanen bringt Finnland schon nach fünf Minuten in Front, Hateley, nach Knieverletzung wieder dabei, gelingt in der 50. Minute der Ausgleich. „Ich bin stolz auf meine Spieler", läßt sich Martti Kuusela danach vernehmen. „Allein ein Blick auf Namen wie Shilton, Robson, Wilkins, Woodcock, Barnes, Hateley – nicht einen von der Güte dieser Stars habe ich in meinen Reihen." Diesem fünften Punkt läßt Finnland einen weiteren gegen Rumänien folgen (1:1) und fügt noch zwei vom Heimspiel gegen die Türken (1:0) hinzu. „Fast ein Wunder vollbracht", spendet *Svenska Dagbladet* aus Stockholm Beifall. Aber eben nur fast. Doch im hohen Norden ist da niemand traurig oder enttäuscht. Anders im Schwarzmeerland Rumänien.

Mircea Lucescu, 1970 bei Rumäniens bislang einziger WM-Endrundenteilnahme ein blendender Techniker, übernimmt das Auswahlruder auf einem Leistungstiefpunkt. „Zwischen Platz 25 und 28 waren wir in der Europarangliste zu finden", erinnert er seine Kritiker, die nach der EM-Endrunde von Frankreich 1984, als man im Kreis der Europabesten nicht die erhoffte Rolle spielte, keineswegs zahm mit ihm umspringen. „Überhaupt, unter diese acht zu kommen, damit erstmals eine EM-Endrunde zu erreichen, ist bemerkenswert", sagt er in einem Interview für *World Soccer*. Und er betont, daß dazu imponierende Siege über Italien, Schweden, die ČSSR nötig waren. „Ganz oben gleichwertig mitzureden, das setzt Klubs der höchsten Qualität und etwa 25 Spieler annähernd gleichen Leistungsvermögens voraus." Er hat sie nicht, „noch nicht", wie er betont. Und die Auftaktniederlage am 17. 10. 84 in Belfast (2:3) wirft ihn nicht um. „Nordirland, mit der Stärke eines Klubteams, ist doch wer, gar zu Hause", versucht er zu relativieren. Aber: „Zwei Fehler unseres Liberos Stefanescu von Craiova und seines Vorstoppers Iorgulescu, dazu ein Eigentor von Andone, Dinamo Bukarest, waren zuviel des Unguten", rechnet er auf.

„England ist von Rang 1 ohnehin nicht zu verdrängen", weiß er nach dessen Superstart. Sechs Monate kann er das Treiben der anderen aus der Distanz verfolgen, ehe im April '85 die Türken vor den Toren von Bukarest auftauchen. Es gibt ein 3:0 ohne Probleme. Hagi und der Hüne Camataru (zwei Tore) klären schon bis zur 41. Minute mit ihren Treffern die Fronten. Bei den Türken sind nur noch drei vom 0:8-Aufgebot gegen England dabei, doch Bäume reißen auch die Neuen nicht aus. Anders bei Rumänien, wo der zwanzigjährige Hagi (Sportul) als größte Hoffnung des rumänischen Fußballs gilt. Und dies beweist er eindrucksvoll. Die Türkei kein Maßstab? Mag sein, die Engländer

**RUMÄNIEN:**
Fläche: 237 500 km²
Einwohnerzahl: 22,5 Millionen
Verband: Federatia Romana de Futbal
Gegründet: 1908
Mitglied der FIFA: seit 1930
In der WM: Endrundenteilnehmer 1930, 1934, 1938, 1970
Bei Olympia: —
In der EM-Endrunde/Europapokal: 1984

**FINNLAND:**
Fläche: 337 009 km²
Einwohnerzahl: 4,8 Millionen
Verband: Suomen Palloliitto — Finlands Bollförbund
Gegründet: 1907
Mitglied der FIFA: seit 1908
In der WM-Endrunde: —
Bei Olympia: 1922, 1936, 1952, 1984
In der EM-Endrunde/Europapokal: —

**TÜRKEI:**
Fläche: 780 576 km²
Einwohnerzahl: 46,4 Millionen
Verband: Türkiye Futbol Federasyonu
Gegründet: 1923
Mitglied der FIFA: seit 1923
In der WM: Endrundenteilnehmer 1954
Bei Olympia: 1924, 1928, 1936, 1948, 1952
In der EM-Endrunde/Europapokal: —

wohl doch! Und auch gegen sie ist der grazile Bursche ein Irrwisch auf dem Feld. 70 000 erleben in Bukarest dieses siebente Duell der beiden Länder. Drei Remis sind darunter, zwei Siege für England, einer für Rumänien. Und auf den „Ausgleich" drängen die Gastgeber, erspielen sich durch Camataru und – natürlich – Hagi gute Chancen. Doch Shilton und die perfekte Abwehrorganisation der Gäste lassen keine Tore zu. Das dritte 0:0 im Vergleich England gegen Rumänien ist fällig, für England der erste WM-Verlustpunkt. „Für uns eine vertane Chance", sieht es *Sportul*, Bukarest. Die Möglichkeit, den verlorenen Heimpunkt wiedergutzumachen, bietet sich im September in London beim Rückspiel. Freilich sitzt da schon ein „Muß" im Nacken, denn dem 2:0 gegen Finnland in Timisoara folgt in Helsinki nur ein 1:1.

In Wembley spenden 59 500 Beifall, denn sie erleben ein wechselvolles Spiel, und sie bestaunen den Galaauftritt eines Hagi, des „besten Mannes auf dem Feld", wie *The Guardian* anerkennt. Viel Überwindung kostet das nicht, denn seiner Auswahl kann er bescheinigen, einen „halben Schritt näher an Mexiko" gekommen zu sein. 1:1 endet die Partie. Hoddle von den „Heißspornen" aus dem Londoner Stadtteil Tottenham beschenkt sich zu seinem Jubiläum, dem 25. Länderspiel, mit dem 1:0 selbst, Camataru besorgt nach starkem Spiel den Ausgleich. „Unsere beste Partie seit der EM-Qualifikation", lobt Lucescu. Peter Shilton klatscht als fairer Sportsmann spontan Beifall, als Hagi mit großartigen Schußleistungen gleich zweimal die Latte seines Tores erzittern läßt (7., 45.). „Mit den besten Chancen auf Rang zwei", wie die *Times* vergleichend den Rumänen Lob zollt.

Aber da sind noch die Nordiren. Sie stehen vor einer schier unlösbaren

*... und die Abwehrmauer steht!*

Dauerdruck ohne Ausbeute. Hier der immer gefährliche Hagi gegen Donaghy und Nicholl

Und wenn doch der Nordiren Abwehrblock überwunden ist, steht da ja auch noch der große alte Pat Jennings, die lebende Legende im Tor der Nordiren

Einer der pfeilschnellen Konter — 1:0 durch Quinn, und Billy Bingham, der kleine Mann, aber große Spieler und Trainer, kann jubeln

Fassungslose Gastgeber, die große WM-Chance zu Hause vergeben — Hagi und Geolgau

Aufgabe mit Schlußspielen in Bukarest und Wembley. „Wer gewinnt, der ist fast am Ziel." Wer zweifelt schon an Billy Binghams Worten mit Blick auf das Gastspiel der Nordiren in Bukarest. Rumänien muß auf Camataru, auf Stefanescu verzichten, aber Bölöni, Dirigent und 82facher Auswahlspieler, ist dabei. „Die Rumänen sind im Zugzwang, vor eigener Kulisse das Spiel zu machen, ich hoffe, sie begehen dabei auch Fehler", kalkuliert Bingham. Auf eine Partie aus der Lauerstellung orientiert er seine Elf. Und sie bietet eine glänzende Studie kaltblütig-beherzten Spiels. Wenige Konter nur, aber von welcher Güte! Und alle eifrig-hitzigen Versuche der Gastgeber prallen förmlich von einem Pat Jennings, der Klasse seiner 113 Länderspiele und der Cleverness seiner inzwischen 40 Jahre, ab. Freudentänze bei den Nordiren, die nach einem Blitzzug von McIllroy auf Quinn in der 29. Minute die kühnsten Träume wahr machen. Im Triumphzug schulterten die Bingham-Boys ihren Torwartroutinier nach dem Abpfiff.

Noch je ein Spiel haben beide offen, die Rumänen in der Türkei, die Nordiren in England. Lucescus Elf braucht einen Sieg und zugleich die Schrittmacherdienste Englands mit einem Doppelpunktgewinn über Nordirland. Teil eins der Bedingungen erfüllten die Rumänen selbst mit einem 3:1 am Bosporus. Teil zwei aber? Welche Zuspitzung! Zum 94. Male treffen England und Nordirland aufeinander, der letzte der insgesamt nur sechs Siege Nordirlands liegt dreizehn Jahre zurück, aber das Unglaubliche geschieht: Nordirland rettet ein 0:0 und damit die Mexikotickets. „Danke, Pat", singen die Jungs von der grünen Insel in der Wembley-Kabine. Der „Alte" (Jennings) hat sie einmal mehr gerettet. „Ebenso glücklich, wie unser Sieg in Belfast ausfiel, ist dieser Punkt hier für die Nordiren", meint Manager Robson.

## WM-Gruppe 5

(Österreich, Ungarn, Niederlande, Zypern)

### Csárdás im höchsten Rhythmus

Kalman Meszöly begegnen wir erstmals 1959. Beim UEFA-Turnier in Bulgarien spielt der blonde Hüne den „letzten Mann" in Ungarns Juniorenauswahl. Damals ist noch nicht vom Libero die Rede, mehr vom Ausputzer, vom „Sweeper" (Feger), wie die Engländer sagen. Der athletische Meszöly „fegt" im wahrsten Sinne den Strafraum sauber, auch später fast ein Jahrzehnt lang in der Nationalmannschaft. Und er geht auch seinen Weg als Trainer bis hin an die Auswahlspitze. Zur WM nach Spanien führt er die Magyaren, mit einem 10:1 gegen El Salvador, dem höchsten Turniersieg, läßt man die Welt aufhorchen. Aber nach den Begegnungen mit Argentinien und Belgien wertet der langjährige Vasas-Spieler und -Trainer nüchtern, „daß wir zwar technisch, aber mitnichten athletisch in solchen Vergleichen mithalten können". Kein besseres Bild in der EM-Gruppe 3 der folgenden Qualifikation für Frankreich 1984. Ja, Ungarns Auswahl rutscht in der Gruppe nicht nur hinter die Dänen, die Engländer zurück, sondern auch noch hinter Griechenland auf Platz vier. Meszöly wirft das Handtuch, geht zurück zu Vasas.

An seine Stelle rückt mit György Mezey ein Fußballehrer ohne großen Namen, weil ohne große Fußballvergangenheit. „Aber ein kluger, geschickter Psychologe, ein eher zurückhaltender Methodiker", kennzeichnet ihn *Nepsport*. Couragiert führt er sich ein, bietet noch im EM-Schlußspiel gegen Dänemark eine gegenüber dem vorangegangenen Englandspiel (0:3) auf sieben Positionen veränderte Elf auf. Und ein Aufatmen geht durchs Land, ein Tor von Kiss, durch Töröcsik vorbereitet, führt zum Sieg und zu einem „verheißungsvollen Neubeginn", wie *Kepessport* schreibt. Fünf Etappen, „Schritte" nennt Mezey sie bescheiden, habe er gebraucht, um den Csárdás der Ungarn wieder zu vollem Wirbel zu bringen. Später erläutert er: „1. Auswahl der Spieler, mit denen ich arbeiten wollte und die bereit waren, mit mir zu arbeiten. 2. Auseinandersetzung mit den Klubs und Medien darüber, schon im Januar ein offizielles Länderspiel zu bestreiten, in Cadiz gegen Spanien, was über zwölf Jahre nicht der Fall war. 3. Danach sechs Spiele in dichter Folge zur Festigung der Mannschaft. 4. Konsequenzen in moralisch-erzieherischen Anforderungen. 5. Konzentrierter Start in die WM-Qualifikation mit keinerlei Furcht vor solchen Gegnern wie Österreich und Niederlande."

Wie sieht sie aus, die neue Mannschaft der Magyaren? „Eine Elf, die wieder das Kämpfen erlernt hat", skizziert sie Frankreichs Trainer Henri Michel. „Das Beste, was ich von Ungarn seit den 'goldenen fünfziger Jahren' sah, spielstark, gut organisiert, bis zur 90. zu hohem Tempo fähig und selbstsicher auch im Rückstand", gerät Enzo Bearzot (Italien), dienstältester Auswahltrainer Europas, fast ins Schwärmen. Vom Präsidenten György Szepesi und dessen Verbandsleitung in jedem Schritt unterstützt, sucht sich Mezey Verbündete in den Klubs, und er findet Kollegen, die mit Traditionen brechen, die Ungarns „technische Schule" wie eh und je pflegen, aber außerdem noch die unabdingbar athletisch-konditionelle Grundlage durchzusetzen bemüht sind. Der Ehrgeiz wächst, die Zuversicht, auf dem rechten Weg zu sein, auch. In Cadiz wird Spanien bezwungen, in Hamburg die BRD-Elf. „Das ist mehr als Ermunterung", meint Peter Disztl, der großgewachsene Torhüter von Videoton Szekesfeharvar, der mit der Klubelf im UEFA-Cup den

# Gruppe 5

Eingesetzte Spieler: 98
Zuschauerzahl: 358 500 – ∅ pro Spiel: 29 875
Erfolgreichste Torschützen:
Für Ungarn (12 Tore) 2 Detari, Kiprich, Nyilasi, Esterhazy;
für die Niederlande (11) 4 Kieft, 2 Schoenaker;
für Österreich (9) 3 Schachner.
In allen sechs Spielen dabei: Sallai, Roth, Garaba, Nagy, Detari, Kiprich, Nyilasi, Esterhazy (Ungarn), van Breukelen, W. van de Kerkhof (Niederlande), Koncilia, Pezzey, Prohaska, Hörmann, Schachner (Österreich), N. Pantzarias, Fotis (Zypern).
Torreichstes Spiel: Niederlande–Zypern 7:1

**UNGARN:**
Fläche: 93 032 km$^2$
Einwohnerzahl: 10,7 Millionen
Verband: Magyar Labdarugo Szövetseg
Gegründet: 1901
Mitglied der FIFA: seit 1907
In der WM: Endrundenteilnehmer 1934, 1938 (Zweiter), 1954 (Zweiter), 1958, 1962, 1966, 1978, 1982, 1986
Bei Olympia: 1912, 1924, 1936, 1952 (Gold), 1960 (Bronze), 1964 (Gold), 1968 (Gold), 1972 (Silber)
In der EM-Endrunde/Europapokal: 1964 (Dritter), 1972

**NIEDERLANDE:**
Fläche: 40 844 km$^2$
Einwohnerzahl: 14,3 Millionen
Verband: Koninklijke Nederlandsche Voetbalbond
Gegründet: 1889
Mitglied der FIFA: seit 1904
In der WM: Endrundenteilnehmer 1934, 1938, 1974 (Zweiter), 1978 (Zweiter)
Bei Olympia: 1908 (Bronze), 1912 (Bronze), 1924, 1928
In der EM-Endrunde/Europapokal: 1976 (Dritter), 1980

Auswahlweg flankiert, gar bis ins UEFA-Cup-Finale vordringt. Überhaupt, „in die Meisterschaft sind Leben, Spannung, mehr Klasse eingezogen", bilanziert Generalsekretär Joszef Krizsan.

Honved holt sich den siebenten Titel, und der Meister bildet das Gerüst der Auswahl, mal mit sechs, sieben, mal sogar mit acht, neun Akteuren. Imre Komora, ein früherer Auswahlspieler und lange Technischer Leiter des Klubs, zieht mit Mezey an einem Strang.

Der Erfolg ist so durchschlagend, daß Ende 1984, nach nur drei Qualifikationsspielen, niemand mehr an Ungarns neunter WM-Endrundenteilnahme zweifelt. Sogar von den anderen Sportfraktionen gibt's ermunternde Anerkennung. Ferenc Kovacs, eine der ganz großen Sportlerpersönlichkeiten Ungarns, Olympiasieger im Ringen, bringt die neue Stimmungslage auf diese Formel: „Hut ab vor den Fußballern. Sie haben das Kämpfen, das ‚Beißen' wieder gelernt."

Die „neue" Truppe, nur Nyilasi, Sallai, Garaba, Varga und Bödönyi hat Mezey aus dem Spanienaufgebot der WM '82 mit integriert, besteht ihre Bewährungsprobe am 26. 9. 84. Das ewig junge, ewig brisante Derby mit dem Erzrivalen Österreich steht an, in seiner 126. Auflage. „Wir sind nicht gekommen, hier beide Punkte zu lassen", deutet Friedel Koncilia (37 Jahre), der Torwartroutinier und WM-Teilnehmer 1978 und 1982, mehr als nur eine Gastrolle an. Und die 40 000 spüren von Anpfiff an: Pezzey und Prohaska strahlen Ruhe aus, und Schachner, Polster sorgen vorn für energischen Zugriff. Nicht die Gäste, die Gastgeber wirken unruhig, etwas nervös. Erst recht, als

*Österreich, der alte Rivale, in Ungarn, mit Führung zur Pause, aber dann ein Einbruch. Für Nyilasi, am Boden Koncilia, ist das 3:1 eine besondere Genugtuung nach mancher Hänselei in Wien*

105

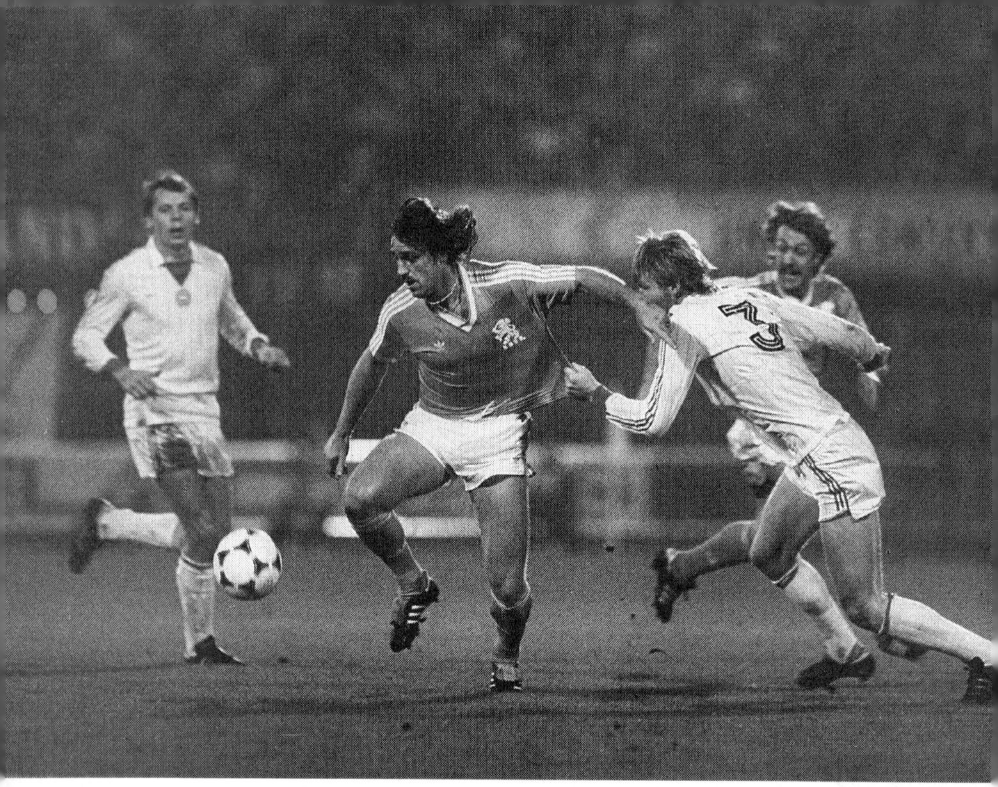

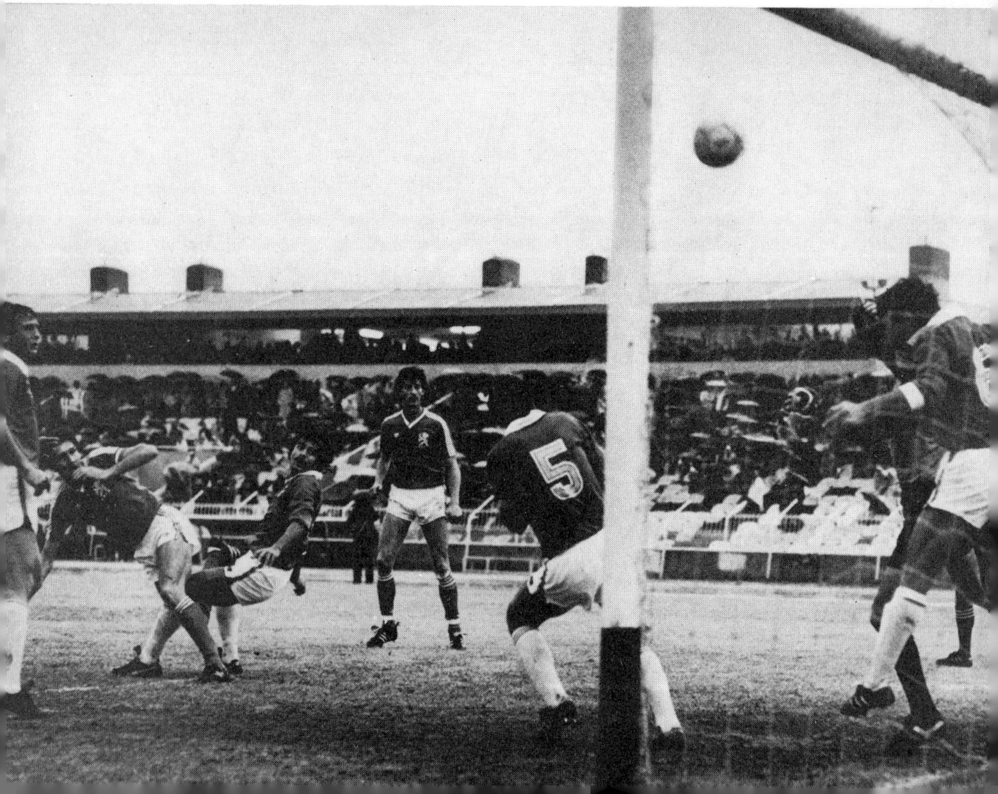

*Auch „Zupacken" haben sie gelernt, wie hier van de Gijp zu spüren bekommt*

*Ja, ja die sogenannten Kleinen ... Zu Hause macht Zypern allen Großen das Siegen schwer – 1:2 Österreich, 0:1 Ungarn, 1:2 Niederlande. Hier erzielen auch Spelbos und Brandts, das Stopperpaar der Niederländer, vorn keine Wirkung*

Italien-„Legionär" Schachner nach einem Alleingang das Führungstor erzielt. Viel Seelenmassage zur Pause durch Mezey. „Was ihr könnt, wißt ihr. Zeigt, beweist es! Ich hab' Vertrauen zu euch!"

Eine Tempohatz beginnt, und bald muß Erich Hof auf der österreichischen Trainerbank feststellen: „Wir können diesem Tempo nicht folgen." Er wechselt aus. Er bringt Drabits für Gisinger, Hörmann für Gasselich, vergeblich. Die Ungarn kämpfen, spielen, zaubern, wie weggeblasen alle Nervosität. Der Erfolg bleibt nicht aus. Sallais Freistoß köpft Nagy ein (50. Minute), eine Ballstafette über Detari, Nyilasi setzt Esterhazy nach Doppelpaß ins Netz (61.). Und schließlich das 3:1 nach Freistoßablage von Nagy auf Kardos. „Nach der Pause ein leidenschaftlicher Csárdás", schlägt sich die Freude auch in *Nepsport* nieder. Mezeys „angenehmste Überraschung" ist sein junger Debütant Joszef Kiprich (21 Jahre) von Banyasz Tatabanya, der nach dem Sommerdebüt von Lajos Detari, dem 22jährigen Torjäger von Honved, genausogut einschlägt. Und Schulter an Schulter spielen sie in der Auswahl, umsichtig geführt vom dreißigjährigen, langen Tibor Nyilasi.

Das zeigt sich auch im „Kuip" von Rotterdam, wo im Monat darauf der WM-Vize von 1974 und 1978 am Start steht und alten Glanz aufpolieren will. Unter Trainer Kees Rijvers wird um die Oldtimer Willy van de Kerkhof und Kapitän Wijnstekers eine durchaus veranlagte Elf geformt. Vom Ajax-Torjäger

**ÖSTERREICH:**
Fläche: 83 849 km$^2$
Einwohnerzahl: 7,5 Millionen
Verband: Österreichischer Fußball-Bund
Gegründet: 1904
In der FIFA: seit 1905
In der WM: Endrundenteilnehmer 1934, 1938 (qualifiziert als Sieger der Gruppe VII, aber infolge der faschistischen Okkupation Österreichs keine Teilnahme einer selbständigen Mannschaft möglich), 1954 (Dritter), 1958, 1978, 1982
Bei Olympia: 1912 (Silber), 1936 (Silber), 1952
In der EM-Endrunde/Europapokal: –

**ZYPERN:**
Fläche: 9 251 km$^2$
Einwohnerzahl: 650 000
Verband: Cyprus Football Association
Gegründet: 1934
Mitglied der FIFA: seit 1948
In der WM-Endrunde: –
Bei Olympia: –
In der EM-Endrunde/Europapokal: –

van Basten (83/84 28 Tore), von Eindhovens launisch-unberechenbarem Regisseur Valke, vom Allroundspieler Gullit, wie Tahamata, Rijkaard und Silooy Sohn farbiger Einwanderer, kann man an guten Tagen Erstklassiges erleben. „Aber eine Einheit ist die Mannschaft nicht", weiß *Haagsche Courant*. Eben um des Zusammenhalts willen hat der Trainer mit Wim Kieft (Pisa) nur einen „Ausländer" geholt. Die Ungarn, zwar durch Kieft nach Eckball van de Gijps früh in Rückstand geraten (20. Minute), kommen nicht aus dem Gleichgewicht. Unabhängig von der Toreuphorie der 50 000 spielen sie geschickt und selbstbewußt aus der von Varga gut gestellten Abwehr. Ein starkes Mittelfeld gibt den Ton an, im frühen Attackieren beim Kampf um den Ball, in der Angriffsvorbereitung. „Forechecking", den Rivalen schon in der eigenen Hälfte angreifen, zählt zu den neuen Tugenden der Ungarn. Kaltblütig, schneidig, zielstrebig spielen, stürmen sie. Auffällig in diesem Ensemble der Flügelflitzer Esterhazy. „Ihn bekommt keiner zu packen", schüttelt Trainer Kees Rijvers nur den Kopf. Detari und ebender überragende Esterhazy besorgen die Tore zum 2:1-Sieg, und eine „höhere Ausbeute hätte niemand wundern dürfen", anerkennt *Voetbal International* die Vorteile der Gäste. Libero Varga knallt einen Strafstoß (85. Minute) über den Querbalken.

Zu diesen wertvollen zwei Auswärtspunkten von Rotterdam werden am 17. 11., wenn auch mühsam, zwei weitere geholt. Zwar scheint der Weg zum Tor des zyprischen Schlußmannes Konstantinou in Limassol einer Ein-

*Österreich hofft noch einmal nach einem 1:0 und 1:1 gegen die Niederlande. Rijkaard überläuft Prohaska, der nach der verspielten WM-Qualifikation seinen Auswahlrücktritt erklärt*

*Der junge Rapid-Stürmer Polster – längst mehr als eine Auswahlhoffnung – in Wien gegen die Niederländer mit Wijnstekers im Kopfballduell*

bahnstraße zu gleichen, aber nahe dem Strafraum sind alle Ampeln auf Rot geschaltet. Kein Durchkommen, wenigstens lange nicht. Und als Fotis gar einen der wenigen Konter der vom bulgarischen Gasttrainer Wassil Spassow sehr wirkungsvoll eingestellten Zyprioten im Tor von Andrusch unterbringen kann, wird das Spiel Ungarns auch nicht sicherer. Aber mit Tempoerhöhung schaffen die Gäste noch durch Roth den Ausgleich und sage und schreibe 50 Sekunden vor Abpfiff durch den ausgefuchsten Nyilasi (66 Länderspiele) den Siegtreffer. Unabhängig davon kann Präsident Szepesi eine erste Bilanz ziehen: „Die Wende ist klar – langsam, aber sicher geht es aufwärts."

Den entscheidenden Beleg für den „Durchbruch zur Spitze" muß – nachdem ein 2:0 gegen Zypern im Rückspiel nur wegen der Punkte interessant ist – Wien bringen. Der 17. April 1985 wird zum Tag der Wahrheit und fast zum Triumph.

Erich Hof, im Kleinkrieg der Wiener Boulevardzeitungen stets ein aktuelles Thema mit Für und Wider, fordert von Österreichs Mannen mehr Mut zum Risiko. Und er wagt auch selbst, holt zum Heimspiel gegen die Niederlande den 34jährigen Kurt Jara (Grasshoppers Zürich) nach zweieinhalbjähriger Auswahlpause zurück. Und der wird zum Helden des Abends im Hanappi-Stadion. Weil der „Prater" modernisiert, teilüberdacht wird, finden alle Länderspiele in der kleinen 25 000-Mann-Arena statt. 15 000 kommen gegen die Holländer, die mit einer Überraschung aufwarten. Auf der Trainerbank sitzt Rinus Michels: jener „eiserne Michels", der mit Ajax zweimal Europacupsieger (1971, 1973) und zum Vater des WM-Erfolges 1974 (Silbermedaille) wurde. Er bringt drei „Neue" in die Auswahl, den Rotterdamer Mario Been, Tim Lokhoff vom PSV und jenen Ernie Brandts, der 1978 im WM-Finale neben Krol, Neeskens, Haan, den Kerkhof-Brüdern eine imponierende Rolle spielte. Brandts soll mit dem Ajax-Libero Spelbos das Stopperbollwerk bilden. Michels weiß: „Hier geht's um unsere letzte WM-Chance." Nach 90 Minuten scheint sie dahin. Hof formiert seine Elf mit drei Spitzen, zu Schachner (AC Turin) stellt er die beiden Austrianer Polster und Steinkogler. Und von Jara, Prohaska mit Ballnachschub versorgt, drängen die drei auf eine frühe Entscheidung. In der 7. Minute vergibt Schachner noch völlig frei vor van Breukelen. Doch in der 15. Torjubel der 15 000. Aber wer ist der Schütze? Jaras Flanke wird nämlich abgefälscht, der Ball trudelt auf der Linie, Valke will retten und wird zum Unglücksraben. „Das traf uns hart", bekennt später der neue alte Trainer. Österreich wirbelt vornehmlich über Schachner, Steinkogler, die kaum zu stellen sind. Glänzend der „Alte", Kurt Jara! Aber kein Tor will mehr fallen. Ja, von Gullit angetrieben, riskieren die Gäste im zweiten Spielabschnitt noch mal alles; Koncilia gerät in seinem 80. Länderspiel unter Beschuß. Aber er steht, rettet den Sieg.

„Vorbei, selbst der zweite Platz ist in weite Ferne gerückt", gibt ein enttäuschter Oranje-Trainer von sich, während Erich Hof strahlt: „Das Risiko hat sich gelohnt, nun können wir es noch aus eigener Kraft schaffen."

Doch vier Wochen später, gewissermaßen als Vorweihnachtsgeschenk, läßt Hof befreundeten Journalisten wissen – und ÖFB-Präsident Beppo Mauhart erfährt es aus der Presse –, er trete zurück, eine Konsequenz aus „fehlender Übereinstimmung mit der Verbandsführung und schlechtem Image in den Medien". In den 15 Spielen seiner Ära gibt es sechs Siege, drei Remis, sechs Niederlagen. „Mehr Schatten als Licht", bilanziert die Nachrichtenagentur APA. Den Zuschlag als neuer Trainer erhält Branco Elsner, Professor an der Uni Ljubljana und in seiner Heimatstadt auch Oberligatrainer. Er will das Experimentieren, das man Hof vorwirft, beenden. Von 27 Spielern waren ja nur die drei Routiniers Koncilia, Prohaska (75×A), Pezzey (71×A) stets dabei. Prof. Elsner ist ein geachteter Fachmann, „aber ohne Intimkenntnisse unseres Fußballs", meint skeptisch die Wiener *Presse*. Willfurth (Rapid) und Hörmann (Graz), in letzter Minute auch den einstigen Torjäger Hans Krankl zieht Elsner zum „Schicksalsspiel" gegen Ungarn hinzu. Mezey hingegen vertraut seiner stabilen Formation. Von den 13 aus dem 3:1-Hinspiel fehlt einzig Varga; er hat auf Zypern seine zweite Gelbe kassiert. Die 90 Minuten sehen das Austria-Team, noch immer mit sieben Mann aus der 78er WM-Elf, ohne jede Chance. 3:0 spielt Ungarns „neues Wunderteam", so die *Volksstimme*, den Gastgeber kunstvoll aus. Leo Beenhakker, für den herzkranken Rinus Michels ans Steuer der niederländischen Auswahl gerückt, schwärmt geradezu: „Sie sind derzeit für mich die beste europäische Mannschaft." Wie Kiprich in seinem fünften Länderspiel am rechten Flügel Karussell mit zwei, drei Gegenspielern fährt, Tor Nummer 1 (21. Minute) und Tor Nummer 2 (34.) selbst erzielt, am 3:0 Detaris (48.) maßgeblich beteiligt ist, läßt auch verwöhnte Kenner mit der Zunge schnalzen. Der immer stärker in die Dirigentenrolle wachsende Blondschopf Detari steht ihm kaum nach. Er sticht Prohaska klar aus.

„Wir sind in Mexiko", jubelt die Budapester Presse. Am 17. April 1985 hat Ungarn die Mexikoqualifikation als er-

*Aber in Budapest mit dem 1:0-Auswärtssieg bewahren sich die Oranjes ihre Hoffnung auf die Zusatzchance. Die Abwehr mit Rijkaard, Wijnstekers blockt Nyilasi, Esterhazy ab*

*Rijkaard ist von Kiprich ausgespielt, der kleine Tahamata heftet sich an dessen Fersen*

*Nicht zu halten, Vercauterens 1:0 in Brüssel gegen die Oranjehemden aus dem Nachbarland. Vergeblich die glänzende Parade van Breukelens (S. 114/115)*

ste europäische Vertretung geschafft. Das folgende 0:1 zu Hause gegen die Niederlande ist ein Ausrutscher, tut nur dem Nachbarn Österreich weh. Er sieht sich plötzlich von den Niederländern auf Rang drei verdrängt. Branco Elsner, der nun auch noch Koncilia (84 Länderspiele), Krankl, Prohaska verliert und „die verpaßte Aufbauarbeit", wie *Volksstimme*, Wien, meint, nachholen muß, fordert Zeit, Geduld: „Österreich hat eine 1. Division – Austria und Rapid; aus der zweiten aber, vom Rest, muß ich künftig meine Auswahlspieler holen, weil Schlüsselpositionen bei Austria/Rapid entweder von Ausländern oder Altstars besetzt sind." Ein weiter Weg steht also an. Und die Niederländer? Sie feiern erst einmal die „unverhoffte Wende" (so Beenhakker). Und dann geht's in die Zusatzqualifikation mit Belgien.

## Das Aus
### „Fünf Minuten vor Mexiko"

Als Leo Beenhakker, besonnen, abwägend, wie wir ihn kennenlernen, im März 1986 nach Leipzig kommt, im Vormessetrubel seine Elf mit sechs Akteuren unter 23 Jahren zum Länderspielsieg gegen die DDR führt, verrät mancher Plausch im „Astoria", daß er immer noch nicht so recht verwunden hat, was sich in den 180 Minuten der Zusatzchance für Mexiko zwischen seiner Elf und Belgiens „Roten Teufeln" abgespielt hat. „Eine Nerventortur", schüttelt er in Erinnerung an das turbulente, hektische Geschehen den Kopf. Und wer seine hochbegabten jungen Burschen im Zentralstadion sah, wird mit noch mehr Hochachtung vom Bezwinger dieser „fliegenden Holländer" sprechen.

Unruhig ist Guy Thys, der altgediente Trainer jenseits der 60, nicht, obwohl er nur dann auf der Auswahlbank bleibt, wenn die Mexikofahrkarten gebucht werden können. *Sportma-*

*gazin*, eine Brüsseler Illustrierte, versucht schon den Kreis der Nachfolger abzustecken, favorisiert den Rekordinternationalen van Himst, aber auch zwei weitere ehemalige „Teufel" – Heylens (jetzt in Lille Trainer) und der Regisseur der achtziger EM-Silberelf, van Moer – liegen gut in der Gunst der Fans. Aber der Mann, der Belgien wieder in die europäische Spitze führte, zweimal zur EM-Endrunde, 1982 auch nach Spanien, ist da nicht anderer Meinung als der Blätterwald. „Mexiko winkt", verbreitet er wie *de Volkskraant* Zuversicht.

Im stimmungsfördernden RSC-Stadion des Brüsseler Stadtteils Anderlecht sorgen 36 500 für heiße Atmosphäre. Und sie springt über am Flutlichtabend des 16. 10. 1985. Die Partie hat noch gar nicht richtig begonnen, da ist sie schon auf dem Siedepunkt. Vercauteren foult Kieft, und der revanchiert sich im Boxerstil. D' Elia, der schwarze Mann aus Italien, zückt die „Rote". Ein Spiel 11 gegen 10 steht an, aber die „Oranjes" verlieren den Kopf nicht. Sie wirken in der Folge sogar abgeklärter als die Gastgeber, auch nach Vercauterens Treffer zum 1:0 (20.). Gestützt auf die Routine der Wijnsteker, Spelbos, auf die unverbrauchte Kraft des dunkelhäutigen Gullit, kommen die Gäste über die Runden, gleichwohl der beste Mann auf dem Feld, Vandereycken, noch mit Weitschüssen alles versucht.

Ein dickes Polster nimmt man nicht mit in das Stahlrohrgeflecht des „Kuip". „Thys ist unruhig geworden", vermutet *Voetbal International*, denn er bietet drei Neulinge auf – für einen Verfechter von ausgeprägter Kontinui-

*Kein Eiertanz, ein Freudentanz auf hartgefrorenem Boden im „Kuip" von Rotterdam – die Gastgeber führen 2:0. Das Trauerspiel folgt, fünf Minuten vor Abpfiff*

tät ungewöhnlich. Und einer der drei, Broos vom FC Brügge, zählt schon 33 Lenze. Aber der „als Manndecker Unübertreffliche" (so Willy van de Kerkhof) wird genauso aufgeboten wie Desmet, ein Stürmer von Hause aus, wie Veyt – beide schnell wie die Feuerwehr. Sie sollen in die Bresche springen, weil nach Scifo auch noch Vandenbergh fehlt. Sie springen – und wie! Desmet, der leichtgewichtige, technisch hochveranlagte Mann aus Waregem macht mit Spelbos, was er will. Und mit ihm bestimmen zur Überraschung der 55 000 die Gäste auf dem hartgefrorenen Boden weitgehend das Geschehen. Aber drei raffinierte Konter kann der sonst so raffinierte Ceulemans nicht nutzen. Die Niederländer wechseln, van Loen aus Utrecht sorgt auch für mehr Druck. Und der stämmige Houtman (Groningen) kann tatsächlich das 0:1 von Brüssel egalisieren (60.), de Wit, ein „Flinkefleugel" (schneller Flügel), sogar das vielbejubelte 2:0 erzielen. Dann macht Beenhakker die Schotten dicht, ersetzt die einzige Spitze, Tahamata, durch Verteidiger Silooy und wird bitter bestraft. Die Belgier stürmen mit Mann und Maus, und der eingewechselte Offensivverteidiger Grün erzielt im letzten Ansturm jenen Gegentreffer, der für die Mexikofahrkarte reicht. Er muß um sein Leben fürchten, so hoch türmt sich die Freudentraube aus Mannschaftskameraden über ihm. „Fünf Minuten vor Mexiko", läßt De Nieuw Kraant in Rotterdam alle Enttäuschung dieser Welt ob des Tors fünf Minuten vor Abpfiff deutlich werden. Telegraaf geht noch weiter: „Nun gehören wir wieder zu den Fußballzwergen." Beim tiefen Sturz aus allen Hoffnungen sind Übertreibungen selten fern. Guy Thys bringt's auf diese seine Formel: „Ich bin eben ein glücklicher Mann." Wahrlich.

## WM-Gruppe 6

(UdSSR, Dänemark, Irland, Schweiz, Norwegen)

### Kein Spaziergang für die Favoriten

„Nichts gewagt und alles verloren", zieht der UdSSR-Fußball nach der EM-Qualifikation, die eben durch zu „vorsichtiges, risikoarmes Taktieren" (Komsomolskaja Prawda) noch unverhofft verlorenging, die Konsequenzen. Und der Nachfolger von Konstantin Beskow und Waleri Lobanowski ist sich mit vielen seiner Kollegen einig. Als Absolvent der Trainer-Hochschule in Moskau ist Eduard Malofejew, der einstige elegante Mittelfeldspieler mit Tordrang, auch in der Klubpraxis neue Wege gegangen, formierte, gestützt auf den eigenen Nachwuchs, bei Dynamo Minsk eine Elf, die 1982 erstmals zu Titelehren kam. Und welche Bewegung das an der Basis im UdSSR-Fußball auslöste, belegt, daß 1983 mit Dnepr Dnepropetrowsk, 1984 mit Zenit Leningrad abermals Meisterneulinge der prominenten Konkurrenz aus Moskau, Kiew, Tbilissi den Rang abliefen.

Diesen Jungbrunnen zu nutzen, ihn mit den hervorragenden älteren Akteuren von Blochin bis Tschiwadse zu einer Einheit mit offensiverer Ausstrahlung zu verschmelzen, das ist Malofejews Vorhaben. Aber kein Baum fällt auf den ersten Hieb, die EM-Qualifikation belegt es. Und auch noch in der WM-Startphase nimmt das UdSSR-Auswahlboot nicht gerade schlingerfreien Kurs in den rauhen Herbststürmen. Nach Dublin, gegen Irland, wie Oslo, gegen Norwegen, bläst der Wind noch ins Gesicht. „Doch ich habe auch in dieser kritischen Phase stets Vertrauen zur Stärke dieser Auswahl gehabt", schätzt Eduard Malofejew später ein. Er überbewertet ein glänzendes Testspiel im Juni 1984 gegen England nicht, wo im Wembley-Stadion ein 2:0-Sieg so eindrucksvoll

*Enttäuschung in Dublin, nur ein 0:0 der heimstarken Iren gegen Norwegen. Die Gäste sogar mit Riesenchancen – Thoresen kann diese nicht verwerten*

erspielt wird, daß die Londoner Presse geradezu schwelgt. „Ich fühlte mich nur bestätigt, auf dem richtigen Kurs zu sein."

Keine kopflosen Reaktionen deshalb, als beim Auftakt am 12. September das Tohuwabohu, der offene Schlagabtausch mit einer Überraschung nach der anderen seinen Anfang nimmt. In Dublin, auf der „grünen Insel", grünen auch diesmal stille Hoffnungen, endlich einmal den Durchbruch zu schaffen. Eoin Hand holt vor Länderspielen Brady (Inter Mailand) und Walsh (FC Porto) aus dem fernen Süden und seine anderen Auserwählten allesamt aus der englischen und schottischen Profiliga. „Wir wollen beweisen", so selbstbewußt der Manager der Iren, „daß wir erfolgreich nachvollziehen können, was Dänemark und Nordirland so nach vorn brachte." Konkret: eine Formation über Jahre festigen, weil ja die Auslandsprofis nur kurzfristig zur Verfügung stehen.

## Gruppe 6

Eingesetzte Spieler: 120
Zuschauer: 799 800 – ∅ pro Spiel: 39 990
Erfolgreichste Torschützen:
Für Dänemark (17 Tore) 8 Elkjaer-Larsen,
4 Laudrup, 2 Berggren, Lerby;
für die UdSSR (13) 5 Protassow, 3 Kondratjew;
für die Schweiz (5) 2 Egli;
für Irland (5) 2 Stapleton;
für Norwegen (4) 2 Sundby.
In allen acht Spielen dabei: Busk, M. Olsen,
Nielsen, Bertelssen, Berggren, Laudrup, Elkjaer-Larsen (Dänemark), Dassajew, Alejnikow, Gozmanow (UdSSR), Engel, In-Albon,
Egli, Geiger, H. Hermann (Schweiz), O'Lea-
ry, Brady (Irland), Thorstved, Hareide, Kojedahl (Norwegen).
Torreichste Spiele: Dänemark–UdSSR 4:2,
Norwegen–Dänemark 1:5.

**DÄNEMARK:**
Fläche: 43 069 km²
Einwohnerzahl: 5,1 Millionen
Verband: Dansk Boldspil-Union
Gegründet: 1889
Mitglied der FIFA: seit 1904
In der WM: Endrundenteilnehmer 1986
Bei Olympia: 1908 (Silber), 1912, 1920, 1948
(Bronze), 1952, 1960 (Silber), 1972
In der EM-Endrunde/Europapokal: 1984
(Halbfinalist)

**UdSSR:**
Fläche: 22 402 200 km²
Einwohnerzahl: 280,0 Millionen
Verband: USSR Futbol Federazija
Gegründet: 1934
Mitglied der FIFA: seit 1946
In der WM: Endrundenteilnehmer 1958,
1962, 1966, 1970, 1982, 1986
Bei Olympia: 1952, 1956 (Gold), 1972
(Bronze), 1976 (Bronze), 1980 (Bronze)
In der EM-Endrunde/Europapokal: 1960 (Eu-
ropapokalsieger), 1964 (Zweiter), 1972
(Zweiter)

Hand beweist da eine gute Hand.
28 000 erleben es direkt im WM-Treff
mit der UdSSR, zugleich Länderspiel-
premiere zwischen beiden Ländern.
Die Gäste mit acht Mann aus dem 82er
Spanienaufgebot, auch mit den beiden
„Oldys" Blochin und Tschiwadse. Aber
die Gelöstheit à la London fehlt im erwarteten, weil für Dublin üblichen Ansturm der Iren. Als Walsh mit dem
häufig rechts durchbrechenden Robin-
son (Queens Park Rangers) in der
64. Minute das 1:0 zustande bringt –
Dassajew hat gegen den straffen 10-m-
Direktschuß keine Chance –, läutet Li-

bero Tschiwadse endlich die Alarmglocken. Es werden auch Chancen erspielt, aber allesamt vergeben. Die dickste Gelegenheit läßt der UdSSR-Fußballer des Jahres Litowtschenko verstreichen, der einen Lattenabpraller Larionows im Nachsetzen nicht im Netz unterbringt.

Kein berauschender Auftakt für Malofejew und seine Schützlinge. Die Fortsetzung in Oslo mit einem 1:1 ist kaum mehr nach des Trainers und schon gar nicht nach der „Bolelschtschiki" Geschmack. „Nicht das Resultat, unsere Spielweise gefiel mir nicht", wird Malofejew konkret. Zwar erspielt sich seine Elf in der Startphase gleich drei gute Chancen, doch als daraus nichts gemacht wird, zieht Unruhe ein. Die athletischen, schnellen Wikinger packen zu. Gestützt auf großartige Paraden des 21jährigen Torhüters Thorstved von Viking Stavanger, gehen sie aufs Ganze. Thoresen, beim

PSV Eindhoven unter Vertrag, sorgt für die Pässe auf die unermüdlich rackernden Jacobsen und Larsen-Oekland. Posnjakow bringt Thoresen bei einem Durchbruch mit langem Schritt zu Fall. Strafstoß, 1:0 durch Thoresen. Litowtschenko und der Minsker Gosmanow reißen nun ihre Elf nach vorn. Und der Ausgleich gelingt noch. Der Mann vom Dnepr schafft ihn mit einem Schuß aus spitzem Winkel. Trainer Fossens Fazit lautet: „Meine Mannschaft schöpfte ihre Potenzen diesmal fast gänzlich aus."

Beim Auftaktspiel an gleicher Stelle war das gegen die Schweiz durchaus nicht so. „Gestürmt, aber ohne Kaltblütigkeit, ohne Glück", faßt *Aftenposten* das Geschehen im Dauerregen des 12. 9. zusammen. Schiedsrichter Sostaric aus Jugoslawien erntet kein Lob, zeigt er doch bereits nach vier Minuten auf den Punkt, Handspielentscheidung zur Verblüffung selbst der Eidge-

nossen. Frühe Führung durch den „Eis-
vogel" Egli, einen Mann mit Nerven.
Seit dem 19. 11. 1980 steht dieser Andre Egli in jedem Länderspiel der
Schweiz, die längste Serie eines Aus-
wahlspielers dort. Von einer Glanztat
spricht freilich niemand, *Sport*, Zürich:
„Keine Offenbarung, eine üble Defensive vielmehr, aber Sieg ist Sieg."

Doch eine Offenbarung folgt — gegen die Dänen. Deren WM-Start gelingt wie der der UdSSR nicht nach
Wunsch. „Ein Spiel bis zur 90. offen",
urteilt die Massenzeitung *B.T.*, und
dies gilt mehr als Lob für die Gäste aus
Norwegen. Die setzen dem EM-Halb-
finalisten vor 45 000 im übervollen
Idraetspark erstaunlich zu. „Unsere
Mittelreihe vermochte Lerby—Arnesen
und den seit der EM noch immer feh-
ienden Simonsen nicht gleichwertig zu
ersetzen", sucht Trainer Piontek nach
Dänemarks Startspiel eine Erklärung.
Es fällt ihm schwer — wie seinen
Schützlingen das Spiel. Aber ein Sieg
springt wenigstens noch heraus.
Sturmas Elkjaer-Larsen erzielt sein
25. Tor im Auswahldreß mit einem
Sonntagsschuß.

Als die Dänen nun am 17. 10. 84 im
Alpenland zur Punktjagd auftauchen,
wissen sie, es wird kein Zuckerschlek-
ken. Ja, es wird sogar bitter. „Erbar-
mungslose Härte, rüde Zweikämpfe",
skizziert die Presse tags darauf das Geschehen vom Wankdorf-Stadion. Wol-
fisberger, der „Rauschebart" auf der
Bank, vertraut abermals in erster Linie
seiner stabilen Abwehr um Roger
Wehrli. Dieser Wehrli beherrscht das
Spiel aus der Konterstellung. Er und

*Wohl das Spiel der Spiele in der WM-Quali-
fikation: Dänemark—UdSSR 4:2. Laudrup
beim entschlossenen Abschluß, links Sygmantowitsch, rechts Gawrilow*

*Die dänische Abwehr im Gruppenspiel von
Moskau stark unter Druck, aber Sivebaek
(2), Busk und Lerby fangen hier Sawarow
und Protassow (verdeckt) ab (Seite 120/121)*

**SCHWEIZ:**
Fläche: 41 293 km$^2$
Einwohnerzahl: 6,5 Millionen
Verband: Association Suisse de Football
Gegründet: 1895
Mitglied der FIFA: seit 1904
In der WM: Endrundenteilnehmer 1934,
1938, 1950, 1954, 1962, 1966
Bei Olympia: 1924 (Silber), 1928
In der EM-Endrunde/Europapokal: –

**IRLAND:**
Fläche: 70 283 km$^2$
Einwohnerzahl: 3,4 Millionen
Verband: Cumann Peile Na h-Eireann
Gegründet: 1921
Mitglied der FIFA: seit 1923
In der WM-Endrunde: –
Bei Olympia: –
In der EM-Endrunde/Europapokal: –

**NORWEGEN:**
Fläche: 324 219 km$^2$
Einwohnerzahl: 4,1 Millionen
Verband: Norges Fotballforbund
Gegründet: 1902
Mitglied der FIFA: seit 1908
In der WM: Endrundenteilnehmer 1938
Bei Olympia: 1912, 1920, 1938 (Bronze),
1952, 1984
In der EM-Endrunde/Europapokal: –

Hermann finden diesmal vorn im Jubilar Barberis (50×A) einen dankbaren Abnehmer. Und die 38 000 in Bern, im WM-Endspielstadion von 1954, jubeln, als Barberis eine von Nielsen zu kurz abgewehrte Flanke volley aus 13 Metern Entfernung dem Tortwartroutinier Qvist in die Maschen setzt. Zwar bestimmen die Dänen nach der Pause optisch das Geschehen, aber Laudrup wie Elkjaer-Larsen vergeben manche Chance. Natürlich Volksfeststimmung nach diesem zweiten WM-Sieg im Land der Kantone. „Wir spielten dänischer als die Dänen", verliert Wolfisberg alle Zurückhaltung. Die *Zürcher Nachrichten* meinen gar: „In dieser Form kann die Schweiz Mexiko erleben." Die Eidgenossen „überwintern" vor den Dänen auf Rang 1 der Tabelle, die UdSSR aber liegt mit 1:3 Punkten an letzter Stelle. Und sie muß im April 1985, mit Beginn der Saison, ins Alpenland.

Eduard Malofejew hat sein verändertes, weiter verjüngtes Aufgebot (Blochin wie Tschiwadse fehlen aber aus Formgründen) beim Nehru-Pokal und auf einer Trainings- und Wettkampfreise nach Italien unter besseren klimatischen Bedingungen als im winterlichen, heimatlichen Revier von Väterchen Frost vorbereitet. Beim Sieg in Indien rücken der pfeilschnelle Protassow (20, Dnepr), der ideenreiche Minsker Mittelfeldakteur Sygmantowitsch (23) und der Leningrader Flitzer Dimitrijew (21) in den Blickpunkt. Aber zufrieden ist Malofejew auch nicht nach dem Italienaufenthalt. Dort wird ein Testspiel gegen die U 21 zwar 2:0 gewonnen, doch ist des Trainers Kommentar nur: „Wir haben gespielt, so

*Die Revanche gelingt der UdSSR im Rückspiel gegen die Dänen zwar nur knapp 1:0, aber keine einzige Torchance für die starken Gäste in Moskau – das spricht für Tschiwadse (im attraktiven Sprung), Alejnikow und ihre Nebenleute*

lala, nicht schlecht, nicht gut." Die Saison kommt ja erst, sie wird früher als gewöhnlich gestartet, am 1. März. Möglich ist das auch dank neuer Fußballhallen in Leningrad wie Moskau.

In Italien kurvten ständig Abgesandte von Paul Wolfisberg um das UdSSR-Team herum. Ihre Berichte lesen sich in der heimischen Presse mit dem für die meisten bürgerlichen Medien auch in Fußballfragen unvermeidlichen antisowjetischen Akzent im Kern so: „Keine Supermannschaft, eher Konfektionäre." Oberflächlich-voreilige Urteile. Das Wundern, ja Staunen folgt nämlich auf dem Fuße. Dabei fehlen neben Blochin und Tschiwadse mit den verletzten Borowski (Minsk) und Sulakwelidse (Tbilissi) vier Erfahrene aus der WM-Elf in Spanien: nur Dassajew, Baltatscha und Demjanenko sind im Kreis der Jungen für das Berner Spiel. Aber die Gäste bieten den 51 000 im erstmals bei einem Schweizer Länderspiel total ausverkauften Stadion das „Spiel des Jahrzehnts" an, wie TV-Kommentator Bernhard Thurnheer formulierte. „Eine gute Startphase", bescheinigt Heinz Hermann der eigenen Elf. Bei hohem Tempo gibt's seitens der Gastgeber wieder eine vollständige Manndeckung. In-Albon folgt Kondratjew, Lüdi dem neuen Torjäger Protassow, wo immer sie hingehen, Egli hängt sich, vor der Abwehr postiert, an den etwas aus dem Mittelfeld kommenden Gawrilow. Aber nach zwanzig Minuten läuft das Kombinationsspiel der Sbornaja dennoch wie am Schnürchen. „Viel agiler, wendiger, energischer im Zweikampf, entschlossener im Tackling", sieht *Sport*, Zürich, die Gäste. Mit einem überlegten Schuß (37.) erzielt Gawrilow die 1:0-Führung, weitere Chancen von Litowtschenko, Protassow macht der rettende Engel im Schweizer Tor zunichte. Ein Strafstoß fast mit Halbzeitpfiff bringt durch Bregy den Ausgleich, aber nach dem Wechsel bestimmt dann nur noch eine

Elf die Szene. Demjanenko lenkt mit seinem 2:1 (80.) alles in normale Bahnen. Die Gastgeber, am Ende ihrer Kräfte, sehen kaum noch den „Hauch einer Chance" (so die *Basler Zeitung*). Der Uhrzeiger hat die 90. Minute bereits überschritten, da wird der verzweifelte Schlußangriff der Schweizer noch belohnt – „Riesenglück: 2:2 in der 91. Minute", kann es selbst *Sport* kaum fassen. „Fußball verrückt – verrückter Fußball", kennzeichnet er den Ausgang, der den Spielverlauf schier auf den Kopf stellte. Eduard Malofejew, etwas verärgert über Referee Valentine (Schottland), der keine Nachspielzeit angezeigt hatte, noch mehr verärgert über nachlassende Konzentration seiner Abwehr, fängt sich schnell: „Für beide ein harter Kampf", schätzt er ein, „beide zeigten, was in ihnen steckt. Die Zuschauer hatten ihre Freude an diesem Spektakel."

Aber die Schweiz setzt die gute Startserie nicht fort. Von Rang 1 rutscht man noch auf Platz 3, in Moskau 0:4, in Dublin 0:3 unter die Räder geratend. Ja, selbst in den Heimspielen gelingt kein Sieg mehr (0:0 Irland, 1:1 Norwegen). Schon mit „mehr als einem Bein in Mexiko, sind alle Träume rasch zu Ende", wie der Massenzeitung *Blick* und dem Tabellenstand zu entnehmen ist. Denn die zunehmend besser harmonierende UdSSR-Vertretung leistet sich keinen Stolperer mehr in den drei Schlußspielen zu Hause.

„Ich bin trotz allem optimistisch", hatte Eduard Malofejew geurteilt, obwohl auch das letzte Auswärtsspiel in Kopenhagen keinen Sieg erbracht hatte, vielmehr eine 2:4-Niederlage. Aber an diesem 5. Juni 1985 erlebt nach Expertenberichten die WM-Qualifikation den Schlager aller Schlager.

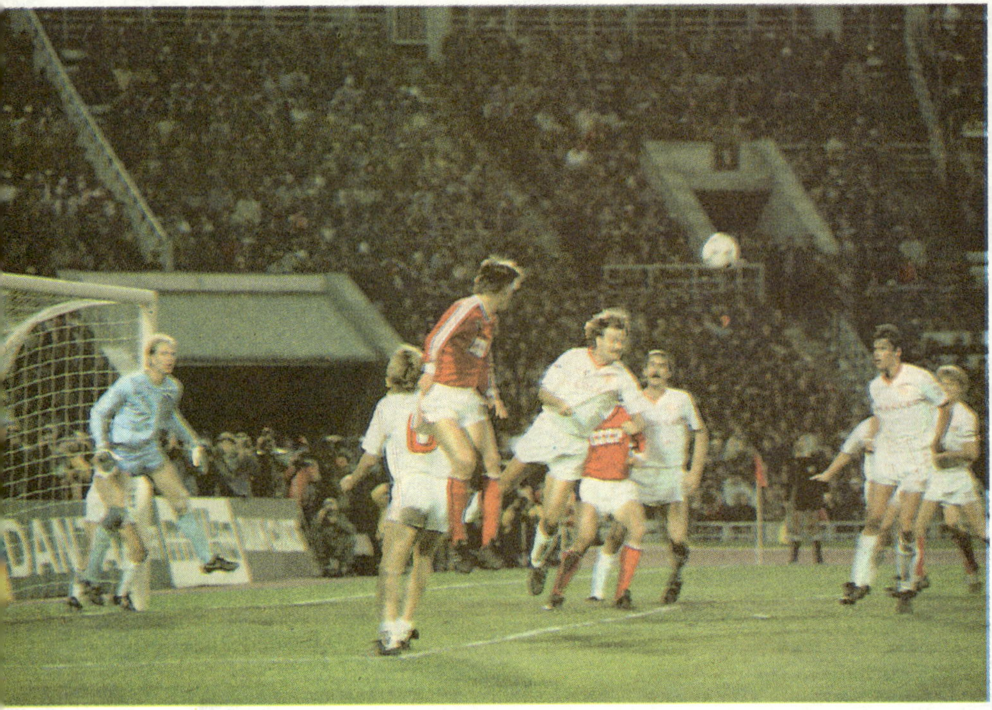

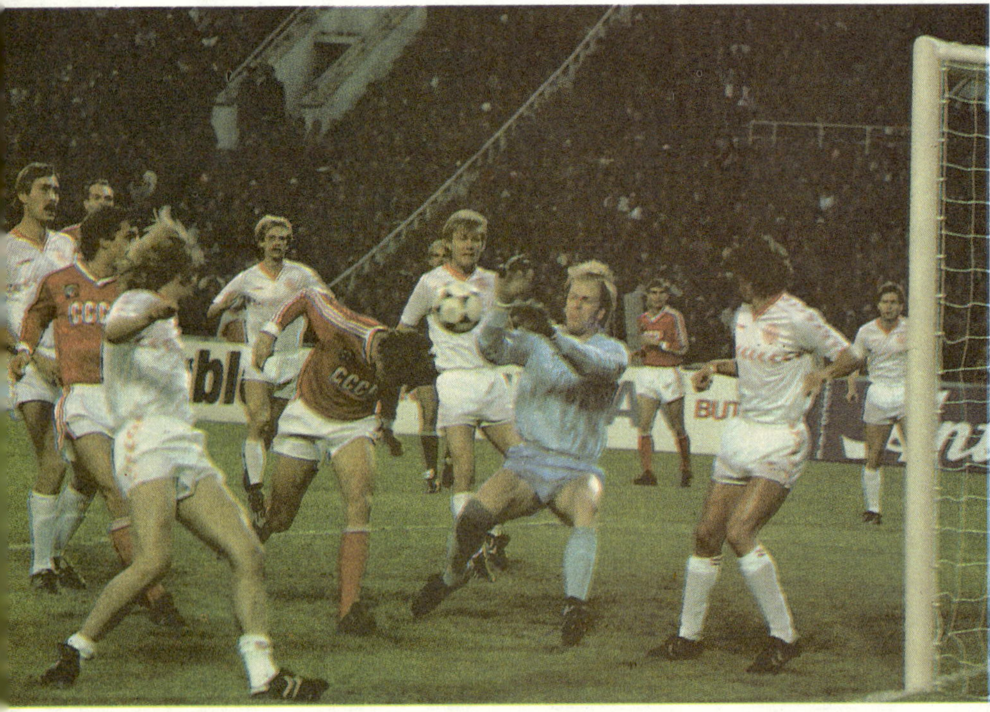

Eine Partie mit 90 Minuten in hohem Tempo, mit knisternden Duellen, technischen Feinheiten, harten Schüssen, tollen Paraden, und über 30 „heiße Torszenen" haben sich abgespielt. „Eskalation der Superlative", greift *l'Equipe*, Paris, zu höchsten Noten, und *Stampa*, Turin, nennt die Paßfolgen, den Kombinationswirbel, der nicht nur von den Mittelfeldtechnikern Lerby/Arnesen und Gawrilow/Gozmanow getragen wird, einen „Augenschmaus". Was entschied beim 4:2? Hier Josef Pionteks Variante: „Auch das Publikum war Extraklasse, und dieses Plus brauchten wir, denn die UdSSR-Elf war ungeheuer stark." Die Torfolge gibt darüber keine Auskunft. 1:0, 2:0 Elkjaer-Larsen (16., 19.), 2:1 Protassow (23.), 3:1, 4:1 Laudrup (60., 65.), 4:2 Gozmanow (68.).

Das einhellige Lob nach dieser Niederlage verdienen sich Malofejews Schützlinge in den drei Heimspielen nachträglich. Alle werden gewonnen, gegen Irland 2:0, gegen Dänemark 1:0, beide überzeugender, als es die Resultate ausdrücken. Den Dänen zum Beispiel wird nicht eine einzige echte Torchance gestattet. Das 1:0 über Norwegen freilich kommt nicht ohne Mithilfe der Norges zustande: Bei einem Rettungsversuch stören sich Kojedahl und Mordt so, daß der Ball über die Linie rutscht. Zum sechsten Male ist die UdSSR nach 1958, 1962, 1966, 1970 und 1982 in der WM-Endrunde dabei. Und nebst den Dänen, die ihre unglaubliche Steigerungsfähigkeit mit spektakulären Auswärtssiegen in Oslo (5:1) und Dublin (4:1) demonstrieren, haben sich die Nachfolger der legendären Jaschin, Netto, Iwanow in den Kreis der stillen Titelbewerber gespielt.

*Demjanenko vor dem Dänentor, Berggren klärt per Kopf*

*Kopfball Demjanenkos aus Nahdistanz, tolle Reaktion Rasmussens*

## WM-Gruppe 7
(Spanien, Schottland, Wales, Island)

## Das 100. Duell
## und seine Zuspitzung

Eigentlich müßten Spaniens so stolze Fußballfans in Hochstimmung schwelgen. Sommer 1984. Die Auswahl ist aus Paris zurückgekehrt als gleichwertiger EM-Finalist, mit viel Lob bedacht von der europäischen Fachwelt. Alter Glanz scheint wiedergewonnen. Doch nichts dergleichen. Wie ein Rausch ist die Freude verflogen. Die Schlagzeilen der Sportpresse werden vielmehr von düsteren Prophezeiungen bestimmt. „Großsprecherei vor leeren Kassen", „Spaniens Fußball steht am Abgrund", „Selbst die Giganten enorm verschuldet" mögen als Auslese genügen. Und dann …

Am 3. September hat die Gewerkschaft der Fußballer (AFE) ihre Mitglieder über einen Spielerstreik abstimmen lassen. Es geht um die Durchsetzung alter Forderungen wie Abschluß von Tarifverträgen, Abschaffung des Rückhalterechts der Klubs, deren Willkür es obliegt, Spieler für eine andere Mannschaft freizugeben oder nicht, schließlich Einbeziehung der Aktiven in die Sozialversicherung und Nachzahlung aller offenen Löhne. Monatelang nämlich haben Spieler der zweiten und dritten Profi-Division oft kein volles Gehalt mehr bezogen. Nicht etwa den Stars von Real oder dem FC Barcelona steht das Wasser bis zum Halse, aber den vielen hundert unbekannten Kollegen hingegen. Die Stars, voran der Vorsitzende der Gewerkschaft, Juan Jose Iriarte, bekannt unter dem populären Namen Juanito, verhalten sich jedoch solidarisch. Mit seinen Auswahlkollegen Maceda und Goicoechea gewinnt Juanito die Spieler der höchsten Klasse. Und da sich keine „Streikbrecher" finden, auch namhafte Ausländer nicht ausbrechen, versuchen sich die Klub-Oberen mit eilends zusammengewürfelten Mannschaften aus Reserve und Junioren. So geht der eigentliche Schlager des Punktspielauftakts, Real Madrid gegen FC Barcelona, vor einer Trauerkulisse über die Bühne und mit Leistungen, die zum Haareausraufen sind. Erst nachdem auch der zweite Spieltag eine ähnliche Pleite bringt, lenken die Klub- und Verbandsbosse nach 13stündigen Verhandlungen zähneknirschend ein.

„Man spricht von einem Schuldenberg von 200 Millionen Mark, der sich vor den 78 Profiklubs aufgetürmt hat. Und viele von ihnen versuchten diese Last denen aufzuladen, die für sie eigentlich nur die Ballarbeit verrichten sollen", heißt es in einer Korrespondenz des *Vorwärts*, Bonn, zur Situation der Durchschnittsprofis. Der „koffeinfreie Fußball" wie ihn *Ya* bezeichnet, zieht weder Zuschauer in die Arenen noch vor die Bildschirme. Und das bedeutet magerste Kasse. Das einzige Mittel, das wirkt. Sporting Gijons Präsident, Kopf der CFB, einer Dachorganisation der Klubchefs, muß klein beigeben. Auch sein Versuch, Aussperrungen durchzusetzen, scheitert.

Ab dritten Spieltag rollt in Spaniens höchster Spielklasse der Fußball wieder mit gewohnter Leidenschaft und mancher Sympathiebezeugung für die Köpfe der Spielergewerkschaft. Gute Stimmung jedenfalls bei den Fans, Aufatmen bei Auswahltrainer Miguel Munoz. Nur vier Punktspielwochen noch hat er Zeit, seine Elf für den WM-Auftakt gegen Wales zu formieren und zu präparieren. Das schwache Abschneiden der Europacupstarter, von denen nur Real Madrid einstige Stärke beweist, läßt auf Fitneßrückstände schließen. Sie macht er wett, unterstützt vom neuen „Barca"-Trainer, dem 46jährigen Terry Venables (England), der den FC Barcelona in Schwung bringt. Von Real holt sich Munoz das große Talent Butragueno in die Aus-

wahl, von Barcelona die Hoffnungen Rojo und Clos, von Bilbao Urtubi. Und der Wirbelwind von Real wird zur Entdeckung im Auftaktspiel gegen Wales.

In Sevilla, der Fußball-Feste, wo Spaniens Auswahl seit 60 Jahren kein Spiel verloren hat, knüpft die bewährte Garde an alte Heimtugenden an. Aber es wird „ein hartes Stück Arbeit", wie der einstige Real-Spieler und -Trainer aus der großen Europacupzeit mit fünf Siegen, Miguel Munoz, bestätigt. Dem frühen 1:0 durch Rincon (7.) folgt bis hin in die Schlußphase ein offener Kampf. Der „glänzend eingestellte Kontrahent", so das Urteil des Schotten Archibald in Barcelonas Diensten, wird erst in der 83. und 90. Minute endgültig bezwungen. Beide Male ist der 21jährige Debütant Butragueno maßgeblich beteiligt. Erst leistet er für Carrasco die Vorarbeit zum 1:0, dann schließt er ein Solo erfolgreich ab.

Aber dieser Sieg, der soviel Zuversicht auslöste, zerstiebt wie ein Strohfeuer. Im berühmten Hampden Roar in Glasgow, beim urgewaltigen Anfeuerungsschrei von diesmal 74 000 wackelt auch die sonst so stabile Abwehr um den Recken Maceda. DDR-Referee Adolf Prokop und seine Assistenten Klaus Peschel und Günther Habermann leiten ein attraktives, eines der niveauvollsten Spiele, das sie je erlebten. Die hochveranlagte schottische Elf mit dem unglaublichen kämpferischen Engagement sorgt durch Tore von Johnstone (2) und Dalglish für ein klares 3:1. Und der seit 1972 nicht mehr aus der Auswahl wegzudenkende Kenny Dalglish, der in seinem 96. Länderspiel mit dem 3:1 sein 30. Auswahltor erzielt, egalisiert den Rekord von Denis Law. Und welch einen Treffer bietet dafür Dalglish! Kein Wunder, daß der *Daily Telegraph* Beifall spendet: „Ein glänzender Kenny lenkt Schottland auf direktem Weg nach Mexiko."

Zu früh der Lobgesang. Zwar kann für 1984 eine optimistische Schlußbilanz angesichts eines Dutzends Tore in den drei letzten Spielen gezogen werden, aber dann tut sich eine unverhoffte Durststrecke auf. Dabei kann Jock Stein, populär und geachtet wie zuvor wohl kein anderer schottischer Trainer, Ende Februar 1985 mit der Bestbesetzung nach Sevilla reisen. „Stein verfügt über ein Aufgebot, um das ihn jeder Auswahlkollege beneiden könnte", meint *The Guardian*. Stein verspricht: „Wir schaffen es, zum vierten Male hintereinander in die Endrunde zu kommen." Der erste Sieg über Spanien seit 21 Jahren macht ihm Mut. Stein hat sogar die Qual der Wahl, denn mit Archibald meldet sich in der Siegesserie des FC Barcelona (am 16. Spieltag die erste Niederlage!) ein nach 23 Länderspielen etwas außer Sichtweite geratener Durchreißer zurück, und bei Manchester United gelingt dies nach langwierigen Verletzungsproblemen jenem kleinen Dauerbrenner von Spanien '82, Gordon Strachan. Aber da sind auch die nachdrängenden Talente, voran der 19jährige McStay, der 1984 sein Debüt gab und bei Celtic alle großen Namen übertrifft.

Um Spaniens „Toreros" steht es nicht annähernd so vielversprechend. Carrasco ist durch einen Autounfall vorerst kein Thema, Rincon, die zweite Sturmspitze, fehlt wegen Verletzung, dazu auch der erfahrene Mittelfeldakteur Viktor. Also, die „Jungen müssen ran, damit dem schottischen Dudelsack in der Hölle von Sevilla die Luft ausgeht", wie *Diario 16* Stimmung zu machen versucht. Gemeint sind Butragueno, Rojo, Urtubi, Clos. Und einer von ihnen wird zum Retter — Clos köpft auf Zuspiel von Senor das goldene Tor, das bei den 70 000 das Feuer der Leidenschaft schürt. Aber die Gäste nehmen den Fehdehandschuh auf, auch ohne Dalglish und Nicol, die in Sevilla kurzfristig wegen einer Virusinfektion ins Krankenhaus

## Gruppe 7

Eingesetzte Spieler: 91
Zuschauer: 470 900 − ∅ pro Spiel: 39 240
Erfolgreichste Torschützen:
Für Spanien (9 Tore) 2 Rincon;
für Schottland (8 und 2 in der Zusatzqualifikation) 2 McStay, Johnston;
für Wales (7) 3 Hughes, Rush.
In allen sechs Spielen dabei: Maceda, Goicoechea (Spanien), Leighton, McLeish, Miller, Bett (Schottland), Southall, Ratcliffe, Jakkett, Thomas, James, Hughes (Wales), Trainsson, Johnsson (Island).
Torreichstes Spiel: Spanien−Schottland 3:1.

**SPANIEN:**
Fläche: 504 750 km$^2$
Einwohnerzahl: 37,3 Millionen
Verband: Real Federacion Espanola de Futbol
Gegründet: 1905
Mitglied der FIFA: seit 1904 (durch Real Madrid vertreten)
In der WM: Endrundenteilnehmer 1934, 1950, 1962 1966, 1978, 1982, 1986
Bei Olympia: 1920 (Silber), 1924, 1928, 1968, 1976, 1980
In der EM-Endrunde/Europapokal: 1964 (Europapokalsieger), 1980, 1984 (Zweiter)

**SCHOTTLAND:**
Fläche: 78 773 km$^2$
Einwohnerzahl: 5,2 Millionen
Verband: The Scottish Football Association Ltd.
Gegründet: 1873
Mitglied der FIFA: seit 1910 (bis 1920), 1924 bis 1928 und wieder seit 1946
In der WM: Endrundenteilnehmer 1954, 1958, 1974, 1978, 1982, 1986
Bei Olympia: −
In der EM-Endrunde/Europapokal: −

Der Dauerläufer Raphael Gordillo, stets an den heruntergerollten Stutzen auszumachen, ist mit seinen energischen Vorstößen über den linken Flügel gefürchtet

Ian Rush, Torjäger von Wales und vom FC Liverpool, den sich Juventus Turin für 1987 vertraglich sicherte

müssen. Als Strachan ins Spiel kommt, bläst er mit Kapitän Souness zum Schlußsturm. Doch Archibald vergibt den Ausgleich.

„Wer kann in Sevilla schon gewinnen?" glättet Jock Stein die Wogen. „Wir packen die Koffer für Mexiko zu Hause." Nur, so einfach und problemlos ist das wohl nicht. Dabei kommt in der letzten Märzwoche eine Waliser Vertretung, die Ende 1984 die schlechteste Länderspielbilanz seit 1976 aufweist. Mike England, seit März 1980 in genau 40 Länderspielen Auswahlverantwortlicher, ist in die Kritik geraten. Denn an Klasseleuten fehlt es Wales nicht. Im Gegenteil. Torwart Southall, 1982 in die Nationalmannschaft gerückt, ist die Nummer 1 in Britannien, die Doppelspitze Hughes und Rush, der eine bei Manchester United, der andere beim FC Liverpool der große Torjäger, sucht ihresgleichen in ganz Europa. Aber die WM-Auftaktspiele gehen schief. Im Land der Geysire, auf Island, endet der erste Anlauf sensationell 0:1. Wieder einmal hat die erstaunliche Garde der Sigurvinsson, Edvaldsson, Petursson, Gudlaugsson mit dem Kampfgeist ihrer Altvorderen einem Favoriten das Fürchten gelehrt. Und diesem 0:1 folgte für Wales jenes herbe 0:3 in Sevilla gegen Spanien. Nun also auf in den Hampden Park, zum 100. Länderspiel der beiden alten Rivalen. 1876 gab's den ersten Vergleich, der 4:0 endete. 60 Siege weist die Statistik für Schottland auf, nur 18 Niederlagen. Die fünfte und bislang letzte Heimniederlage gab's 1951/52. Keine Frage, wer da Favorit ist. Aber es siegt der Außenseiter. Für alle eine Riesenüberraschung, für Mike England nicht. „Ich wußte, wir können hier ein gutes Resultat machen." Das Extralob für den 1:0-Sieg kassieren der Schütze Rush, sein Kompagnon Hughes und Libero Jones von Chelsea London (64×A). Jones, sonst Außenverteidiger, stellt im Kessel der 62 000 seine Ab-

wehr glänzend, und vorn preschen die dynamischen Stoßstürmer los. Hughes, 21 Jahre, aus Wrexham stammend, ist von eminenter Schnelligkeit und schon erstaunlicher Routine – ideale Ergänzung zu Rush.

Sie stehen tatsächlich plötzlich atemlos im Regen; die Spiele gegen Spanien sind absolviert, zwei Auswärtsbegegnungen in Wales und Island verheißen kein Zuckerschlecken. Zumal in einer „Rush-hour" Vizeeuropameister Spanien buchstäblich von Rush und Co. an die Wand gedrückt wird. Er ist ohne Chance gegen die Everton-Achse Southall–Ratcliffe–van den Howe. Erst recht gegen Rush–Hughes, die gemeinsam die Torausbeute besorgen – Rush das 1:0 (44.), Hughes das 2:0 (53.), dann wieder Rush das 3:0 (88.).

Das letzte Spiel der Waliser, zu Hause gegen die Schotten, die in Island durch Bett erst vier Minuten vor Abpfiff beide Punkte retten, muß die Entscheidung bringen, denn die Spanier gehen in Island auswärts wie zu Hause ganz auf konzentrierte Sicherheit, holen sich mit jeweils 2:1-Siegen die nötigen vier Punkte zum Platz 1.

Aber da winkt ja für den Zweiten noch die Chance gegen Australien. „Ein sicherer Mexikotrip für den, der's in Cardiff packt", ist der 63jährige Jock Stein überzeugt. Den glücklichen Ausgang für seine Schützlinge erlebt er nicht mehr. Ein Herzanfall macht inmitten des turbulenten Geschehens seinem Leben ein Ende. Die Spieler und die 39 000 Zuschauer erfahren tief betroffen nach dem Abpfiff, daß Stein, seit 1978 in 60 Spielen (26 Siege, 23 Niederlagen) auf der Trainerbank, den Anfall nicht überlebt hat. Die Freude, daß Cooper per Handstrafstoß das 0:1 von Hughes ausgleichen konnte, schlägt in Trauer um bei den Haudegen von McLeish, Miller bis Strachan, Leighton, die der Vaterfigur Jock Stein mehr als nur fachliche Betreuung verdanken.

Dieser tragische Zwischenfall läßt den strittigen Verlauf des Spiels erst später zur Debatte werden. „Wieder ein Penalty, der die Schotten rettete", heißt es im *Daily Telegraph*. Tatsächlich ergeben TV-Bilder, daß der Niederländer Keizer ein Handspiel gegen Wales bestrafte, das ein schottischer Spieler begangen hatte. „Wir standen neun Minuten vor Mexiko, bis dahin war ich der Held. Nun treten alle auf mir herum", sieht der Waliser Trainer Mike England das Scheitern aus ganz persönlicher Perspektive. Wer so viele Akteure der Extraklasse zur Verfügung hat, sagen seine Kritiker, der muß die Ursachen auch bei sich suchen.

Erwartungsgemäß öffnen die Schotten die Hintertür nach Mexiko ohne Probleme. Das Abenteuer Australien in der Zusatzqualifikation endet nach einem beruhigenden 2:0-Heimspielsieg mit einem 0:0 im Olympic Parc von Melbourne. Alex Ferguson, Schüler, Assistent und Nachfolger von Jock Stein, führt die Elf weiter, und er kann es sich sogar leisten, den 99fachen Auswahlspieler Dalglish zu Hause zu lassen, weil dessen 100. natürlich im Hampden Park steigen soll. Wenn auch über den Umweg Australien, Schottland kommt als letzter der 24 Endrundenstarter an den Schalter Richtung Mexiko, zum sechsten Male damit in eine WM-Endrunde. „Das waren wir dem guten alten Jock auch schuldig", spricht Kapitän Graeme Souness, der 32jährige, das aus, was alle empfinden.

**WALES:**
Fläche: 20 761 km²
Einwohnerzahl: 2,8 Millionen
Verband: The Football Association of Wales Ltd.
Gegründet: 1876
In der FIFA: seit 1910 (bis 1920), 1924 bis 1928 und wieder seit 1946
In der WM: Endrundenteilnehmer 1958
Bei Olympia: –
In der EM-Endrunde/Europapokal: –

**ISLAND:**
Fläche: 103 000 km²
Einwohnerzahl: 230 000
Verband: Knattspyrnusamband Islands
Gegründet: 1947
Mitglied der FIFA: seit 1929
In der WM-Endrunde: –
Bei Olympia: –
In der EM-Endrunde/Europapokal: –

# Neue Gesichter und alte Hasen

*Dynamisch, elegant in der Ballführung und dazu torgefährlich – so stellte sich Brasiliens Mittelfeldspieler Alemao in den Qualifikationsspielen des dreifachen Weltmeisters vor. Eine feste Größe in den taktischen Überlegungen Trainer Santanas*

## Zwei „Neue" oder die Favoriten?

Im August '85 sieht sich die US-amerikanische Zeitung *International Herald Tribune*, dem Sport keineswegs übermäßig zugetan, bemüßigt, dem Fußball in Afrika eine komplette Seite zu widmen. Der Autor geht in diesem Beitrag noch einmal auf das eben zu Ende gegangene FIFA-Weltturnier für U-16-Mannschaften in China ein, das in Nigeria nicht allein einen ganz überlegenen Sieger hatte, sondern in dem mit Guinea noch eine zweite afrikanische Vertretung das Viertelfinale erreichte. Er gibt einen Ausblick auf die im Sep-

schließlich Spanien (Algerien und Kamerun), in denen die Ballkünstler vom „schwarzen Kontinent" immer für faustdicke Überraschungen gut waren, hatte die Funktion eines Katalysators, der einen Prozeß in Gang setzte, dessen Ende noch keineswegs abzusehen ist. „Die Zeit ist nicht allzufern, da diesem Kontinent mehr als nur die bisher zwei bewilligten Plätze bei der Endrunde zugebilligt werden. Afrikas Fußball wird von Jahr zu Jahr stärker." So FIFA-Präsident Joao Havelange auf einer Pressekonferenz im September 1985 in Moskau. Da holte sich übrigens die Elf Nigerias im „kleinen Finale" der Junioren-WM gegen die UdSSR die Bronzemedaille.

Bei der Confederation Africaine de Football (CAF), die ihren Sitz in Kairo hat, geben dann indes nur 29 Länder ihre Meldung für die bevorstehenden Qualifikationsspiele ab. Schier unlösbare wirtschaftliche Probleme, Folgeerscheinungen Jahrhunderte währender kolonialer Unterdrückung, dazu eine verheerende Dürrekatastrophe in der Sahelzone lassen einige Länder von diesem Wettbewerb Abstand nehmen. 26 sind es schließlich, die in der ersten Runde der Qualifikation, ausgetragen im Pokalsystem, also mit Hin- und Rückspielen, den langen Weg in Richtung Mexiko antreten. Algerien, Kamerun und Ghana erhalten dafür ein Freilos. Sie haben in den zurückliegenden Jahren mehr als einmal bewiesen, daß sie zu den stärksten Auswahlvertretungen des Kontinents gehören.

tember anstehende Junioren-Weltmeisterschaft in Moskau, verweist auf die fast unglaublichen Zuschauerzahlen bei den bereits absolvierten WM-Qualifikationsspielen, den Begegnungen der Klubs im Meistercup und denen der Pokalsieger und stellt am Ende seiner Betrachtung fest: Afrika ist der Fußballkontinent von morgen!

Tatsächlich hat der Fußball Afrikas in den letzten Jahren eine fast atemberaubende Entwicklung durchgemacht. Das bemerkenswerte Abschneiden der afrikanischen Vertretungen bei den vorangegangenen Weltturnieren in Mexiko (Marokko), Argentinien (Tunesien) und

## Bilanz im Zeitraffer

Es ist ein Tag wie Samt und Seide in Luanda, der Hauptstadt Angolas. Von See her weht eine frische Brise und läßt Temperatur und Luftfeuchtigkeit erträglicher erscheinen. Schon lange vor dem Anpfiff des kongolesischen Schiedsrichters Bantsima drängen sich die Zuschauer im Stadion, die den Auftakt der Afrika-Qualifikation zwischen Angola und Senegal miterleben wollen. Für uns Gelegenheit, Vorschau im Zeitraffer zu machen.

Wer kann sich Chancen ausrechnen, die beiden heißumkämpften Plätze für die Endrunde zu belegen? Der Kreis der Favoriten ist abgesteckt. Kamerun zählt dazu, das '82 in Spanien ungeschlagen blieb und mit seiner Auswahl, den „Unbezwingbaren Löwen", den Nationencup '84 gewann. In Abidjan, der Hauptstadt der Elfenbeinküste, verloren sie zwar das Eröffnungsspiel der Finalrunde mit 0:1 gegen Ägypten, ein 2:0 gegen den Gastgeber sowie das 4:1 gegen Togo sicherten aber schließlich noch Rang 1 in der Staffel. Ein Elfmeterschießen sah die „Löwen" mit 5:4 im Halbfinale gegen Algerien in Front, und Nigeria hatte im Endspiel keine Chance: 3:1 heißt das Schlußresultat: Schon auf dem zweiten Rang aber nennen Afrikas Fachleute Ägypten. Zamalek Kairo, eine der berühmtesten Klubmannschaften des Landes, gewinnt den Meistercup des Kontinents, der Lokalrivale National die Trophäe bei den Pokalsiegern. Nigerias „Grüne Adler" muß man wieder ins Kalkül ziehen. Nachdem die Elf 1980 den Nationencup gewonnen hatte, verlor sie völlig die Form. Aber Auswahltrainer Adeboye Onigbinde ist es gelungen, eine neue Truppe aufzubauen. Er nimmt die „alte Garde", die sich bereit erklärte, seinen hohen Trainingsanforderungen nachzukommen, „mixt" sie mit den veranlagtesten Spielern der Elf, die 1983 die Afrikanische Jugendmeisterschaft für sich entschieden hatte, und kann nach dem Einzug in das Finale des Nationencups zufrieden feststellen: „Mit uns muß man wieder rechnen."

Natürlich mit Algerien, das mit seiner Meisterschaftself Mascara für Aufsehen sorgt, jener Elf, in der mit Lakhtar Belloumi ein Mann steht, den man den „Platini Afrikas" nennt. Mit Tunesien, das wegen „mangelnder

Moral und Fehlens von Enthusiasmus" 1983 von der Sportleitung des Landes von allen internationalen Vergleichen suspendiert wurde und doch unmittelbar nach Aufhebung der Sperre wieder eine schlagstarke Mannschaft zur Verfügung hat, wie die Erfolge in Länderspielen gegen Nigeria und Kanada unter Beweis stellen. Und selbstredend mit Marokko, dessen beste Akteure in Frankreich und der Schweiz Fußball spielen, die aber, in der Nationalmannschaft eingesetzt, sich noch zu steigern vermögen. Nicht umsonst gelingt Marokko auch die Qualifikation zum olympischen Fußballturnier von Los Angeles, wo die Elf indes in einer starken Gruppe mit der BRD und Brasilien ohne Chance ist. Ghana zählt zum Favoritenkreis mit den nach wie vor starken „Black Stars" als Korsett, Sambia und mindestens eine Handvoll „Geheimtips".

Nun also der Auftakt mit Angola gegen Senegal. Nachdem die neunzig Minuten abgelaufen sind, ist das Auftaktresultat fixiert – Angola gewinnt mit 1:0, verliert das Rückspiel 14 Tage später mit dem gleichen Resultat. Im Duell vom Strafstoßpunkt aber behalten die Gäste die Nerven. Sie gewinnen mit 4:3 und fallen sich danach jubelnd um den Hals – der Einzug in die nächste Runde, das Viertelfinale, ist geschafft.

Was ist noch erwähnenswert an diesen Auftaktspielen, die zwischen dem 1. Mai und dem 15. November 1984 ausgetragen werden? Die Favoriten setzen sich relativ sicher durch. Nigeria, Tunesien und Marokko überstehen den Auftakt sogar ohne Gegentor, allein Ägypten, mit viel Vorschußlorbeer in die beiden Spiele mit Simbabwe gestartet, muß sich erheblich strecken, bevor die erste Etappe geschafft ist. Vor der gewaltigen Kulisse von 100 000 Zuschauern springt daheim in Kairo nur ein mühevoller 1:0-Sieg heraus, beim Rückspiel in Harare wird es noch „enger", mit Zittern und Zagen ein 1:1. Am 13. November schlägt Tunesien Benin in Tunis mit 4:0. Und damit ist die Vorrunde abgeschlossen. Wenn es dabei vergleichsweise ruhig zuging – mit der Auslosung für das Viertelfinale sind die Überraschungen sozusagen programmiert.

## Löwen in der Falle

Die erste ist schon am 21. April 1985 perfekt – Kamerun, der WM-Teilnehmer von 1982 und Gewinner des Nationencups '84, ist gegen Sambia ausgeschieden!

Bevor Schiedsrichter Valdemarca aus Simbabwe in Lusaka den Ball freigibt, formieren sich die „Unbezwingbaren Löwen" selbstbewußt zu einem Erinnerungsfoto, bei dem sie optimistisch in die Kamera schauen. Warum auch nicht? Die da stehen und kauern haben einen hervorragenden Namen auf dem afrikanischen Kontinent: Da ist der Kapitän Theophile „Doctor" Abega, der „Dispatcher" im Spiel der Elf, 1974 der „Fußballer des Kontinents", gefolgt übrigens von seinem Mannschaftskameraden, Torsteher Antoine Bell. Nationaltrainer Rade Ogananovic, ein Jugoslawe, hatte die Qual der Wahl zwischen Bell und einem der besten Torsteher der WM '82, Thomas N'Kono, der inzwischen beim spanischen Erstdivisionär Espanol Barcelona unter Vertrag steht. Er entschied sich für Bell. Der wird zur Schlüsselfigur der Auftaktpartie, weil er unsicher, nervös spielt; mit 1:4 geht sie verloren. „Ich hätte nie für möglich gehalten, daß wir gegen Sambia ausscheiden", faßt Mittelstürmer Milla das Resultat der beiden Spiele zusammen (das zweite endete in Yaounde 1:1). „Es ist der schwärzeste Tag in meiner bisherigen Laufbahn."

Gegen so ganz heurige Hasen verliert Kamerun indes nun wirklich nicht. Bei internationalen Begegnungen, an denen Mannschaften Ost- und Zentral-

**ALGERIEN:**
Gründungsjahr des Verbandes: 1962. Anschluß an die FIFA: 1963.
Nationalmannschaft: Endrunde der WM 1982, 1986. Olympische Spiele: 1980 (Viertelfinale). Afrikapokal für Nationalmannschaften: 1968, 1980 (2.), 1982 (4.), 1984 (3.).
Die Spitzenklubs: Mouloudia (Meisterpokal: Gewinner 1976, Viertelfinale 1980), RS Kouba (Meisterpokal: Viertelfinale 1982), EP Setif (Pokal der Pokalsieger: Viertelfinale 1981), Belcourt (Pokal der Pokalsieger: Viertelfinale 1979).
Meister: 1982, 1983 Tizi Ouzou.

**KAMERUN:**
Gründungsjahr des Verbandes: 1960. Anschluß an die FIFA: 1962.
Nationalmannschaft: Endrunde der WM 1982. Afrikapokal für Nationalmannschaften: 1970, 1972 (3.), 1982, 1984 (1.).
Die Spitzenklubs: Canon de Yaounde (Meisterpokal: Gewinner 1971, 1978, 1980, Viertelfinale 1983. Pokal der Pokalsieger: Finale 1977, Gewinner 1979); Union Douala (Meisterpokal: Gewinner 1979, Halbfinale 1980. Pokal der Pokalsieger: Gewinner 1981); Tonnerre Yaounde (Meisterpokal: Gewinner 1975, Finale 1976).
Meister: 1982 Canon, 1983 Tonnerre.

**ÄGYPTEN:**
Gründungsjahr des Verbandes: 1921. Anschluß an die FIFA: 1923.
Nationalmannschaft: Endrunde der WM 1934. Olympische Spiele: 1924 (Viertelfinale), 1928, 1936, 1948, 1952, 1964 (4.). Afrikapokal für Nationalmannschaften: 1957 (1.), 1959 (1.), 1962 (2.), 1963 (3.), 1970 (3.), 1974 (3.), 1976 (4.), 1980, 1984 (4.).
Die Spitzenklubs: El Ahly (Kairo) (Meisterpokal: Gewinner 1969, Halbfinale 1970, 1981, Gewinner 1982, Finale 1983); Zamalek (Kairo) (Meisterpokal: Viertelfinale 1979); Arab Contractors (Pokal der Pokalsieger: Gewinner 1982, 1983).
Meister: 1982 El Ahly, 1983 Arab Contractors.

afrikas teilgenommen hatten, machen Sambias junge Angreifer Kalusha Bwlya und Frederick Kashimoto derart von sich reden, daß sich Späher des englischen Erstdivisionärs Stoke City auf die weite Reise machen, um sie unter Vertrag zu bekommen. Es sind dies Spiele, in denen auch Torsteher Effort Shambala und Linksaußen Peter Kaumba Proben ihres Könnens abgeben. Sie sind es nun, die die erste Sensation der afrikanischen Qualifikation perfekt machen. Der Löwe sitzt in der Falle! Die britische Nachrichtenagentur veröffentlicht später Brightwell Bandas Analyse beider Begegnungen. Sambias Manager: „Wir wußten, daß Kamerun sehr selbstbewußt in das erste Qualifikationsspiel gehen würde. Ich denke sogar, die Elf hat uns unterschätzt. Wer sich qualifizieren will, muß uns erst einmal ausschalten." Der Sieger hat meistens recht, in diesem Fall ist es Banda. Aber man soll das Fell des Bären auch nicht verteilen, bevor er erlegt ist. Und Sambia steht noch ein weiter Weg bevor.

Mit Akribie hat sich Ägyptens Vertretung auf die Begegnungen mit Madagaskar vorbereitet. Ende Januar, Anfang Februar macht sich Trainer Al-Wash mit seiner Elf auf, um während einer Achttagetour mit Spielen gegen die Elfenbeinküste und Kamerun Harmonie und Spielfitneß seiner Mannschaft auf den erforderlichen Standard zu bringen.

Der Gedanke erscheint verführerisch. Man überläßt eine Mannschaft sich selbst, um einmal zu sehen, wie sie mit dem Gegner fertig wird, den sie im Grunde nicht kennt, auf den sie nicht vorbereitet ist. Lernziel: Verbesserung der Improvisationsfähigkeit und Entschlußkraft, Erziehung zur Selbständigkeit. Ebenso verfährt Al-Wash mit seiner Elf gegen Madagaskar. Aber da gibt es beinahe ein böses Erwachen. Erst im Elfmeterschießen (3:2) gelingt den Ägyptern in Antananarivo der

Sprung in das Viertelfinale. Und Al-Wash kommt damit zwangsläufig ins Feuer der Kritik. Unter den letzten Acht auch Ghana, dem nach einem 0:0 in Abidjan zu Hause ein 2:0 gegen die Elfenbeinküste gelingt. Glanzvoll Regie führt dabei Opoku N'ti, Afrikas Fußballer des Jahres 1983. Libyen setzte sich gegen den Sudan durch (0:0 und 4:0), Marokko, Algerien, Tunesien und Nigeria komplettieren das Feld.

## Al-Wash wirft das Handtuch

Der organisierte Fußball hat in Ägypten eine lange Tradition. 1921 bereits wurde der Verband gegründet, und selbstverständlich gehörte er auch zu den Gründungsmitgliedern der CAF, die 1947 gemeinsam mit dem Sudan und Äthiopien ins Leben gerufen wird. Ägypten nimmt erstmals 1928 am olympischen Fußballturnier teil, erreicht 1934 die WM-Endrunde in Italien. Danach aber machen allein die Kairoer Klubs von sich reden. Die Auswahl muß sich hinsichtlich der internationalen Reputation den Rang von Marokko, Tunesien, Algerien und anderen ablaufen lassen.

Das Stadion ist mit mehr als 100 000 Besuchern auch überfüllt, als Marokko zum Hinspiel in Kairo antritt. Mit Farek Yayia und Mohamed Ramadan bringt der Gastgeber nach dem „Flop" gegen Madagaskar zwei neue Angreifer. Gegen die festgefügte marokkanische Abwehr bleiben beide wirkungslos. Al-Wash verläßt die Bank lange vor Spielschluß, nachdem das Publikum beim 0:0 lautstark seinen Rücktritt fordert. „Es sind noch neunzig Minuten zu spielen", ringt er sich später mühsam einen einzigen Satz ab. Und tatsächlich bestimmen die Ägypter bei der Zweitauflage in Casablanca auch den Rhythmus des Spiels in der ersten halben Stunde. Ja, Souleiman hat sogar die große Chance, seine Mannschaft in Führung zu schießen, nachdem der senegalesische Referee Badra Sei in der 33. Minute auf den Punkt zeigt. Aber Souleiman trifft mit seinem Scharfschuß nur den Pfosten. Für den Gastgeber das Signal, das Heft des Handelns endlich selbst in die Hand zu nehmen. Timoumi, Dreh- und Angelpunkt bei den Marokkanern, in der 38. Minute und Bouderbala (82.) schießen schließlich den verdienten Sieg heraus.

An Dramatik und Brisanz fehlt es auch in den anderen Partien nicht. In Lagos erzielt vor 50 000 Zuschauern Okey Isima in der 77. Minute den entscheidenden Treffer beim 1:0 Nigerias gegen Tunesien. Im Rückspiel aber, ebenfalls vor 50 000 in Tunis, egalisiert Bassanm Jeridi diesen Vorsprung bereits nach acht Minuten, um dann mit seinem zweiten Treffer den Weg ins Halbfinale zu ebnen.

In der Treibhausluft von Accra bestürmen die heimischen „Black Stars" nahezu pausenlos das Tor der libyschen Gäste, scheitern aber immer wieder an Torsteher Sparks Shangab, der nach torlosem Remis von seinen Mitspielern vom Platz getragen wird. Im Rückspiel ist erst Reda Senussi in der 40. Minute für den Gastgeber erfolgreich, dann erlöst Ayad El Ghadi das Publikum, als er 15 Minuten vor dem Schlußpfiff den alles entscheidenden zweiten Treffer vom Strafstoßpunkt erzielt. Und schließlich gelingt auch Algerien der Sprung ins Halbfinale. Bemerkenswert: Mit dem einzigen Auswärtssieg des Viertelfinales überhaupt ... Dies indes, nachdem zu Hause schon ein 2:0-Polster gegen Sambia herausgeschossen worden ist ...

## Traumpaarungen

Gelost wird auf chinesisch. Auf der turnusmäßigen Sitzung der FIFA in Peking im Sommer '85 anläßlich des U-16-Weltturniers werden die Paarungen

**GHANA:**
Gründungsjahr des Verbandes: 1957. Anschluß an die FIFA: 1958.
Olympische Spiele: 1964 (Viertelfinale), 1968, 1972. Afrikapokal für Nationalmannschaften: 1963 (1.), 1965 (1.), 1968 (2.), 1970 (2.), 1978 (1.), 1980, 1982 (1.), 1984.
Die Spitzenklubs: Hearts of Oak (Meisterpokal: Halbfinale 1972, Viertelfinale 1974, Finale 1977 und 1979. Pokal der Pokalsieger: Halbfinale 1982); Asante Kotoko (Meisterpokal: Gewinner 1967, Halbfinale 1970, Finale 1971, 1973, 1982, Gewinner 1983).
Meister: 1982, 1983 Asante Kotoko.

**MAROKKO:**
Gründungsjahr des Verbandes: 1955. Anschluß an die FIFA: 1956.
Nationalmannschaft: Endrunde der WM 1970, 1986. Afrikapokal für Nationalmannschaften: 1972, 1976 (1.), 1978, 1980.
Die Spitzenklubs: Wydad AC, Kenitra (Meisterpokal: Viertelfinale 1983), Berkane, Glas.
Meister: 1982 Kenitra, 1983 Maghred Athletic.

**NIGERIA:**
Gründungsjahr des Verbandes: 1945. Anschluß an die FIFA: 1959.
Afrikapokal für Nationalmannschaften: 1963, 1976 (3.), 1978 (3.), 1980 (1.), 1982, 1984 (2.).
Die Spitzenklubs: Enugu Rangers (Meisterpokal: Finale 1972, Halbfinale 1978, Halbfinale 1982. Pokal der Pokalsieger: Sieger 1977); Bendel Insurence (Meisterpokal: Halbfinale 1980. Pokal der Pokalsieger: Halbfinale 1979); Stationary Stores (Pokal der Pokalsieger: Finale 1981); Shooting Stars (Pokal der Pokalsieger: Gewinner 1976).
Meister: 1982 Enugu Rangers, 1983 Ibadan Shooting Stars.

**SAMBIA:**
Gründungsjahr des Verbandes: 1929. Anschluß an die FIFA: 1964.
Afrikapokal für Nationalmannschaften: 1974 (2.), 1978, 1982 (2.).
Die Spitzenklubs: Green Buffaloes (Meisterpokal: Viertelfinale 1975, 1978, 1982. Pokal der Pokalsieger: Viertelfinale 1983); Mufulira (Meisterpokal: Halbfinale 1977); Power Dynamos (Pokal der Pokalsieger: Viertelfinale 1981, Finale 1982).
Meister: 1982, 1983 N'Kanda Red Devils.

*Quintett in bester Laune. Madjer, Cerbah, Belloumi, Guendouz und Bensaoula (v. r.) sind Algeriens Stützen in der Qualifikation*

der Halbfinals in der WM-Qualifikation Afrikas gezogen. Danach trifft Tunesien auf Algerien, Marokko auf die Überraschungsmannschaft Libyen. Die Hinspiele sind zwischen dem 4. und 6. Oktober auszutragen, die Rückbegegnungen entsprechend 14 Tage später. So kommt die Meldung über die Ticker der internationalen Nachrichtenagenturen.

An Algeriens Teilnahme an der WM, der zweiten nach 1982, zweifeln nach dieser Auslosung die Fachleute eigentlich nicht mehr. Das Land zwischen dem Mittelmeer und dem Atlasgebirge hat 1962 das französische Kolonialjoch abgeworfen. Unter der Führung der FNL, der Nationalen Befreiungsfront,

entwickelte sich Algerien in den folgenden Jahren dynamisch, und das nicht allein im wirtschaftlichen Bereich — wenngleich hier die Erfolge am augenscheinlichsten sind. In den letzten Jahren wird das Bruttosozialprodukt jährlich kontinuierlich um acht Prozent gesteigert, zwischen 1980 und 1984 werden nicht weniger als 430 000 Wohnungen gebaut, 700 000 neue Arbeitsplätze geschaffen. Selbstredend hat auch der Sport in dieser Erfolgsbilanz seinen Platz. Was den Fußball betrifft, so werden in der algerischen Meisterschaft nicht nur spannende, sondern auch gutklassige Begegnungen geboten. Die begabtesten Spieler aber werden noch immer von Klubgewaltigen mit dicken Scheckbüchern, vor allem aus Frankreich und der Schweiz, gekauft. Schier unwiderstehlich sprudelt dennoch der Talenteborn. Im Hinblick auf eine erfolgreiche Qualifikation aber steht Trainer Rabah Saadane von Anbeginn vor der Frage, die im Ausland tätigen Profis einzuladen oder nicht. Ein Trainingsaufenthalt in der Sowjetunion bestärkt ihn schließlich in der Auffassung, doch auf sie zurückzugreifen. Ganz einfach, weil sie die größere internationale Erfahrung mitbringen. Das ist die Liste derer, die in Frankreich spielen: Stambouli (Monaco), Assad (Mulhouse), Liegon (Monaco), Kourichi (Lille), die Brüder Mansouri (Mulhouse und Montepellier), Lahleb (Nizza), Ben Mabrouk (Racing Paris), Tiemcani (Toulon), Bensaoula (Le Havre), Oudjani (Laval), Bouafia (Mulhouse). Dazu kommen Madjer, der beim FC Porto unter Vertrag steht, und Bouderbala, der beim schweizerischen FC Sion die Tore schießt. Einer aber ist immer in der Heimat geblieben – Lakhtar Belloumi. Als sich der bei Mascara spielende Ausnahmekönner am 15. März '85 in einem Spiel um den Afrikapokal mit Libyens Vertreter Ittahad das Bein bricht, wirkt das wie ein Schock in diesem fußballbegeisterten Land. Aber Belloumi gibt nicht auf. Ein Spezialtraining schlägt an, und als die beiden Spiele gegen Tunesien vor der Tür stehen, ist der „Kopf der Mannschaft", wie ihn Auswahltrainer Saadane nennt, wieder fit.

Die Wiedergeburt der tunesischen Mannschaft geht reibungsloser vonstatten als erwartet. Dem jungen, dynamischen Trainer Youssef Zouaui wird im Juni '84 die Auflage erteilt, die Auswahl zu alter Leistungsstärke zurückzuführen. Und tatsächlich gelingt es dem zielstrebigen Mann und seinen ehrgeizigen Akteuren, mit Benin, Guinea und Nigeria namhafte Mitbewerber aus dem Felde zu schlagen. Nun, in der entscheidenden Phase, darf er seine Auswahlspieler sogar in einem Trainingscamp in den Niederlanden vorbereiten, obwohl die Punktspiele zu Hause weitergehen.

Und dann ist es schließlich soweit.

Im Al-Menzah-Stadion von Tunis drängen sich 50 000, die aus dem Staunen nicht herauskommen. Frenetisch wird der Führungstreffer bejubelt, den Außenverteidiger Abdelkader Rakbouwi mit einem „Hammer" aus 25 Metern erzielt. Dann aber drehen die Gäste auf. Als sieben Minuten später Tunesiens Torsteher Sahbi Sebai einen Querpaß verfehlt, ist Rabah Madjer zur Stelle und gleicht aus. Doch damit ist der Sturmlauf der Algerier keinesfalls beendet. Es gießt wie aus Kannen, als Menad, Kaci und erneut Menad das Resultat auf 4:1 heraufschrauben. Dahin sind die Hoffnungen der Tunesier, an ihre Glanzvorstellung bei der WM '78 in Argentinien anzuknüpfen. Das Rückspiel in Algier ist nicht mehr als eine Formsache. Madjer, der zweifache Torschütze aus dem Hinspiel, Menad und schließlich zwölf Minuten vor Schluß Yahi machen den algerischen 3:0-Triumph perfekt.

## Der „Kleine" ist ein Großer

Als 1970 Marokko zum ersten Mal in einer WM-Endrunde spielt, nimmt in Marokkos Hauptstadt Rabat ein 15jähriger Bursche das Geschehen mit allen Fasern seines Körpers wahr. Torhüter Allal, Abdallaj, Moulay Driss, Slimani, Houman, Said – sie alle, die beispielsweise der BRD erst in letzter Sekunde mit 1:2 unterliegen, die den Bulgaren ein 1:1 abtrotzen, sind seine Vorbilder. Der spindeldürre Bursche hat eben seine ersten Fußballschuhe bekommen, hat Aufnahme in eine der Nachwuchsmannschaften des vielfachen marokkanischen Titelträgers FAR Rabat gefunden, nachdem er zuvor in einer Straßenmannschaft gespielt hat. 15 Jahre später ist ebenjener Mohamed Timoumi, 1,70 m groß und 70 Kilogramm schwer, zum „Fußballer Afrikas" gewählt worden. Der „Kleine", wie er auf dem ganzen Kontinent liebevoll genannt wird, zeichnet sich durch zwei herausragende Merkmale aus: durch seine unglaubliche Beweglichkeit und seine Einfälle während des Spiels. Nein, er verfügt keinesfalls über einen gewaltigen Torschuß. Aber wenn er aus dem Mittelfeld in die Spitze vorstößt, bekommen die Torsteher des Gegners feuchte Hände in ihren Handschuhen: Timoumi kann sozusagen um die Ecke schießen. Seine Bälle kommen meist mit tückischem Effet angeflattert, viel schwieriger abzuwehren als jeder gerade „Hammer". Der brasilianische Trainer Jose Faria, nicht nur verantwortlich für FAR Rabat, sondern auch für die Nationalmannschaft, kommt ins Schwärmen, wenn er von ihm spricht.

Nachdem Ahmed Faras 1975 als erster marokkanischer Fußballspieler zum Besten des „Schwarzen Kontinents" gewählt wurde, wird diese Ehre nun Mohamed Timoumi als zweitem zuteil. Verdientermaßen. Timoumi, der bisher alle noch so verlockenden Angebote europäischer Klubs abgelehnt hat, weil er sich dem Land verpflichtet fühlt, in dem er zu einem Könner heranreifte, hält auch die Fäden in der Hand, als es in den beiden Spielen gegen Libyens Auswahl um die Flugkarten nach Mexiko geht.

Rabat ist als Austragungsstätte für die erste Partie gewählt worden. Libyen auswärts – das bedeutet eine fast undurchdringliche Abwehr. Auf der Basis hoher Athletik wehren die Libyer alles ab, was in ihren Strafraum kommt, dazu beherrschen sie die Abseitsfalle mit absoluter Sicherheit. Ein torloses Remis ist ihr Wunschresultat für jedes Auswärtsspiel, und bisher ist ihnen dieses Vorhaben fast immer gelungen.

Nein, leicht fällt den Marokkanern der Heimerfolg nicht. Und erst ein Strafstoß, den Mustapha Merry, in Valenciennes unter Vertrag, sicher verwandelt, läßt die Gastgeber endlich et-was lockerer und gelöster aufspielen. Aber Gefahr, den knappen Vorsprung einzubüßen, droht mehrmals. Libyens Rechtsaußen Senoussi, pfeilgeschwind und ballsicher, taucht zweimal vor Marokkos Torwart-Routinier Zaki auf, der diese Situationen aber meistert. Und dann ist es wieder Mohamed Timoumi, der mit einem tückischen Freistoß aus fast 30 Metern die Entscheidung schafft. 3:0 steht es schließlich. Kann da im Rückspiel noch etwas passieren?

Es passiert nichts. Wohl gewinnt Libyen, der Gastgeber, in Bengasi durch einen Treffer von Jani, eine Minute vor der Pause erzielt, im libyschen Schlußspurt aber behalten die Marokkaner den Kopf stets oben und fallen sich nach den neunzig Minuten überglücklich in die Arme. Marokko ist zum zweiten Male bei einer WM vertreten. Wieder in Mexiko. Und das wird allgemein als ein gutes Omen angesehen.

## Beim „Tango Argentino" fast ausgerutscht

Selten wie ein Fünfer im Lotto ist ein Interview mit dem argentinischen Nationaltrainer Dr. Carlos Bilardo. Den Korrespondenten der in Zürich erscheinenden Zeitung *Sport* jedenfalls bestellt der Arzt der Humanmedizin auf den Flughafen von Mexiko-Stadt. Hier hat sich Bilardo zu einem Studienaufenthalt kurz vor Weihnachten '85 aufgehalten. Und es hat ganz den Anschein, als seien Weihnachtskugeln in Argentinien Mangelware. Dr. Bilardo schleppt sie jedenfalls paketeweise mit nach Hause. Beim Einpacken von Kugeln und Glitzerzeug schildert er seine Probleme. Mit der WM-Auslosung sei er sehr zufrieden. Mit Italien, Bulgarien und Südkorea bescherte ihm das Los ja in der Tat eine lösbare Aufgabe. Ihn drücken zu diesem Zeitpunkt ganz andere Sorgen. „Am 5. Januar", so klagt er, „fängt unsere WM-Vorbereitung

an. Doch ich habe noch immer keine
Mannschaft, vielleicht nicht einmal elf
Spieler." Seine Stützen müsse er sich
weiter aus aller Herren Länder zusam-
mentrommeln: Italien (Maradona und
Passarella), Spanien (Valdano, Fillol,
Calderon), Frankreich (Buruchaga), Mexiko (Trossero) und Kolumbien (Trobbiani und Garcea).

Eine vernünftige Vorbereitung, so
das Klagelied des Dr. Bilardo, sei natürlich nicht mehr möglich, da er den
Stamm der Mannschaft erst Ende April
zur Verfügung haben werde. Ein bißchen Tiefstapelei ist da schon zu erkennen. Bilardo weiß, daß er in Mexiko unter gewaltigem Erfolgsdruck
stehen wird, und baut deshalb schon
vor. Immerhin läßt er sich den Schneid
nicht abkaufen. „Die Mannschaft kennt
mich, ich kenne die Spieler. Bis zum
Juni werden wir schon eine brauch-
bare Truppe zusammenkriegen."

Als Dr. Bilardo im Februar '83 als
Nachfolger von Cesar Luis Menotti die
Auswahlgeschicke übernimmt, verändert sich das Gesicht dieser Mannschaft schlagartig. „Ich brauche vor allem Allroundspieler mit der Fähigkeit,
sich auf jede Situation einzustellen", ist
seine Devise. Und er formt, vorwie-
gend aus jungen Spielern, eine
Truppe, die schon bei einer Europatournee mit Siegen über Belgien, die
BRD und die Schweiz für erhebliches
Aufsehen sorgt. Von den Spielern der
Elf, die bei der WM in Spanien nach
der zweiten Finalrunde ausscheiden
mußte, bleiben lediglich fünf übrig: Fillol, Passarella, Maradona, Barbas und
Valdano. Bilardos Gesamtbilanz seit
seiner Amtsübernahme ist dennoch
nicht gerade umwerfend: Von 22 Länderspielen gewinnt er zehn, spielt acht
remis und verliert vier. Und er kassiert
dafür nicht selten negative Schlagzeilen. „Ein Vertreter des Antifußballs",
nennt ihn beispielsweise sein Vorgänger Menotti. „Bilardo versteift sich auf
eine Defensivtaktik, die den argentini-

**ARGENTINIEN**
Verband: Asociacion de Futbol Argentino
Gegründet: 1893
Mitglied der FIFA: seit 1912
In der WM: Endrundenteilnehmer 1930
(Zweiter), 1934, 1958, 1962, 1966, 1974,
1978 (Weltmeister), 1982, 1986

**URUGUAY**
Verband: Asociacion Uruguaya de Futbol
Gegründet: 1900
Mitglied der FIFA: seit 1923
In der WM: Endrundenteilnehmer 1930
(Weltmeister), 1950 (Weltmeister), 1954
(Vierter), 1962, 1966, 1970 (Vierter), 1974,
1986

**PARAGUAY**
Verband: Liga Paraguaya de Futbol
Gegründet: 1906
Mitglied der FIFA: seit 1921
In der WM: Endrundenteilnehmer 1930,
1950, 1958, 1986

**BRASILIEN**
Verband: Confederacao Brasileira de Futbol
(CBF)
Gegründet: 1914
Mitglied der FIFA: seit 1923
In der WM: Endrundenteilnehmer 1930,
1934, 1938 (Dritter), 1950 (Zweiter), 1954,
1958 (Weltmeister), 1962 (Weltmeister),
1966, 1970 (Weltmeister), 1974 (Vierter),
1978 (Dritter), 1982, 1986

**Brasilien–Paraguay 1:1 (1:1)**

23. 6. 1985 in Rio de Janeiro
Brasilien: Carlos, Edinho, Leandro, Oscar,
Junior, Cerezo, Socrates, Zico, Renato, Ca-
sagrande, Eder (Alemao).
Paraguay: Almeida, Zabala, Cares, Delgado,
Jaquet (Morales), Benitez, Sadoval, Romero,
Fereira, Nunez, Mendozza.
Schiedsrichter: J. Martinez Bazan (Uruguay);
Zuschauer: 150 000 in Rio de Janeiro. Tor-
schützen: 1:0 Socrates (25.), 1:1 Romero
(40.).

schen Spielern nicht liegt", ist der Tenor nicht nur von Menottis Vorwürfen.

Es ist der 25. Mai 1984, als Argentinien in die Qualifikationsspiele der Südamerikagruppe 1 eingreift. Erster Gegner in San Cristobals Stadion „Nuevo Pueblo" ist Venezuela, und der Favorit setzt sich sicherer durch, als es das Endresultat von 3:2 ausdrückt. Julio Grondona, der Präsident des argentinischen Verbandes, verkündet danach selbstsicher: „Die Qualifikation ist für uns eigentlich eine Formsache." Seine Selbstsicherheit ist vor allem auf das Spiel von Maradona gegründet. Der Extrakönner, der nach seinem Weggang vom FC Barcelona beim AC Neapel endlich wieder seine Form gefunden hat, brilliert in diesem Spiel nicht nur wegen seiner zwei Tore. Mit ihm – das weiß auch Bilardo – „steht und fällt unser Spiel". Daß dies nicht nur eine Floskel ist, soll sich bald herausstellen. Vorerst aber dirigiert Maradona seine Elf zu drei scheinbar problemlosen Siegen. Auswärts gegen Kolumbien 3:1, Heimsiege gegen Venezuela 3:0 beziehungsweise Kolumbien 1:0. Alles scheint in „Sack und Tüten", bis die erfolgverwöhnten Argentinier nach Lima müssen … Dort hat sich in den letzten Wochen eine Menge getan. Der miserable Start der „Söhne der Inkas" mit einer 0:1-Niederlage gegen Kolumbien gleicht einem Erdbeben. Zu „Fall" kommt, wie fast immer in solchen Situationen, zuerst der Trainer. Moises Barack muß beim Punktestand von 3:3 seinen Hut nehmen. Der neue Mann heißt Roberto Challe, und der denkt sich für die Partie gegen die Argentinier eine ebenso einfache wie wirkungsvolle Taktik aus. Er beordert Luis Reyna an die Fersen des kantigen „Zauberers" Maradona, und er sowie später Olaechea vermiesen dem alle Tricks. Juan Carlos Oblitas schießt nach acht Minuten das goldene Tor für die Peruaner, und Südamerika hat an diesem 23. Juni seine Sensation. Die

*Der großgewachsene Jorge Valdano spielt im Konzept des argentinischen Trainers Dr. Bilardo eine besondere Rolle: Doppelspitze mit Claudio Borghi*

*Der 35jährige Jorge Nunez (6), eine der Stützen Paraguays in Qualifikation und Endrunde*

peruanischen Zeitungen überschlagen sich am nächsten Tag. Challe ist der Mann der Stunde. Fernsehkommentatoren bezeichnen den Sieg der Peruaner als „eindeutigen Triumph" des neuen Mannes. Miguel Varnas Merino aber, der Chef des peruanischen Verbandes, relativiert: „Sicher, wir haben nun wieder eine Chance, aber wenn wir uns direkt qualifizieren wollen, müssen wir in Argentinien gewinnen."

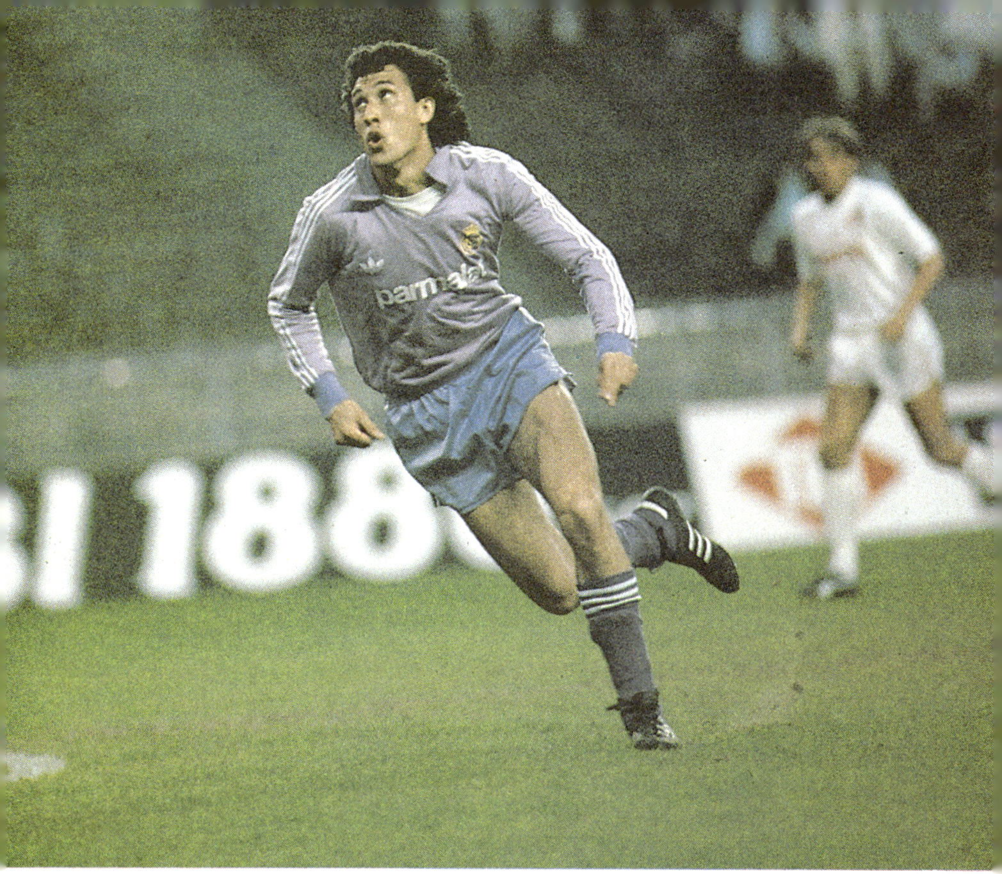
parmalat

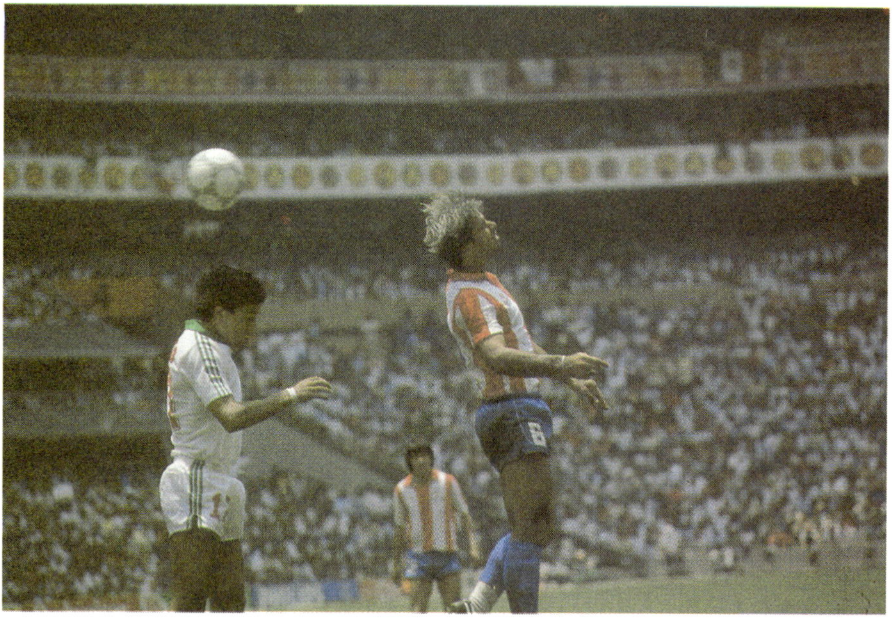

## Am seidenen Faden

Als der brasilianische Schiedsrichter Arppi Filho im River-Plate-Stadion von Buenos Aires das Leder in der alles entscheidenden Begegnung freigibt, drängen sich 75 000 Zuschauer auf den Rängen. Die Anfeuerungsrufe aber bleiben ihnen vorerst im Halse stecken. Die Peruaner denken gar nicht daran, sich wie eine graue Maus zu verkriechen. Wohl markiert Pasculli bereits nach zwölf Minuten die „eingeplante" Führung, dann aber machen die Peruaner Dampf auf. Velasquez (23.) egalisiert. Uribe (39.) schießt die Peruaner sogar in Führung, und für die Argentinier beginnt das große Zittern. Passarella treibt seine Mannschaft Mal um Mal in den gegnerischen Strafraum, entblößt damit aber die eigene Abwehr, und die Peruaner Barbadillo, Navarro und Oblitas versetzen das Publikum mit ihren Kontern in Angst und Schrecken. Zwölf Minuten vor Ultimo fällt dann doch noch die Entscheidung zugunsten des Gastgebers, als der eingewechselte Gereca ins Schwarze trifft. Grenzenloser Jubel setzt ein, der berühmte Konfettiregen. Vergessen für einen Moment die Sorgen des Alltags, die sich auch nach der Abschaffung der Militärjunta nicht verändert haben. Drastische Sparmaßnahmen des bürgerlich-demokratischen Präsidenten Raul Alfonsin sollen die völlig zerrüttete Wirtschafts- und Finanzsituation des Landes verbessern. Sieben Jahre Militärherrschaft haben ein Schuldenkonto von 48 Milliarden Dollar nach sich gezogen. Um so verständlicher die Forderung der KP Argentiniens, die eben errungene Demokratie mit adäquatem Inhalt zu versehen. Aber daß die Reaktion im Lande nicht schläft, wird nicht zuletzt durch die Tatsache unterstrichen, daß zwischen 1983 und 1985 mehr als 300 politisch motivierte Gewalttaten gegen die Regierung und ihre Anhänger bekannt werden ...

Peru als unterlegene Mannschaft zieht mit erhobener Fahne aus dem River-Plate-Stadion. „Wir haben noch die Chance, durch die Hintertür nach Mexiko zu kommen", wirft der Routinier Oblitas einen Blick auf eine weitere Qualifikationsrunde, in der seine Mannschaft auf Chile, den Zweitplazierten der Gruppe 2, trifft.

## Ein Doppelweltmeister nimmt neuen Anlauf

März '85. In der Qualifikationsgruppe 2 des südamerikanischen Kontinentalverbandes CONMEBOL in der Besetzung mit Uruguay, Ekuador und Chile sind die ersten Spiele abgewickelt. Im Stadion „Centenario", in der Zementschüssel, die 1930 zur Endrunde der Weltmeisterschaft erbaut wurde und in der der Gastgeber mit dem Gewinn des ersten WM-Titels einen seiner größten Triumphe feierte, ist Ekuador gerade – wenn auch mit erheblicher Mühe – 2:1 geschlagen worden. Das Thema Fußball aber spielt in diesen Tagen keinesfalls die zentrale Rolle in den öffentlichen Medien. Nachdem 1973 eine Militärjunta mit einem Putsch die Regierungsmacht übernommen, alle demokratischen Parteien, darunter selbstverständlich auch die kommunistische, verboten, das Land in ein wirtschaftliches Chaos gestürzt hatte (nicht weniger als fünf Milliarden Dollar Schulden schlagen für das einmal als die „Schweiz Südamerikas" gerühmte Land zu Buche), hat nun endlich eine bürgerlich-demokratische Regierung die Geschäfte übernommen. Rodney Arismendi, Erster Sekretär des ZK der KP Uruguays, hat die Tagesaufgaben abgesteckt. „Es geht nun darum, mit Hilfe der Frente Amplio alle Kraft für die Konsolidierung der Demokratie einzusetzen. Das Ziel kann nur eine Volksregierung unter der Führung der Frente Amplio sein." Immerhin werden unmittelbar nach dem Sturz der Junta die Rechte der Gewerkschaften wiederhergestellt, die politischen Gefangenen entlassen, die diplomatischen Beziehungen mit Kuba erneut aufgenommen. Uruguay ist ein weiteres Beispiel dafür, daß die Völker Südamerikas nicht gewillt sind, sich von faschistischen Regimen jegliche politische Rechte nehmen zu lassen.

Dies alles läßt den Fußball in Montevideo ein wenig in den Hintergrund rücken. Zumal die Favoritenstellung der „Urus" in dieser Gruppe ohnehin unbestritten ist. Von der Auswahl der Andenrepublik Ekuador weiß man ohnehin, daß sie außerhalb von Qualifikationsspielen kaum internationale Vergleiche austrägt, schon deshalb nicht die Stärke anderer südamerikanischer Mannschaften aufweisen kann. Nur Nacional Quito, von der Armee finanziell unterstützt, hat sich bisher über die Grenzen des Landes hinaus einen Namen gemacht. Auf Nacional muß sich nun Auswahltrainer Antonio Fereira, ein gebürtiger Brasilianer, erst einmal stützen. Viel Erfolg ist ihm indes nicht beschieden. Der größte Einbruch erfolgt schon in Santiago, wo gegen die Chilenen mit 2:6 verloren wird. Das Spiel geht allerdings auch unter ungewöhnlichen Umständen über die Zeit. Eine von rechtsextremistischen Kräften geworfene Bombe zieht das Stromkabel der Flutlichtanlage in Mitleidenschaft, der „Blackout" dauert eine knappe Viertelstunde. Es ist dies das Spiel des Carlos Caszely, der bereits 1974 bei der WM eingesetzt wurde, inzwischen 34 Jahre alt ist, noch einmal in die Auswahl gerufen worden ist und diese Nominierung auch tatsächlich mit seinen zwei Treffern rechtfertigt. Gleichermaßen erfolgreich ist auch Francisco Baldeon aus der Mannschaft des Kontrahenten. Aber bei seinen beiden Gegentreffern bleibt es schließlich, während für den Gastgeber noch Aravena (2), Hisis und Hector Puebla erfolgreich sind.

Omar Borras, der Coach der Uruguayer, läßt sich auch durch dieses zweifellos bemerkenswerte Resultat der Chilenen nicht aus seiner sprichwörtlichen Ruhe bringen. Ohnehin hat er ziemlich eigentümliche Ansichten über den Fußball im allgemeinen und über die von ihm bevorzugten Spieler im besonderen. „Wer bei mir spielen will, muß intelligent sein, temperamentvoll und ein Maximum an Kampfgeist mitbringen. Auf Individualisten kann ich gut und gern verzichten", führt er öffentlich aus. Und setzt als weitere Prämisse hinzu, daß Spieler seiner Mannschaft „auf gar keinen Fall kleiner als 1,80 m" sein sollten.

Objektive Umstände erschweren indes die Arbeit von Borras. Die wirtschaftliche Situation der Klubs des Landes – Penarol und Nacional sind da keine Ausnahme – zwingt diese dazu, ihre begabtesten Spieler ins Ausland zu verkaufen. Als Uruguay 1983 im Finale gegen Brasilien Südamerikameister wird, geben sich anschließend die Einkäufer in Montevideo die Klinke in die Hand. Mit dem „Erfolg", daß Borras seine Leute nach dieser Liste auszuwählen hat: Torsteher Rodriguez (Brasilien), Alves (Paraguay), Diego, Pereira (Brasilien), Cabrera (Spanien), Francescoli (Argentinien), Acosta (Mexiko). Francescoli, der bei River Plate unter Vertrag steht und zuletzt in der argentinischen Torschützenliste immer an vorderster Stelle zu finden ist, sowie der erst zwanzigjährige Carlos Aguilera, erfolgreichster Torschütze in der uruguayischen Meisterschaft, sind es schließlich, die den Hauptanteil an den erfolgreichen Begegnungen mit Ekuador (2:0) und Chile (2:1) haben. Am 7. April '84 qualifiziert sich Uruguay als erstes südamerikanisches Land für Mexiko. Der zweifache Weltmeister hat einen erfolgreichen neuerlichen Anlauf gemacht.

*Eine der ganz großen Hoffnungen, Südamerikas Fußballer des Jahres Enzo Francescoli (Uruguay), bei River Plate Buenos Aires unter Vertrag*

## Von Santana bis Santana

*Placar*, eine der führenden brasilianischen Sportzeitungen, legt in ihrer Ausgabe vom 10. Juni 1984 zwei Farbposter von Socrates und Zico bei. Von zwei der großen Stars nicht allein des brasilianischen Fußballs. Noch vier Wochen zuvor, vor dem ersten Qualifikationsspiel gegen Bolivien, wäre der Verleger ein solches Risiko kaum eingegangen. Wer fordert schon gern ein ganzes Fußballvolk heraus! Noch dazu, wenn es sich um Brasilien handelt, das seit 1930 ununterbrochen an jeder Weltmeisterschaft teilnimmt und dabei dreimal das Turnier gewinnt.

Vor der WM-Qualifikation hatte die Nationalmannschaft nur noch für negative Schlagzeilen gesorgt. Drei Länderspiele in vier Wochen verloren (Peru 0:1, Kolumbien 0:1, Chile 1:2), das strapaziert die Nerven selbst der gutwilligsten Fans bis aufs ärgste, ganz abgesehen von denen der Verbandsverantwortlichen. Angst kommt auf. Die WM ohne Brasilien? Es muß etwas geschehen!

Brasiliens Verbandsfunktionäre gehen fast pausenlos in Klausur auf der Suche nach einer Variante. Erst einmal aber wird Evaristo Macedo entlassen. Er hat in den Vorbereitungsspielen auf die in Italien spielenden Stars verzichtet und sich damit den Zorn der „Cariocas" zugezogen. Immer wieder wird dann das Gespräch auf Tele Santana gebracht. Der 54jährige hat bereits vom Februar 1980 bis zur WM 1982 in Spanien die Geschicke der Auswahl gelenkt und dabei mit 28 Siegen, sechs Remis und nur drei Niederlagen eine Bilanz wie keiner seiner Vorgänger zu verzeichnen. Nach dem Mißerfolg in

Spanien aber nimmt er seinen Hut, nicht ohne zu versichern, „niemals mehr und unter gar keinen Umständen" die Nationalmannschaft zu trainieren. Aber die Zeit heilt Wunden. Und nach pausenlosen Telefongesprächen mit dem saudiarabischen Klub Al-Ahli liegt nicht allein dessen Zustimmung zum Wechsel, sondern gleichfalls die Santanas vor. Unmittelbar danach nimmt Santana seinen Kader in Belo Horizonte zusammen, um ihn auf die erste Begegnung mit Bolivien vorzubereiten. Die Zeit drängt!

Am Abend des 2. Juni '85 darf die Fußballnation Brasilien dann aufatmen. In Santa Cruz gelingt dem neuformierten Santana-Team mit dem 2:0 gegen Bolivien ein Einstieg nach Maß. Alles ist dabei, was Rang und Namen hat: Leandro, Oscar, Renato und natürlich auch die „Italiener" mit Socrates, Junior, Cerezo, Edinho und Zico. Um Zico, den Regisseur und Schützen in einer Person, gibt es im Vorfeld der Qualifikation nicht wenig Trubel. Der in Udinese als Aushängeschild und Kassenmagnet fungierende Brasilianer verstößt gegen die italienischen Steuergesetze und wird in erster Instanz zu acht Monaten Gefängnis und zu einer Geldbuße von zwei Millionen Schweizer Franken oder umgerechnet 825 000 Dollar verurteilt. Mit Hilfe seines Rechtsanwalts kann sich Zico aus dieser mißlichen Lage herauswinden. Bleibt die Frage, warum man den Brasilianer derart empfindlich treffen will. Hinter vorgehaltener Hand hört man, daß es hier weniger um eine Verurteilung Zicos, sondern vielmehr um die des FC Udinese geht. Zico kostete den FC Udinese seinerzeit vier Millionen Dollar. Zurück nach Brasilien zu seinem alten Klub Flamengo geht er zu einem Transferpreis von zehn Prozent des Kaufpreises! In Brasilien war Zico übrigens vor der italienischen Steuer sicher, weil in solchen Fällen nicht ausgeliefert wird. Getroffen wurde der

Provinzklub Udinese und sein Präsident Lamberto Meazza. Und nichts anderes war beabsichtigt. Man hatte es Meazza nicht verziehen, daß er das italienische Fußball-Establishment im Run um Zico ausgestochen hatte ...

Die Qualifikation des dreifachen Weltmeisters ist im Grunde nach den beiden Auswärtsspielen „gelaufen". In Bolivien liegen sich vor der ersten Partie die Verbandsgewaltigen in den Haaren. Streitpunkt – der Austragungsort des Spiels. Während eine Gruppe damit argumentiert, das Faustpfand der Höhenlage von La Paz (3 800 Meter) nicht aus der Hand zu geben, verweisen die anderen darauf, daß nicht weniger als 16 Spieler aus dem Kader des bolivianischen Trainers Carlos „Chamaco" Rodriguez aus Santa Cruz stammen und ebenfalls Opfer der „Höhenkrankheit" werden könnten. Die Entscheidung fällt schließlich zugunsten von Santa Cruz. Selbst nachdem La Paz gedroht hatte, seine Spieler zurückzuziehen! Das Ergebnis von 2:0 für die Gäste (Torschützen Casagrande, 55., und Moro, 59./Eigentor) ist alles andere als die Folge einer großen brasilianischen Leistung.

Auch Paraguay wird 2:0 in Asuncion geschlagen. Wieder trifft Casagrande (28.) und dann Zico (69.). Aber die Beobachter sind von Santanas Truppe enttäuscht. Dennoch: 150 000 Zuschauer sind am 23. Juni im Maracana bereit, ihrer Freude über die nicht mehr zu verhindernde erneute Teilnahme ihrer Mannschaft an der Endrunde Ausdruck zu verleihen. Nach den neunzig Minuten gegen Paraguay aber sind sie grenzenlos enttäuscht. Das 1:1 im dritten Spiel macht zwar alles klar, aber die Leistung der Brasilianer ist so schwach, daß sie beim Abgang mit gellenden Pfiffen bedacht werden. Nicht anders eine Woche später in Sao Paulo, wo 100 000 Fans im Stadion Morumbi auf die gleiche Weise reagieren. Tele Santana ist der einzige, der seiner Freude über die Qualifikation freien Lauf läßt. Aber seine Kritiker haben die Bleistifte bereits gespitzt: Pele und Carlos Alberto, einer der Vorgänger Santanas, und natürlich Evaristo – vor Santana im „Amt" – halten nicht hinter dem Berg. „Seine Elf verdient nicht mehr Vertrauen als meine!" gibt Evaristo kund. Zagalo, auch ein früherer Nationalcoach, warnt: „Er hat etliche Spieler im Team, die älter als 30 Jahre sind. Sie werden in der Höhe von Mexiko konditionelle Probleme bekommen."

Ganz unabhängig von diesen Meinungen ist offensichtlich: Der Fußball Brasiliens steckt in einem Tief. „Hoffen auf eine kurzfristige Verbesserung", so das *Journal do Brasil*, werde man vergeblich. Jeder Klub sei mit seinen Lohnzahlungen an die Spieler zwei, drei Monate im Rückstand; die Budgetzahlen könnten nicht ausgeglichen werden, weil immer weniger Zuschauer in die Stadien kämen. Wie sollen sie denn auch die Eintrittsgelder bezahlen? 2,3 Millionen Arbeitslose sind offiziell in den Städten registriert, auf 10 Millionen wird die Zahl der landlosen Bauern in diesem Riesenland mit 139 Millionen Einwohnern geschätzt. Und mit 100 Milliarden Dollar Schulden ist Brasilien nach 21jähriger Militärherrschaft, nach der Errichtung Dutzender Prestigebauten, die die unerträglichen Belastungen der Bevölkerung noch erhöhen, am Rande des wirtschaftlichen Ruins. Fußball als Droge, das hat über Jahrzehnte noch immer seine Richtigkeit im Land am Amazonas. Aber wie lange noch?

Immerhin, Brasilien hat es einmal mehr geschafft. Und daß es am Strand von Copacabana wie stets Talente in Hülle und Fülle gibt, beweist im September '85 die Juniorenvertretung bei der Weltmeisterschaft in der UdSSR. In prächtigem Stil holen sich die Brasilianer die Goldmedaille, und Santana wird einige Monate später klug genug

*Vielbeinige Abwehr. Brasiliens Außenverteidiger Dida in voller Aktion*

sein, aus dem Angebot an Supertalenten vier in den vorläufigen Kader für Mexiko zu nehmen.

## Durch die Hintertür

Das Reglement der FIFA hat für die Qualifikation der zehn Mitgliedsländer der südamerikanischen Föderation ein Hintertürchen offengelassen. Der vierte Teilnehmer wird aus dem Zweit- und Drittplazierten der Gruppe 1 (Peru und Kolumbien) sowie den jeweils Zweitplazierten der Gruppe 2 (Chile) und 3 (Paraguay) ermittelt. Die Paarungen, selbstverständlich mit Hin- und Rückspielen ausgetragen, führen zuerst Paraguay und Kolumbien sowie Chile und Peru zusammen. Der Heimvorteil in der jeweils ersten Begegnung scheint dabei der ausschlaggebende Faktor. In Asuncion wirbelt die Doppelspitze Romero–Cabanas die kolumbianische Deckung so durcheinander, daß Tore nur eine Frage der Zeit sind. Am Ende steht es 3:0 für die Gastgeber, und trotz der 1:2-Niederlage eine Woche später beim Rückspiel in Cali bleibt Paraguay im Rennen.

Überraschend klar ist auch das 4:2 der Chilenen über Peru, das praktisch bereits das „Aus" für die „Nachfahren der Inkas" bedeutet. Ausgerechnet Torsteher Acasuzo, in den Begegnungen der Vorrunde eine der großen Stützen der Mannschaft, ist ein Totalausfall. Bei den beiden ersten Treffern von Aravena (5.) und Rubio (8.) macht er anfängerhafte Schnitzer. Als Hisis nach einer knappen Viertelstunde gar das 3:0 erzielt, wird Acasuzo durch Quiroga, den Routinier, ersetzt. Der läßt sich nur noch durch einen Strafstoß von Aravena (64.) bezwingen, die beiden peruanischen Treffer von Navarro (45. und 76.) sind in der Endab-

*Diszipliniert wie ein Corps de Ballett. So betreiben die Brasilianer ihre Aufwärmarbeit. Von rechts zu erkennen: Falcao, Oscar, Mozer und Silas*

rechnung aber zuwenig, um die Chilenen zu stoppen, die überdies die zweite Partie in Lima ebenfalls mit 1:0 gewinnen.

Nun also wird die Mannschaft gesucht, die das südamerikanische Quartett in Mexiko komplettiert. Südamerikas bester Schiedsrichter, der Brasilianer Coelho, leitet die erste Partie zwischen Paraguay und Chile in Asuncion, und die Heimmannschaft macht da gleich Nägel mit Köpfen. 3:0 das Schlußresultat. Mit diesem Pfund wuchern die Schützlinge von Trainer Cayetano Re auch im Rückspiel, in dem die Chilenen in Santiago über ein 2:2 nicht hinauskommen. Cayetano Re also zum zweiten Mal bei einer Weltmeisterschaft dabei: 1958 in Schweden als Spieler, nun als Trainer mit einer Truppe, die einzuschätzen außerordentlich schwierig ist. Aber Paraguay hat beispielsweise in der Qualifikation Brasilien in Rio de Janeiro einen Punkt abgetrotzt. Die Mannschaft aus den Pampas zu unterschätzen, das verbietet sich schon deshalb von selbst ...

## Aufgalopp mit Hindernissen

23 Länder gehören der CONCACAF, der Confederacion Norte-Centroamericana y del Caribe de Futbol, an. 18 haben für die Qualifikation zur Endrunde gemeldet, 14 nehmen schließlich teil, weil Gastgeber Mexiko automatisch in der Endrunde startet, Jamaika am 14. 3. 84 suspendiert wird und Barbados sowie Grenada ihre Meldung zurückziehen. El Salvador, Kanada, die USA, Kostarika, Honduras, Guatemala, Trinidad/Tobago, Haiti und Suriname sind schließlich die neun verbleibenden Starter, die in der 2. Runde in drei

Dreiergruppen aufgeschlüsselt werden, von denen die dritte (Kostarika, USA und Trinidad/Tobago) sicherlich das meiste Interesse beansprucht.

Obwohl die North American Soccer League (NASL) inzwischen in die totale Pleite geschlittert ist – sportlich war sie das eigentlich von Anbeginn, finanziell dauerte dieser Vorgang einige Monate länger –, fühlen sich die Akteure aus Seattle, Minnesota oder Chicago als die erklärten Favoriten in ihrer Gruppe. Mit aufgesetztem Selbstbewußtsein gehen sie in die Qualifikation, müssen aber bereits gegen Trinidad/Tobago erkennen, daß mit großen Sprüchen allein noch kein Fußballspiel zu gewinnen ist. Und das, obwohl Trinidad/Tobago sogar auf sein Heimrecht verzichtet. In St. Louis schießt Peters zwei Minuten vor dem Schlußpfiff den 2:1-Sieg für die USA heraus, in Los Angeles reicht es vier Tage später auch nur zu einem mühevollen 1:0-Erfolg, den van der Beck mit einem Kopfball erzielt. Das böse Erwachen kommt schließlich gegen den Außenseiter Kostarika, der zwar im Heimspiel nur ein 1:1 gegen die „Yankees" erreicht, aber in Los Angeles mit 1:0 die Nase vorn hat und nun gemeinsam mit Kanada und Honduras eine Punktrunde um den zweiten Endrundenplatz austragen kann.

Die Entscheidung über den insgesamt achten Endrundenteilnehmer fällt in der Abgeschiedenheit Neufundlands, 2 500 Kilometer von den kanadischen Ballungsgebieten Montreal, Toronto oder Ottawa entfernt. Bei bereits herbstlich kühler Witterung treffen hier im September Gastgeber Kanada und das bereits WM-erfahrene Honduras aufeinander. Im Stadion „King George V." von St. John's erleben 7 500 begeistert mitgehende Zuschauer, wie das druckvolle Spiel ihrer Mannschaft schon bald zur Vorentscheidung führt. Pakos verwertet in der 16. Minute ein Kopfballzuspiel des beim Schweizer

Klub La-Chaux-de Fonds unter Vertrag stehenden Ian Bridge. Honduras gleicht später durch seinen besten Akteur Betancourt zwar aus, nach einer Stunde aber schießt der in Kanada als bester Spieler eingeschätzte Igor Vrablic schließlich den alles entscheidenden Treffer. Selbstredend widmen die großen kanadischen Zeitungen wie beispielsweise *The Gazette* auch danach vornehmlich dem Eishockey ihre Seiten. Aber in seiner 74jährigen Geschichte hat der kanadische Fußballverband erst einmal ein Ausrufezeichen gesetzt, das kaum zu übersehen ist.

Dabei hat es Auswahltrainer Tony Waiters wirklich nicht einfach. Er lebt mit dem Handikap, daß nach der Pleite der NASL, in der auch viele Kanadier aktiv sind, nicht weniger als neun Aktive aus seinem 22köpfigen Aufgebot arbeitslos werden, sich nur noch mit Training fit halten. Andere jagen in der amerikanischen „In door"-Meisterschaft, also bei Hallenveranstaltungen, dem Leder nach. Ebenfalls alles andere als eine optimale Vorbereitung für Freiluftspiele. So bleibt am Ende nur ein Trio, das regelmäßig „normale" Wettkämpfe erlebt: Moore, spielt in Irland, der schon erwähnte Bridge und Valentin, der beim englischen Erstdivisionär West Bromwich Albion Tore schießt. Eine echte Landesmeisterschaft gibt es schon seit Jahren nicht mehr. Der Versuch, eine kanadische Profiliga ins Leben zu rufen, endet 1983 mit einem Fiasko; selbstredend drücken den kanadischen Verband auch schwere finanzielle Sorgen. Eine Spendenaktion „Auf dem Weg nach Mexiko" brachte statt der erhofften 600 000 Dollar lediglich 50 000. Und mit staatlicher Hilfe

*Es ist geschafft! Zum ersten Male ist Kanadas Auswahl bei der Endrunde dabei. Vrablic (l.) und Bridge feiern den Siegestreffer gegen Honduras*

kann nicht gerechnet werden, weil „Sports Canada" nur reine Amateurverbände unterstützt. Sollte nun nach überstandener erfolgreicher Qualifikation kein Geld über Werbefirmen in die Kassen fließen, bleibt nur noch der Bittgang zur FIFA.

Die Schar der „Soccer-Fans" zwischen Vancouver und Montreal aber ficht das zu diesem Zeitpunkt nicht an. Die Qualifikation wurde mit fünf Siegen, drei Remis und mit einem Torverhältnis von 11:4 Toren überstanden. Und das läßt sie optimistisch nach Mexiko schauen. „Mit derselben Begeisterung, Homogenität, taktischen Disziplin und mannschaftlichen Geschlossenheit wie in diesen Spielen werden wir auch in Mexiko eine gute Rolle spielen", prophezeit der englische Coach Tony Waiters. Der weiß allerdings Ende '85 noch nicht, wie es weitergehen soll. „Da müssen wir erst das neue Finanzjahr abwarten."

## Märchen aus „Tausendundeiner Nacht"

Der 29. November 1985 wird in den Annalen des irakischen Fußballverbandes für immer mit einer roten Umrandung versehen sein. Der Fußball, im Zweistromland zwischen Euphrat und Tigris stets mit besonderem Stellenwert, ist endgültig zum „König" avanciert. Im saudiarabischen Taif läßt die irakische Auswahl den Traum der Fans Wirklichkeit werden. Syrien wird mit 3:1 bezwungen, und erstmals werden damit die Tickets zu einer WM-Endrunde gebucht. Am Nachmittag dieses Tages haben selbst die Händler im Basar, normalerweise lautstark um ihre Geschäfte besorgt, Muße. In den Wohnungen und Cafés der irakischen Metropole und überall im Lande sind die Fernsehapparate dicht umlagert. Als dann aber der schwedische Schiedsrichter Fredriksson im mehr als 1 500 Kilometer entfernten Taif den

Schlußpfiff ertönen läßt, glaubt man sich in Bagdad in eine Berliner Silvesternacht versetzt. Tausende strömen auf die Straße, um die erstmalige Teilnahme ihres Landes an einer WM-Endrunde temperamentvoll zu feiern. Fast scheint es, als sei ein Märchen aus „Tausendundeiner Nacht" wahr geworden.

Der Weg der Iraker bis zum ersehnten Ziel ist mit vielerlei Hürden gespickt. Die kriegerischen Auseinandersetzungen mit dem Iran ziehen sich seit mehreren Jahren dahin. Die FIFA untersagt deshalb allen Kontrahenten, Spiele in Bagdad auszutragen. Der Irak ist also gezwungen, auswärts seine Chance zu suchen. Die beiden ersten „Heimspiele" in der asiatischen Untergruppe 1 b – der Libanon hat hier wegen der permanenten militärischen Handlungen im Lande zurückgezogen – gegen Katar und Jordanien werden in Kuweit und Kalkutta (!) ausgetragen. In der zweiten Runde – die Vereinigten Arabischen Emirate sind der Gegner – ist Taif Austragungsort. Und weil es beim 2:1 ausnehmend gut klappte (erstes Spiel 3:2 für Irak in Dubai), spielen die Iraker auch das entscheidende Spiel gegen Syrien eben in Taif. In der ersten Partie war Gastgeber Syrien in Damaskus über ein 0:0 nicht hinausgekommen. Nach dem 3:1 von Taif ist der Irak nun am Ende eines langen Weges.

Von Zufall kann bei diesem Erfolg keine Rede sein. Der irakische Fußball hat schon lange von sich reden gemacht. Asienmeister 1982, Arabischer Cup-Sieger 1985, Sieger des Fußballturniers bei den VI. Panarabischen Spielen 1985. Kontrahent im Finale war da übrigens Marokko. Und wie stark die Auswahl dieses Landes ist, erfuhr unter anderem auch die DDR-Elf, die in den letzten Jahren neben einer Niederlage nie über Remis hinauskam. „Nein, für mich war es keine Überraschung, daß sich der Irak in der Quali-

fikation für Mexiko durchgesetzt hat."
Der langjährige Trainer des FC Vorwärts, Gerhard Reichelt, gilt nach
mehrjährigem Aufenthalt im Irak als
ein profunder Kenner des Fußballs zwischen Basra und Kirkuk. „Disziplin, Begeisterungsfähigkeit, hohe Moral und
ausgeprägte athletische Fähigkeiten –
das sind die Vorzüge der irakischen
Spieler, und damit werden sie auch in
Mexiko auf sich aufmerksam machen."
Mannschaftskapitän und Torsteher
Raad Hamoudi, Verteidiger Adnan Dir-
jal, der Mittelfeldregisseur Ali Hussein
und die beiden Spitzen Hussein Said
und Ahmed Raghi dürften bereits
einen Stammplatz in der Elf für Mexiko
sicher haben. „Die Iraker gehören zu
den WM-Finalisten, und das bleibt der
Traum einer jeden Nationalmannschaft", schrieb unlängst die Zeitung
*Baghdad Observer*. Und sie fügte
hinzu: „Unabhängig, wie sich die Spieler dort aus der Affäre ziehen – ihr
Name wird in der Geschichte dieses
Turniers einen bleibenden Platz einnehmen."

Vergleichbar unkompliziert setzt sich
Südkorea, der zweite asiatische Endrundenteilnehmer, durch. In der Untergruppe 3 a werden Malaysia und
Nepal ausgeschaltet, danach muß Indonesien in der zweiten Runde (Torverhältnis 6:1) die Überlegenheit der Südkoreaner anerkennen, die auch in den
beiden Vergleichen mit Japan (2:1 in
Tokio, 1:0 in Soul) erfolgreich bleiben.
Die jugoslawische Illustrierte *Sprint*
traut dieser Mannschaft sogar eine
Überraschung zu. „Subtile Technik
und eine erstaunliche Spielfitneß werden die Südkoreaner zu einem ernstzu-
nehmenden Gegner für jede Mannschaft machen", faßt sie zusammen,
als sie die Endrundenteilnehmer vor-
stellt. Vorschußlorbeer? Warten wir
ab!

**KANADA**
Verband: The Canadian Soccer Association
Gegründet: 1912
Mitglied der FIFA: seit 1912 bis 1926 und
wieder seit 1948
In der WM: Endrundenteilnehmer 1986

**IRAK**
Verband: Iraq Football Association
Gegründet: 1948
Mitglied der FIFA: seit 1950
In der WM: Endrundenteilnehmer 1986

**SÜDKOREA**
Verband: Korea Football Association
Gegründet: 1928
Mitglied der FIFA: seit 1948
In der WM: Endrundenteilnehmer 1986

# Jubilar
# mit Sorgen

*Der Weltmeister im Aztekenstadion. Bereits im Juni 1985 machen sich die Italiener mit den Bedingungen im Gastgeberland vertraut. Mexiko erreicht im Länderspiel ein 1:1*

Es ist der 12. November 1985. Italiens Auswahlchef Enzo Bearzot ist an diesem Tage exakt zehn Jahre im Amt. Für die staatliche italienische Fernsehgesellschaft RAI Anlaß genug, den Trainer, den „Schweiger aus Friaul", wie er auch mit bewunderndem Unterton genannt wird, der die italienischen „Tifosi" mit dem Gewinn des WM-Titels 1982 in Spanien in einen Begeisterungstaumel versetzte, mit einer dreistündigen Festsitzung zu ehren.

Zu Beginn, um 21.15 Uhr, wird das „Quirinale", der Regierungspalast, zugeschaltet, wo der ehemalige Staatspräsident Pertini höchstpersönlich seinem Freund und Jubilar gratuliert. Fünf Minuten später Schaltung nach Los Angeles, wo Diego Maradona, der sich zur Zeit gerade mit der argentinischen Nationalmannschaft auf ein Länderspiel vorbereitet, „Papa" Bearzot publikumswirksam Glückwünsche ausspricht. Insgesamt haben sich nicht weniger als 60 ehemalige und „aktuelle" Nationalspieler auf den Weg in das Fernsehstudio gemacht. Die Veranstaltung dauert bis weit nach Mitternacht und hat, so wissen jedenfalls einige italienische Tageszeitungen zu berichten, eine höhere Einschaltquote als die im Konkurrenzkanal laufende Popshow mit Gianna Nanini.

Die Popularität des Enzo Bearzot ist ungebrochen, wenngleich – nach den unvergeßlichen Tagen von Spanien sind Rückschläge mit der Squadra azzurra zu verzeichnen, die jeden anderen Trainer schon längst das Amt gekostet hätten. Daß die „Helden von Madrid" aber in den Qualifikationsspielen zur Europameisterschaft in Frankreich herzlich wenig Engagement zeigen, läßt nicht allein die Presse zu geharnischter Kritik finden. Wenngleich die EM-Gruppe 5 in der Besetzung mit dem Weltmeister, Rumänien, Schweden, der ČSSR und dem Außenseiter Zypern nach Meinung der Experten zu den am leistungsstärksten, ausgeglichensten zu zählen ist. Aber obwohl Bearzot im Grunde keine Veränderungen am Team von Madrid vornimmt, Weltmeisterliches läßt es nie erkennen. Im November '82 gelingt zum Auftakt der Qualifikation ein mühevolles 2:2 gegen die ČSSR, Anfang Dezember, im zweiten Heimspiel, reicht es wieder nur zu einem Remis. Nach 90 wenig publikumsfreundlichen Minuten haben die Rumänen die Italiener mit deren eigenen Waffen, nämlich mit einer exakt funktionierenden Abwehr und anschließenden Kontern, um den Erfolg gebracht. Das Tal der Enttäuschungen ist damit aber für den Weltmeister noch lange nicht durchlaufen. Zwei Wochen später reicht es selbst gegen den Fußballzwerg Zypern nur zu einem 1:1 – da wundert sich schon niemand mehr über die Schlappe gegen Schweden, die mit 0:2 vom Resultat betrachtet noch relativ glimpflich ausfällt. Im Spiel selbst haben die Italiener niemals eine Chance zu gewinnen …

Als vor der Schlußphase der Qualifikation, ein halbes Dutzend Spiele ist noch auszutragen, die letzte Zwischenbilanz gezogen wird, da liegen die Italiener nach fünf Spielen (drei Remis, zwei Niederlagen) mit 3:7 Punkten und 3:6 Toren hoffnungslos abgeschlagen auf Rang vier. Zypern hat zum selben Zeitpunkt nur einen Zähler weniger in der Rechnung. Damit ist den Einge-

weihten schon klar, daß der Weltmeister beim Turnier der stärksten europäischen Mannschaften 1984 in Frankreich nicht dabeisein wird. Bari sieht am 5. Oktober '83 den ersten (!) Erfolg des WM-Titelträgers nach Madrid, viele aber übersehen dabei, daß die Griechen schon lange nicht mehr über jene Spielstärke verfügen, die sie bei der EM '80 bis in die Endrunde vorstoßen ließ.

Die nächste Schlappe in der EM-Qualifikation gleicht fast einem Debakel. Mehr als 70 000 Zuschauer sind im Stadion von Neapel bereit, ihre Mannschaft vorwärtszutreiben, als der spanische Schiedsrichter Carrion die Begegnung mit den Schweden anpfeift. Zwischen der 20. und 27. Minute aber ist es der damals noch bei Benfica Lissabon spielende Glenn Strömberg, der die hochgeschraubten Erwartungen der Neapolitaner rigoros zerstört, das 3:0, von Sunnesson in der 73. Minute erzielt, setzte den Punkt aufs i. Es ist die zweithöchste Heimniederlage der Italiener überhaupt nach dem 0:4 gegen Jugoslawien in Turin, das zu diesem Zeitpunkt indes schon 18 Jahre zurückliegt. Entsprechend fallen die Schlagzeilen in der Sportpresse – und nicht allein dort – aus: „Armer Bearzot", lautet sie in der *Gazzetta Sportiva*. Heftig kritisiert wird die Abwehr, die „total verunsichert" wirkt. Der Angriff – hier kamen Conti, Rossi und Giordano zum Einsatz – wird gar als „unfähig" bezeichnet.

Das Kapitel Europameisterschaft wird schließlich kurz vor Weihnachten 1983 endgültig zu den Akten gelegt. Altobelli, Cabrini und Rossi schießen die Treffer der Italiener beim 3:1 gegen Zypern, womit endlich der erste Sieg in der EM-Qualifikation überhaupt gelingt. Als Fazit dieses Wettbewerbs aber bleibt die Tatsache, daß Bearzot seine Mannschaft zwar umzubauen versuchte, damit aber im Grunde gescheitert ist. Italiens Auswahlchef setzte in den acht Begegnungen insgesamt 26 Spieler ein (Schweden und Rumänien bringen es auf die gleiche Zahl, die ČSSR auf 30). An der Spitze steht dabei Rossi mit sieben Einsätzen, Dossena, Antognoni, Conti und Altobelli folgen mit sechs.

## Minimalisten

Woran liegt es, daß der Weltmeister nach seinem Höhenflug von Spanien nicht mehr zu der dort gezeigten Form findet? Ganz sicher spielt dabei auch die von dieser Mannschaft bevorzugte Taktik eine Rolle. Nicht umsonst werden die Azzurri als Minimalisten bezeichnet. Deutlich wird das nicht zuletzt in der Begegnung zu den Feierlichkeiten der FIFA, die im Mai '84 ihren 80. Geburtstag begeht. Zum „Programm" gehört die Zweitauflage des WM-Finales von '82 zwischen der BRD und Italien – Austragungsort ist der Züricher Letzigrund. Die 26 000 Besucher in dieser Arena aber erleben alles andere als eine Werbung für den Fußball, wie man sie eigentlich erwartet hatte, da frei, ohne taktische Zwänge, ohne den Druck des Gewinnenmüssens gespielt werden könnte. Nein, schöner Fußball wird da nicht geboten. Die Italiener spielen mit vier Verteidigern (Scirea, Bergomi, Vierchowod, Neuling Nela), mit vier Akteuren im Mittelfeld (Tardelli, Bagni, Baresi und Dossena), von denen drei eindeutig defensive Aufgaben zu erfüllen haben, und im Angriff (Altobelli und Conti) operiert der hängende Flügelstürmer Conti wie eh und je vor allem aus dem Mittelfeld heraus. Mit dieser Einstellung, mit diesem typischen italienischen System, das eindeutig der Defensive den Vorrang einräumt, in der Art, wie sich der Weltmeister immer wieder mit vielen Spielern zurückzieht, bestrebt ist, jegliches Tempo aus den Aktionen zu nehmen, kann letztlich kein erfolgversprechender Angriffsfuß-

## Italien

Fläche: 301 225 km²
Einwohnerzahl: 57,2 Millionen
Verband: Federazione Italiana Giuoco Calcio
Gegründet: 1898
Mitglied der FIFA seit 1905
In der WM: Endrundenteilnehmer 1934 (Weltmeister), 1938 (Weltmeister), 1950, 1954, 1962, 1966, 1970 (Zweiter), 1974, 1978, 1982 (Weltmeister)
Bei Olympia: 1912, 1920, 1924, 1928 (Bronze), 1948, 1952, 1960
Einschließlich des Finales von Madrid bestritt Italien zwischen 1934 und 1982 insgesamt 82 WM-Qualifikations- und Endrundenspiele. Davon wurden 52 gewonnen, 15 endeten unentschieden und 15 wurden verloren. Das Gesamtpunktverhältnis lautet danach 119:45, das Torverhältnis 169:70.
Die höchsten Siege:
21.5.1934 gegen die USA in Rom 7:1
4.11.1961 gegen Israel in Turin 6:0
4.11.1964 gegen Finnland in Genua 6:1
1.11.1965 gegen Polen in Rom 6:1
15.10.1977 gegen Finnland in Turin 6:1
Die höchsten Niederlagen:
23.6.1954 gegen die Schweiz in Basel 1:4
26.5.1957 gegen Portugal in Lissabon 0:3
21.6.1970 gegen Brasilien in Mexiko 1:4 (WM-Finale)

Das italienische Meisterschaftsklassement in den Jahren nach dem WM-Titelgewinn 1982

| 1982/83 | | | |
|---|---|---|---|
| AS Rom | 30 | 47:24 | 43 |
| Juventus Turin | 30 | 52:27 | 40 |
| Inter Mailand | 30 | 41:26 | 37 |
| | | | |
| 1983/84 | | | |
| Juventus Turin | 30 | 57:29 | 43 |
| AS Rom | 30 | 48:28 | 41 |
| AC Florenz | 30 | 48:31 | 36 |
| | | | |
| 1984/85 | | | |
| Hellas Verona | 30 | 42:19 | 43 |
| AC Turin | 30 | 36:22 | 39 |
| Inter Mailand | 30 | 42:28 | 38 |
| | | | |
| 1985/86 | | | |
| Juventus Turin | 30 | 43:17 | 45 |
| AS Rom | 30 | 51:27 | 41 |
| AC Neapel | 30 | 35:21 | 39 |

ball geboten werden. Unabhängig vom Resultat – die BRD gewinnt 1:0 –, die Italiener sind so schwach, daß sich Bearzot massiver Angriffe der Fachjournalisten erwehren muß. Warum erhält Altobelli keine Unterstützung aus dem Mittelfeld, wird er gefragt. Bearzot: „Er erhält genügend, haben Sie das Spiel nicht gesehen?" Warum wirkte der Kontrahent athletisch besser vorbereitet? Bearzot: „Er war es nicht. Daß er auch zu Torchancen kommt, liegt in der Natur des Spiels." Und als Ausblick bittet er um Geduld: „Ich baue eine neue Mannschaft auf, die Automatismen stimmen noch nicht ganz, und die jungen Spieler müssen es noch lernen, sich anzupassen."

## Aufschlußreiches Interview

Im „FIFA-Magazin" interviewt der italienische Journalist Sergio De Cesare Italiens Coach Bearzot und befaßt sich mit der Mannschaft des Weltmeisters knapp ein Jahr vor Mexiko '86. Dabei kommt der Trainer zu einigen interessanten Aufschlüssen, unter anderem zu diesem: Die Ausländer schaden dem italienischen Nationalteam! In dem Gespräch äußert sich Bearzot zwar erneut befriedigt über den nach der WM '82 von ihm eingeleiteten Verjüngungsprozeß der Mannschaft, gibt aber zu, Probleme im Mittelfeld zu registrieren: „Der Grund für die Schwierigkeiten sind die ausländischen Spitzenspieler, die in ihren Teams fast ausnahmslos eine Schlüsselstellung als Regisseur einnehmen." Bearzot weiß dabei sehr wohl, daß die italienischen Spieler eben von diesen importierten Stars eine Menge mit den Augen „stehlen" können, verweist aber nachhaltig darauf, daß Ausländer wie Platini, Maradona, Zico, Socrates, Falcao, Brady, Souness, Wilkins, Junior, Strömberg und andere in der Regel das Spiel ihrer Mannschaften führen. Und er gibt zu bedenken: „Wenn die italieni-

schen Spieler zur Auswahl stoßen, sind sie häufig keine Persönlichkeit, fehlt ihnen die Ausstrahlung. Ich weiß, daß gerade diese Eigenschaften für den Spiellenker einer Mannschaft genauso wichtig sind wie seine technischen Fertigkeiten." Bearzot sieht für den Posten des Spielmachers überhaupt schwarz: Matteoli aus Como spielt eine Rolle in seinen Rechnungen, aber der ist noch nicht reif genug. Di Gennaro vom Titelträger '85 Hellas Verona bleibt vorerst für ihn die Nummer 1. „Und hinter di Gennaro sieht es derzeit ausgesprochen finster aus."

Was Bearzot im Hinblick auf fehlende Mittelfeldregisseure äußert, stellt sich im Angriff im Grunde nicht anders dar. In der Meisterschaftssaison 1984/85 werden nicht weniger als 37,2 Prozent aller Tore von Ausländern geschossen, Rossi, der WM-Star von 1982, rangiert nur „unter ferner liefen", an ihm aber hält Bearzot, aus welchen Gründen auch immer, nach wie vor für die Nationalmannschaft fest. Die Spatzen aber pfeifen es bereits von den Dächern, daß Rossi schon lange nicht mehr der vergötterte Torjäger aus spanischen Zeiten ist. „Pablito Mundial" ist für viele lediglich noch ein Durchschnittsstürmer. In 21 Länderspielen nach Spanien schießt er ganze fünf Tore, drei gegen die auf einer ersten Europatournee ausgesprochen schwach spielenden Mexikaner beim 5:0. An Rossi scheiden sich die Geister. Bearzot hält an ihm fest, Juventus-Trainer Trapattoni verzichtet immer häufiger auf ihn, und härter und härter gehen auch die Kritiker mit dem Torschützen a. D. ins Gericht. Zu oft versagt der einst so gefürchtete Angreifer in klaren Spielsituationen, verstolpert Bälle. Der Präsident des AC Mailand aber, Giuseppe Farina, ist wie Bearzot der Meinung, Rossi, dem sensiblen Kicker, fehle lediglich die richtige Umgebung, um zu seinem alten Leistungsvermögen zurückzufinden. Zum besseren Verständnis: Farina war in den siebziger Jahren Präsident von Lanerossi Vicenza, jenem Klub, aus dem Rossi nach vielen Verletzungen 1977 den Sprung in die Nationalmannschaft schaffte. Mit Farina verbindet Rossi ein ausgesprochen herzliches Verhältnis. Das hilft ihm aber auch nicht, besser Fußball zu spielen. Häufige Verletzungen lassen ihn überdies kaum in Schwung kommen. Als beispielsweise der 1. FC Lok Leipzig im Herbst '85 im UEFA-Pokal im Stadion „Giuseppe Meazza" anzutreten hat, ist Rossi wieder einmal nur Zuschauer, gibt er unermüdlich Autogramme. Nicht zuletzt dieser Fehleinkauf läßt am Ende den Stuhl von AC Mailands Präsident Farina umkippen. 7,5 Millionen Schweizer Franken hatten die Mailänder an Juventus zahlen müssen, um Rossi zu bekommen. Eine Summe, die „in den Sand gesetzt" ist, denn auch beim AC Mailand hat Rossi Ladehemmung. Bearzot hindert das indes nicht, ihm weiter die Stange zu halten.

Übrigens nicht nur Rossi. Bearzot stützt sich auch in den Spielen gegen Norwegen (1:2 in Lecce), gegen Polen (0:1 in Chorzow) und erneut die BRD (1:2 in Avellino), im unmittelbaren Vorfeld auf das Turnier von Mexiko ausgetragen, größtenteils auf ebenjenen Kader von '82. Die Presse reagiert allergisch nach diesen drei Niederlagen in Reihenfolge. „Es ist die schwärzeste Serie der Ära Bearzot, seit 74 Jahren hat Italien niemals zwei Heimspiele hintereinander verloren", ruft schon fast verzweifelt der *Corriere dello Sport*. Und die *Gazzetta dello Sport* stellt nach dem 1:2 gegen die BRD resignierend fest: „Italien war nicht aufzufinden." Natürlich meldet sich auch Bearzot zu Wort: „Ich habe viel gelernt", versichert er. „Und in Mexiko werden wir ein ganz anderes Klima und für uns günstigere Bodenverhältnisse vorfinden." Südkoreas Nationaltrainer Jung-Nam Kim, der das Spiel

beobachtet, aber zeigt wenig Respekt vor der Leistung des Titelträgers: „Die Italiener spielen monoton, ändern nie ihr Spielschema, da passiert nichts Unvorhergesehenes." Tatsächlich gehen von den neuen Spielern – Bearzot hat sich endlich dazu entschlossen, Serena, Galderisi und Massaro eine Chance zu geben – auch keine neuen Impulse aus. Und so fehlen sie prompt, als in Udine Österreich Ende März 1986 der Kontrahent ist. 2:1 heißt es da, und endlich haben die Azzurri ihre Niederlagenserie beendet. Bearzot ist danach wieder mit der Presse versöhnt, äußert sich in seitenlangen Interviews zu den Aussichten der einzelnen Mannschaften beim Endrundenturnier. Aus seiner Sicht gehören neben den südamerikanischen Vertretungen Brasilien und Argentinien die Europäer Frankreich, England und Ungarn zu den Favoriten. „Frankreich hat in den vergangenen Jahren die größten Erfolge verzeichnet und kann dank Spielern wie Tigana, Fernandez, Giresse und Platini mit einem überaus starken Mittelfeld antreten. England, zu Hause schon immer stark, wirkt auch auswärts verbessert. Die Ungarn, die hinsichtlich ihrer Technik noch nie von anderen lernen mußten, haben sich athletisch und in der Verteidigung enorm gesteigert." Und Italien? Bearzot ist wie immer optimistisch: „Auch wir werden unter den Besten sein."

Mitte April dann eine Indiskretion – das angeblich 22köpfige Aufgebot Italiens für Mexiko erscheint in allen einschlägigen Tageszeitungen. Von den 13 Akteuren, die in Spanien den Titel holten, fehlen lediglich vier. Einziger absoluter Neuling ist Vialli von Sampdoria Genua. Dafür soll Pruzzo zu Hause bleiben, obwohl er zu diesem Zeitpunkt in der Meisterschaftstorschützenliste klar führt, Ist dies wirklich Bearzots letztes Wort, oder wollen da einige Zeitungen lediglich die Auflagenstärke erhöhen?

# Die Auslosung

## Ein Spektakel ohne Lärm

Die Stille in Mexiko-Stadts vornehmem Villenviertel Lomas de Chapultepec verrät nichts von der Geschäftigkeit am Paseo de la Reforma 1435. Ein kleines, dezent angebrachtes Schild am Haus läßt sie nur erahnen. Comité Ejecutivo del Mundial Mexico 1986. Hier ist das Hirn, die Zentrale, der XIII. Fußball-Weltmeisterschaft. Mexikos Organisationschef Guillermo de Jesus Canedo Barcena greift noch einmal zu den Protokollen. Sorgfältig durchblättert er den Regieplan.

Noch einmal läßt er die Wochen und Monate seit dem 20. Mai 1983 an sich vorüberziehen. Ein historischer Tag war das, als die FIFA in Stockholm erstmals in der Geschichte des Weltpokals zum zweitenmal den gleichen Verband als Ausrichter betraute. Was der Stab der Federacion Mexicana del Futbol Asociacion in den nur zweieinhalb Jahren geleistet hat, rief überall in der Welt ein zustimmendes Echo hervor. Gewiß, die sehr gute technische Fußball-Infrastruktur, der jugendliche Elan und der rastlose Einsatz der Mitarbeiter, die Erfahrung Guillermo Canedos, der bereits 1970 am Schaltpult der Endrunde saß, sind ein unschätzbarer Vorteil.

*Das Televisa-Studio in Mexiko-Stadt während des Auslosungszeremoniells am 15. Dezember 1985. An der Stirnseite neben altindianischen Motiven links die Gruppentafeln, rechts der Spielplan der Vorrunde*

| 5.31 | ITA | ♪ | BUL | 6.7 |
| 6.1 | FRA | ♪ | CAN | 6.7 |
| 6.1 | BRA | ♪ | ESP | 6.7 |
| 6.2 | ARG | ♪ | R. COR | 6.8 |
| 6.2 | URSS | ♪ | HUN | 6.8 |
| 6.2 | POL | ♪ | MAR | 6.8 |
| 6.3 | MEX | ♪ | BEL | 6.9 |
| 6.3 | AGL | ♪ | IRL. N | 6.9 |
| 6.3 | POR | ♪ | ING | 6.10 |
| 6.4 | PAR | ♪ | IRA | 6.10 |
| 6.4 | RFA | ♪ | URU | |
| 6.4 | ESC | ♪ | DIN | |
| 6.5 | ITA | ♪ | ARG | 6.11 |
| 6.5 | BUL | ♪ | R. COR | 6.11 |
| 6.5 | FRA | ♪ | URSS | 6.12 |
| 6.6 | CAN | ♪ | HUN | 6.12 |
| 6.6 | BRA | ♪ | AGL | 6.13 |
| 6.6 | MAR | ♪ | ING | 6.13 |

Dennoch mußten nicht wenige Hindernisse beseitigt und Hürden übersprungen werden. Lange währten die Debatten um zwei der größten Arenen, das Aztekenstadion in Mexiko-Stadt und das Jalisco-Stadion in Guadalajara. Die privaten Besitzer von Dauerplätzen, die den Bau mitfinanziert und auf 99 Jahre für alle Veranstaltungen feste Tribünen- und luxuriöse Logenplätze mit Wohnräumen und Autozufahrten gemietet haben, wollten auf diese Vorrechte nicht verzichten. Einerseits konnten die Stadiengesellschaften diese Verträge nicht lösen, andererseits besteht die FIFA auf dem alleinigen Hausrecht in WM-Stadien, doch Canedo fand einen Kompromiß.

Unmut und Erregungen löste der Kartenvorverkauf eineinhalb Jahre vor dem WM-Turnier aus. Unbekannt die Paarungen, relativ hoch die Preise – zwischen 3 und 50 Dollar – und die Karten nur in Fünferpaketen im Angebot; dennoch meldete Canedo bereits im Mai 1985, das Kartenkontingent für die 16 Spiele in Mexiko-Stadt sei zu 80 Prozent vergriffen. Firmen haben ihre Mitarbeiter mit WM-Karten prämiert, Banken Einjahreskredite an Käufer bewilligt. Gewiß unter ihnen nicht wenige Schwarzhändler, die auf das große Geschäft warten – wie die FIFA und der Organisationschef Canedo, der 90 Prozent aller Karten der 52 Spiele (in Spanien 1982 83 Prozent) umzusetzen versprach und einen Rekordgewinn von 150 Millionen Schweizer Franken, 35 Millionen mehr als in Spanien.

Jedes der 24 Teilnehmerländer würde demnach mindestens 1,35 Millionen erstattet bekommen, ein Betrag, der sich mit dem Vorrücken ins Achtelfinale und weiter entsprechend erhöht. Doch Guillermo Canedo redet in der Öffentlichkeit kaum über solche Summen: „Wir denken nicht ans Geldverdienen, wir wollen eine Weltmeisterschaft für die Menschen organisieren."

## Das Fest als ein Geschäft

Das Fußballfest wird vermarktet in einem Maße wie nie zuvor in der Geschichte der WM. Was 1982 in Spanien noch weltweit als „WM der Geschäftemacher" für aufsehenerregende Schlagzeilen sorgte, wird vier Jahre später weit geräuschloser, vielerorts beinahe als selbstverständlich registriert. Eine bezeichnende Entwicklung. Namhafte Blätter Westeuropas enthüllen das Spiel hinter den Kulissen, was keiner der Beteiligten zu verhehlen sucht. FIFA-Präsident Joao Havelange kaufte sich bei einem brasilianischen Fernsehunternehmen ein, und das ist eine Tochterfirma vom mexikanischen Multikonzern „Televisa". Ein Rundfunk- und Fernsehgigant mit großem Einfluß, der in Mexiko und darüber hinaus in Lateinamerika sendet, in den USA 200 spanischsprachige Fernsehstationen unterhält und es im Umsatz mit den nordamerikanischen Riesen NBC, ABC und CBS aufnehmen kann, der Banken und Grundstücksgeschäfte kontrolliert, vier Fußballklubs und vier der WM-Stadien besitzt: das Aztekenstadion mit seinen 110 000 Sitzplätzen, Arenen in Guadalajara, Monterrey und die neue in Queretaro. Und da „Televisa" als Veranstalter, Produzent und Verkäufer des „Artikels Fußball" überaus erfahren ist, tritt das Unternehmen praktisch auch als Mitorganisator der Fußball-WM auf.

Eine Schlüsselrolle gebührt dabei Guillermo Canedo, der zehn Jahre lang Mexikos Fußballverband führte und nun dem WM-Organisationskomitee vorsteht, der im Weltfußballverband als Vizepräsident das Wort hat, seinem Arbeitgeber, dem „Televisa"-Besitzer Emilio Ascarraca, als Vizepräsident und Mitteilhaber dient sowie zugleich als Präsident der Organisacion de Television Iberoamericana (OTI), der lateinamerikanischen Fernsehorganisation, seinen Einfluß geltend macht.

Mit dem staatlichen Fernsehen „Kanal 13" hat sich „Televisa" im Hinblick auf die WM zu einem Konsortium zusammengeschlossen, das das Weltbild von der WM liefern wird. Doch liegen die Vorbereitungen fast ausschließlich in Händen des Privatunternehmens. „Televisa" hält das Monopol in der TV-Vermarktung des Mundial '86. Die weitere Vermarktung der WM betreibt in Monopolstellung die Agentur ILS mit Sitz in der Schweiz, ein Tochterunternehmen eines Sportbekleidungsriesen, der fast alle 24 Mannschaften des WM-Turniers einkleidet, 80 Prozent der Spieler mit Schuhen ausstattet, den WM-Turnierball „Azteca" präsentiert und nach eigenen Angaben „auf verschiedene Weise gegenwärtig" ist.

In Mexiko sprechen viele von der „Televisa"-Weltmeisterschaft, nicht unberechtigt und nicht übertrieben. Die Bank „Banamex" besorgt den Vertrieb der Eintrittskarten, mit einem Umsatz von 60 Millionen Mark und von einem einzigen Mann kontrolliert – einem Angestellten von „Televisa". Tausende mexikanischer Jungen und Mädchen zwischen 10 und 15 Jahren verdienen für sich und ihre Familien ein paar Pesos durch den Verkauf von „Chiclets" Kaugummis; wer das in den Stadien von „Televisa" will, braucht von der Firma eine Lizenz, und wer ohne Lizenz verkauft und ertappt wird, den nimmt „Televisas" Privatpolizei fest.

Alle Vorausberechnungen sind bis zu diesem Tag, dem 15. Dezember 1985, für Guillermo Canedo aufgegangen. Die Verträge für die Fernseh- und Werberechte, die insgesamt 95 Millionen Mark erbringen, stimmen ebenso wie die Pläne, die er mit der FIFA entworfen hat und die interessante Paarungen mit reizvollen Kassenschlagern und hohen Zuschauerzahlen herbeiführen sollen. Er muß keine Widerstände bei der FIFA wegen der engen Verfilzungen der Weltmeisterschaft und Geschäfte fürchten. FIFA-Generalsekretär

## Personalien

Mexikos Organisationschef Guillermo Canedo wurde am 4. Juni 1920 in Guadalajara geboren. Mit 30 Jahren wurde er Direktor des Fußballklubs Zacatepec, amtierte 23 Jahre als Präsident des Klubs America. 1962 bis 1972 stand Canedo Mexikos Fußballverband als Präsident vor. Als Präsident des mexikanischen WM-Organisationskomitees bereitete er bereits die Endrunde 1970 vor.

## Tendenziös

Die *Stuttgarter Zeitung* in einem Kommentar zwischen den WM 1982 und 1986: „Der immer massivere Einbruch der Werbung und des Wunsches nach finanziellem Gewinn am Fußballsport haben in dem Mundial '82 erstmals ein Ausmaß erreicht, das das breite Publikum nachdenklich stimmt. Die Grenzen zwischen Sport und Geschäft sind derart stark verschwommen, daß Skeptiker bereits behaupten, die beiden Begriffe deckten sich. Der Kapitalismus hat dieses Massenereignis so durchdrungen, daß die Spieler versucht sind, sich als Werbehülsen anzubieten."

## Maskottchen

„Pique" wurde in Mexiko als Maskottchen im April 1984 vorgestellt. „Pique" heißt in der Übersetzung „stechen", „brennen" oder „beißen". Der Entwurf war der erste Preis in einem Ideenwettbewerb mit 6 825 Vorschlägen.

## Fairneß

Entscheid des WM-Organisationskomitees der FIFA: Verwarnungen aus der Vorrunde werden vor den Achtelfinalspielen gestrichen. In der Vorrunde bestimmt das Los pro Mannschaft zwei Spieler für die Dopingkontrolle, im weiteren Verlauf der Endrunde je drei Akteure pro Mannschaft.

Sepp Blatter sieht darin sogar eher einen Vorteil: „Die FIFA muß doch froh sein, daß sie im Gastgeberland einer WM über so weitreichende Einflußmöglichkeiten verfügt." Das BRD-Blatt *Vorwärts* schreibt dazu: „Die Spiele sollen Geld bringen" und folgert vielsagend: „Televisa-Fernsehen macht alles, am Ende gar den Meister?" Fußball unter dem Joch des Geschäfts, es wäre der Anfang vom WM-Ende.

Lässig spielt unterdessen der Organisationschef mit „Pique", dem niedlichen WM-Maskottchen. Einem Männchen mit hochgezogenem Schnurrbart, das sich auf einen Ball stützt und einen Sombrero aus einer Pfefferschote trägt. „Welch ein Pique!" sagen die mexikanischen Fußballfans, wenn sie den erfolgreichen Sturmlauf eines Spielers auf das gegnerische Tor bewundern. Der zur Auslosung in Mexiko versammelten FIFA-Prominenz und vielen Experten bietet Mexikos Auswahl in einem Turnier mit Ungarn (2:0), Algerien (2:0) und Südkorea (2:1) nicht nur manche Sturmläufe, sondern vielmehr Anschauungsunterricht über WM-Fußball in Höhenlagen. Die Ungarn demonstrieren wider Willen die Akklimatisierungsprobleme im Hochland. Nach einem 3:1 gegen Algerien reisen sie aus dem nur 522 m hoch gelegenen Monterrey ohne Anpassung ins 2 651 m hohe Toluca und wurden mit „schweren Beinen" zum Spielball der Mexikaner.

Zwar schrumpften die Befürchtungen vor den Auswirkungen der Höhenlage seit den Olympischen Spielen 1968 und der Fußball-WM 1970, aber ohne Einfluß auf die Leistungen bleibt sie nicht. Die Austragungsorte weisen immerhin eine Höhendifferenz von über 2 000 m auf. Das verlangt jeweils sorgfältige Akklimatisierungen. Mexikos Trainer Bora Milutinovic urteilt vielsagend: „Die WM '86 wird ihre eigenen Gesetze haben."

## Wenig Raum für Spekulationen

Eine Woche vor dem Auslosungszeremoniell erscheinen die FIFA-Offiziellen in Mexiko und beziehen im Hotel Camino Real Quartier. Drei Tage zuvor ist aus Rom der 36 cm hohe, 5,7 Kilogramm schwere Weltpokal aus 18karätigem Gold eingeflogen und unter scharfen Sicherheitsvorkehrungen mit zwei Panzerwagen an einen unbekannten Ort gebracht worden. Nachdem der Jules-Rimet-Pokal 1966 in London und später die WM-Trophäe in Rio gestohlen wurden, bewahrte man über die Ankunft strenges Stillschweigen.

Die FIFA hat auch andere Schlußfolgerungen gezogen. Um Gerüchten, Mutmaßungen und Unterstellungen, die es in früheren Jahren in großer Zahl vor den Auslosungen über die Gruppenzusammensetzungen gab, zu begegnen, läßt der Weltfußballverband in den Wochen davor wenig Raum für Spekulationen. FIFA-Generalsekretär Sepp Blatter verkündet Monate vor dem Zeremoniell, daß nach Artikel 24 des WM-Reglements die 24 Vertretungen der Endrunde in sechs Gruppen zu vier Mannschaften „durch Setzen und durch das Los" eingeteilt werden. Dabei werde die FIFA-Organisationskommission ebenso wie bei der Verteilung auf die Spielorte „geographische und infrastrukturelle Aspekte" berücksichtigen. Blatter vermittelt dazu, wie er es selbst nennt, eine „Klarschrift", nach der sechs „Gruppenköpfe privilegiert" gesetzt werden. Das sind die vier Halbfinalisten der WM '82, die alle qualifiziert sind, Italien (in Gruppe A), BRD, Polen, Frankreich, dazu Gastgeber Mexiko (in Gruppe B), „was bei allen FIFA-Wettbewerben der Fall ist", und der bestplazierte Vertreter Südamerikas '82, Brasilien.

„Es ist anzunehmen", so verlautet weiter aus dem FIFA-Haus, daß Brasilien nach Guadalajara gesetzt wird, die BRD-Auswahl nach Queretaro, Frankreich nach Leon und Polen nach Monterrey. Das bringt natürlich Vorteile für die Großen, die bis auf Italien im Eröffnungsspiel alle drei Gruppenbegegnungen an einem Ort austragen können und sich gegenüber der Konkurrenz Reisestrapazen ersparen. Die übrigen 18 Mannschaften würden auf drei Töpfe verteilt, wobei einer der drei aus sechs europäischen Mannschaften besteht, ein zweiter Topf die beiden afrikanischen und die beiden asiatischen Teilnehmer, Kanada und Australien (falls gegen Schottland qualifiziert) aufnimmt sowie ein dritter Topf die drei Südamerikaner und drei Europäer beinhaltet. Mit Genugtuung registriert die FIFA, daß diese sportlich begründete Vorsortierung der Prozedur überwiegend positive Kommentare in Presse, Funk und Fernsehen auslöst. Nur das Blatt *El Diario* in Montevideo meinte, seinen Lesern mitteilen zu müssen, daß das Feld der 24 Länder längst aufgeteilt sei und die Fernsehschau lediglich noch repräsentativen Charakter trage. Offenbar hatte die uruguayische Zeitung vergessen, daß der Weltmeister von 1930 und 1950 und amtierende Südamerikameister 12 Jahre an keiner WM-Endrunde beteiligt war.

Vier Tage vor der Auslosung entscheidet die FIFA-Kommission endgültig über die Modalitäten, werden die Inhalte der drei Töpfe bekannt: Topf 1: Argentinien, Uruguay, Paraguay, England, UdSSR, Spanien; Topf 2: Algerien, Marokko, Irak, Südkorea, Kanada, Dänemark; und Topf 3: Belgien, Bulgarien, Nordirland, Ungarn, Portugal, Schottland. Diskussionsstoff liefern die starken Dänen, die als Neuling neben Kanada und Irak sowie ohne einflußreiche Lobby mit der unliebsamen Einordnung in den „Topf der Kleinen" – was jedoch offiziell bei der FIFA keiner so bezeichnete – rechnen mußten. Im Gegensatz zum Vorspiel bei der WM '82 ist es aber ein Spektakel ohne Lärm.

## Brasilien Favorit Nr. 1

Englands Buchmacher erklärten vor der WM-Gruppeneinteilung Brasilien zum großen Favoriten für die WM 1986 – wie vier Jahre zuvor in Spanien. Die Wettquoten zum Zeitpunkt der Auslosung lauten: 1. Brasilien 11:4, 2. Argentinien 9:2, 3. Uruguay 7:1, 4. Mexiko 11:1, 5. Italien, BRD, England, Dänemark und Frankreich 14:1, 10. UdSSR 20:1, 11. Polen, Ungarn, Spanien, Belgien, Paraguay und Schottland 25:1, 17. Portugal 33:1, 18. Bulgarien 66:1, 19. Nordirland 80:1, 20. Südkorea 250:1, 21. Algerien 400:1, 22. Marokko, Irak und Kanada 500:1.

## Handikap

Die Nachrichtenagentur APA (Österreich) zur Vergabe der Spielorte: „Italien, Mexiko, Frankreich, Brasilien und die BRD sind jene ‚Sieger', für die das Setzen zum absoluten Vorteil wurde. Hingegen wurde für die ebenfalls gesetzten Polen dieses vermeintliche Glück zum Handikap. Wurde doch der Dritte von 1982 mit seinen drei Vorrundenspielen in das wegen seiner klimatischen Bedingungen wie die Pest gefürchtete und fast 1 000 km nördlich der Hauptstadt gelegene Monterrey abgeschoben, das als einzige WM-Stadt fast auf Meeresniveau liegt. Wer dort den Kampf mit den Gegnern und der sommerlichen Gluthitze erfolgreich übersteht, muß übergangslos hinauf bis in Höhen von 2 680 m (Toluca)."

## Trainer-Urteile

Enzo Bearzot (Italien): „Der Kraft- und Tempofußball hat bei der WM in Mexiko wenig Aussichten auf Erfolg. Die Spieler müssen in ungewohnter Höhenlage und bei der zu erwartenden Hitze einer rationellen Spielweise und ihrer Routine vertrauen, um die Begegnungen ohne physische Tiefs durchzustehen. Mancher ältere Spieler kann so im Vergleich zu einem unerfahrenen Athleten besser aussehen."
Iwan Wuzow (Bulgarien): „Wir haben an unsere Chance in der Qualifikationsgruppe geglaubt, wir tun es auch jetzt."
Franz Beckenbauer (BRD): „Alles durfte passieren, nur nicht, daß wir Dänemark aus dem Topf der Zwerge erhielten. Jeder weiß, daß es ganz woanders hingehört."
Alex Ferguson (Schottland): „Wir sind auf dem Umweg über Australien nach Mexiko gelangt, ins Achtelfinale wollen wir direkt."

## Die Prozedur als Planspiel

Für den 15. Dezember 1985, 19 Uhr (MEZ), ist in Mexiko-Stadt die öffentliche Weltpokalauslosung angesetzt. 1 000 geladene Gäste verfolgen im Studio der Fernsehgesellschaft „Televisa" das feierliche Schauspiel. Alles erfolgt streng nach Protokoll. Ab 19.02 Uhr Begrüßungsansprachen des mexikanischen Fußballpräsidenten Rafael del Castillo Ruiz und des FIFA-Präsidenten Dr. Joao Havelange. 19.15 Uhr gibt Ita-

*Er spielte Fortuna – der vierjährige Luis Xavier Barroso mit dem offiziellen WM-Ball Azteca*

liens Fußballpräsident Federico Sordillio den Weltpokal der FIFA zurück. Havelange reicht ihn sofort weiter an Rafael del Castillo Ruiz. 19.18 Uhr verliest Hermann Neuberger, der Präsident des WM-Organisationskomitees, eine Erklärung. 19.21 Uhr erläutert Generalsekretär Sepp Blatter den Auslosungsvorgang und wiederholt die Details, die den meisten Anwesenden längst bekannt sind. Die Auslosung soll nur geringfügig gesteuert werden. Um zu verhindern, daß schon in der Vorrunde südamerikanische Kontrahenten aufeinandertreffen, hat das FIFA-Komitee beschlossen, daß der erste Europäer, der aus Topf 1 gezogen wird, in die Brasilien-Gruppe D kommt.

Der vierjährige Luis Xavier Barroso, Enkel von Mexikos Organisationschef Guillermo Canedo, erscheint auf der Bühne, um als Glücksbringer die Lose zu ziehen. Alle Augenpaare sind auf ihn gerichtet, doch zeigt er sich ebensowenig verlegen wie seine Mutter Monica Maria Canedo, die 16 Jahre zuvor zur IX. WM die Lose gezogen hatte. 19.23 bis 19.45 Uhr verläuft die Auslosungsprozedur in 39 Ziehungsoperationen. Das Planspiel, die Bildung der Gruppen, erfolgt reibungslos und ohne Zeitverzug. Nach den technischen Pannen mit den gläsernen Lostrommeln der spanischen Lotterie vier Jahre davor ist die FIFA wieder zum Handbetrieb zurückgekehrt. Cognac-Gläser bergen die 18 Lose. Luis Barroso als Fortuna waltet mit zarten Kinderhändchen seines wichtigen Amtes, nimmt eine gelbe Kugel heraus. Und so wird als erster Topf 3 geleert, die sechs europäischen Mannschaften werden den sechs Gruppen zugeordnet. Als erstes Los wird Bulgarien gezogen, erhält unmittelbar darauf die Nummer 2, die für die Plazierung in der Gruppe und für den Spielplan von Bedeutung ist. Der Reihe nach zieht der kleine Mexikaner Los für Los, und jedem wird sofort eine Nummer zugeordnet. Belgien mit Nummer 6, Ungarn mit Nummer 12, Nordirland mit Nummer 16 folgen. Fest steht schon mit dem ersten Los das Eröffnungsspiel Italien–Bulgarien am 31. Mai, 20 Uhr MEZ, in Mexiko-Stadt. Und weiter spielt der Knabe Luis Fortuna. Name für Name wird aufgerufen und Zahl für Zahl genannt. Topf 2, der „Topf der Kleinen", wird als nächster geleert und schließlich Topf Nummer 1. Daraus zieht der Mexikaner als erstes Los Spanien, das in die Gruppe zu Brasilien eingereiht wird. Alles geschieht programmgemäß, ohne Unterbrechungen bis zum letzten Los. England komplettiert mit Nummer 24 die Gruppe F mit dem „Kopf" Polen.

Die Tafeln an der Stirnseite des Saales vermitteln unmittelbar darauf den vollständigen Überblick über die Gruppen der Vorrunde und den Spielplan:

*Gruppe A in Mexiko-Stadt/Puebla:*
Italien, Bulgarien, Argentinien, Südkorea.

*Gruppe B in Mexiko-Stadt/Toluca:*
Mexiko, Belgien, Paraguay, Irak.

*Gruppe C in Leon/Irapuato:*
Frankreich, Kanada, UdSSR, Ungarn.

*Gruppe D in Guadalajara:*
Brasilien, Spanien, Algerien, Nordirland.

*Gruppe E in Queretaro:*
BRD, Uruguay, Schottland, Dänemark.

*Gruppe F in Monterrey:*
Polen, Marokko, Portugal, England.

Das mit viel Aufwand und so festlich aufgezogene Zeremoniell verliert sehr rasch seinen feierlichen Rahmen. Während die Mannschaften genannt werden, erheben sich in den einzelnen Reihen Herren – Verbandspräsidenten, Trainer, Prominente – und eilen zu den Reportern und Telefonen. Erste Kommentare, Freude und Enttäuschung, werden in die Heimatländer übermittelt. Im Saal selbst sind aber weniger Fernsehreporter als in früheren Jahren vertreten. Viele Sender begnügen sich mit der Übermittlung der Bilder, kommentieren diese dann in den Heimatstudios. 3 500 Dollar für einen Kommentatorenplatz erscheinen ihnen zu teuer: eine maßlose Kommerzialisierung wirft auch hier Schatten.

Lospech und Losglück sind immer wieder gebrauchte Vokabeln. Dabei weiß jeder Beteiligte nur zu gut, alle vier Jahre steht die FIFA vor dem Problem, mittels „Setzen, Zuordnen und Losen" eine für alle Teilnehmer gleichermaßen befriedigende Gruppeneinteilung zu erreichen. Gelöst wurde es auch für 1986 nicht. Mit Italien (1934, 38 und 82) und Argentinien (1978) in Gruppe A sowie der BRD (1954 und 74) und Uruguay (1930 und 50) in Gruppe E begegnen sich schon in der Vorrunde frühere Weltmeister. Dänemarks Trainer Josef Piontek gibt sich überaus selbstbewußt: „Zu ändern ist nichts, so haben wir ein paar Große früh hinter uns." Nicht wenige Kommentatoren verweisen jedoch auf eine „Organisationspanne", indem man „Dänemark in einen Topf mit ‚Zwergen' warf". Denn neben den jeweils zwei Erstplazierten jeder der sechs Gruppen gelangen nach dem Reglement die vier punkt- bzw. torbesten Drittplazierten ins Achtelfinale. Das birgt Tücken und Gefahren zur Manipulation, und das kann in solch starker Gruppe E für den Dritten zum Nachteil gereichen. „Funktionäre müssen Dummheiten oft erst in der Praxis erleben", hält ein BRD-Blatt den FIFA-Gewaltigen den Spiegel vors Gesicht.

FIFA-Präsident Havelange kommentiert mit Genugtuung: „Gute Gruppen, die Spannung bis zum Schluß versprechen." Für ein Mammutturnier in neun Städten mit 12 Stadien und 52 Spielen. Nach den 36 in der Vorrunde werden die 16 Partien von den Achtelfinals bis zum Endspiel erstmals wieder seit Mexiko 1970 im K.-o.-System durchgeführt. Regiert wieder mehr der Zufall – oder wird das Turnier attraktiver?

# Hitzeturnier in Höhenluft

# Vorrunde:

# Gut gebrüllt, Marokkos „Löwen"!

*Eröffnungsspiel mit vielversprechender Offensiveinstellung der Kontrahenten Italien und Bulgarien. Altobelli im Slalom zwischen Mladenow und Sdrawkow*

*WM 86, das Turnier der großen Spiele und der tollen Überraschungen wie bei Spanien–Dänemark 5:1 (S. 174–175)*

**Gruppe A: Argentinien, Italien, Bulgarien, Südkorea**

### Die „torreichste" Ouvertüre

Als ein Fest der Freude, Farben, Fahnen und Folklore ist es angekündigt, mehr gibt Mexikos bis zum 31. Mai wohlbehütetstes „Staatsgeheimnis" nicht preis. Und als sich das mittags 11 Uhr Ortszeit lüftet, erleben über 100 000 Besucher im Aztekenstadion und nach Schätzungen zwei Milliarden in 142 Ländern über die Bildschirme die Eröffnungsfeier. Eine Fiesta mexicana, die in Mexikos Zeitungen ein überschwengliches Echo findet. „Im Vergleich zu Olympia 1968 und der WM 1970 war alles viel farbenprächtiger und schöner", sieht sie das Blatt *El Universal*, „ein Meer von Farben war eine großartige Botschaft von Mexiko an die Welt."

Beschwingt, lebensfroh und geschichtsträchtig präsentiert sich Mexiko in einer Mischung von Kultur und Sport. „VIVA MEXICO" und „BIENVENIDOS" leuchten die Bilder elektronisch auf. Mexikos Schönheiten setzen Göttermasken auf. Indianische Gruppen tanzen eine Legende der Verehrung vor dem Sonnengott. Die weltberühmten Mariachis spielen ihre einschmeichelnden Melodien. Tänzer aus Guadalajara führen in farbenfrohen Trachten rund um das Rasengeviert eine übermütige Darbietung um den Sombrero auf.

Die 24 Teilnehmerländer marschieren ins Stadion, symbolhaft gebildet von je elf Buben Mexikos. Florenzer Fahnenschwinger erinnern nicht nur an die prunkvollen Traditionsspiele des Calcio Fiorentino im 16. Jahrhundert; im Lande des WM-Titelverteidigers wurde schon nachweislich 1490 Fußball gespielt. In Sekundenbruchteilen werden aus Satelliten Papierfetzen in den grün-weiß-roten Landesfarben geschleudert und verwandeln das Aztekenstadion in ein schillerndes Konfettimeer. In diesen Minuten schwappt wie eine Meereswelle die „ola verde", die grüne Welle, auf und ab. Ein unvergleichliches Schauspiel mexikanischer Zuschauer, die als Blöcke, gekleidet in der Nationalfarbe grün, geschlossen aufstehen, die Arme hochreißen, Anfeuerungsrufe ausstoßen und sich schnell wieder setzen.

Der Präsident des WM-Organisationskomitees, Guillermo Canedo, Mexikos Fußballpräsident Rafael del Castillo Ruiz und FIFA-Präsident Joao Havelange heißen Teilnehmer und Gäste willkommen, und Mexikos Staatspräsident Miguel de la Madrid sendet, ehe er die Eröffnungsformel spricht, eine Botschaft des Friedens an die Welt. Ganz im Sinne auch des UN-Generalsekretärs Perez de Cuellar, der in einem Grußschreiben die Fußball-WM als eine Veranstaltung für den Frieden würdigt.

Groß sind die Erwartungen vor der Ouvertüre Italien–Bulgarien. Laut werden aber auch Befürchtungen vor einer Nulldiät angesichts der Höhenlage, Hitzegrade und Historie. In zwei Jahrzehnten sicherheitsbetonter Eröffnungsspiele gab es lediglich ein Tor – in 450 Minuten! –, das 1:0 Belgiens gegen Argentinien 1982. Aussagen aus beiden Lagern lassen ahnen, was zu erwarten ist. Der Bulgare Plamen Markow erklärt: „Wir sind überzeugt, daß wir zum Start nicht verlieren!" Und Italiens Trainer Enzo Bearzot meint: „Unser stärkster Mannschaftsteil ist die Abwehr." Keiner spricht vom Siegen, registrieren aufmerksame Beobachter.

Die Bulgaren geben sich im Hotel „Del Rey Inn" in Toluca, in dem sie gemeinsam mit den Belgiern und Uruguayern Quartier bezogen haben, zurückhaltend, aber selbstbewußt. „Die Südamerikaner sind lauter und temperamentvoller als meine Jungen", meint Bulgariens Trainer Iwan Wuzow und verweist lächelnd auf einen kleinen Unterschied. „Im Marmorfußboden der Etage, auf der die Uruguayer wohnen, ist ein wildes Krokodil abgebildet, auf unserer ein sanfter Delphin." Der Mann aus Gabrowo, Bulgariens Stadt des Humors, ist oft zu einem Scherz aufgelegt. Doch im nächsten Moment wird er ernst: „Wir sind zum fünften Male bei einer WM, gewannen bisher kein einziges Mal, diesmal wollen wir Spuren hinterlassen." Und nachdenklicher fährt er fort: „Die Weltmeister sind vier Jahre älter geworden, und nur ein Supermann kann vier Jahre lang sein Niveau halten."

Der Italiener Bearzot studiert im „Meson del Angel" in Puebla, ohne eine Miene zu verziehen, Mexikos Presse. Er ist es gewohnt, mit den Journalisten in Fehde zu leben. Zu Hause vor der Abreise hieß es nach dem 2:0-Sieg des Weltmeisters gegen China: „Nicht Italien war die Attraktion, sondern die Fußball-Weltmacht

von übermorgen, China." Nun steckt er seine schwedische Pfeife an, nippt am Whiskyglas. „Zu dumm!"

Die WM-Gastgeber gegen sich aufzuhetzen, das behagt ihm gar nicht. „Sie haben 700 Kilogramm Lebensmittel mitgebracht, aber kein Gramm Freundlichkeit", kritisiert ein mexikanisches Blatt. Die Ankunft der Azzurri in Mexiko-Stadt war von einem Eklat begleitet. Direkt am Flugzeug war die Equipe in den Bus gestiegen, nach Puebla gereist, ohne Presse und Hunderte Fußballfreunde zu beachten. „Wir sind regelrecht in den Bus gestopft worden", wehrt sich Bearzot und weist seine Spieler an, freundlich Autogramme zu geben.

*Bulgariens Torwart Michailow im Tiefstart mit dem Azzurri Galderisi*

*Italiens „letzter Mann" Scirea im letzten Einsatz gegen Gospodinow*

24 Stunden vor dem Auftakt ringt sich Bearzot, dem ein ausgeprägtes „Familienverhältnis" nachgesagt wird und der an 10 Weltmeistern von 1982 festhält, zu einem Entschluß durch. „Was hat er getan? Unglaublich, kaum faßbar", fragen entgeistert italienische Journalisten. Der WM-Torschützenkönig '82, Paolo Rossi, wird durch den sieben Jahre jüngeren, dynamischen Galderisi ersetzt und Ancelotti durch den Jungstar de Napoli. Der Trainer ist den Wünschen vieler seiner Kritiker nachgekommen und unerwartet über seinen eigenen Schatten gesprungen. Und die Squadra azzurra mit den fünf Weltmeistern Scirea, Bergomi, Cabrini, Conti und Altobelli?

Sie operiert vorsichtig, aber nicht mit dem Rechenschieber. Der 31jährige Conti, „der brasilianischste aller italienischen Fußballer", zaubert wie in seinen besten Tagen. Bagni und de Napoli setzen ihre Stürmer Altobelli und Galderisi in Szene. Zur Drehscheibe des Spiels aber wird di Gennaro. Er tritt auch in der 44. Minute einen Freistoß hoch über die bulgarische Mauer, Sirakow springt ins Leere, und Altobelli schlägt die Kugel aus der Luft ins Tor. Der Mailänder beherzigt, was er vor der WM kundtat: „Ich nehme den Kampf dort auf, wo ich ihn vor vier Jahren beendet habe!"

Bulgariens Angreifer Iskrenow, Mladenow und Getow bleiben nichts schuldig, aber sie zerreiben sich an Italiens Abwehrstrategen Scirea und Vierchowod. „Zu oft wurde mit direkten Toraktionen gezögert", bemerkt Trainer Wuzow später. So geschickt sich zehn Bulgaren bei Italiens Attacken in die eigene Hälfte zurückziehen, die Möglichkeiten für die Weltmeister Scirea (60.), Vierchowod (70.), Cabrini (73.) und Altobelli nehmen zu. Aufmerksame Beobachter registrieren in der Höhenlage typische wechselhafte Intervalle, Ruhepausen nach kräftezehrenden Sprints, die Tendenz zu ökono-

*Tabellenstand*

**1. Spieltag**

| | | | | | | |
|---|---|---|---|---|---|---|
| Argentinien | 1 | 1 | – | – | 3:1 | 2:0 |
| Bulgarien | 1 | – | 1 | – | 1:1 | 1:1 |
| Italien | 1 | – | 1 | – | 1:1 | 1:1 |
| Südkorea | 1 | – | – | 1 | 1:3 | 0:2 |

**2. Spieltag**

| | | | | | | |
|---|---|---|---|---|---|---|
| Argentinien | 2 | 1 | 1 | – | 4:2 | 3:1 |
| Italien | 2 | – | 2 | – | 2:2 | 2:2 |
| Bulgarien | 2 | – | 2 | – | 2:2 | 2:2 |
| Südkorea | 2 | – | 1 | 1 | 2:4 | 1:3 |

**3. Spieltag**

| | | | | | | |
|---|---|---|---|---|---|---|
| Argentinien | 3 | 2 | 1 | – | 6:2 | 5:1 |
| Italien | 3 | 1 | 2 | – | 5:4 | 4:2 |
| Bulgarien | 3 | – | 2 | 1 | 2:4 | 2:4 |
| Südkorea | 3 | – | 1 | 2 | 4:7 | 1:5 |

17 Tore in 6 Spielen
∅ pro Spiel: 2,83
Torreichstes Spiel: Südkorea–Italien 2:3
Zuschauer: 250 500
∅ pro Spiel: 41 750
Höchste Zuschauerzahl: Bulgarien–Italien 112 500
Niedrigste Zuschauerzahl: Südkorea–Italien 8 000
Torschützen:
Argentinien (4): Valdano (3), Ruggeri, Maradona, Burruchaga (je 1); Italien (1): Altobelli (4) plus ein Eigentor von Kwang-Rae Cho (Südkorea); Bulgarien (2): Sirakow, Getow (je 1); Südkorea (4): Chang-Sun Park, Kim Yong-Boo, Sun-Hoo Choi, Jung-Moo Huh (je 1).
Verwarnungen: 17
gegen Argentinien 2, Italien 6, Bulgarien 2, Südkorea 7.
Eingesetzte Spieler: Argentinien 16 (Durchschnittsalter 25,3), Italien 14 (27), Bulgarien 17 (26,6), Südkorea 16 (26,5).

mischer Spielweise, nach der Pause plötzlich große „Löcher" auf dem Feld mit viel Raum und Zeit für den Ballführenden.

Seit einem Vierteljahrhundert auch gibt es keine WM-Ouvertüre mit so vielen Torchancen. Die Bulgaren haben daran Anteil, aber sie benötigen zu viele Ballstationen. Das Ausgleichstor fünf Minuten vor dem Abpfiff fällt so wie ein Blitz aus heiterem Himmel.

Kostadinows Flanke köpft Sirakow in die rechte Ecke: 1:1, die „torreichste" Ouvertüre seit 1966! Während die Bulgaren Freudentänze veranstalten, zwingen sich die Italiener, mit müden Gesten ins Publikum zu winken. Sirakow wiederholt in die Mikrofone nur einen Satz: „Ich bin heute der glücklichste Bulgare."

## Rache auf die feine Art

Argentiniens Kapitän Diego Maradona schockt Argentinien. „Unter den 10 besten Mannschaften der Welt sind wir nur Nr. 7", erklärt der Star vor dem Treffen mit Südkorea. Argentinische Blätter sehen das als Schuß gegen Trainer Dr. Carlos Bilardo. Der dient im Lande der Gauchos ohnehin als Zielscheibe der Kritik, wird als Verräter am südamerikanischen Fußball betrachtet, weil er europäische Elemente der Defensive und Manndeckung bevorzugt. Einen Tag vor dem Spiel empfängt die Mannschaft Argentiniens Presse. Die lange Zeit frostig-unterkühlte Atmosphäre zwischen Trainer und Journalisten weicht freundlich-verbindlichen Tönen. Leidenschaftlich wird debattiert.

Die „Belle Epoque" von 1930 mit einem Guillermo Stabile als Mittelstürmer, der auf engstem Raum zauberte, gehört ebenso der Vergangenheit an wie der herzerfrischende, explosive Offensivfußball des Weltmeisters 1978 mit Bertoni, Luque und Kempes. In Schönheit sterben wie bei der

„Espana '82" will keiner. Einig sind sich alle, die Pflichtaufgabe gegen Südkorea muß mit vielen Toren gelöst werden. Maradona, mit 17 Jahren vom Trainer Cesar Luis Menotti 1978 für zu jung gehalten und vier Jahre später in Barcelona gegen Brasilien entnervt, unbeherrscht des Feldes verwiesen, bläst so zur Torjagd. Und wird sehr bald zum Gejagten.

Südkoreas Trainer Jung-Nam Kim hat seinen Spielern drei Wochen lang verboten, den Namen Maradona nur in den Mund zu nehmen. Doch der psychologische Kunstgriff verfehlt ebenso seine Wirkung wie die morgendliche Beschwörung. Die Südkoreaner versammeln sich um einen runden Tisch, singen gemeinsam Lieder, beten, frühstücken und appellieren an ein Zusammengehörigkeitsgefühl. Als der nur 1,66 m große Maradona mit stämmigen Beinen in atemberaubenden Dribblings, mit Pässen aus dem Fußgelenk und Scharfschüssen ein Fußballfeuerwerk entfacht, retten sich die Südkoreaner nach der Devise „Knüppel aus dem Sack". Fouls sollen den Argentinier bremsen.

Maradona rächt sich auf seine Weise, die feine Art. Mit zwei Freistößen bedient er Valdano, der aus 18 m einschießt (6.), und Ruggeri, der mit dem Kopf trifft (18.): 2:0. Eine Minute nach der Pause serviert Maradona dem Torjäger in Real Madrids Diensten Valdano einen Musterpaß. 3:0 — und sofort schalten die Südamerikaner auf den Spargang. Ihre Ausdauer und Physis werden nicht getestet. Die Asiaten spielen sich nach britischer Art mit weiten, in den Angriff geschlagenen Pässen nachdrücklicher in Szene. Chang-Sun Park erzielt das erste Tor Südkoreas in einem WM-Turnier (73.). Freude löst es kaum aus. „Wir spielten in der ersten Halbzeit völlig gehemmt", so der Schütze. Argentiniens Presse schlägt leise Töne an. „Sie mußten gewinnen, sie haben gewon-

nen", so *Tiempo Argentino*, „sie mußten überzeugen, sie haben nicht überzeugt."

## Patt beim Weltmeisterduell

Das Duell der Weltmeister von 1978
und 1982, Argentinien und Italien, verspricht ein „Spiel der Wahrheit". Die
Südamerikaner haben gegen die Squadra azzurra zwei alte Rechnungen zu
begleichen, ein 0:1 in der WM-Vorrunde '78 und das Aus bei der WM
1982 (1:2), und ihr einziger Sieg gegen
die Azzurri liegt 30 Jahre zurück – am
24. Juni 1956 in Buenos Aires 1:0.
Dr. Carlos Bilardo läßt Maradona, dessen Körper von vielen blauen Flecken
und Blutergüssen gezeichnet ist, im
Training zwei Tage pausieren. Verzichten muß er erneut auf Passarella, den
Kapitän und einzig Verbliebenen aus
der Weltmeisterelf '78, den Montezumas Rache, eine Magen- und Darminfektion, plagt. Für ihn spielt Brown
wieder Libero und im Mittelfeld erstmals das große Talent Borghi.

Im Quartier der Italiener in Puebla
tröstet Gianni Rivera, der frühere Regisseur der Squadra und heute in Mexiko als Fernsehkommentator, den
82er Torschützenkönig Rossi: „Auch
für einen Star kommt der Tag, an dem
er zurückstehen muß." Mit Mariachis
und Folkloregruppen läßt sich „Europas Fußballer 1982" fotografieren. Bearzot erläutert den Reportern wenige
Schritte entfernt seine Entscheidung:
„Ich habe zu Rossi ein Verhältnis wie
zu einem Sohn und immer zu ihm gehalten. In der Höhenlage aber sind
Form, Kondition und Kampfkraft wichtiger als Erfahrung. Ich müßte verrückt
sein, wenn ich eine stark spielende
Mannschaft ändere."

Eine andere Frage wühlt die Gemüter mehr auf: Wer deckt Maradona?
Bearzot entgegnet diplomatisch: „Es
wird immer einer für ihn dasein!" Dabei pfeifen es die Spatzen von den Dä-

### Fußball für den Frieden

UN-Generalsekretär Perez de Cuellar richtete zur Eröffnung der XIII. Fußball-WM ein
Schreiben an die FIFA, in dem es heißt: „In
Zeiten des Stresses und der Probleme, mit
denen die Welt heute leben muß, bedeutet
die Fußball-Weltmeisterschaft eine einmalige Gelegenheit, dem Wunsch der Weltbe-
völkerung hinsichtlich der Überwindung aller nationalen Schranken und zugunsten
des Weltfriedens Ausdruck zu verleihen."
Seine Freude drückte der UN-Generalsekretär darüber aus, daß die WM-Organisatoren
für die Wettkämpfe den Satz „Fußball für
den Frieden" prägten.

### Mexikos Presse zum 1:1-Eröffnungsspiel Bulgarien–Italien:

*Excelsior*: „Italien wagte es nicht zu siegen.
Erfreulich, daß sich der Trend der torlosen
Eröffnungsspiele nicht fortgesetzt hat. Es
war eine durchaus rassige Begegnung."
*Uno mas uno*: „Das 1:1 war für Italien eine
Niederlage."
*La Jornada*: „Italien spielte ohne Wagemut
und Ideenreichtum und beendete eine Par-
tie unentschieden."

### Falsche geschützt

Diego Maradona (Argentinien) nach dem
3:1 gegen Südkorea: „Geschützt werden
meist die Falschen, die foulenden Durch-
schnittsfußballer. Die Schiedsrichter haben
immer mehr Verständnis für hart einstei-
gende Spieler, weil sie selbst nie große
Fußballer waren."

### Das Weltmeisterduell Italien–Argentinien (1:1) im Pressespiegel:

*Daily Mail*, England: „Ein Genietor des besten Fußballers auf Erden war der Höhepunkt – leidenschaftlicher Kampf der beiden ernsthaften WM-Konkurrenten."
*The Times*, England: „Es sah wie ein Spar-
ringskampf aus, in dem beide Gegner die
Anordnung hatten, sich nicht zuviel Schaden zuzufügen."
*El Pais*, Spanien: „Italien hielt sich am Elfmeter fest."
*El Heraldo*, Mexiko: „Maradona schenkte
Argentinien den Punkt. Italien fehlt ein
Mann für seine Mannschaft, Argentinien
eine Mannschaft für seinen Mann."

chern Mexikos: Die Formel für das Duell der Giganten heißt Bagni—Maradona. „Eisenfuß" kontra „Goldbein".
Ein Pärchen voller Pikanterie: beide stehen beim AC Neapel unter Vertrag! Salvatore Bagni erklärt freimütig: „Ich werde nicht sein Schutzengel sein, aber dauernd ein Störfaktor in seiner Spielzone." Der Neapolitaner bestreitet das seltsamste Spiel seines Lebens. Sein Herz schlägt für Italien, aber sein Geld verdient er beim gleichen Boß wie Maradona. Im Alltag rennt, kämpft er für ihn, schafft ihm Lücken, bei der WM wird Bagni zwischen Auftrag, Gefühlen und vaterländischem Interesse hin- und hergerissen. Bagni entscheidet sich für höchste Korrektheit, mit dem Resultat, daß Maradona als bester Spieler auf dem Platz brilliert. Italiens *Gazzetta dello Sport* kommentiert tags darauf: „Maradona und Italien, welch häßlicher ‚Frieden' — ihr habt uns nicht gefallen!"

Eine Halbzeit liefern sich Italien und Argentinien einen hochklassigen Kampf mit vielen Feinheiten, trotz 40 Fouls und drei Verwarnungen. Der phantasievolle Conti und Spielmacher di Gennaro setzen die Figuren hier, und dort organisieren Maradona, Burruchaga und Valdano das disziplinierte Spiel der Kurzpaßspezialisten. Ein Geschenk bringt Italien nach sieben Minuten die Führung. Garre stoppt Conti, spielt ungehindert den Ball weg, Giusti springt die Kugel an die Hand, und Keizer (Niederlande) entscheidet auf Strafstoß. Altobelli verwandelt sicher. Die Argentinier empfinden das als Herausforderung, ständig anzugreifen und doppelt soviel zu laufen wie ihre Gegner. Und als Maradona sich einmal von Bagni löst, einen Paß von Valdano erhält, hebt er den Ball an Galli vorbei

*Noch auf Sparflamme in den Auftaktspielen Argentiniens Elf, nicht hingegen deren Fans. Bei ihnen „kocht's" von Anbeginn, vor allem nach dem 1:1 gegen Italien*

ins Tor: 1:1 (34.). Die Italiener beschränken sich nach der Pause auf den Ballbesitz und Serien von Quer- und Rückpässen. Contis Pfostenschuß (58.) ändert nichts an dem Urteil. Keiner gibt sich mehr eine Blöße. Und die „Lovestory à la Neapel" endet mit Komplimenten. „Es ist ein Hochgenuß, gegen und mit Maradona zu spielen", sagt Bagni. Wie viele Augenzeugen aber fragt Perus Altinternationaler Teofilo Cubillas: „Ich verstehe nicht, warum sich die Italiener wie zur Eröffnung auf ihrer frühen Führung ausruhten."

## Wasserball statt WM-Ball

In Mexikos Olympiastadion, in dem 18 Jahre zuvor der US-Amerikaner Bob Beamon mit seinem 8,90-m-Satz ins nächste Jahrtausend sprang, will Bulgarien zu einem anderen historischen Sprung ansetzen. Im 14. Spiel der fünften WM-Endrunde wird gegen Südkorea der erste Sieg programmiert. „Wenn wir so geschlossen wie gegen Italien auftreten, habe ich keine Bedenken", äußert Iwan Wuzow. Der Südkoreaner Jung-Nam Kim prophezeit dagegen: „Meine Mannschaft wird nicht noch einmal in Ehrfurcht wie vor Maradona erstarren!" Für den Verbandspräsidenten Soon-Young Choi sollen sich die Tourneen der Auswahl seit Jahresbeginn nach Mexiko, Hongkong, in die BRD und ins Höhentrainingslager Colorado Springs, bestritten aus seiner Geschäftsschatulle, in wohlklingender Reklame auszahlen.

Die Hoffnungen der einen wie die Kalkulationen der anderen zerfließen im Guß des mexikanischen Regengottes Tlaloc. Mit Spielbeginn öffnet der Himmel seine Schleusen. Das Rasenviereck verwandelt sich in Minuten in ein Planschbecken, aus dem der hohe Rasen wie Schilf an einem sumpfigen Ufer heraussticht. Der Ball rollt nicht, springt nicht mehr, er bleibt immer

wieder im Wasser liegen. Wer bäuchlings hinfällt, droht fast zu ertrinken. Nicht nur Referee Al-Shanar, Saudi-Arabiens Wüstensohn, der noch nie soviel Wasser gesehen hat, außer am Persischen Golf, wird so irritiert. Vier Sekunden nachdem erste Blitze zucken und der Donner kracht, überwindet Getow mit einem Heber den zu weit vor seinem Tor postierten Oh. Beide kämpfen leidenschaftlich, alle Bemühungen aber ertrinken im Wasser. Die Südkoreaner erzwingen Feld(Wasser)-Vorteile. Und in der 70. Minute stoppt Kim Yong-Boo den Ball mit der Brust, dreht sich auf der Fläche von der Größe eines Bierdeckels und erzielt das 1:1. „Wir nutzten nicht die Chancen der ersten Halbzeit", bemerkt enttäuscht Wuzow, „später kosteten die katastrophalen Platzverhältnisse zuviel Kräfte." Südkorea gewann so den ersten Gewinnpunkt in der WM-Turnier-Geschichte.

## Verhaltener Tango

24 Stunden vor dem letzten Gruppenspiel Argentinien–Bulgarien erregt ein Krach im Haus der Südamerikaner die Gemüter. Bilardo sagt die Pressekonferenz ab: „Ich weiß, daß ich kaum Freunde unter den Journalisten habe. Wichtiger aber ist, daß es zwischen Mannschaft und Trainer stimmt." Gerüchte über eine Verstimmung zwischen Maradona und Ruggeri überhört er geflissentlich. Argentiniens Presse hat den Auswahltrainer wieder scharf attackiert. Der Tenor gleicht der Mei-

*Turbulenzen bis in die Horizontale. Valdano löst diese kühne Rettungsaktion Michailows und Arabows im Spiel Argentinien–Bulgarien aus*

*Getow, Bulgariens Freistoßspezialist, beim vergeblichen Versuch, die Mauer der Argentinier zu überlisten*

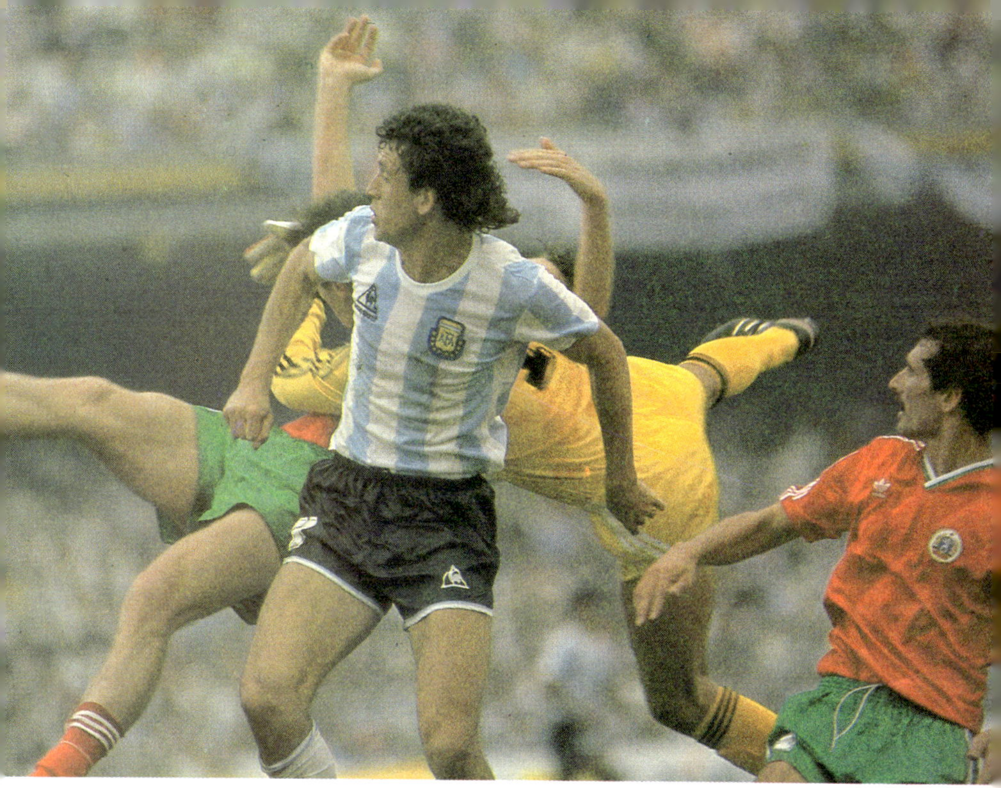

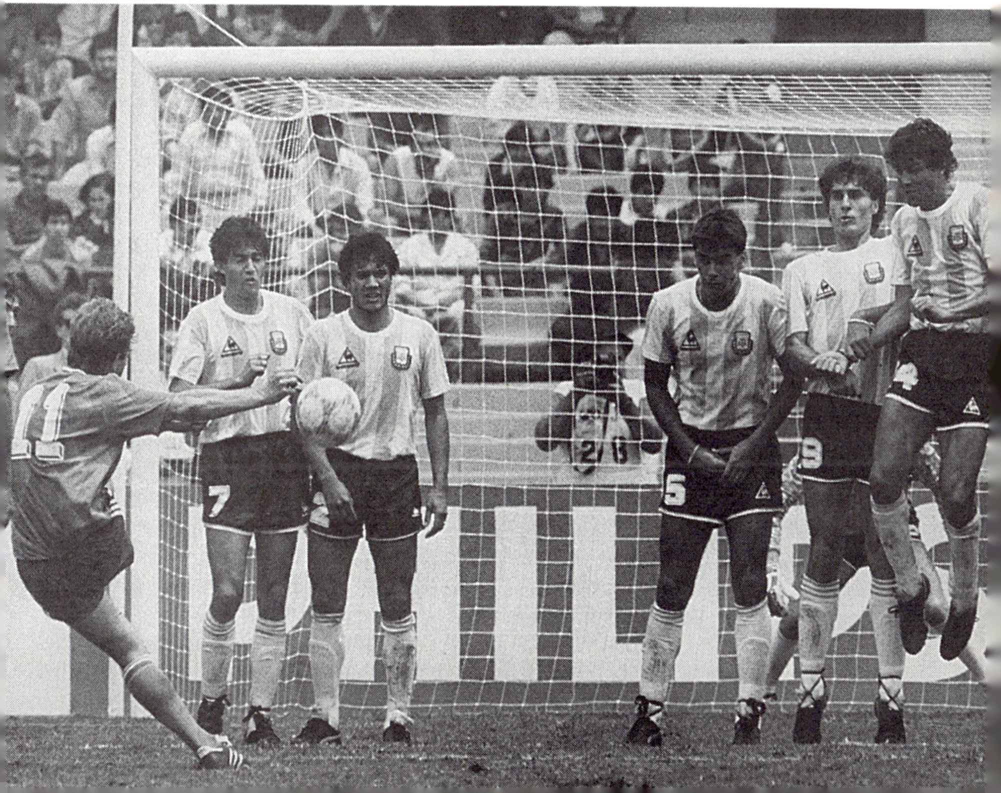

nung des Brasilianers Pele, der in Mexiko für die Fernsehstation Bandeirantes kommentiert: „Die Mannschaft wirkt matt und ohne Konzept." Öl ins Feuer der Kritiker gießt zudem Bilardos Vorgänger Cesar Luis Menotti: „Ausgewählt wurden bis auf Maradona alles Polizisten, keine Ballartisten, die südamerikanisch spielen."

Bulgariens Trainer Iwan Wuzow verbreitet vorsichtig Optimismus: „Nach zwei Remis halten wir noch alles offen!" Sogleich räumt er ein: „Wenn wir erfolgreich sein wollen, müssen die Stürmer besser treffen!" Nach vier Minuten aber trifft der Argentinier Valdano. Der Bulgare Alexander Markow verliert den Ball an Cuciuffo, und dessen Flanke stößt Valdano mit dem Kopf ins Netz. Das Tor entspricht so recht der argentinischen „Taktik des gezügelten Temperaments".

Die Vorstellung „Argentina '86" zeigt sich schnörkellos. Die Elf spielt verhalten, kontrolliert; lange wird in den Gruppenbegegnungen überlegt, bevor man ein Risiko eingeht. Glanzlichter im Spiel setzt mit vier Soli nur Alleinunterhalter Maradona, und seine Bilderbuchflanke auf den Kopf von Burruchaga führt auch zum 2:0-Sieg (77.). Als Komplimente für die Bulgaren bleiben, daß ihre Abseitsfalle eine Halbzeit funktioniert und Sonderbewacher Anjo Sadkow gegenüber Maradona Samthandschuhe trägt. Wohl verstärken die Bulgaren nach der Pause Tempo und Kräfte, Wirkung aber erzielen sie nicht, und die Argentinier spielen pflichtgemäß über 90 Minuten einen verhaltenen Tango ab. „Man muß mit geringster Kraft über die Runden kommen", sagt lakonisch Bilardo. „Mit einem guten und zwei schwachen Spielen kann ich meine Enttäuschung nicht verhehlen", kommentiert Wuzow. Zur eigenen Überraschung zieht Bulgarien als Dritter nach Abschluß der Warteliste mit Gruppensieger Argentinien ins Achtelfinale.

## Immer wieder Altobelli

„Ruhig und zurückhaltend sind sie", sagt der Hotelportier, „unauffällig und fleißig geben sich die Südkoreaner — und asiatisch diszipliniert. Ihr Tagesablauf ist streng geordnet — Essen, Trainieren, oftmals jeder für sich freiwillig, ohne Anleitung, Videostunden, Schlafen. Nicht mal ihre Torschützen haben sie gefeiert." Die Italiener bedürfen der Warnung nicht. Die „Minimalisten", wie die Azzurri vielfach genannt werden, die bei der WM 1970 in Mexiko mit einem Tor (!) Gruppensieger wurden und 1982 in Spanien mit drei Remis und zwei Toren gegen Polen, Kamerun und Peru in die zweite Runde zogen, wollen es nicht darauf ankommen lassen. „Alles andere als ein Sieg Italiens wäre eine Blamage!" verkündet Rivera. Eine Flanke von di Gennaro nutzt Altobelli zu einem Traumtor. Mit der Brust stoppt er den Ball, zögert, und als Torwart Yung-Kyo Oh am Boden liegt, lupft er die Kugel über ihn. Eine Zirkusnummer, doch die nächsten bleiben lange aus. Einen Foulstrafstoß setzt Altobelli an den Pfosten (36.). Die spiel- und kampfstarken Südkoreaner sehen sich so zu größeren Taten ermuntert, nur endet ihre Spielkunst zumeist vor dem Strafraum. Doch als Sun-Hoo Choi nach gut einer Stunde zwei Italiener ausspielt und zum 1:1 ausgleicht, rutscht Bearzot auf der Bank unruhig hin und her. Genau 20 Jahre zuvor in England erlebte die Squadra azzurra durch den Außenseiter KDVR eine Überraschung (0:1). Aber gemach. Altobelli, den sie daheim in Mailand „Spillo" nennen, die „Feder", markiert das 2:1 mit der Fußspitze (74.). Beim 3:1 fliegt er mit dem Südkoreaner Kwang-Rae Cho heran, der den Ball im Fallen mitnimmt (82.). Ein Tor, das zunächst Altobelli zugesprochen wird, ehe es die FIFA nach Zeitlupenstudium nachträglich offiziell als Selbsttor wertet. Ein FIFA-WM-Novum, gegen das Altobelli wortreich, aber vergeblich ankämpft: „Ich habe den Ball berührt. Gleichgültig, ob ein Koreaner noch dazwischen war, der Ball wäre ins Tor gegangen." Als Jung-Moo Huh zwei Minuten vor dem Ende das 2:3 erzielt, sieht sich Trainer Jung-Nam Kim im Urteil bekräftigt: „Wir haben gezeigt, daß sich die Leistungsdifferenz zwischen den ganz Großen und den ganz Kleinen um einiges verringert hat." Obwohl der Titelverteidiger seine Torausbeute gegenüber 1982 um 150 Prozent erhöhte, bleibt Bearzot kritisch: „Das Spiel befriedigte mich nicht." Ins Schwärmen geraten die Italiener nur über Altobelli. „Sein Gefühl für die Situation, seine Schnelligkeit und seine Reaktion zeichnen den Weltklassestürmer aus", lobt Dino Zoff, der legendäre Torwart und Bearzots Trainerassistent.

*Der überragende Torschütze der Startphase, der 30jährige Altobelli, empfängt nach seinen Treffern gegen Südkorea Cabrinis Glückwünsche*

## Gruppe B: Mexiko, Paraguay, Belgien, Irak

### Fußball mit Köpfchen

Für Stunden nur zieht sich Velibor Milutinovic in die private Sphäre in der Calle Hegel in Mexiko-Stadt zurück. Der jugoslawische Trainer, seit 14 Jahren in Mexikos Diensten, entspannt sich bei Musik und blickt immer mal wieder in seine Videothek, die ihresgleichen sucht. Alle bedeutenden Spiele der WM-Qualifikation Europas sind hier aufs Band gebannt. „Mir spielt keiner etwas vor", sagt er. Freunden vertraut er sich an: „Der Druck der Öffentlichkeit, die von der Mannschaft viel erwartet, ist groß."

Die Vorbereitung der Auswahl erfolgte über 18 Monate so umsichtig wie nie zuvor und ausgedehnter als die aller anderen 23 WM-Starter. 65 Vorbereitungsspiele bestritt der Klub Mexiko, in dem alle Nationalspieler zusammengefaßt waren, während die Meisterschaft ruhte. Eigenartig als Experiment, der Trainer weiß es, formte er eine Mannschaft um einen Spieler, den er aus gemeinsamen Jahren bei Universidad de Mexiko genau kannte, den er jedoch nie zur Verfügung hatte. In Hunderten Testpartien übernahm ein Stellvertreter die Rolle von Hugo Sanchez, der seine Tore derweil in Spanien, schoß. Zunächst bei Atletico Madrid, in der Saison 85/86 bei Real Madrid — und wurde mit 22 Treffern Torschützenkönig.

Unterrichtet über Sanchez war wie Millionen Fans in Mexiko Milutinovic Woche für Woche, denn jedes Real-Spiel mit ihm übertrug Mexikos Televisa live zum Frühstück. Neben Werbespots mit Sanchez für Schokolade, einen Getränkeriesen und ein Hotel im Luxusbad Acapulco. Und weil er so häufig ins Tor traf, nennen ihn seine Landsleute „Hu-gol". Für Sanchez ist

damit ein WM-Programm formuliert. Und der Liebling der Nation, für den der Vater einst das Geld zum Zahnmedizinstudium vom Munde absparte, weiß sich zu Tränen rührend zu verkaufen: „Wenn ich triumphiere, triumphieren die Mexikaner!" Die Gastgeber haben die WM '86 ohnehin zur Staatsangelegenheit erhoben. Vor dem Auftakt empfängt Präsident Miguel de la Madrid im Palais Los Pintos in einem Zeremoniell, dem auch FIFA-Präsident Joao Havelange beiwohnt, Mexikos Auswahl. „Ich komme, um eurem Patriotismus diese Fahne anzuvertrauen, die die Unabhängigkeit, die Ehre, die Institutionen und die territoriale Integrität symbolisiert. Schwört ihr, sie zu ehren und zu verteidigen mit Treue und Ausdauer?" fragt der Präsident, und die Spieler antworten laut: „Ja!" Javier Aguirre nimmt die Fahne in Empfang.

„Mexiko hat keine Weltklassemannschaft, aber es wird zu Hause phantastisch motiviert sein", sagt Belgiens Trainer Guy Thys und gibt sich gelassen. „Auch wenn wir verlieren, die erste Runde überstehen wir." Den Tagesrhythmus in Toluca empfinden die Spieler „mit der Zeit langweilig und eintönig", klagt Michel Renquin, „Frühstück bis 9.30 Uhr, Training um 12 Uhr, Mittag 13.15 Uhr, nachmittags frei, 18 Uhr zweites Training, 20 Uhr Abendessen, Nachtruhe."

Und Renquin verbreitet sogleich das Rezept des belgischen Spiels an die Journalisten: „Unser berühmtes Pressing müssen wir vergessen, der Kraftaufwand ist zu groß. Hinten sicher spielen, den Ball kontrollieren, auf Konter warten, warten und noch einmal warten, bis die Chance kommt.

*Direktschuß des Belgiers Desmet im Sprung, nicht gerade regelgemäß die Abwehraktion von Trejo*

*Der Kapitän der „Roten Teufel", Ceulemans, bläst zum Sturm (an der Seite Munoz, sein Bewacher) – zu spät, um die Mexikaner noch abzufangen*

Mit Kraft kann man vielleicht ein Spiel gewinnen, aber nicht drei." Genauso spielen die Belgier gegen Mexiko auf, allerdings ohne Renquin. „Ich brauche disziplinierte Kerle, auf die ich mich hundertprozentig verlassen kann", hatte Thys nach ruhigen Tagen den ersten Sturm im Wasserglas abrupt beendet. Wie Milutinovic vorhersieht, operieren die Belgier hinten mit einer geschlossenen Viererkette Gerets–van der Elst–Broos–de Wolf. Diszipliniert und mit stoischer Ruhe begegnen sie den stürmischen Angriffen der Mexikaner. Nichts ist zu spüren von den Querelen. Nur wirken die „Teufel" wenig teuflisch, eher rat- und mutlos. Ihr Spiel ähnelt weniger dem Fußball als dem Schach, mit bedächtigem Setzen der Figuren, vor, zurück und quer. Die von 95 000 leidenschaftlich unterstützten Gastgeber bestrafen diese Passivität mit zwei Kopfballtoren von Quirarte (24.) und Sanchez (40.), nach Freistoß von Boy und Eckball von Negrete.

Frühzeitig verlieren sie den psychologischen Ballast. Und Sanchez startet einen Jubellauf, verläßt das Spielfeld und sieht prompt „Gelb" vom Argentinier Esposito, der so einen Maßstab für das WM-Turnier setzt. Enthusiastisch jubeln die Zuschauer Sanchez zu, als der nach seinem in einer Zeitung vorher angekündigten Kopfballtor seine artistische Vorwärtsrolle zum

*Regenzeit im Aztekenhochland — nicht nur Randprobleme am Rande der WM, wenn die Rasenabdeckung so „belastend" ist*

Stand vorführt, eine Glanznummer, die er mit seiner Schwester, einer Turnerin, einstudiert hat. Und die Belgier antworten mit einem dritten Kopfballtor. Einen weiten Einwurf von Gerets lenkt Vandenbergh, nachdem Torwart Larios den Ball verpaßt, ins Gehäuse (45.).

Vor der Pause ist alles entschieden. Die Belgier Vercauteren, Ceulemans und Vandereycken operieren nun angriffsbetonter, entschlossener, doch die nur noch auf Zeitgewinn bedachten Mexikaner bieten kaum Blößen. Ihre Vorsicht und Defensive erklärt Milutinovic den Reportern: „Die Mannschaft spielte intelligent. Wer hier nicht intelligent spielt, kommt nicht weit." Zu einem ganz anderen Schluß kommt der Belgier Thys: „Wir verloren weder wegen der Hitze noch wegen der Höhe, sondern wegen unserer anfänglichen Vorsicht." Und Kapitän Jan Ceulemans schöpft Mut: „Moralisch gehen wir gestärkt hervor, denn wir besaßen die größere Kraft und Ausdauer."

Der zwar nicht glänzende, aber erfolgreiche Einstand gerät in Mexikos Innenstadt bis tief in die Nacht zur Fiesta mexicana. Hupkonzerte der Autos; Tausende schwenken Fahnen und Sombreros, Raketen werden abgefeuert, auf der Plaza Garibaldi spielen ungezählte Mariachi-Gruppen ihre vielstimmigen Arrangements. Rund um die Engelstatue auf dem Paseo de la Reforma lagern, schreien, trommeln, singen und hüpfen Tausende Mexikaner, rufen ihr „Mexico, Mexico ra-ra-ra", bis der Alkohol immer mehr wirkt, die Stimmung wie einst der Popocatépetl brodelt und Fußballrowdys die Fiesta bis in die fünfte Morgenstunde in der „Zona Rosa", dem Vergnügungs- und Geschäftsviertel, in eine wirre Straßenschlacht verwandeln. 187 Verletzte und 400 Festnahmen registriert der Polizeibericht.

## Ein Bonbon in der „Bonbonera"

Die höchstgelegene WM-Stadt Toluca (2 651 m), deren niedere Häuser und Hütten inmitten üppig wuchernder Natur eher einer Gartensiedlung zuzugehören scheinen als einer Halbmillionenstadt, paßt so recht zu Ortsbeschreibungen in Travens Romanen. In den Gassen der Altstadt, in denen die Uhren stehengeblieben scheinen, stehen Indiomütter mit ihren Ponchos vor den Türen ihrer Lehm- und Kalkhütten. Iraks Trainer Evaristo Macedo, der dritte Brasilianer, der binnen weniger Monate nach Jorge Vieira und Edu Antunes Coimbra die Auswahlgeschicke übernahm, kündigt hier gegen Paraguay an: „Wir werden einen fröhlichen Fußball spielen!" Wird Macedo mit dem Neuling dieses Versprechen einlösen können?

Die Paraguayer geben sich im Crown Plaza in Mexiko-Stadt locker wie bei einem Betriebsausflug. „Man darf Künstler, von denen man bei ihrem Auftritt Kreativität, Einfälle, Im-

Tabellenstand

### 1. Spieltag

| | | | | | | |
|---|---|---|---|---|---|---|
| Mexiko | 1 | 1 | – | – | 2:1 | 2:0 |
| Paraguay | 1 | 1 | – | – | 1:0 | 2:0 |
| Belgien | 1 | – | – | 1 | 1:2 | 0:2 |
| Irak | 1 | – | – | 1 | 0:1 | 0:2 |

### 2. Spieltag

| | | | | | | |
|---|---|---|---|---|---|---|
| Mexiko | 2 | 1 | 1 | – | 3:2 | 3:1 |
| Paraguay | 2 | 1 | 1 | – | 2:1 | 3:1 |
| Belgien | 2 | 1 | – | 1 | 3:3 | 2:2 |
| Irak | 2 | – | – | 2 | 1:3 | 0:4 |

### 3. Spieltag

| | | | | | | |
|---|---|---|---|---|---|---|
| Mexiko | 3 | 2 | 1 | – | 4:2 | 5:1 |
| Paraguay | 3 | 1 | 2 | – | 4:3 | 4:2 |
| Belgien | 3 | 1 | 1 | 1 | 5:5 | 3:3 |
| Irak | 3 | – | – | 3 | 1:4 | 0:6 |

14 Tore in 6 Spielen
∅ pro Spiel: 2,33
Torreichstes Spiel: Paraguay–Belgien 2:2
Zuschauer: 341 000
∅ pro Spiel: 56 833
Höchste Zuschauerzahl: Mexiko–Paraguay 111 000
Niedrigste Zuschauerzahl: Belgien–Paraguay 8 000
Torschützen:
Mexiko (3): Quirarte (2), Sanchez, Flores (je 1); Paraguay (2): Romero, Cabanas (je 2); Belgien (5): Vandenbergh, Scifo, Claesen, Vercauteren, Veyt (je 1); Irak (1): Amaiesh (1).
Verwarnungen: 20
gegen Mexiko 5, Paraguay 4, Belgien 2, Irak 9.
2 Feldverweise: Hanna (Irak) und Re (Paraguays Trainer).
Eingesetzte Spieler: Mexiko 16 (Durchschnittsalter 25,7), Paraguay 13 (26,4), Belgien 18 (26,8), Irak 19 (25,5).

provisation und Verantwortungsfreude erwartet, nicht wie in einem Kindergarten bewahren", meint Cayetano Re. Der Trainer führt Paraguay erstmals seit 1958, als er in der Nationalelf in Schweden spielte (Schottland 3:2 und Jugoslawien 3:3), wieder zur Endrunde und macht so seinem Namen alle Ehre. Re – das bedeutet „König", in der Militärdiktatur des Generals Alfredo Stroessner, der persönlich darauf bestand, daß Julio Cesar Romero, Südamerikas bei Fluminense Rio de Janeiro spielender „Fußballer des Jahres 1985", wieder in die Nationalmannschaft aufgenommen wurde. Das Idol der Fans war müde geworden durch die vielen Reisen zwischen Rio und Asuncion, aber der Diktator sucht soziale Unruhen und politische Spannungen wenigstens für Wochen mit dem WM-Fieber zu überspielen. Re beugte sich der „Bitte" Stroessners. Für Paraguays Presse prophezeit er in markigen Tönen „einen Kampf auf Leben und Tod. Ordnung und Disziplin sind unser Gebot."

Mit sieben in Kolumbien, Brasilien und Mexiko verpflichteten Auslandsprofis führt Paraguay einen schnellen Kurzpaßstil gegen die „brasilianisch", unbeschwert spielenden Iraker vor. Die technisch solide Spielweise der Araber mündet jedoch noch zuwenig in zielstrebige Toraktionen. Said und Allawi vergeben die ersten zwei Chancen der Iraker, die dritte nimmt ihnen Referee Picon (Mauritius), der bei einem Kopfball Amaieshs mitten im Flug zur Pause abpfeift. Ein Heber Romeros über Torwart Hamoudi (36.) bleibt so der einzige Bonbon in Tolucas „Bonbonera", der Pralinenschachtel. Ansonsten strafte er wie Paraguays Mannschaft allen Vorschußlorbeer Lügen gegen die sich teuer verkaufenden Iraker. Mexikos Blatt *El Dia* kommentiert: „Paraguay wenig, Irak sehr wenig".

## „Hugo, wie konntest du nur?"

Mexikos zweites Spiel leitet der Generalstaatsanwalt ein; Renato Sales Gasques warnt die Fans, die Polizei werde gegen Krawalle hart durchgreifen. Nach den gewaltsamen Ausschreitungen zum Auftakt darf nur noch auf bestimmten Plätzen gefeiert werden. Auf Straßen wird kein Alkohol mehr verkauft; Denkmäler stellt die Polizei unter Sonderschutz. Mexikos Fußballer bereiten sich abseits des Großstadttrubels in aller Ruhe vor. Milutinovic erinnert an den letzten Vergleich gegen Paraguay vor 20 Jahren: „Keine Illusion, das 7:0 wiederholt sich nicht." Und er lockert die Atmosphäre durch einen Besuch der Mannschaft im argentinischen Steakhaus „Mi Viejo" auf. Worüber er in der Öffentlichkeit nicht spricht, das vertraut der Jugoslawe hier Freunden an: „Bis auf Sanchez ist keiner meiner Spieler über Monate in einem harten Wettbewerb gefordert worden." Die zweite Wahrheit will er noch nicht einmal sich selbst gegenüber eingestehen: Sanchez ist ein Fremdkörper in der Mannschaft.

135 Sekunden nach dem Anpfiff aber jubeln die Mexikaner in dem mit 111 000 Besuchern nahezu gefüllten Aztekenstadion. Einen Flankenball Servins verwandelt Flores zum 1:0. Die Olé-Rufe gewinnen an Phonstärke wie der rhythmische Kampfruf „Chiquitibun, a la bin-bon-ban, a la bio, a la bao, a la bin-bon-ban, Mexico, Mexico, ra-ra-ra" in der wie ein Schalltrichter wirkenden Betonschüssel. Doch was folgt, ist ein „Ereignis, aber kein Erlebnis", wie DDR-Fernsehreporter Wolfgang Hempel charakterisiert.

*Zur Abwechslung einmal Ballett, in toller Harmonie zwischen Flores (Mexiko) und Schettina (Paraguay)*

*Der Hugo (Sanchez) kann's nicht fassen. Seine Strafstoßchance gegen Paraguays Torwart Fernandez ist dahin ...*

### Presseurteile
**zum Spiel Belgien–Mexiko (1:2):**
*Gazzetta dello Sport*, Italien: „Sanchez überrollt die Belgier. Mexiko mitgerissen vom feurigen Publikum und von seinem ‚spanischen' Torschützen Sanchez."
*El Heraldo*, Mexiko: „Der nächste bitte! Es mußten 16 Jahre vergehen, bis Mexiko wieder einen WM-Sieg feiern konnte. Es war ein Sieg mit Herz für das Publikum."
*La Soir*, Belgien: „Ein brillierendes Feuerwerk entspricht nicht unserem Temperament. Es fehlte aber der ausdrückliche Wille, ein Risiko einzugehen."

### Mexiko–Paraguay (1:1)
**im Spiegel der Presse:**
*El Mundo Deportivo*, Barcelona: „Paraguay verwässerte den Gastgebern das Fest. Gato Fernandez war der Held des Spiels."
*Kronenzeitung*, Wien: „Sanchez ließ Gerechtigkeit walten und vergab den Elfmeter. Nach Schlafwagenfußball in Reinkultur entwickelte sich noch Dramatik. Mexikos Taktik ging in die Hose."

### Sicherung des Weltfriedens
Mexikos Staatspräsident Miguel de la Madrid empfing zu einem Gespräch frühere prominente Fußballer, zu denen R. Charlton (England), Eusebio (Portugal), Rivera (Italien), Simonjan (UdSSR) und Cubillas (Peru) gehörten. Er betonte die Notwendigkeit, die Anstrengungen zur Sicherung des Weltfriedens zu verstärken, und erklärte, ein Kernwaffenkrieg würde den Fortbestand jeglichen Lebens auf der Erde gefährden.

83 Minuten bestürmen die Paraguayer Mexikos Tor wie auf einer Einbahnstraße. Die Palette des Fußballs bietet vom Schönsten bis zum Häßlichsten alles; Zeitschinden; miese, Verletzungen simulierende Komödianten; 79 Fouls (46 durch Mexiko verschuldet, 33 durch Paraguay), also alle 68 Sekunden Spielunterbrechung, fünf Verwarnungen. Der Engländer Courtney ist unnachgiebig. Nicht auf das Spiel, mehr auf dessen Zerstörung orientieren sich beide Kontrahenten. Und wieder lassen die Mexikaner nach der Pause deutlich nach. Fünf Minuten vor dem Ende köpft Romero nach einer Flanke Canetes, des einzigen in Mexiko – bei Cruz Azul – spielenden Paraguayers, zum 1:1 ein. Ungeheuer noch einmal die Erregung und drei Minuten Spielunterbrechung, als Sanchez einen Foulstrafstoß zugesprochen erhält, den dann Fernandez pariert. „Ich wußte, daß Sanchez immer in die linke Ecke schießt, weil ich ihn auf Videobändern studiert habe", so der Torwart. Milutinovic nimmt seinen Star in Schutz: „Auch Sanchez ist nur ein Mensch."

Die Zeitung *The Mexico City News* aber macht sich zum Sprachrohr des Volkes und fragt: „Hugo, wie konntest du nur?" Fans malen auf ein Auto vor dem Stadion: „Hugo tarugo" – Hugo, du Tölpel. *El Dia* klagt: „Welch schlechtes Spiel der Auswahl Mexikos." Derweil kommentiert Paraguays Trainer Re die Härte des Spiels lakonisch: „Fußball ist ein Männersport."

## Zittern statt totaler Offensive

Im „Del Rey Inn" in Toluca geben sich die Reporter die Klinke in die Hände. Belgiens Haus der offenen Tür verspricht immer Storythemen. Guy Thys, seit zehn Jahren im Amt und für Belgiens Fußball der Mann der Erneuerung, der die Auswahl in zwei EM- und zwei WM-Turniere führte, ließ seine Männer stets an der langen Leine. Belgiens Spieler plaudern freimütig selbst über Interna, wie es keine andere Equipe gestattet. Oft hat sich der clevere Psychologe Thys die Aussagen sogar zunutze gemacht. „Wir sind ein Team, in dem kaum einer Verantwortung übernehmen will. Wir gehen schon mit der Angst ins Spiel, ein Gegentor zu erhalten und nicht mehr aufholen zu können", wettert Torhüter Jean-Marie Pfaff vor dem Treffen mit dem Irak. „Konditionell sind wir in Topform, aber zuwenig eingespielt. Abstimmung und Harmonie fehlen." Und über die 20jährige Begabung Scifo vom Meister Anderlecht sagt er: „Ein Alibifußballer, der bisher nur in einer guten Mannschaft gut aussah." Scifo beherzigt die Kritik, nutzt gleich die erste Torchance zum 1:0 (16.), und als Vercauteren im Strafraum gefoult wird, verwandelt Claesen den Strafstoß (21.). Nach dem 2:0 versäumen es aber die Belgier, wie angekündigt weiter auf Torjagd zu gehen. Statt totaler Offensive geraten sie ins Zittern.

Die Iraker spielen südamerikanisch, aber auch mit vielen Haken, Ösen und Mätzchen, wofür der Kolumbianer Diaz sechsmal „Gelb" zückt und einmal die rote Karte für Hanna (53.). Mit zehn gegen elf erreicht Amaiesh für den Neuling sogar das erste WM-Tor (57.). Belgiens namhaftes Mittelfeldquartett Vandereycken–Scifo–Ceulemans–Vercauteren findet kein Rezept gegen den Außenseiter. „Rot vor Scham zog Belgiens Mannschaft mit ihrem Trainer in die Kabinen", kommentiert *Het Laatste Nieuws*, Brüssel, während die *Neue Zürcher Zeitung* entdeckt, daß der Irak neben Marokko und Algerien die Bezeichnung „Kleiner" zu den Akten legt.

## Drei Botschaften

Milutinovic pfeift schon vor dem letzten Gruppenspiel gegen Irak ein fröhliches Lied. Tags zuvor erreichte ihn die

*Viel Mühe der Gastgeber im Duell mit dem Irak, an Einsatz, auch akrobatischem, fehlt es hier wie da nicht. Mühevoll das 1:0 am Ende*

*Toller Einsatz von Aguirre im Spiel gegen den Irak*

frohe Botschaft, daß seine Frau ihm ein Töchterchen namens Helena geschenkt hat. Gut gelaunt zeigen sich aus ganz anderem Grunde einige Spieler Mexikos. Während Hugo Sanchez nach zwei Verwarnungen an seinem

28. Geburtstag als Zuschauer auf der Tribüne Platz nimmt, sagt Mittelfeldakteur Manuel Negrete: „Ohne ihn können wir jetzt wieder ein System spielen, das wir besser beherrschen. Wir haben es ja zwei Jahre geübt." Aufstellungssorgen plagen Mexikos Trainer nicht, wohl aber den Kontrahenten Macedo. Nach den Unbeherrschtheiten gegen Belgien sperrt die FIFA die drei Iraker Hanna, Hassan und Mahmoud und mahnt die Mannschaft zu anständigem Spiel. Müde Taten der Mexikaner folgen in 90 fairen Minuten den kessen Tönen Negretes. Den Klang im Spiel wie der auf der Tribüne sitzende weltbekannte Tenor Placido Domingo auf der Bühne erreichen sie nicht. Boy und Negrete dirigieren die Gastgeber, solange die Kräfte reichen, der einzige Stürmer Flores vergibt aber alle Gelegenheiten. Wie in der Eröffnungspartie eilt so Libero Quirarte bei Negretes Freistoß nach vorn und überwindet Iraks Schlußmann Jasim mit einem Schuß aus spitzem Winkel (54.).

Berauschend ist Mexikos Vorstellung nicht gegen die tapfer kämpfenden Iraker, doch atmet Milutinovic erleichtert auf: „Ein glücklicher Tag. Von den drei Vorrundenspielen war dies unser bestes." Eine versteckte Kritik auch an Star Sanchez. Und Mexikos Staatspräsident Miguel de la Madrid ruft noch im Aztekenstadion den Trainer, Kapitän Tomas Boy und den Torschützen Fernando Quirarte ans Telefon und gratuliert. Mit 5:1 Punkten zieht Mexiko ins Achtelfinale. Iraks Trainer Evaristo Macedo erhält Beifall von den Journalisten für seine Sätze: „Wir scheiden etwas traurig. So groß waren die Differenzen in unserer Gruppe nicht."

## Farbtupfer der WM

Dem 63jährigen Belgier Guy Thys sagt man nach, er besitze eine große Fähigkeit. Selbst in schwierigsten Augenblicken schafft er es immer wieder, in sei-

*Talent Scifo, in der Auftaktphase der WM von seinem Torwart Pfaff als „Milchmädchen" gerügt, umkurvt hier Schettina (Paraguay)*

nen Spielern einen Enthusiasmus zu entfachen, der sie über sich hinauswachsen läßt. Und der Psychologe ist vor dem Vergleich mit Paraguay gefragt. Belgiens Presse schreibt vom „Schlafwagenfußball". Die Gewitterwolken im Quartier zu Toluca sind ganz anderer Natur. Frankie van der Elst, der seinen Libero-Posten an Renquin einbüßte, kritisiert seinen Trainer in einem Rundfunkinterview: „Er ist ein alter Mann, der immer mehr den Überblick verliert und sich leicht beeinflussen läßt. Gegen Paraguay stellt er eine Mannschaft auf, die ihm die Presse vorgeschrieben hat." Rene Vandereycken schimpft öffentlich über Scifo und Vercauteren: „Zu deckungsschwach!" Jean-Marie Pfaff gießt Öl ins Feuer der Querelen: „Fußball hat nicht nur etwas mit dem Fuß, sondern auch mit dem Verstand zu tun! Wenn einige so weitermachen, sind wir bald am Boden."

Der dritte Ausgang mit den nachgereisten Ehefrauen und Bräuten ist längst vergessen. 48 Stunden vor dem letzten Gruppenspiel tagt der Mannschaftsrat, und Thys' Plädoyer läßt an Deutlichkeit nichts zu wünschen übrig: „Wenn noch jemand sagt, ihm passe dies und das nicht oder er könne irgendeine Position nicht spielen, soll er die Koffer packen und nach Hause fahren. Wenn Spieler sich wie Kinder benehmen, dann muß ich sie auch wie Kinder behandeln." Der Trainer zieht zugleich personelle Konsequenzen, neben den rebellierenden van der Elst und Vandereycken pausieren Gerets, Vandenbergh, Desmet und de Wolf. Und die Elf des zweitältesten Trainers von Mexiko '86 mit fünf 30jährigen steigert sich zur besten Leistung. Das Mitteltrio Vercauteren–Ceule-

mans—Scifo setzt im Vorwärtsgang meisterhaft die Figuren. Vercauteren (32.) und Veyt (61.) bringen mit ihren Toren die Paraguayer zweimal in Zugzwang. Die „Teufel" geben zudem den Kritikern recht, die meinen, die Mannschaft brauche immer erst einige Spiele, ihre Form zu finden. Die Partie gewinnt von Minute zu Minute an Tempo und Klasse, zumal die Südamerikaner mit ihren Angriffsdirigenten Romero und Canete nichts schuldig bleiben und Cabanas zweimal den Rückstand ausgleicht (51., 77.). Beide Male offenbart Belgiens Abwehr um Renquin nicht die Festigkeit des Vizeeuropameisters '80 mit Meeuws—Millecamps. Doch in der Erinnerung bleibt ein technisch hochklassiger, offener Schlagabtausch, der für manche Enttäuschungen dieser Gruppe versöhnt. Der Platzverweis für Paraguays zu sehr reklamierenden Trainer Cayetano Re (83.) ist der einzige dunkle Punkt dieses farbigen WM-Tupfers.

## GRUPPE C: UdSSR, Frankreich, Ungarn, Kanada

### Vorspiel im alten Glanz

Rund zehn Wochen vor Beginn der Endrunde ist Budapest für einen Tag der fußballerische Mittelpunkt Europas. Für den 16. März hat sich Brasilien zu einem Länderspiel in der Metropole an der Donau angekündigt, und selbstredend nutzt nicht nur die unmittelbare Konkurrenz die Chance, einen der Topfavoriten für den Gewinn des WM-Titels so kurz vor dem Start noch einmal „live" in Augenschein zu nehmen. Frankreichs Chef Henri Michel ist ebenso wie sein spanischer Kollege Miguel Munoz im Budapester Grand-Hotel abgestiegen. Am Morgen des Spieltages treffen im „Hyatt", dem Quartier der Brasilianer, noch die Jugoslawen mit Miljan Miljanic an der

Spitze ein; der damalige UdSSR-Trainer Eduard Malofejew nimmt auf der Tribüne Platz, ebenso unser Auswahltrainer Bernd Stange, ein kanadischer „Spion" und viele, viele andere. Der ungarische Verband ist diesem Rieseninteresse in allen Belangen gewachsen, ein souveräner Gastgeber. Fast scheint es so, als seien die Zeiten zurückgekehrt, in denen die ungarische Nationalmannschaft Länderspielsiege nach Belieben sammelte.

Die bemerkenswerten Resultate der Magyaren in der WM-Qualifikation, vor allem gegen die Österreicher, dazu andere in Freundschaftsspielen, haben nicht allein der Mannschaft ein neues Selbstvertrauen gegeben. Das ungarische Publikum erwartet in diesen Tagen nichts anderes als einen Sieg über den dreifachen Weltmeister. „Alles andere wäre eine Enttäuschung", weiß auch Trainer György Mezey, der im gleichen Atemzuge warnt: „Selbst wenn wir gewinnen – im Hinblick auf die Endrunde hat dieses Resultat keinerlei Wert."

Als es nach 90 Minuten indes 3:0 für den Gastgeber steht, zeigt sich auch der sonst so kühle Analytiker Mezey von der Leistung seiner Mannschaft beeindruckt. „Wir haben wieder eine große Mannschaft." Eine Aussage, die Michel willkommener Anlaß ist, den Ungarn den Schwarzen Peter des vermeintlichen Favoriten in der Gruppe C zuzuspielen.

Im Vorfeld der Auseinandersetzungen in dieser Gruppe sorgt aber noch ein anderes Ereignis für Schlagzeilen. Anfang Mai stehen sich in Lyon Dynamo Kiew und Atletico Madrid im EC-Finale der Pokalsieger gegenüber. Die Ukrainer legen dabei ein Spiel hin, das nicht allein dem Publikum im Stadion den Atem verschlägt. Beim 3:0 sind die Spanier ohne Chance. Am 13. Mai dann die TASS-Meldung, daß Trainer Malofejew gebeten hat, ihn von der Verantwortung als UdSSR-Auswahltrainer zu befreien. Kiews Trainer Waleri Lobanowski übernimmt dieses Amt, das er zwischen 1978 und 1982 schon einmal innehatte. Seine Entscheidung, zwölf Spieler von Dynamo Kiew in den Kader für Mexiko aufzunehmen, löst nach Lyon kaum mehr Erstaunen aus. Die Vorfreude aber auf das Duell eben zwischen den Ungarn und der UdSSR läßt die Herzen der Fans nicht nur in diesen Ländern höher schlagen.

## Kecker Außenseiter – unsicherer Favorit

Eröffnet wird das Geschehen in dieser Gruppe indes mit der Auseinandersetzung zwischen Frankreich und Kanada. Der Europameister hat dabei im Stadion „Nou Camp" von Leon alles andere als einen geglückten Start. Wohl holt sich der haushohe Favorit die ersten beiden Punkte, aber das 1:0 gegen die Nordamerikaner ist mehr als mühsam, es fällt erst in der 79. Minute. Der 22jährige Jean Papin schießt es und geht damit gleichzeitig als Schütze des 1200. Treffers in die 56jährige Geschichte der Fußball-WM ein.

Erstaunlicherweise erreichen die Kanadier über weite Strecken nicht allein Ausgeglichenheit im Feld, durch Sweeney (10., 31.) haben die Nordamerikaner sogar zweimal die Chance, in Führung zu gehen. Zweikampfstärke, unkomplizierte Konter und bemerkenswerte Kopfballqualitäten zeichnen die Schützlinge von Trainer Tony Waiters aus, der trotz der Niederlage aufgeräumt meint: „Meine Mannschaft hat groß gekämpft, sie hat heute nachgewiesen, daß sie zu Recht an der Endrunde teilnimmt." Bei den Franzosen hat Dirigent Platini seinen Taktstock offensichtlich im Tornister gelassen. „Das war ein ganz komisches Spiel", meint er später. „Wir haben viele Chancen gehabt, der Ball aber wollte nicht ins Tor. Ich glaube nicht, daß man hier schneller spielen kann."

## Ein halbes Dutzend aus dem Bilderbuch

Ein bißchen Pokern gehört schon zu einer WM-Endrunde, zumal die Motive dafür auf der Hand liegen. „Das ist ein Vierpunktespiel", meint Ungarns Trainer Mezey, auf die Begegnung mit der UdSSR angesprochen. „Nach dem Sieg der Franzosen gegen die Kanadier kann diese zweite Begegnung bereits eine gewisse Vorentscheidung bringen." Und der 23jährige Lajos Detari, spielbegabter Regisseur bei Honved Budapest und in der ungarischen Auswahl, ergänzt: „Verlieren dürfen wir auf keinen Fall." Kein Wörtchen über Taktik und Aufstellung dringt aus dem Quartier der Ungarn in Comanjilla. Die Schützlinge von Trainer Lobanowski geben der Presse beim öffentlichen Training auch Stoff zum Nachdenken. Bessonow spielt Mittelstürmer, Tschiwadse, Blochin und Protassow fehlen entweder oder spielen in der Mannschaft, die offensichtlich als „Zweite" gedacht ist. „Unsere Stärke ist eine gute Mannschaftsleistung", erklärt Lobanowski-Assistent Juri Morosow.

Im Glutofen von Irapuato brennt die sowjetische Mannschaft ein Feuerwerk ab, das sie bereits nach vier Minuten mit 2:0 in Front bringt. Aus spitzem Winkel schießt Jakowenko seine Mannschaft in der 2. Minute mit 1:0 in Führung, 120 Sekunden später riskiert der bei Dynamo Minsk spielende Sergej Alejnikow aus gut 25 Metern einen Hinterhaltschuß, der so unglaublich scharf ist, daß ihn Ungarns Torsteher Peter Disztl erst sieht, als er schon wieder aus dem Netz kommt.

Ein Blitzstart der Sbornaja, der UdSSR-Auswahl, der früh für klare Fronten sorgt. Von dieser kalten Dusche erholen sich die Ungarn nie mehr. Ja, es kommt sogar noch schlimmer für sie. Lobanowski hat acht Spieler von seiner Kiewer Grundformation in der Mannschaft zu stehen, und die

*Tabellenstand*

1. Spieltag

| | | | | | | |
|---|---|---|---|---|---|---|
| UdSSR | 1 | 1 | – | – | 6:0 | 2:0 |
| Frankreich | 1 | 1 | – | – | 1:0 | 2:0 |
| Kanada | 1 | – | – | 1 | 0:1 | 0:2 |
| Ungarn | 1 | – | – | 1 | 0:6 | 0:2 |

2. Spieltag

| | | | | | | |
|---|---|---|---|---|---|---|
| UdSSR | 2 | 1 | 1 | – | 7:1 | 3:1 |
| Frankreich | 2 | 1 | 1 | – | 2:1 | 3:1 |
| Ungarn | 2 | 1 | – | 1 | 2:6 | 2:2 |
| Kanada | 2 | – | – | 2 | 0:3 | 0:4 |

3. Spieltag

| | | | | | | |
|---|---|---|---|---|---|---|
| UdSSR | 3 | 2 | 1 | – | 9:1 | 5:1 |
| Frankreich | 3 | 2 | 1 | – | 5:1 | 5:1 |
| Ungarn | 3 | 1 | – | 2 | 2:9 | 2:4 |
| Kanada | 3 | – | – | 3 | 0:5 | 0:6 |

16 Tore in 6 Spielen
⌀ pro Spiel: 2,66
Torreichstes Spiel: UdSSR–Ungarn 6:0
Zuschauer: 109 000
⌀ pro Spiel: 18 167
Höchste Zuschauerzahl: Ungarn–Frankreich 31 500
Niedrigste Zuschauerzahl: UdSSR–Kanada 4 500
Torschützen:
UdSSR (8): Jaremtschuk (2), Alejnikow, Belanow, Jakowenko, Rodionow, Raz, Blochin, Sawarow (je 1); Frankreich (5): Fernandez, Papin, Stopyra, Tigana, Rocheteau (je 1); Ungarn (2): Esterhazy, Detari (je 1).
Verwarnungen: 8
gegen Frankreich 4, UdSSR 2, Kanada 2.
Feldverweis: Sweeney (Kanada).
Eingesetzte Spieler: UdSSR 20 (Durchschnittsalter 26,1), Frankreich 15 (27,6), Ungarn 17 (26,3), Kanada 17 (26,2).

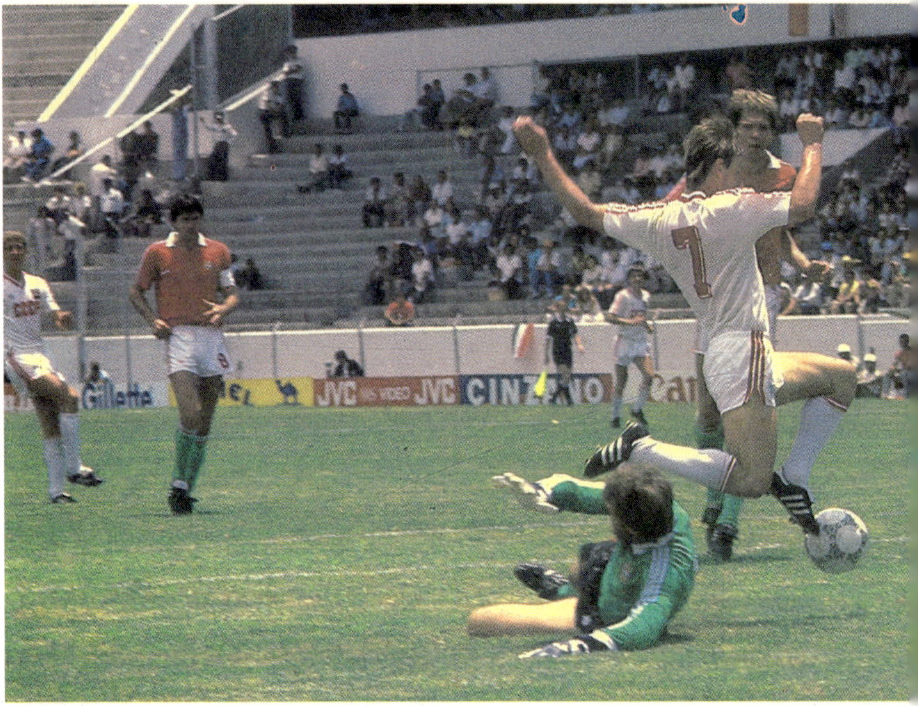
CCCP
Gillette
JVC
JVC
CINZ NO
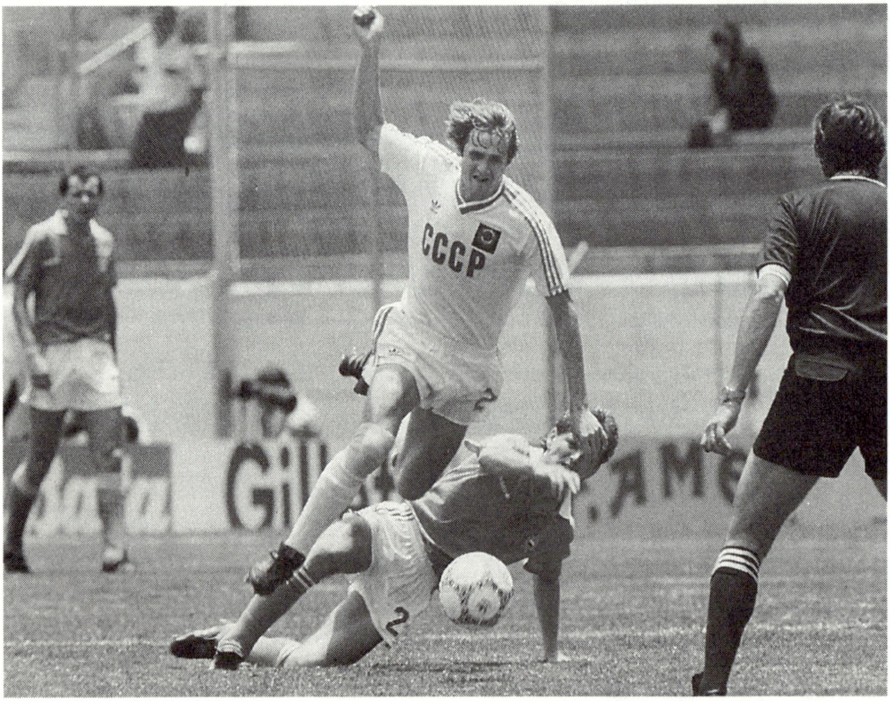
CCCP

wirbeln wie im Training. So, daß die Schützlinge von Trainer Mezey vollends die Übersicht verlieren. Belanow feuert bereits in der 25. Minute einen an ihm selbst verursachten Strafstoß zum 3:0-Pausenstand ein, anschließend machen Jaremtschuk (67., 75.) sowie der eingewechselte Rodionow von Spartak Moskau das Debakel der mit so vielen Hoffnungen ins Rennen gegangenen Magyaren perfekt. Mezey ist nach dem halben Dutzend Gegentreffern geschockt: „In meiner Mannschaft hat heute gar nichts gestimmt.

*Vergeblich streckt sich Ungarns Torwarthüne Disztl – der quicklebendige Jaremtschuk nimmt die Hürde spielend leicht und vollendet zum 4:0*

*Der elegante Libero Bessonow in kühnem Schwung und Sprung gegen Sallai (Ungarn)*

*Schwer zu stellen, der gewitzte Sawarow. Nagy (8) und Kardos (5), beide unschlüssig*

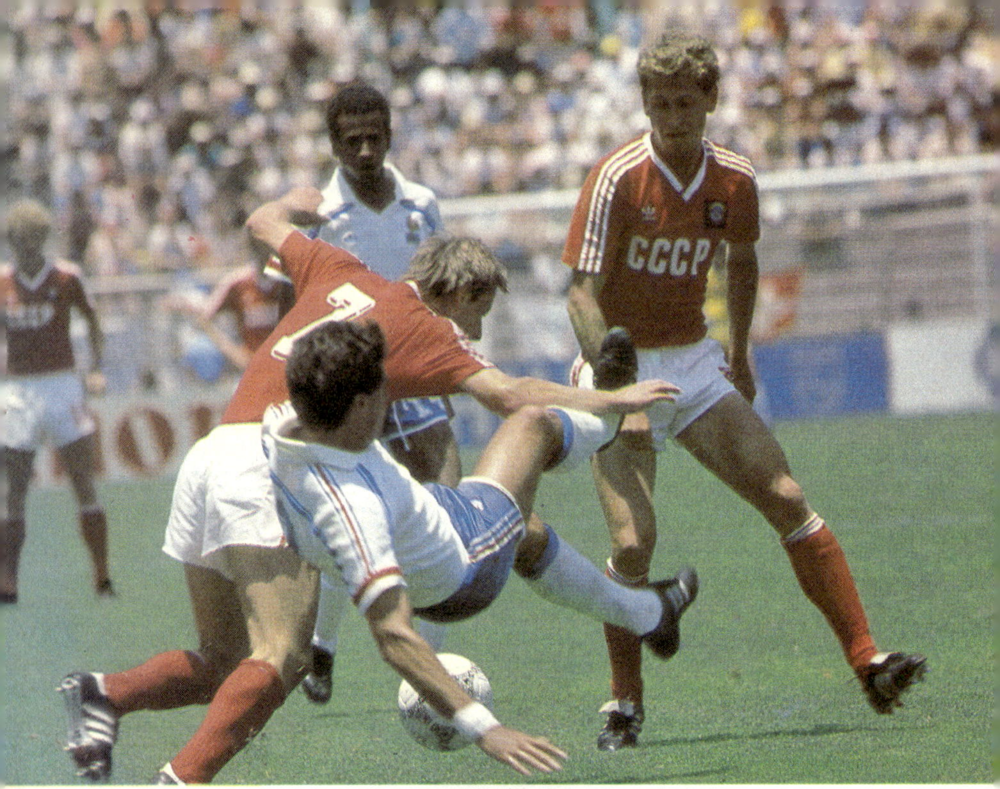
CCCP

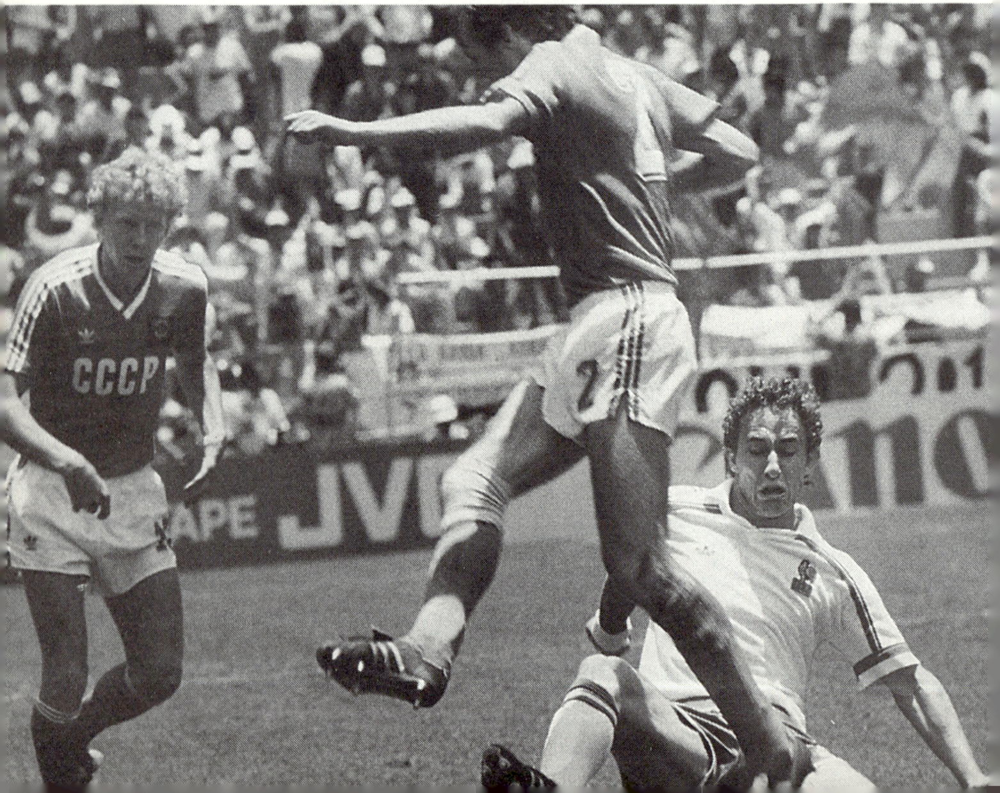
CCCP
JVC

Die Blitztore der sowjetischen Mannschaft haben die Moral empfindlich getroffen. Ich sehe nur noch eine Chance für uns, wenn es uns gelingt, diesen schweren Schlag so schnell als möglich zu vergessen."

Die sowjetische Mannschaft aber rückt nach diesem spektakulären Erfolg in die Schlagzeilen, auch wenn Trainer Waleri Lobanowski relativiert: „Natürlich haben wir gut gespielt. Aber unser Kontrahent hat uns das Siegen auch leicht gemacht." Presse und Fachleute indes haben nach diesem 6:0 einen neuen Favoriten: „Die Sowjetunion hat die erste Supershow der Weltmeisterschaft geboten", schreibt die englische Zeitung The Sun. Andere sind weniger enthusiastisch. Beeindruckt aber sind sie alle ...

## Auf beiden Seiten nur wenig Risiko

Auch Frankreichs Trainer Henri Michel, dem nach dem sowjetischen Erfolg dieser Vergleich einfällt: „Die UdSSR spielte wie eine Weltraumrakete, die Ungarn wie ein Flugzeug ohne Triebwerk." Und er vergleicht die UdSSR-Mannschaft mit dem Team von Ajax Amsterdam, das unter der Regie des Ausnahmefußballers Johan Cruyff Anfang der siebziger Jahre großartige Erfolge an seine Klubfarben heftete: „Physisch stark, ausgezeichnet organisiert und mit glänzenden Technikern bestückt."

Zwei Tage vor dem Schlüsselspiel gegen die UdSSR wird im Hotel „Paseo de la Presa" von Leon Fraktur geredet. Das magere 1:0 gegen Kanada macht

*Frankreichs Libero Battiston als Parterreakrobat, um im Spiel gegen die UdSSR gegen Jaremtschuk zu klären. Betrachter: Tigana und Jakowenko*

*Papin rutscht bei Kusnezow ins Leere, links Bessonow*

**Im Spiegel der Presse:**

*Nach dem Spiel UdSSR–Ungarn 6:0*

BT: „Man darf jetzt wohl bei den Buchmachern sein Geld auf die Sowjetunion setzen."

*Nepsport:* „Unsere Auswahl zeigte eine Kopflosigkeit wie schon lange nicht mehr."

*Nach dem Spiel UdSSR–Frankreich 1:1*

*Liberation:* „Kaviar für die einen, Champagner für die anderen – ein herrliches Unentschieden."

*The Sun:* „Alain Giresse, der kleine schlaue General aus Bordeaux, rettete den Europameister."

*l'Equipe:* „Ein echter Kampf der Häuptlinge."

*Nach dem Spiel Ungarn–Kanada 2:0*

*Le Figaro:* „Der Mut hat den Kanadiern nicht gereicht."

*Nach dem Spiel Ungarn–Frankreich 0:3*

*Daily Telegraph:* „Die Franzosen sparten ihre Kraft für wichtigere Angelegenheiten auf."

*Corriere della Sera:* „Frankreich scherzte mit Ungarn – drei Tore ohne Anstrengung trotz eines nicht in Glanzform spielenden Platini."

*Nach dem Spiel UdSSR–Kanada 2:0*

*The Times:* „Sogar mit einer Ersatzmannschaft hatte die Sowjetunion wenig Mühe, das Spiel zu gewinnen."

*Diario 16:* „Die UdSSR reservierte ihre beste Mannschaft für spätere Aufgaben."

**Premiere im 44. Länderspiel**

Für den 31jährigen Jean Tigana, den dunkelhäutigen Dribbelkünstler der französischen Nationalmannschaft, erfüllte sich in Mexiko ein sechs Jahre lang währender Traum. Der Mann, der aus Mali stammt, schoß beim 3:0 gegen Ungarn sein erstes Länderspieltor. Tigana verdiente sich in seiner Wahlheimat Marseille sein erstes Geld als Briefträger. Bei den „Caillols", einem drittklassigen Klub, wurde sein großes Talent erkannt. Sein Wechsel von Marseille zum FC Lyon Ende 1979 beförderte Tigana ins Rampenlicht: Binnen eines Jahres hatte der Ballkünstler aus Afrika den Sprung von der Drittklassigkeit in die Equipe tricolore geschafft. Trotz lukrativer Angebote hat er seinen Vertrag mit Girondins Bordeaux kurz vor Mexiko um fünf Jahre verlängert.

den Franzosen Kopfzerbrechen. „Gegen die sowjetische Mannschaft müssen wir italienisch spielen", ist die Meinung von Jean Tigana.

Selbstredend geht es auch um das Deckungskonzept. Wer kümmert sich um den „Pfeil" Belanow? Michel will erst den langen Le Roux gegen den unglaublich antrittsschnellen Kiewer stellen, entscheidet sich letztlich aber doch für Battiston.

Die Leistungssteigerung der Franzosen im Vergleich zum Auftaktspiel gegen Kanada ist unübersehbar. Dies am besten veranschaulicht durch die Aktionen des Mittelfeldes, in dem Tigana, Giresse, Fernandez und Platini wie die Berserker schuften müssen, um das Gleichgewicht gegen die „Namenlosen" aus der sowjetischen Mittelfeldreihe aufrechtzuerhalten. Jaremtschuk,

*DFV-Vizepräsident Günter Schneider, FIFA-Beauftragter in sieben der 52 WM-Spiele*

Raz, Jakowenko – sie haben alle nicht mehr als drei Länderspiele absolviert, als sie in Mexiko eintreffen. Aber mit welcher Eleganz, Geschmeidigkeit, technischen Sicherheit und erstaunlichen Robustheit gehen sie hier zu Werke. Wassili Raz beispielsweise hat keinen Geringeren als Oleg Blochin auf die Reservebank verdrängt. Nicht im Handstreich, seit 1981 schon spielt er bei Dynamo Kiew. Der 25jährige konnte schon zuvor Erfahrungen beim B-Liga-Klub Winniza sammeln. 1,75 m groß und mit 71 kg ein ausgesprochenes Leichtgewicht, verfügt er indes über einen ausgesprochenen „Hammer" im linken Bein. Und damit schlägt er nach 54 Minuten zu. Aus gut 25 Metern zischt der Ball ins französische Netz. Kaum weniger auffällig seine Freunde Iwan Jaremtschuk und Pawel Jakowenko. Nicht unerwartet spielen in diesem Aufeinandertreffen vor allem taktische Gesichtspunkte eine große Rolle. Niemand geht ein unnötiges Risiko ein, beide Kontrahenten stören früh, versuchen mit langen Pässen Überraschungen zu schaffen. Frankreich hat seine stärkste Phase, nachdem Fernandez „in einem Zug" eine Vorlage von Giresse zum Ausgleich nutzt. Die letzten Minuten aber gehören wieder der sowjetischen Mannschaft, die Platini und seine Männer noch einmal an den Rand der Niederlage bringt. Frankreichs Trainer Henri Michel weiß nach dem 1:1, daß der sowjetischen Mannschaft der Gruppensieg nicht mehr zu nehmen ist. Aber die Franzosen werten dieses Resultat auch als eine „bestandene Herausforderung gegen einen fast übermächtig erscheinenden Kontrahenten", so Joel Bats.

## Kein Übermut bei Kanada

In Abasolo, rund 100 Kilometer südwestlich von Leon, hat das ungarische Debakel gegen die UdSSR keinen

Übermut ausgelöst. Dort haben die Kanadier Quartier genommen, und Coach Tony Waiters ist Fachmann genug, diese Niederlage in die richtigen Relationen zu bringen: „Ich kann mir beim besten Willen nicht vorstellen, daß die Ungarn zweimal hintereinander so schwach spielen." Für David Norman nominiert er Gerry Gray im Mittelfeld, ansonsten aber sieht er keinen Anlaß, sein Team gegenüber dem Spiel mit den Franzosen zu ändern. Ganz anders die Ausgangsposition bei den Ungarn. „Die sechs UdSSR-Gegentore haben das Nervenkostüm von Peter Disztl arg in Mitleidenschaft gezogen. Einen nervösen Torsteher brauchen wir jetzt am allerwenigsten", begründet Mezey den Einsatz von Joszef Szendrei. Ungarns Chef führt mit allen Spielern Einzelgespräche, um sie psychologisch wieder aufzurichten. „Ich habe die Mannschaft nach dem ersten Spiel gestreichelt wie ein Ehemann,

der seine Frau mit einem anderen erwischt hat", erklärt er süffisant, und im Hinblick auf den Kontrahenten: „Kanada spielt viel besser, als vor der WM zu erwarten war." Tatsächlich wird es auch nichts aus der von den Magyaren angekündigten Torejagd. Dabei gelingt in Irapuato praktisch ein Auftakt nach Maß, als Esterhazy nach erst 118 Sekunden Spielzeit das 1:0 schießt.

Dann aber dominiert eigentlich nur noch die Langeweile. Die Magyaren werden immer ängstlicher, anstatt richtig aufzudrehen. Detari, der mit soviel Vorschußlorbeer bedachte Regisseur der Ungarn, macht in der 76. Minute mit seinem Treffer wenigstens den Sieg perfekt. Zuvor bemühen sich die

*Bridge (6) und Samuel, Kanadas Stopperpaar, nicht leicht auszuspielen. Beim Versuch der Ungar Bognar*

Kanadier mit diesmal recht bescheidenen fußballerischen Mitteln um den Ausgleich. Aber die Tordifferenz von Mezeys Truppe bleibt auch danach so schlecht, daß mit dem Schlimmsten gerechnet werden muß. „Wenigstens gewonnen", meint der ungarische Trainer hinterher müde. „Aber ich bin 30 Jahre älter geworden."

## Erstes Tor für Jean Tigana

Schrecksekunden für Frankreichs Auswahl: Mit dick bandagiertem Knöchel humpelt Kapitän Michel Platini durch das WM-Quartier „Paseo de la Presa" in Guanajuato. Doch vor dem letzten Gruppenspiel des Europameisters gegen Ungarn in Leon wird die Achillessehnenverletzung Platinis heruntergespielt. „Nur eine leichte Blessur", glaubt Trainer Henri Michel zu wissen. Und Platini selbst versichert: „Keine Angst, ich bin fit und werde spielen." Und natürlich ist er dabei. 31 500 Zuschauer im „Nou Camp" werden Augenzeuge, wie die Franzosen praktisch im Bummeltrab die letzten Hoffnungen der Magyaren („Wir gewinnen 1:0", so Kapitän Antal Nagy vor dem Anpfiff) zunichte machen. Nur wenn es unbedingt nötig ist, lassen die „Blauen" ihr großes Können aufblitzen. Das erste Mal nach einer halben Stunde. Eine präzise Flanke von Ayache kopft Stopyra zu seinem siebenten Länderspieltor in den Kasten der Ungarn. Nacheinander verpassen dann Fernandez, Platini und Giresse sogenannte „Hundertprozentige". Einer, dem man einen Treffer eigentlich nicht zugetraut hatte, erzwingt schließlich die Vorentscheidung – Jean Tigana erzielt in seinem 44. Länderspiel sein erstes Tor. Nach einem Doppelpaß mit Rocheteau hat der 30jährige keine Mühe, das Leder an Disztl vorbeizubringen (63.). Das 3:0 schießt Rocheteau kurz vor dem Schlußpfiff. „Die Ungarn haben kein Herz, keinen Mumm und kein Selbst-

*Platini als Karatekämpfer? Eher ein gewagter Versuch gegen Ungarns Sallai*

vertrauen", meint Frankreichs Altinternationaler Raymond Kopa, der sich diese Partie natürlich nicht entgehen läßt. Nur einmal haben die Zuschauer das Gefühl, die Magyaren versuchen es zu packen. Zwei Minuten nach der Pause faßt sich Dajka ein Herz, wuchtet das Leder unter die Querlatte, bevor es die Franzosen zur Ecke befördern. Der portugiesische Schiedsrichter Carl Valente da Silva läßt die temperamentvollen Reklamationen ungerührt über sich gehen. Bei den Aktionen des französischen Mittelfeldes dagegen läuft einem beim Zuschauen „förmlich das Wasser im Munde zusammen", wie Ungarns Verbandspräsident György Szepesi zugibt. Da stimmt alles, Harmonie wird ganz groß geschrieben. Nach dieser Niederlage bereiten sich die Ungarn ohne Verzug auf die Heimreise vor. „Mit nur zwei Punkten haben wir keine Hoffnung mehr, das Achtelfinale zu erreichen", macht Mezey die Fronten klar. Er geht noch weiter in seiner Kritik: „Es war eine der schlechtesten Vorstellungen einer ungarischen Elf bei einem Welturnier."

## In aller Ruhe – die UdSSR-Reserve

Die Röte der Aufregung steht dem sowjetischen Trainer Waleri Lobanowski nach der Begegnung mit Kanada im Gesicht. Die Hitze macht ihm sicherlich nichts aus, denn der 47jährige ist fast in einem ebenso guten Fitneßzustand wie seine Spieler: „Unser erstes Ziel bei dieser WM haben wir erreicht, Platz eins in unserer Gruppe belegt." Dabei verblüfft der sowjetische Trainer die Fachwelt, als er gegen Kanada nicht etwa die Chance sucht, sein Team noch besser einzuspielen, sondern gleich neun anderen Akteuren

eine Chance gibt. Vom „ersten Hieb" sind anfangs lediglich Alejnikow und Kusnezow, der Vorstopper, dabei. Als der „zweite Anzug" Falten schlägt, wechselt Lobanowski mit Belanow und Sawarow die beiden etatmäßigen Spitzen ein. Der Erfolg ist durchschlagend. Zuerst flankt Belanow so genau, daß Blochin wenig Mühe hat einzuschießen (59.), dann erzielt Sawarow den zweiten Treffer in der 75. Minute. Juri Morosow, der Assistenztrainer, gibt hinterher Aufschluß über die Beweggründe, die zum Einsatz derart vieler neuer Spieler führten. „Darin steckt auf keinen Fall eine Geringschätzung der Kanadier. Wir wollten unsere Kräfte einteilen."

Die Kanadier sind mit 0:6 Punkten und 0:5 Toren erwartungsgemäß Grup-

penletzter geworden. Was tut's? In ihrem Quartier in Abasolo geben sie einen Tag nach dem Ende der Vorrunde eine Riesenabschiedsparty, auf der deutlich wird, daß nach dem positiven Auftritt so etwas wie „Gründerstimmung" im kanadischen Fußball herrscht. „Die WM war ein Neubeginn", versichert Trainer Tony Waiters, der künftig mithelfen will, die „Infrastruktur" dieses Sports in Kanada zu verbessern. Die Erleichterung ist ihm zudem aus einem anderen Grund anzumerken. Kanada hat auf „Pump" an diesem Turnier teilgenommen. Die FIFA-Garantiesumme reicht, um die Schulden auf einen Schlag zurückzuzahlen. Auf ein neues dann, ihr Kanadier. Eine Bereicherung des Geschehens wart ihr allemal.

## Gruppe D: Brasilien, Spanien, Nordirland, Algerien

### Im Widerspruch der Gefühle

Das Vorbereitungsprogramm der Brasilianer wird kurz vor der Abreise nach Mexiko noch einmal verändert. Tele Santana und seine Mannschaft verzichten nach dem eher blamablen Unentschieden gegen Chile (1:1) auf einen Besuch der Jungfrau in Aparecida, von dem sie sich zuvor Halt und Hoffnung versprochen hatten. Brasiliens Fans haben sogar Verständnis dafür. Bei dem Zustand der Mannschaft wäre die Schutzpatronin Brasiliens ganz gewiß, so spötteln sie, überfordert gewesen. Die „Fußballgötter" um Zico sind in den Wochen vor dem Endrundenturnier tief gefallen. Selbst sonst eher zurückhaltende Experten fragen sich, ob die 90 Tage, die Tele Santana im Fuchsbau („Toca de Raposa") mit der Mannschaft schuftete und schwitzte, ganz umsonst gewesen sind. Über keinen Brasilianer diskutiert man in diesen Tagen soviel wie über „tecnico" Tele. Und fast immer fällt dann das Stichwort „teimoso", was in diesem Falle am besten mit dickschädlig übersetzt wird.

Auch die Spieler beschweren sich nicht selten über ihren Chef, „der uns nicht sagt, ob wir gut oder schlecht sind, und gleich nach dem Training wieder verschwindet". Die Aufmüpfigen wollen indes ungenannt bleiben, denn Santana geht unnachsichtig gegen Disziplinlose vor. Das bekommen zunächst die nach Hause geschickten Eder und Sidney zu spüren, später auch Renato, der auf der mißglückten Europatournee der Brasils der mit Abstand wirkungsvollste Angreifer der Südamerikaner war. Ernster zu nehmende Kritiker lasten Santana vor allem seine Eigensinnigkeit in Fragen

der „titulares", der Stammspieler, und der „tactica" an, die nichts Gutes im Konzert der Besten verspricht. Aber selbst die Brasilianer, die mit Santana hart ins Gericht gehen, leben im Widerspruch der eigenen Gefühle, hoffen, daß sie mit ihrer Meinung am Ende nicht recht haben. Vielleicht kommt alles ganz anders? Heimlich träumen die Brasilianer alle von ihrem vierten WM-Titel. Die Gruppe D mit den Gegnern Spanien, Algerien und Nordirland sei doch recht einfach, redet man sich Mut zu. Außerdem habe auch 1970 beim letzten Triumph in Mexiko niemand an die Elf um den „alten" Pele geglaubt, sei man ohne echte Außen zum Sieg gestürmt. Und mit Genuß werden die Berichte von der Londoner Wettbörse nachgedruckt, an der Brasilien nach wie vor als der Favorit Nummer 1 gehandelt wird. Sollte Santana mit dem „Tetra", dem vierten Titel, nach Hause kommen, wird auch der letzte Brasilianer den „unbeirrbaren und genialen Mann" aus Minas Gerais umjubeln ...

Doch soweit ist es noch lange nicht; zuerst wollen die Spanier im Auftakttreffen geschlagen sein! Am Vorabend der Partie beherrschen schon Stunden vor dem Spiel grün-gelbe Farben das Straßenbild in Guadalajara. Fahnenschwingende Fans tanzen zu Sambarhythmen auf dem Stadionvorplatz, bei der WM 1970 „Plaza Brasil" getauft. Doch Glanz und Gloria von Pele, Tostao, Jairzinho und Rivelino lassen nach dem Anpfiff des australischen Schiedsrichters Bambridge auf sich warten. Beide Teams spielen defensiv, und vor allem die Aktionen der Brasilianer sind von der Vorsicht geprägt, die Trainer Santana seiner Elf eingeimpft hat. Für den Preis des vierten Titelgewinns sind die Brasilianer sogar

*Brasiliens Torjäger Careca findet den Weg durch das Labyrinth der spanischen Abwehr, Verfolger hier Tomas*

bereit, ihre alten Fußballtugenden zu vergessen. Defensiv und abwartend agieren sie gegen die von einer Krankheitswelle geschwächte spanische Elf (Caldere, Gallego und Gordillo fehlen), spielen rational, abgebrüht wie die italienischen Profis, reagieren kaum auf die Ungeduld und die Pfiffe der Zuschauer. „In Spanien wurden wir 1982 vom eigenen Angriffsschwung aus der WM-Arena getragen", rechtfertigt sich Socrates. „Nun haben wir einen anderen Weg gewählt." Er selbst sorgt für den einzigen Treffer in einem Spiel, in dem die Brasilianer eine Stunde lang viel Mühe mit dem aus der Konterstellung spielenden Vizeeuropameister haben. Nach einem Lattenschuß von Careca ist der baumlange Arzt mit dem Kopf zur Stelle (63.) und nickt das Leder aus Nahdistanz ein. Der Auftakt, gleichermaßen herbeigesehnt wie gefürchtet, ist gelungen. Die sonst so stolzen Spanier aber stehen anschließend im WM-Hotel „Real de Chapala" in losen Gruppen zusammen und diskutieren mit wenig vornehmen Worten die Entscheidung von Schiedsrichter Bámbridge, der nach einem Schuß von Michel (53.) das von den Spaniern temperamentvoll geforderte Tor nicht gab. Der Ball, von der Lattenunterkante abtropfend, soll nach ihrer Meinung hinter der Linie aufgesprungen sein. Linienrichter David Socha (USA) hatte indes nichts angezeigt. Die Pechsträhne der Spanier wird noch dicker, als sich Libero Maceda mit einer Knieverletzung für den weiteren Verlauf der WM abmeldet. Trainer Miguel Munoz: „Eigentlich müßte das Maß nun voll sein."

Im zweiten Spiel treffen bei Algerien gegen Nordirland zwei Fußballwelten aufeinander. Tagelang trainieren die Algerier im „Club Jalisco" in aller Abgeschiedenheit. Als sie sich endlich der Öffentlichkeit stellen, tun sie das mit gesundem Selbstvertrauen: Rabah Madjer und Lakhtar Belloumi, die vor vier Jahren in Spanien die Treffer zum sensationellen 2:1-Erfolg gegen die BRD in Gijon erzielten, stehen der Presse locker und entspannt Rede und Antwort. „Wahrscheinlich wird Brasilien Gruppensieger", meint der 29jährige Madjer, beim portugiesischen FC Porto unter Vertrag. „Wir aber wollen um den zweiten Platz kämpfen."

Zuversicht auch im beschaulichen Quartier der Nordiren im Süden von Guadalajara: „Der Schein trügt nicht, die Stimmung ist ausgezeichnet", so Trainer Billy Bingham. Er, selbst 56facher nordirischer Nationalspieler, ist um seine Aufgabe als Auswahltrainer nicht zu beneiden. Will er die Form seiner Länderspielaspiranten in Erfahrung bringen, muß er kreuz und quer durch England reisen, wo 20 seiner „Schäfchen" ihr Geld verdienen, häufig genug aber die Reservebank drücken. Nach 16tägigem Höhentraining im US-amerikanischen Albuquerque ist er nun guten Mutes.

Und als ob er die Worte seines Trainers unterstreichen will, schießt der bei Manchester United spielende Norman Whiteside schon nach vier Minuten zum Führungstreffer für die Nordiren ein. Jener Whiteside, der unter dem Datum 17. Juni '82 als jüngster WM-Spieler aller Zeiten im Guinness-Buch der Rekorde aufgeführt ist. Bingham lobt ihn schon vor dem Anpfiff: „Der beste nordirische Fußballer seit George Best." Sein Freistoß wird von der nicht sonderlich kompakt stehenden algerischen Abwehr abgefälscht, und Torsteher Larbi hat erstmals das Nachsehen. Für die Nordafrikaner kein Grund, die Flinte ins Korn zu werfen. In einer Phase, als die Nordiren bereits auf Halten des Resultats spielen, gelingt Algerien durch Zidane (58.), ebenfalls nach einem Freistoß, das 1:1. Ein Ergebnis, das beide Trainer zu optimistischen Ausblicken für das weitere Geschehen in der Gruppe animiert. Algeriens Chef Rabah Saadane: „Das war unser erster Punktgewinn, und ich bin sicher, daß weitere Zähler dazukommen werden." Bingham versichert, daß die Moral seiner Mannschaft nach diesem 1:1 keinesfalls gesunken sei: „Wir haben es versäumt, dem Führungstreffer das 2:0 folgen zu lassen." Ausdrücklich lobte er die technischen Fähigkeiten der Algerier, die sie indes noch weit nachhaltiger ausspielen.

## Der Riese wackelt

Draußen am Stadtrand von Guadalajara, im „La Primavera", dem Trainingscamp der Brasilianer, wird in den Tagen vor dem zweiten Auftritt weiter Taktik gebimst. „Minimax-System" umschreiben es die brasilianischen Journalisten, die in hellen Scharen bei fast jedem Training aufkreuzen, sogar Übungsspiele per Rundfunk direkt nach Rio und Sao Paulo übertragen. „Mit minimalem Aufwand ein maximales Ergebnis erreichen" – das ist die These, die Santana auch für die zweite Vorrundenbegegnung mit Algerien vertritt und die um ein Haar ins Auge geht. Die Algerier entpuppen sich nämlich in den 90 Minuten gegen den dreifachen Titelträger als eine Elf, die beinahe „brasilianischer als die Brasilianer" spielt. Die 38 000 Zuschauer im Estadio „Jalisco" jedenfalls trauen ihren Augen nicht, als die Algerier in der zweiten Hälfte den großen Favoriten stürmend in die größte Bedrängnis bringen. Schon zur Pause waren die Südamerikaner mit einem Pfeifkonzert verabschiedet worden. Nach der Halbzeit werden die Algerier von den mexikanischen Zuschauern mit Olé-Rufen angefeuert, und sie wachsen förmlich über sich hinaus. Doch der Riese wackelt nur, er fällt nicht. Ausgerechnet Kapitän Guendouz unterläuft ein Querschläger, in den sich Careca einschaltet und den er zum einzigen Treffer des Spiels nutzt. Mehr bringen die Bra-

Tabellenstand

1. Spieltag

| | | | | | | |
|-----------|---|---|---|---|-----|-----|
| Brasilien | 1 | 1 | – | – | 1:0 | 2:0 |
| Algerien | 1 | – | 1 | – | 1:1 | 1:1 |
| Nordirland | 1 | – | 1 | – | 1:1 | 1:1 |
| Spanien | 1 | – | – | 1 | 0:1 | 0:2 |

2. Spieltag

| | | | | | | |
|-----------|---|---|---|---|-----|-----|
| Brasilien | 2 | 2 | – | – | 2:0 | 4:0 |
| Spanien | 2 | 1 | – | 1 | 2:2 | 2:2 |
| Nordirland | 2 | – | 1 | 1 | 2:3 | 1:3 |
| Algerien | 2 | – | 1 | 1 | 1:2 | 1:3 |

3. Spieltag

| | | | | | | |
|-----------|---|---|---|---|-----|-----|
| Brasilien | 3 | 3 | – | – | 5:0 | 6:0 |
| Spanien | 3 | 2 | – | 1 | 5:2 | 4:2 |
| Nordirland | 3 | – | 1 | 2 | 2:6 | 1:5 |
| Algerien | 3 | – | 1 | 2 | 1:5 | 1:5 |

13 Tore in 6 Spielen
Ø pro Spiel: 2,17
Torreichste Spiele: Nordirland–Brasilien 0:3, Algerien–Spanien 0:3, Nordirland–Spanien 1:2
Zuschauer: 206 000
Ø pro Spiel: 34 333
Höchste Zuschauerzahl: Spanien–Brasilien 66 000
Niedrigste Zuschauerzahl: Algerien–Spanien 12 000
Torschützen:
Brasilien (3): Careca (3), Josimar, Socrates (je 1); Spanien (4): Caldere (2), Butragueno, Salinas, Eloy (je 1); Nordirland (2): Whiteside, Clarke (je 1); Algerien (1): Zidane (1).
Verwarnungen: 11
gegen Nordirland 5, Spanien 3, Algerien 2, Brasilien 1.
Eingesetzte Spieler: Brasilien 14 (Durchschnittsalter 27,0), Spanien 14 (26,0), Nordirland 15 (26,6), Algerien 17 (28,4).

Eine große Partie spielen Algeriens Talente gegen den dreifachen Weltmeister Brasilien, unterliegen erst nach kühner Gegenwehr wie hier Mansouri gegen Junior

Viel zu debattieren gibt's für Brasiliens Exstar Jairzinho, in Reporterrolle mit Frankreichs früherem Libero Tresor

sils nicht zustande. „So wird Brasilien nie Weltmeister", lautet nach der Partie gegen den Außenseiter das Fazit von Mario Zagalo, „mit brasilianischer Fußballkunst hat das kaum mehr etwas zu tun." Mittelfeldas Falcao ist immerhin ehrlich genug zuzugeben, daß das magere Resultat auch etwas mit der großen Leistung des Kontrahenten zu tun hat: „Der schnelle Rhythmuswechsel der Algerier hat uns außerordentliche Schwierigkeiten gemacht." Kein Wunder, denn Spötter meinen ohnehin, daß im Mittelfeld der Brasilianer „alte Herren" einen Stammplatz haben. Bislang aber sprechen zumindest die Resultate für sich und für sie. In Brasilien selbst werden die Fans in keiner Weise von Bedenken hinsichtlich der von ihrer Mannschaft verfolgten Taktik geplagt. Nach dem zweiten Vorrundensieg finden sich in Rio, Sao Paulo und anderen Städten Tausende auf

Plätzen und in Parks zusammen, um ausgiebig zu feiern. Die Regierung hatte ihren Angestellten einen halben Tag freigegeben, damit sie sich die Partie gegen Algerien im Fernsehen ansehen konnten.

Der Talisman sitzt auf der Bank, trägt die Nummer 14 und heißt Gary Armstrong. Am 25. Juni 1982 schrieb er an einem Kapitel nordirischer Fußballgeschichte mit. An diesem drückend warmen Sommertag ist das Stadion in Valencia zum Bersten gefüllt – Gastgeber Spanien will im letzten Vorrundenspiel eine lästige Pflicht erfüllen. Doch Armstrong und seine Mitspieler machen da nicht mit. Der etwas unbeholfen wirkende Stürmer schießt sein Team zum 1:0-Sieg und in die 2. Finalrunde. Fast vier Jahre später will Espagna die Chance nutzen und die „Schmach von Valencia" tilgen. Armstrong, inzwischen 32 Jahre alt und beim englischen Drittdivisionär Chesterfield unter Vertrag, ist nach den Worten von Bingham „noch immer wertvoll für die Mannschaft", muß aber erst einmal zuschauen. Vor dem Anpfiff verteilen die Spanier Blumen und nehmen anschließend gehörig Revanche. Munoz' Truppe stellt sich im Stadion „3. März" gegenüber dem ersten Spiel mit Brasilien stark verbessert vor. Für Maceda hat der spanische Coach Gallego nominiert. Da auch Gordillo seine Darminfektion überwunden hat, treten die Spanier quasi mit einem Korsett an, das von fünf Spielern des UEFA-Cup-Gewinners Real Madrid gebildet wird. Keine Frage, daß dadurch Harmonie und Geschlossenheit spürbar wachsen. Mit schnellem und technisch versiertem Spiel bringt der Vizeeuropameister die großgewachsenen nordirischen Spieler immer wieder in Verlegenheit. Dazu paßt das Blitztor des Dribbelkünstlers Butragueno bereits nach 65 Sekunden, das die Männer um Trainer Bingham zwingt, die Abwehr zu lockern. Den

**Im Spiegel der Presse:**

*Nach dem Spiel Brasilien–Algerien 1:0*
*Ovaciones*: „Zittersieg der Brasilianer. Die Algerier überraschten alle."
*Esto*: „Brasilien gewann, aber überzeugte nicht. Dieses Brasilien haben wir zur WM nicht erwartet."

*Nach dem Spiel Nordirland–Spanien 1:2*
*Mail on Sunday*: „Nach tapferem Kampf und knapper Niederlage hoffen die Nordiren jetzt auf ein Wunder."
*Diario 16*: „Spanien hätte ein drittes Tor verdient."

*Nach dem Spiel Nordirland–Brasilien 0:3*
*El Mundo Deportivo*: „Brasilien zerdrückte Nordirland mit Phantasiefußball."
*Tagesanzeiger*: „Zico zauberte kurz: 3:0."
*Daily Mail*: „Schlußvorhang! Nordirland verläßt die WM mit der Erinnerung an die Symbolfigur Pat Jennings."
*l'Equipe*: „Samba in Zeitlupe."

*Nach dem Spiel Algerien–Spanien 0:3*
*Sport*, Barcelona: „Caldere war der Held."
*Neue Zürcher Zeitung*: „Unerwartet leicht kamen die Spanier zum Sieg."
*Der Blick*: „Olé, Spanien weiter, und Bulgarien dankt."

**Wirbel um Socrates' Kritik**
Brasiliens Mittelfeldas Socrates wurde während der Vorrundenspiele von einigen mexikanischen Zeitungen zitiert: „Die Spiele der Nationalmannschaften von Mexiko und Brasilien bei der WM werden zugunsten beider Mannschaften manipuliert. Die Resultate werden vorbestimmt. Es gibt wichtige und wirtschaftliche Gründe, diese beiden Mannschaften so lange wie möglich im Turnier zu halten."
Ähnliches hatte der Arzt der Allgemeinmedizin, der als Kritiker der sozialen Verhältnisse in seinem Heimatland Brasilien bekannt wurde, schon vor der WM gesagt. Erste Konsequenz nach dieser Äußerung von Socrates: Alle 22 Spieler der Brasilianer erhielten die Auflage, sich öffentlich nur noch zu Fußballfragen zu äußern. Politische, ökonomische, soziale und WM-administrative Probleme seien für sie tabu. Nabi Abi Chedid, Vizepräsident des Brasilianischen Fußballverbandes (CBF), drohte, jeden Verstoß gegen diesen Erlaß umgehend mit der Suspendierung vom WM-Turnier zu bestrafen.

Spaniern fallen so einige klare Möglichkeiten förmlich in den Schoß, eine weitere nutzt Salinas in der 19. Minute.

„Meine Abwehr hat geschlossen Siesta gehalten", mäkelt Billy Bingham bereits zur Pause. Hoffnung keimt nicht nur bei ihm noch einmal auf, als nach einem Doppelfehler von Spaniens Schlußmann Zubizarreta — erst produziert er beim Herauslaufen einen „Korkenzieher", dann rutscht er zu allem Überfluß auch noch aus — Clarke der Anschluß gelingt. Aber die Spanier lassen sich nun die Butter nicht mehr vom Brot nehmen, wenngleich die Nordiren in den Zweikämpfen einige Male kräftig hinlangen. „Man darf von den Nordiren auch nicht zuviel erwarten", schränkt Ron Atkinson, Manager von Manchester United, ein. „Mit Ausnahme von Whiteside sind sie doch durchweg zweit- und drittklassig." Trainer Bingham gibt auch nach dieser Niederlage nicht auf: „Dann müssen wir eben gegen Brasilien gewinnen."

## „Adios", Pat Jennings

Es ist das Abschiedsspiel eines Mannes, der mit dieser Partie sein 119. Länderspiel seit 1964 für Nordirland spielt. Weltrekord! Pat Jennings — „The Gentile Giant", der sanfte Gigant — kann sich beim 0:3 gegen Brasilien der Abschiedstränen nicht erwehren. In 23 Profijahren hat er nicht weniger als 1200 Ligaspiele absolviert. Nun, an seinem 41. Geburtstag, heißt es „Adios" nicht nur für Nordirland, sondern auch für ihn. Das Stadion „Jalisco" bildet den glanzvollen Rahmen für seine Abschiedsvorstellung, und hätte nicht er im Tor gestanden, die Niederlage wäre sicherlich noch weitaus klarer ausgefallen. Die Nordiren bilden vor Spielbeginn einen beschwörenden Kreis nach der Art von Eishockeyspielern und reden sich ein: „Wir packen es." Aber im Spiel läuft dann fast gar nichts. Da hilft es auch nicht weiter, daß Bingham

*Geburtstagstorte für Pat Jennings, zugleich „Weltrekordler" in Länderspieleinsätzen (119)*

*DDR-Referee Siegfried Kirschen in seinem 12. Länderspiel und dem ersten der WM-Endrunde. Gelb für Donaghy, rechts Stewart*

*Socrates spielt gegen Nordirland wie ein Weiser, wenn auch von O'Neill nicht eben zimperlich attackiert*

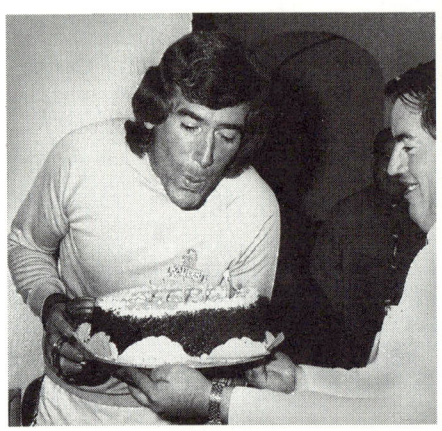

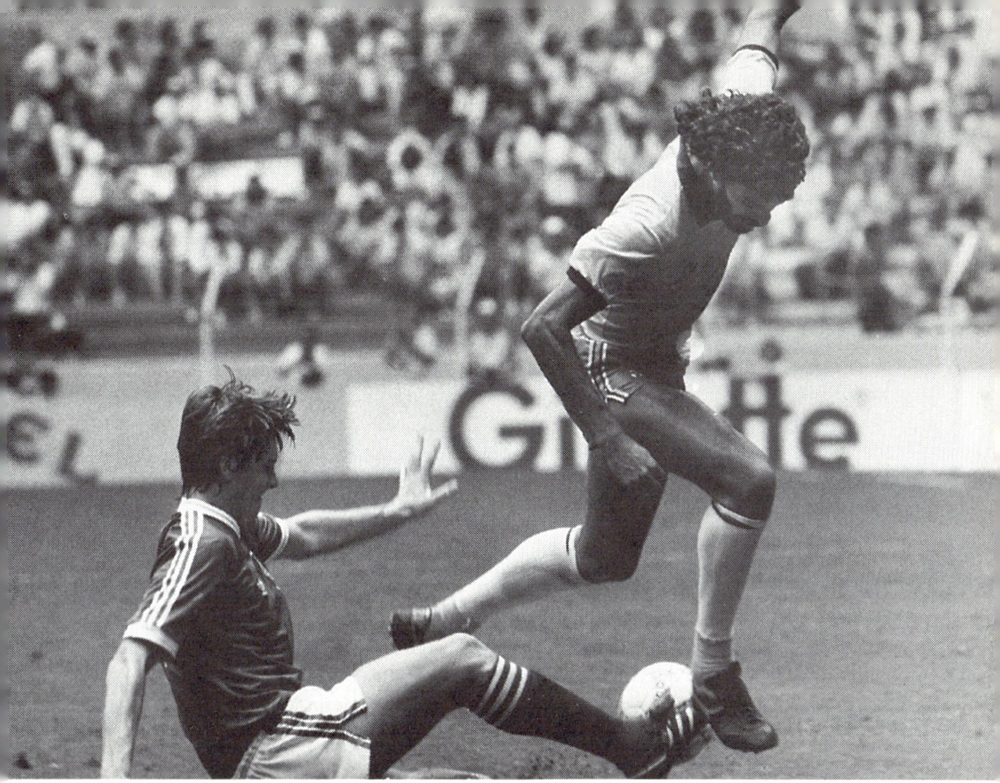

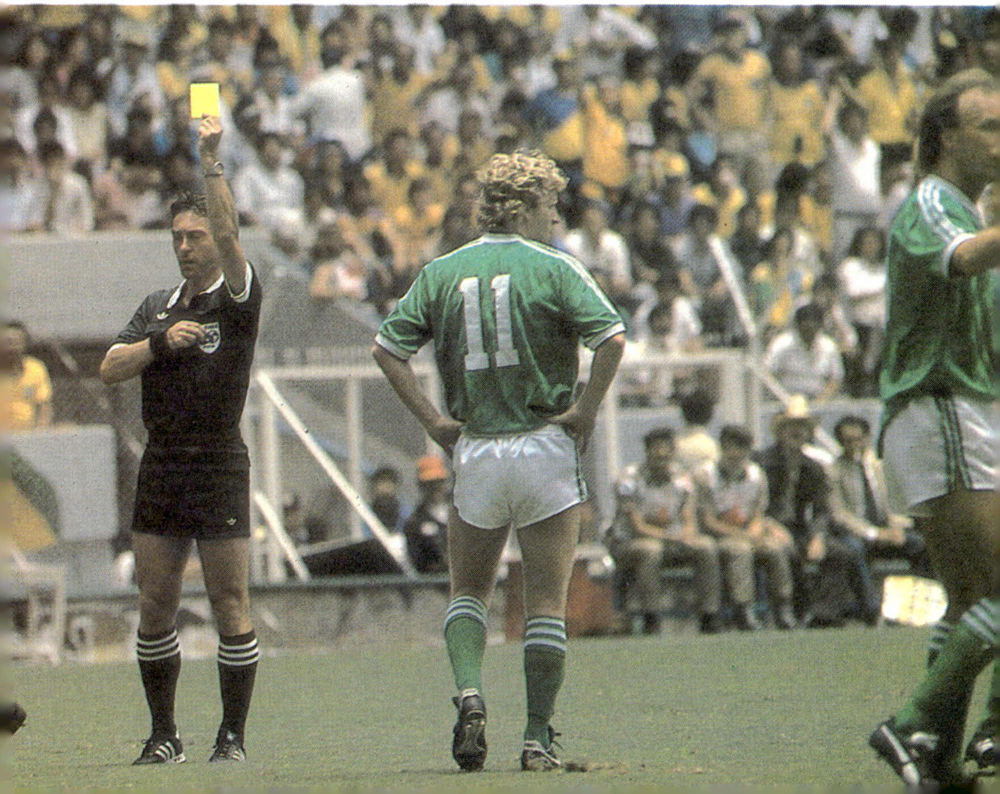
11

voll auf Angriff setzt, vier Stürmer auf- laufen läßt. Dabei reißen die Brasilia- ner auch bei ihrem dritten WM-Auftritt keine Bäume aus. Statt der erwarteten Samba eine „Kleine Nachtmusik zur Mittagszeit", stellt die mexikanische Zeitung *El Jordao* spöttelnd fest. Auch die Tore von Careca (15., 87.) sowie der gelungene Einstand von Rechtsver- teidiger Josimar, der das Leder aus gut 20 Metern unter den Balken setzt, kön- nen die spielerischen Unstimmigkeiten bei den Brasilianern nicht verdecken. Die brasilianischen Hoffnungen für die Runde der letzten 16 ruhen nach die- ser Begegnung stärker noch als zuvor auf einem Mann namens Zico. Der sorgt bereits für einen der Höhepunkte des Spiels, obwohl er das Leder noch gar nicht berührt hat. Eine beiderseits fast lustlose Partie plätschert dahin, als plötzlich ein Schrei durch das Publi- kum geht; Zico hat sich von der Reser- vebank erhoben. Als er seine Trai- ningsjacke abstreift, schwappt der Ju- bel in der brasilianischen Kolonie schier über.

Zico gilt seit zehn Jahren in Brasilien als bester Spieler seiner Generation. Für seinen Stammklub Flamengo Rio de Janeiro hat der Vater von drei Söh- nen mehr als 700 Tore erzielt, mit der Mannschaft drei Landesmeistertitel und den Weltcup gewonnen. Im Blau-Gelb des Nationalteams traf er bei 90 Einsät- zen 70mal ins Schwarze, das sind sta- tistisch 0,77 Treffer je Spiel. Allein Pele (0,86) war besser. Nach seiner Rückkehr zu Flamengo – von Juli '83 bis Juni '85 spielte er bei Udinese (Ita- lien) – gleicht sein ärztliches Bulletin einer Achterbahn. Auf und ab im schnellen Wechsel. Einen knappen Monat vor Beginn des WM-Turniers aber schlägt Brasilien Jugoslawien mit 4:2. Und es ist der Tag des Zico. Nach fast einjähriger Pause feiert der Mittel- feldstar in Recife ein großartiges Come- back mit drei Treffern und 90 Minuten voller Tricks und Tatendrang.

Danach aber spielt er nicht mehr, das lädierte Knie schmerzt, läßt kein Training zu. Noch zwei Tage vor der Begegnung mit Nordirland erteilt ihm Brasiliens Mannschaftsarzt Dr. Neylor Lasmar Trainingsverbot. Zico setzt sich darüber hinweg, hinterläßt auf dem Übungsplatz einen glänzenden Ein- druck. Und Dr. Lasmar gibt dem Mittel- feldstar zwei Stunden vor Spielbeginn in der Tat „grünes Licht". Das Lob da- nach läßt nicht auf sich warten. Nur 22 Minuten spielt er. Seine Vorarbeit zum zweiten Treffer Carecas, als er mit einem Hackentrick die nordirische Abwehr narrt, läßt den brasilianischen Teil des Publikums in Entzücken gera- ten. „Auch wenn er nicht laufen könnte, er ist der Spielmacher", aner- kennt Mario Zagalo, der Brasilien als Trainer 1970 zum Titel geführt hatte. Zico selbst: „Ich weiß, daß meine Kon- dition noch nicht für 90 Minuten reicht. Aber ich will mithelfen, daß meine Mannschaft soweit wie möglich im Turnier vordringt." Dem Achtelfi- nale gegen Polen jedenfalls sehen alle siegessicher entgegen.

## Spanien souverän

Wer aber begleitet Brasilien in die Runde der letzten 16? Spanien, das sich nach dem leicht mißglückten Auf- takt gegen die Brasils erheblich gestei- gert hat, oder die Algerier, deren Chance hoch eingeschätzt wird?

In der sengenden Hitze von Monter- rey geben die Männer von Trainer Mi- guel Munoz eine klare Antwort auf diese Fragen. Die Spanier sind an die- sem Tage im Stadion „Universitario" einfach eine Nummer zu groß für die müde wirkende Mannschaft aus Nord- afrika, die praktisch von der ersten bis zur letzten Minute klar beherrscht wird. Die Iberer imponieren vor allem mit ihren großartig angelegten Kon- tern, aus denen auch die Tore Num- mer zwei und drei entspringen. Bereits in der 16. Minute schießt Caldere nach überlegter Vorarbeit von Salinas zum 1:0 ein. Erneut ist es Caldere, der Mann aus Barcelona, der, diesmal nach Vorarbeit von Eloy, den zweiten spanischen Treffer markiert (68.). Und die endgültige Entscheidung fällt schon drei Minuten später, als Eloy ins algerische Tor trifft. Ein Merkmal dieser Partie sicherlich die häufig mißglückenden Versuche der Algerier, die Abseitsfalle einzusetzen. Die gewitzten Spanier umgehen sie mal um mal und schaffen so vor dem Tor des Kontrahenten eine Fülle von brenzligen Situationen. Algeriens Trainer Rabah Saadane weist nach den 90 Minuten auf den Ausfall von Torsteher Drid hin – nach einer Attacke des spanischen Vorstoppers Goicoechea muß der algerische Schlußmann mit dem Verdacht auf eine Gehirnerschütterung ins Krankenhaus gebracht werden –, aber Drids „Ersatz" Larbi avanciert mit groß-

artigen Reflexen noch zum besten Spieler seiner Elf. Spaniens Trainer Munoz lobt hinterher sein Mittelfeld (Francisco, Michel, Victor und Caldere), „das ausgezeichnet" gespielt habe, er darf aber auch mit der Abwehr zufrieden sein, die sich gegen die ballsicheren Algerier keine Blöße gibt. Algeriens Hoffnungen aber, es dem Nachbarn Marokko nachzumachen und ebenfalls in das Achtelfinale einzuziehen, sind dahin. Wohl hat die Mannschaft erneut ihr hohes spielkulturelles Niveau nachgewiesen; im Abschluß der Aktionen indes fehlt es den Nordafrikanern trotz aller technischen Perfektion noch immer an der notwendigen Konsequenz. Ein Manko, an dessen Beseitigung man in den nächsten Jahren gewiß verstärkt arbeiten wird.

*Erinnerungen an heimatliche Sprünge (mit dem Dromedar)? Kaci-Said wird attackiert von Camacho, Spaniens Kapitän*

## Gruppe E: Dänemark, BRD, Uruguay, Schottland

### Die „Todesgruppe" kennt keine Schwachen

Im Hotel „La Mansion Galindo", dem Trainingsquartier der BRD-Elf, ist die Stimmung angespannt. „Jagdszenen im Training", vermeldet die Nachrichtenagentur „sid". Der wuchtige Briegel zieht sich in einem Duell mit Matthäus eine schmerzliche Schulterprellung zu. Torwart Schumacher „verordnet" mit einer überharten Attacke Libero Herget eine viertägige Trainingspause. „Das kostet mich meinen Platz in der Mannschaft", erregt sich der Uerdinger Kapitän. „Von Nummer eins bis Nummer 22 herrscht eine unheimliche Unsicherheit. Keiner weiß, ob und was er spielt", beklagt sich der Kölner Littbarski bei der sensationshungrigen Presse. Teamchef Franz Beckenbauer ist in diesen Wochen dünnhäutiger geworden. Auf die vermeintlichen Neuigkeiten brauchten die Journalisten gar nicht bis zur allabendlichen Pressekonferenz zu warten. Sie werden ihnen schon am Tage in die Notizblöcke geliefert. Als in der mexikanischen Zeitung *Excelsior* eine Sex-Story über das BRD-Team erscheint und in einem BRD-Boulevardblatt noch nachgedruckt wird, gehen dem Teamchef die Nerven durch. „Diesen kleinen Mexikaner, den sieht man gar nicht mit bloßem Auge, weil er so klein ist. Da braucht man nur kurz zuzudrücken, dann gibt es ihn nicht mehr", entgleist Beckenbauer gegenüber einem mexikanischen Journalisten. Kapitän Rummenigge und die Mannschaft spüren den ungeheuerlichen Druck, der auf ihnen lastet. „All die Sachen haben sicherlich

*Als ob ihnen Flügel wüchsen, dem Dänen Elkjaer-Larsen (10) und Schottlands „Feuerkopf" Strachan*

218

vieles kompliziert. Die Stimmung ist jetzt so, daß wir unbedingt gewinnen müssen, sonst gibt es dramatische Entwicklungen."

Im vornehmen Golfklub „San Carlos" in Toluca bereiten sich in der Zwischenzeit die Uruguayer auf das Startspiel vor. Trainer Omar Borras, eigentlich Hochschullehrer in Montevideo, hält seine Spieler mit einem besonderen Dreh bei guter Laune. Über ein Amateurfunkgerät läßt er seine Schützlinge, so ausführlich, wie diese wünschen, mit den Ihren daheim sprechen. Und bald sollen Frauen, Bräute und Freundinnen, die schon beim Höhentraining in Kolumbien dabeisein durften, auch nach Mexiko kommen. Vor dem Auftaktspiel gerät der stets in roten Zahlen steckende Verband mit seinen 22 WM-Kickern jedoch noch in Clinch, ehe der Prämienpoker kurz vor dem Anstoß beendet wird.

Auf fußballerischem Gebiet wird Borras nicht von Sorgen gequält. Stopper Gutierrez macht die Platzwunde an der Stirn keine Kopfschmerzen mehr, Mittelfeldspieler Barrios hat seine Knöchelverstauchung ebenso überwunden wie der als „Joker" vorgesehene Stürmer Paz seine Achillessehnenreizung. Star der „Urus" ist Enzo Francescoli. Der 24jährige Torjäger steht bei River Plate Buenos Aires unter Vertrag und wird nach der Weltmeisterschaft zum französischen Klub Racing Paris wechseln. „Wenn bei der WM ein Weltstar geboren wird, dann Enzo", verspricht der 57jährige Borras.

Doch davon ist im Stadion „La Corregidora" in Queretaro nicht viel zu spüren. In der brütenden Mittagshitze sorgt BRD-Mittelfeldspieler Matthäus für eine eiskalte Dusche. In seinen Fehlpaß schaltet sich Alzamendi und vollendet. Das ist natürlich Wasser auf die taktischen Mühlen der „Urus". Die harte, kompromißlose Abwehr steht wie ein Fels, über Alzamendi und da Silva werden der verunsicherten BRD-Abwehr Nadelstiche versetzt. „Ein 2:0 wäre wohl die Entscheidung gewesen", mutmaßt angesichts vorhandener Chancen Omar Borras. Doch die BRD-Elf weiß um die Gefahr des Fehlstarts. Beckenbauer holt den entnervten Matthäus und den schwachen Brehme heraus, setzt auf die sich noch nicht hundertprozentig in Form befindenden Littbarski und Rummenigge. Der Kapitän leistet dann auch zum Ausgleich für den Kölner Allofs die Vorarbeit. „Allofs verhindert die Pleite", urteilt *Der Blick* in Zürich. Mit der destruktiven Haltung Uruguays derweil geht die Presse hart ins Gericht. „Guter Lohn für schlechtes Theater. Das war kein Spiel, das war eine Schlacht", schreibt die *Daily Mail*. „Die Urus operierten mit allen erdenklichen Tricks, wie ständigem Zeitschinden und bösen Fouls", kritisiert der *Kurier* in Wien.

Das zweite Spiel der „Todesgruppe" — diese Bezeichnung bezieht sich auf die vermeintliche Ausgeglichenheit der vier Mannschaften und die damit verbundene Gefahr des Ausscheidens — geht in der nördlich der mexikanischen Metropole gelegenen Satellitenstadt Nezahualcoyotl über die Bühne. Mit den Dänen und Schotten treffen zweifellos zwei der stärksten europäischen Vertretungen der letzten Jahre aufeinander.

Als die dänische Nationalmannschaft vor der Europameisterschaft 1984 in Frankreich Quartier bezog, nahmen nur eine Handvoll Reporter Notiz davon. Zwei Jahre später drängen sich bei der Pressekonferenz vor und nach jedem Spiel im Vorbereitungscamp „Hacienda Jurica" am Stadtrand von Queretaro die Journalisten. Darin schlägt sich die im Eiltempo erworbene Popularität der Skandinavier nieder. Aus dem Däumling des internationalen Fußballs ist ein Riese geworden, den die Experten an der WM-Börse längst als ernst gemeinten Geheimtip auf den Titelgewinn handeln. Im 22er

Kader der Wikinger gibt es 15 Legionäre, die ihre Brötchen in sechs verschiedenen Ländern verdienen. Aufgrund seiner Stippvisiten bei den weit verstreuten Akteuren wird Trainer Sepp Piontek schon lange als „Kilometerfresser" bezeichnet; er selbst nennt seine Truppe scherzhaft „Europa-Cocktail". „Dieses Turnier ist für uns zwar etwas Neues", sagt Stürmerstar Preben Elkjaer-Larsen zum Einstand der Dänen im Weltkonzert, „aber fast alle Spieler sind bei großen Klubs unter Vertrag, kennen den Druck und besitzen viel Routine."

Optimismus herrscht auch bei den Schotten vor, obwohl sie bislang bei fünf Auftritten in der WM-Endrunde stets nach dem ersten Turnierabschnitt die Koffer packen mußten. Dabei haben die Schotten Kenny Dalglish nicht dabei. Der 35jährige Spielermanager beim FC Liverpool führte die „Reds" zur Meisterschaft und zum Cupsieg, wurde mit überwältigender Mehrheit zum „Manager des Jahres" gewählt. „Die Weltmeisterschaft in Mexiko sollte der Höhepunkt meiner Laufbahn werden. Doch eine Knieverletzung zwingt mich zur Absage. Ich bin enttäuscht", sagt Dalglish. „Mit ihm fehlt nicht nur der Kopf, sondern auch die Seele der Mannschaft", weiß Trainer Alex Ferguson. Die Schotten treffen nach einem zweiwöchigen Trainingslager im amerikanischen Santa Fe spät im WM-Land ein. Das legt der Manager bei der Ankunft als gutes Omen aus. „Wir haben uns als letzter Teilnehmer in der zusätzlichen Ausscheidung mit Australien für die WM qualifiziert und sind als letzte Mannschaft eingetroffen", meint Ferguson, „jetzt wollen wir auch als letzte wieder heimfahren." Auch der Edelfan des schottischen Teams ist felsenfest von einem guten Abschneiden seiner Lieblinge überzeugt. Popstar Rod Stewart erklärt: „Diese Mannschaft wird in Mexiko sicherlich weit kommen. Ich halte sie für

**Tabellenstand**

1. Spieltag

| | | | | | | |
|---|---|---|---|---|---|---|
| Dänemark | 1 | 1 | – | – | 1:0 | 2:0 |
| Uruguay | 1 | – | 1 | – | 1:1 | 1:1 |
| BRD | 1 | – | 1 | – | 1:1 | 1:1 |
| Schottland | 1 | – | – | 1 | 0:1 | 0:2 |

2. Spieltag

| | | | | | | |
|---|---|---|---|---|---|---|
| Dänemark | 2 | 2 | – | – | 7:1 | 4:0 |
| BRD | 2 | 1 | 1 | – | 3:2 | 3:1 |
| Uruguay | 2 | – | 1 | 1 | 2:7 | 1:3 |
| Schottland | 2 | – | – | 2 | 1:3 | 0:4 |

3. Spieltag

| | | | | | | |
|---|---|---|---|---|---|---|
| Dänemark | 3 | 3 | – | – | 9:1 | 6:0 |
| BRD | 3 | 1 | 1 | 1 | 3:4 | 3:3 |
| Uruguay | 3 | – | 2 | 1 | 2:7 | 2:4 |
| Schottland | 3 | – | 1 | 2 | 1:3 | 1:5 |

15 Tore in 6 Spielen
∅ pro Spiel: 2,5
Torreichstes Spiel: Dänemark–Uruguay 6:1
Zuschauer: 129 000
∅ pro Spiel: 21 500
Höchste Zuschauerzahl: BRD–Schottland 28 000
Niedrigste Zuschauerzahl: Schottland–Dänemark, Uruguay–Schottland je 15 000
Torschützen:
Dänemark (5): Elkjaer-Larsen (4), J. Olsen (2), Lerby, Laudrup, Eriksen (je 1); BRD (2): Allofs (2), Völler (1); Uruguay (2): Alzamendi, Francescoli (je 1); Schottland (1): Strachan (1).
Verwarnungen: 17
gegen Dänemark 3, BRD 2, Uruguay 7, Schottland 5.
3 Feldverweise: Bossio, Batista (beide Uruguay), Arnesen (Dänemark).
Eingesetzte Spieler: Dänemark 17 (Durchschnittsalter 27,7), BRD 16 (28,0), Uruguay 16 (25,6), Schottland 19 (27,0).

*Der Däne Elkjaer-Larsen zwischen Aitken und Malpas, zwei schottischen Recken*

die beste schottische Nationalelf aller Zeiten."

Stunden später haben die Dänen Grund zum Jubel. *Uno mas uno*, Mexiko, formuliert das Ergebnis blumenreich: „Dänemark spielte Schottland schwindlig am Nachmittag des europäischen Fußballs." Und *Ovaciones*, Mexiko, nicht weniger euphorisch: „Das rote dänische Dynamit explodierte und besiegte Schottland."

Kapitän Morten Olsen, der 36jährige Libero des RSC Anderlecht, die Mittelfeldspieler Lerby, Arnesen und Jesper Olsen treiben die Angriffswogen immer wieder in den schottischen Strafraum, die gefährliche Doppelspitze Elkjaer-Larsen—Laudrup stößt voller Wucht durch die schottische Abwehrwand. Die Entscheidung erzwingt wieder einmal der 28jährige Torjäger von

Hellas Verona, Preben Elkjaer-Larsen. Zwar hat er ein wenig Glück, daß ihm das Leder vom Knie des Schotten Miller in die Laufrichtung springt, doch da blitzt eben seine ganze Klasse beim Erkennen der Situation und beim Abschluß auf.

„Dieser Sieg zum Auftakt ist für uns wichtig, denn damit haben wir die anderen Mannschaften in Zugzwang gebracht", freut sich Sepp Piontek. Sein Kollege Alex Ferguson macht trotz Niederlage eine gute Miene. „Unsere Mannschaft kann sich noch steigern. Der Sieg der Dänen geht in Ordnung. Schwerer als die Niederlage trifft uns, daß uns im nächsten Spiel durch Verletzungen unsere beiden Stürmer Nicholas und Sturrock ausfallen."

Schon der erste Spieltag der „Todesgruppe" bestätigt die Erwartungen und verspricht weiterhin Spannung.

## Dänisches Glanzstück
## im Zwischenspiel

Bammel ist für Dänemarks Kicker sonst ein Fremdwort, doch vor dem zweiten Spiel gegen Uruguay bekommt es selbst Trainer Sepp Piontek ein wenig mit der Angst zu tun.

Die harte Gangart der „Urus" bereitet ihm Kopfzerbrechen. Schnelles Abspiel und wenige Dribblings läßt der Coach seine Mannen immer wieder üben, um unnötigen Zweikämpfen und rüden Attacken aus dem Wege zu gehen. Besonders sein Stürmeras Elkjaer-Larsen nimmt er sich ans Herz, denn der „Veronese" geht gar zu schnell auf die Palme. „Für ihn haben wir eine Vierfachdeckung parat", versucht Uruguays Libero den dänischen Torjäger einzuschüchtern. „Nur gut, dann stehen die anderen wenigstens frei", antwortet der Däne.

Die 21 000 Zuschauer in Neza erleben, wie die Wikinger wie ein Sturmwind ins Achtelfinale brausen. „We are red, we are white – we are danish dynamite!" Unter diesem Anfeuerungsruf der dänischen Anhänger gestalten die Laudrup, Olsen, Lerby den 6:1-Kantersieg über den Südamerikameister zu einem Fußballfesttag.

Elkjaer-Larsen und Lerby schaffen nach Vorarbeit des jungen Laudrup eine beruhigende 2:0-Führung. Nicht nur durch den Rückstand ist die uruguayische Elf schwer gezeichnet, zudem verliert sie nach 20 Minuten noch ihren Mittelfeldspieler Bossio nach wiederholtem Foulspiel durch Feldverweis. Auch ein Strafstoßgeschenk für die Südamerikaner – Francescoli verwandelt sicher – ändert nichts am Spielverlauf. Trainer Omar Borras muß tatenlos zusehen, wie seine Elf zu einem Spielball der Wikinger wird. „Dieser Elkjaer ist eine zischende Schlange", stöhnt „Uru"-Verteidiger Diego verzweifelt auf. Als Michael Laudrup das dritte Tor markiert,

„Preben Elkjaer-Larsen ist der Typ, der ein Spiel ganz allein entscheiden kann", urteilt Dänemarks Trainer Sepp Piontek über den 28jährigen Torjäger der Wikinger. Er ist fast für jeden Abwehrspieler eine Bestrafung. Larsen spielte viele Jahre beim belgischen Erstligisten SC Lokeren, ohne groß in Erscheinung zu treten. Dort lernte er auch seine belgische Ehefrau Nicole kennen. Seine Sternstunde schlug bei der Europameisterschaft in Frankreich, bei der er sich – obwohl er beim Elfmeterschießen gegen Spanien nicht traf – in die Herzen der Zuschauer spielte. Danach wechselte er zum italienischen Verein Hellas Verona. In 60 Länderspielen erzielte der 1,83 m große Weltklassestürmer 39 Treffer – vier bei der Weltmeisterschaft in Mexiko. Der blonde Däne ist außerhalb des Spielfeldes ein Eigenbrötler, der im Spiel selbst schnell in Rage gerät.

**Im Spiegel der Presse
der dritte und entscheidende Spieltag:**

*Zu Dänemark–BRD (2:0)*

*Sport*, Belgrad: „Ein Kampf mit Herz. Dänemark siegte leicht und verdient."
*The Sun*, London: „Dänemark im Rampenlicht."
*La Vanguardia*, Barcelona: „Beide Mannschaften zeigten, wie moderner Fußball gespielt werden kann. Auch der Vizeweltmeister konnte die Dänen nicht schlagen."
*La Jornada*, Mexiko-Stadt: „Das dänische Karussell drehte sich in Queretaro erneut auf Hochtouren."

*Zu Uruguay–Schottland (0:0)*

*Uno mas uno*, Mexiko-Stadt: „Uruguay qualifizierte sich mit einer Mischung von Rauheit und Fußball."
*l'Equipe*, Paris: „Batistas Platzverweis war hart, aber logisch."
*Kronenzeitung*, Wien: „Schotten spielten ideenlos und stürmten stur. Sie schienen über den Platzverweis mehr geschockt zu sein als die Urus."
*Tagesanzeiger*, Zürich: „Die Fußballverhinderer wurden belohnt. 89 Minuten Abwehrschlacht."

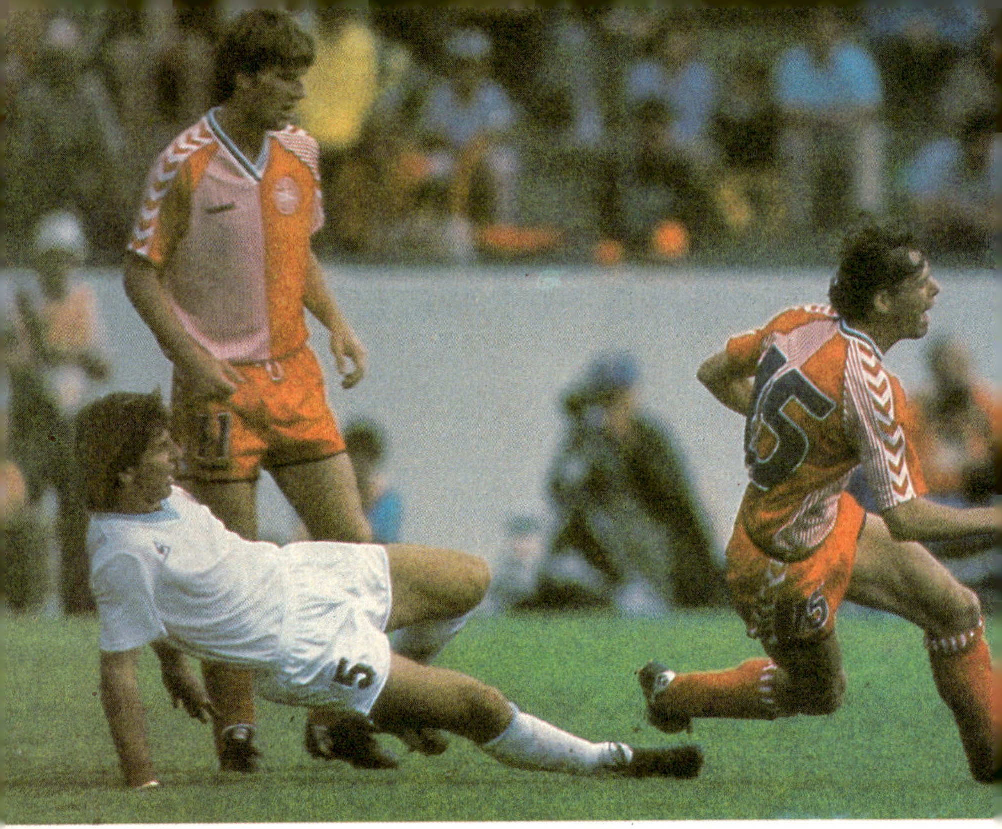

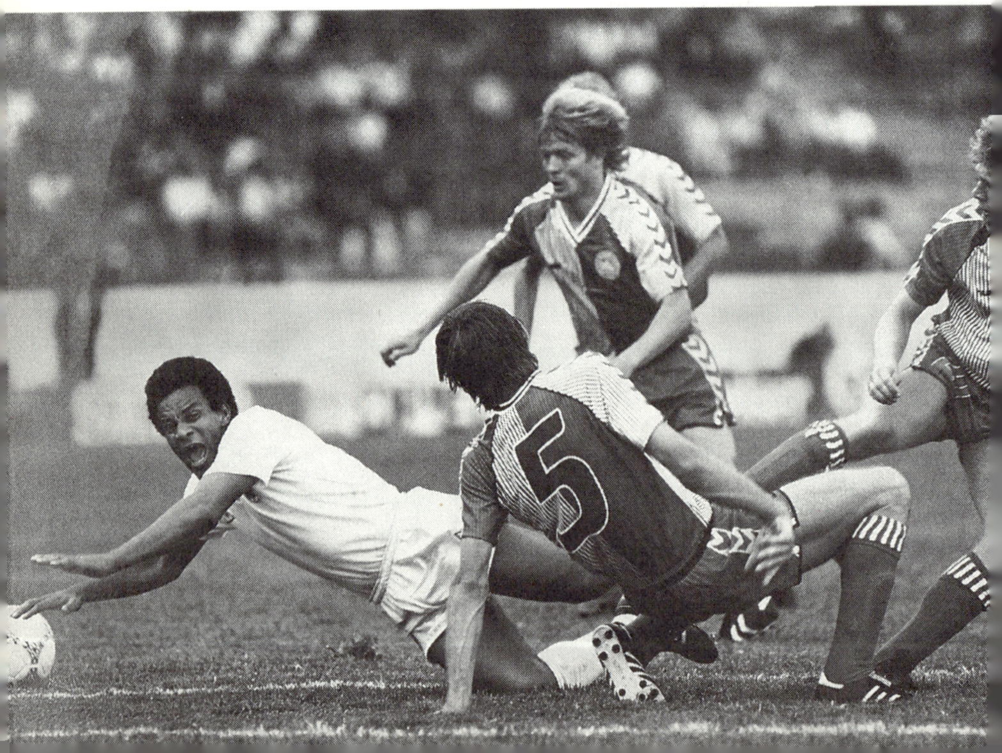

Im Dickicht der Abwehr Uruguays sind Dänemarks Wikinger nie auf Abwege geraten, auch Arnesen, von Bossio „verfolgt", nicht. Links Laudrup (11)

Auch die Dänen können zufassen, Diego (Uruguay) deutet's an. Nielsen (5) und Lerby lassen keinen entwischen

Hechtrolle vorwärts von Littbarski nach Duell mit Miller, dem schottischen Libero

Sieger in dieser packenden Szene der Schotte Miller gegen Förster (l.) und Magath – im Spiel war es umgekehrt

schreit ein südamerikanischer Reporter weinerlich ins Mikrofon: „Laudrup – El Diabolo!" Zu deutsch: „Laudrup – der Teufel!" Noch zwei Tore von Elkjaer und ein Treffer von Jesper Olsen stoßen die Männer aus Montevideo in die größte WM-Niederlage ihrer Geschichte.

„Dänemark spielte noch südamerikanischer als der Südamerikameister", schwärmt Brasiliens Altstar Pele. Frankreichs Europameistermacher Michel Hidalgo schließt sich an: „Dänemark hat eine sensationelle Mannschaftsleistung vorgeführt, die einfach alle positiven Elemente des modernen Fußballs enthielt. Die vielen Rhythmuswechsel und die Raumaufteilung waren unglaublich gut. Was diese Mannschaft im Angriff bringt, ist phänomenal." Die Madrider Zeitung *Lavanguardia* fällt das treffende Urteil: „Die Dänen spielen Fußball von einem anderen Stern." Die *Gazzetta dello Sport* in Mailand fabuliert: „Märchenhaftes Dänemark". Das „Viva Dinmarca" klingt bis in die Nacht hinein.

Schottlands Manager ist in diesen Stunden nicht zu beneiden. Verletzungsausfälle plagen ihn. Sein Wunschangriff Nicholas (Arsenal London) und Sturrock (Dundee United) kann das Spiel gegen die BRD nur von der Tribüne aus verfolgen. „Wir haben aber genug Stürmer", macht Ferguson in Zweckoptimismus. Er entscheidet sich für Bannon und Archibald.

Auch BRD-Trainer Franz Beckenbauer pokert mit der Aufstellung. Kapitän Karl-Heinz Rummenigge hat sich gesund zurückgemeldet. Aber der Torschütze aus dem Uruguay-Spiel, Klaus Allofs, verkündet: „Für Kalle ist neben mir und Rudi Völler kein Platz." Rummenigge nimmt es murrend zur Kenntnis und auf der Bank Platz. Dem Unglücksraben Matthäus gesteht der Teamchef noch eine Bewährungschance zu, nur Brehme muß seinen Platz an den Hamburger Rolff abgeben.

In der Hintermannschaft der westdeutschen Elf offenbaren sich zu Anbeginn einige Lücken, in die vor allem das Mittelfeldas von Manchester United, Strachan, immer wieder hineinstößt. Der Rotschopf überwindet dann auch – von Aitken glänzend freigespielt – den BRD-Schlußmann Schumacher, wobei der Schuß aufs kurze Eck nicht unhaltbar ist. Beckenbauer beordert schimpfend und gestikulierend Eder zum Laufwunder Strachan. Wichtig für den Vizeweltmeister von 1982, daß bereits vier Minuten später der Ausgleich gelingt. Littbarski legt das Leder in die Gasse zu Allofs, bei dessen Eingabe Völler nur noch das Knie hinzuhalten braucht. Unglücklich für die Schotten kommt das entscheidende Tor. Völler scheint sich gegen drei Abwehrspieler festzufahren, da springt das Leder von Narey zu Allofs, der die Kugel unhaltbar für Leighton aus acht Metern ins Netz jagt. Während Dänemark nach dem Fußballfest bereits das Achtelfinale erreicht hat, steht nun auch die BRD-Elf mit einem Bein in der nächsten Runde.

## Schottischer Toregeiz sorgte für Aus

„Noch haben wir eine Chance, durch die Hintertür als dritte Mannschaft in das Achtelfinale zu kommen", tröstet Alex Ferguson die bisher von ihrer Mannschaft arg enttäuschten Fans in der Heimat. Sturrock, der gefährliche Angreifer, ist wieder von Anbeginn dabei, auch Nicholas kann entgegen allen Voraussagen schon wieder auf der Wechselbank auf einen Kurzeinsatz warten. Uruguays Trainer Omar Borras gerät immer mehr ins Gerede mit unbedachten Äußerungen. „In Mexiko hat gegen unsere Spieler ein wahres Kesseltreiben eingesetzt", beklagt er sich. Doch sorgen seine Schützlinge mit ihrem „Totengräber-Fußball" nicht selbst dafür?

Die Partie der beiden Teams um den rettenden dritten Platz in der „Todesgruppe" bringt die Nachteile beider deutlich an den Tag. Noch keine Minute ist gespielt, da attackiert Batista bereits sehr rüde. Doch der französische Referee Joel Quiniou läßt sich auf nichts ein — nach 50 Sekunden zieht er die rote Karte. Uruguay zu zehnt. Aber die Schotten wissen die einmalige Gunst der Stunde nicht zu nutzen. Das stupide Anrennen gegen eine mit Haken und Ösen sich verteidigende uruguayische „Zehn" erfolgt ideenlos, so daß sich die „Urus" mit Zeitschinden über die Runden retten.

„Uruguays Auftreten machte das Spiel zu einer Farce. Unter solchen Bedingungen reisen wir lieber ab", erbost sich Ferguson, womit er allerdings auch von indiskutablen Spielideen seines Teams ablenken will.

Omar Borras fühlt sich als Opfer. „Auf dem Platz war ein Mörder. Und

*Viel Ärger, viel zuviel mit den „Urus".*
*Schiedsrichter Quiniou kennt kein Pardon,*
*wie er Acevedo, Gutierrez klarmacht*

der Mörder war der Schiedsrichter", gerät er nach dem Abpfiff außer sich. Das hat sein Nachspiel — 25 000 Schweizer Franken Strafe für Uruguay, eine Sperre für den Trainer und die ernste Warnung, bei erneuten Vorkommnissen die uruguayische Mannschaft von der weiteren Teilnahme auszuschließen.

Die Dänen machen aus ihrer Absicht kein Hehl. „Dem Schumacher haue ich einen rein", sagt Elkjaer-Larsen. „Wir wollen Gruppenerster werden", nennt Piontek unverblümt das Ziel. Dagegen gibt es im BRD-Quartier wieder einmal Theaterdonner. Rummenigge pocht auf seinen von Beckenbauer versprochenen Einsatz. „Krieg um Kalle. Zerbricht unsere Elf?" heizt das Skandalblatt *Bild* seine Leser an. „Das Duell der Kapi-

*Mit 36 Jahren noch ein Souverän: Dänemarks Morten Olsen, hier am Ball vor Allofs und Rummenigge*

täne", meint die *FAZ* zum Streit zwischen dem „Chef" Rummenigge und seinem „Vize" Schumacher, dem der Stürmerstar vorwirft, ihn mit Hilfe des „Kölschen Klüngels" aus der Mannschaft fernzuhalten. Beckenbauer ist in der Zwangslage, steht zum Rummenigge gegebenen Wort, dann aber muß der Kapitän doch auf die Bank. „Rummenigge verlor Machtkampf gegen Toni", resümiert das BRD-Fachblatt *Kicker*.

Dänemark-Trainer Piontek wartet mit einer Überraschung auf. Für den unsicheren Rasmussen kommt Hoegh ins Tor, erhält seine Chance. In der BRD-Mannschaft fehlt neben Magath vor allem der dynamische Ankurbler Briegel, auch Littbarski muß neben Rummenigge auf die Bank. Auf die Frage nach der möglichen Konstellation des Kontrahenten im Achtelfinale hat Beckenbauer die Flucht nach vorn angetreten: „Wir spielen auf Gruppensieg." Trainer

Piontek kontert: „Das ist allein Sache unseres Gegners. Wir spekulieren nicht." Das spüren die Zuschauer bis unters Tribünendach. Die Dänen sind die spielbestimmende Mannschaft. Zwei Minuten vor der Pause fällt der Führungstreffer. Der 36jährige Libero Morten Olsen kann von Rolff nach einem tollen Sturmlauf nur noch im Strafraum zu Fall gebracht werden. Namensvetter Jesper Olsen verwandelt in sicherer Manier.

Wechsel in der Kabine. Elkjaer-Larsen hat von den Attacken Försters genug, Beckenbauer erhofft sich durch Littbarski für den enttäuschenden Rolff mehr Angriffsschwung. Eine Traumkombination der Dänen besorgt das 2:0. Lerby, der Mittelfeldmotor, spielt Laudrup mit einem Steilpaß an, dessen

Eingabe lupft der eingewechselte Eriksen in die Maschen. Dann schickt der BRD-Teamchef doch noch Rummenigge auf den Platz, doch es ist offensichtlich, daß er keine Bindung findet, zudem eine Schußchance kläglich vergibt. Bitter für die Dänen, daß einer ihrer wichtigsten Akteure, Arnesen, nach einem Revanchefoul noch in der letzten Minute die rote Karte sieht.

„0:2 haben wir gegen Dänemark verloren, die Dänen waren auch wirklich besser", gesteht das ansonsten nicht gerade objektive Boulevardblatt *Bild* kleinlaut ein und fordert eine neue Mannschaft.

Jakobs, Rolff und Herget sind die „Verdammten". „Der Sepp wurde zum Kaiser", jubelt *BT*, Kopenhagen, in Anspielung auf Beckenbauer, *Francoir* lobt die hinreißenden Dänen. Doch ahnt *Today*, USA, schon das Kommende? „Dänemark siegte und zahlte einen hohen Preis. Die Mannschaft trifft jetzt auf die starken Spanier und ironischerweise der Verlierer auf die unerfahrenen Marokkaner."

Und da diese Konstellation schon vor dem Spiel bekannt war, fragt sich so mancher auf den Tribünen, ob die BRD tatsächlich mit vollem Einsatz gegen Dänemark gespielt hat, ob Beckenbauer nicht vielleicht der kältere Taktiker war? Jedenfalls hat der Austragungsmodus der BRD – im Gegensatz zu fast allen anderen Mannschaften – den Vorteil gebracht, schon vor dem letzten Spiel in der Gruppe zu wissen, wer der nächste Gegner sein wird. Der Verdacht, daß Herr Neuberger aus der BRD als Organisator der WM hier die Hand im Spiel gehabt haben könnte, wird indessen nur hinter den Kulissen geäußert ...

## Gruppe F: Marokko, England, Polen, Portugal

### Die Rache für Wembley

Für die Fußballkicker der Weltmeisterschaft 1986 liegt die „Hölle des Nordens" in Monterrey. Die vier Vertretungen Marokkos, Englands, Portugals und Polens müssen mit den klimatisch extremen Bedingungen im Hitzekessel des mexikanischen Nordens fertig werden. Die Auslosung in die Gruppe F hatten alle gefürchtet. Die Dreimillionenstadt, ein Industriezentrum nahe der Grenze zu den Vereinigten Staaten, liegt zwar nur 522 m über dem Meeresspiegel, aber hier herrschen außergewöhnliche Temperaturen: sie können bei den Anstoßzeiten bis auf 45 Grad klettern. Die Luftfeuchtigkeit erreicht mit 66 Prozent für mexikanische Verhältnisse einen Spitzenwert.

Das benachteiligte Quartett versucht sich auf das außergewöhnliche Klima so gut wie möglich einzustellen. Die Wüstensöhne aus Marokko schlagen ihr Quartier bereits am 4. Mai auf, die Engländer einen Tag später. Portugals Auswahlchef Jose Torres läßt die Koffer seiner Mannschaft am 14. Mai auspacken, während die Polen erst sechs Tage später in Monterrey eintreffen. Die aufblühende Industriestadt hat einen neuen Werbeslogan: „Monterrey – better than ever" („Monterrey – besser als je zuvor"). Welche Mannschaft wird sich trotz aller Probleme nach der Vorrunde mit diesem Spruch anfreunden können?

Im Treibhaus von Monterrey blühen gleich von Anbeginn die schönsten marokkanischen Hoffnungen. Zum zweiten Male bei einer Endrunde der Weltmeisterschaft dabei – und erneut wie 1970 in Mexiko –, stampfen sie ihre Füße schon kräftiger auf, die Konkurrenz bemerkt es mit Erstaunen und einer gewissen Vorsicht. Selbst die

3 000 englischen Fans, die sich bei der Partie der Marokkaner gegen Polen auf das erste Match ihres Teams am nächsten Tag einstimmen wollen, bekommen den Mund vor Staunen nicht mehr zu, als „die Löwen aus dem Atlas-Gebirge" dem Klub Polska kaum Entfaltungsmöglichkeiten lassen. Michel Hidalgo, der große Mann des französischen Fußballs, hatte schon vorher gewarnt: „Die Marokkaner sind auf dem Vormarsch. Ballfertig waren sie schon immer, vielleicht zu ihrem Nachteil ein wenig verspielt. Inzwischen haben sie im Abwehrverhalten, in taktischer Hinsicht viel dazugelernt." Dafür sorgte der 53jährige brasilianische Trainer Jose Faria. Leichtfüßig und schnell trumpfen die Nordafrikaner auf, mit durchdachten, über wenige Stationen vorgetragenen Kontern

*Der Engländer Butcher fährt Carlos Manuel (Portugal) in die Parade*

überbrücken sie das Mittelfeld. Timoumi, „Afrikas Fußballer des Jahres", und Bouderbala dirigieren in bestechendem Stil die Aktionen. Die wieselflinken Merry-Brüder Krimau und Mustapha, bei den französischen Klubs Le Havre und Valenciennes unter Vertrag, sausen um den 1,93 m großen Abwehrrecken Wojcicki herum, daß er sich wie in einem Merry-go-round, wie in einem Karussell, vorkommt.

Der Mazurka zur Ouvertüre dagegen fehlt das Temperament. Bernard Blaut, zweiter Trainer, macht aus seiner Enttäuschung kein Hehl: „Das war nichts, kein Tempo, kein Druck." Erst der eingewechselte Urban sorgte für ein wenig Schwung. Bei einem Heber nach 70 Minuten und einem Pfostenschuß nach 84 Minuten ist die polnische Führung möglich, doch sie hätte den Spielverlauf auf den Kopf gestellt.

Marokkos Coach zeigt sich zufrieden: „Das Ergebnis macht uns Mut,

weil wir noch dazu die bessere Mannschaft besaßen. Nun wollen wir mehr." Niemand lächelt über diese Aussage, denn in den neunzig Minuten haben die „Löwen" eindrucksvoll gezeigt, wozu sie fähig sind. Auch Englands Teamchef Bobby Robson und Portugals Verantwortlicher Jose Torres machen sich so ihre Gedanken, als sie das Estadio Universitario verlassen.

Die Engländer und Portugiesen können sich von ihren Trainingsquartieren aus gegenseitig in die Suppe spucken. Nur ein sonnenüberflutetes Asphaltband trennt die beiden Hotels voneinander. Beobachtung aller Schritte des Kontrahenten sind angesagt, Trainingsstudien gehören zum Tagesprogramm. Bobby Robson gießt mit einem Interview Öl ins Feuer: „Die Portugiesen haben keine Klasse", wird er in einem Lokalblatt zitiert. Jose Torres kann das seinen Schützlingen nicht oft genug vorlesen. „Warten wir es ab, Spiele werden auf dem Rasen und nicht durch Interviews entschieden", strahlt Portugals Torjäger Fernando Gomes Zuversicht aus. Robson steckt nach der Partie zwar zurück („So negativ habe ich das alles nicht gemeint"), doch Portugal hat schon auf eigene Art geantwortet. Englands vielgepriesenes Mittelfeld mit Bryan Robson, Wilkins und Hoddle sorgt zwar für eine gewisse Überlegenheit, doch Überraschung geht von den Kombinationen der Engländer nicht aus. Und als sie nach der Pause das Tempo verschärfen, patzen Lineker, Wilkins und Robson in aussichtsreichen Situationen. Anders die „Fallensteller" in der portugiesischen Elf. Allen voran Carlos Manuel – der mit dem einzigen Treffer gegen die BRD erst kurz vor Toresschluß Portugal nach Mexiko führte – mit seinem erneuten Torriecher. Nach 76 Minuten schauen Englands Abwehrrecken verdutzt drein. Nach Diamantinos Paß ist der „Goldjunge", der 27jährige Mittelfeldspieler von Benfica Lis-

Tabellenstand

1. Spieltag

| | | | | | | |
|---|---|---|---|---|---|---|
| Portugal | 1 | 1 | – | – | 1:0 | 2:0 |
| Marokko | 1 | – | 1 | – | 0:0 | 1:1 |
| Polen | 1 | – | 1 | – | 0:0 | 1:1 |
| England | 1 | – | – | 1 | 0:1 | 0:2 |

2. Spieltag

| | | | | | | |
|---|---|---|---|---|---|---|
| Polen | 2 | 1 | 1 | – | 1:0 | 3:1 |
| Portugal | 2 | 1 | – | 1 | 1:1 | 2:2 |
| Marokko | 2 | – | 2 | – | 0:0 | 2:2 |
| England | 2 | – | 1 | 1 | 0:1 | 1:3 |

3. Spieltag

| | | | | | | |
|---|---|---|---|---|---|---|
| Marokko | 3 | 1 | 2 | – | 3:1 | 4:2 |
| England | 3 | 1 | 1 | 1 | 3:1 | 3:3 |
| Polen | 3 | 1 | 1 | 1 | 1:3 | 3:3 |
| Portugal | 3 | 1 | – | 2 | 2:4 | 2:4 |

9 Tore in 6 Spielen
Ø pro Spiel: 1,5
Torreichstes Spiel: Marokko–Portugal 3:1
Zuschauer: 98 000
Ø pro Spiel: 16 333
Höchste Zuschauerzahl: Portugal–Marokko 27 000
Niedrigste Zuschauerzahl: Polen–Portugal 6 000
Torschützen:
Marokko (2): Khairi (2), Krimau (1); England (1): Lineker (3); Polen (1): Smolarek (1); Portugal (2): Carlos Manuel, Diamantino (je 1).
Verwarnungen: 12
gegen Marokko 3, England 5, Polen 2, Portugal 2.
1 Feldverweis: Wilkins (England).
Eingesetzte Spieler: Marokko 14 (Durchschnittsalter 26,4), England 17 (26,4), Polen 16 (27,2), Portugal 16 (29,5).

sabon, zur Stelle. „Was uns von den Engländern unterscheidet? Wir haben im Gegensatz zu ihnen Spielintelligenz und Spielwitz." Der Sieger kann sich solche Aussprüche leisten.

Verärgerung bei den Männern von der Insel. „Unglaublich, aber wahr – eine Chance für Portugal und der Sieg. Wir sind dennoch die Besten in der Gruppe", tritt Bobby Robson die Flucht nach vorn an. Bobby Charlton, legendäre Figur des englischen Fußballs, sucht die Niederlage mit dem zu hohen Rasen zu begründen: „Er stoppte unsere Bemühungen."

Für einen Mann ist der Erfolg der besondere Triumph. Für Jose Torres. „Das war die WM-Revanche für die Halbfinalniederlage von 1966 in England. Darauf bin ich besonders stolz. Damals stürmte ich an der Seite von Eusebio", spricht er in die Reportermikrofone. Es ist zugleich der erste Sieg gegen England seit 31 Jahren.

## Englands Schmach

Er geht als schwarzer Freitag in die Geschichte des englischen Fußballs ein. In den englischen Wohnstuben und in den Bierkneipen herrscht der Zorn. Marokko demütigt Englands Fußballwelt. „Macht dem Spiel ein Ende. Es ist traurig und ärgerlich zugleich, was meine Nachfolger hier in Mexiko bieten", wettert der Weltmeister von 1966 und Fernsehkommentator Bobby Charlton während der Übertragung. „Wir sind der K.-o.-Situation sehr nahe", muß Teamchef Bobby Robson eingestehen. „Team England 1986" entpuppt sich wie schon gegen Portugal als biedere Durchschnittstruppe, die nicht einmal Kampf und Tempo, bekannte englische Tugenden, in die Waagschale werfen kann. Die englische Elf kommt mit dem Unentschieden gegen die Nordafrikaner noch gut weg. Zwei klare Gelegenheiten hat Kri-

mau, als er durch die steifbeinige englische Abwehr huscht.

Kurz vor der Pause trifft die Engländer ein folgenschweres Handikap. Kapitän Bryan Robson kugelt sich sein kaum ausgeheiltes Schultergelenk erneut aus. „Ohne Bryan sind wir eine Flotte, die ihr Ziel nicht findet", hatte der Teamchef schon vor der Weltmeisterschaft prophezeit. Doch nicht nur der Lenker des Spieles geht, auch ein anderer Spielgestalter muß das Feld verlassen. Dem 29jährigen Ray Wilkins brennen fast zum gleichen Zeitpunkt die Sicherungen durch. Bereits verwarnt, wirft er nach einer Abseitsent-

*Strahlende Sieger nach dem 1:0 über Portugal und dem Einzug ins Achtelfinale: Marek Ostrowski und Zbigniew Boniek*

*Arg gebeutelt die Engländer, voran Kapitän Robson, der gegen Marokko seine WM-Träume begraben muß*

Als 23. WM-Kandidaten und Ersatz für den verletzten Stammtorwart Manuel Bento, der sich in einem Trainingsmatch untereinander als Stürmer versuchte und sich dabei einen Knöchelbruch zuzog, nominierte der portugiesische Verband den Schlußmann Almeido Louro Silvino (29) vom Zweitligisten Rio Aves mit einer Sondergenehmigung der FIFA nach. Der Keeper sollte jedoch erst bei Erreichen der Achtelfinalrunde nach Mexiko eingeflogen werden. Portugals Verband sparte nach dem Ausscheiden zumindest Flugkosten.

Eigentlich ist während der Weltmeisterschaft der Fastenmonat Ramadan. Marokkos Kicker hätten also von Sonnenaufgang bis Sonnenuntergang nichts essen dürfen. Da aber bekanntlich mit leerem Magen schlecht zu spielen und vor allem schlecht zu gewinnen ist, nahmen die Spieler normale Mahlzeiten zu sich. „Wir sind flexibel", erklärte Stürmerstar Aziz Bouderbala vom Schweizer Cupsieger Sion, „wir holen die Fastentage, die wir jetzt versäumen, nach."

**Im Spiegel der Presse
der dritte und entscheidende Spieltag:**

*Zu Marokko–Portugal (3:1)*

*Gazzetta dello Sport*, Rom: „Marokko auf dem fliegenden Teppich – die Torpedos von Khairi versenkten Portugal und brachten zum ersten Male Afrika ins Achtelfinale."
*Daily Telegraph*, London: „Afrika wächst in die Fußball-Weltspitze."
*Corriere dello Sport*, Rom: „Khairi rettete Polen."
*Bola*, Lissabon: „Alles vorbei, ein Team ohne Kopf zeigte bei der ganzen WM kein gutes Zusammenspiel."

*Zu England–Polen (3:0)*

*Der Blick*, Zürich: „Gary Lineker rettete England vor der größten Schmach seit 1950."
*The Sun*, London: „Durch Linekers Hattrick zurück in die Weltspitze."
*Sport*, Barcelona: „Superstar Lineker. Das bisher enttäuschendste Team der WM doch noch qualifiziert."
*Telegraph Newspaper*, London: „Flinke Engländer trotzten ihrer Kritik."

scheidung den Ball wütend in Richtung des paraguayischen Unparteiischen Gabriel Gonzales und sieht dafür „Rot". „Das war eine große Dummheit von mir. Ich hatte nicht die Absicht, den Referee zu treffen. Es ist der erste Platzverweis meiner Laufbahn", gesteht er kleinlaut.

Englands Presse gießt Kübel von Spott und Hohn über ihr Team aus. „Ihr Trottel. England ist der Witz der WM", höhnt das englische Massenblatt *The Sun*. „Englands Griff nach dem Titel endet in Schande und Erniedrigung", meint *Daily Express*, und *Daily Mail* verkündet trotz der noch vorhandenen theoretischen Chancen auf das Weiterkommen: „Englands Fußball starb einen langsamen Tod unter der unerbittlichen Sonne von Monterrey." Noch vor der WM hatte Teamchef Bobby Robson mit seiner Mannschaft „It was a very good year" („Es war ein sehr gutes Jahr") geschmettert und diesen Optimismus in Millionenauflage auf Schallplatten pressen lassen. Jetzt könnte aus dem erhofften Hit ein Ladenhüter werden.

Im verständlichen Freudentaumel dagegen die „Löwen aus dem Atlas-Gebirge". Sie herzen und küssen sich, schlagen sich auf die Schultern, beschwören ihr Glück, bestaunen noch ungläubig das 0:0. Sie genießen den Triumph voll. Der 26jährige Mohamed Timoumi freut sich wie ein Kind: „Das ist ein historischer Tag für Marokko. Wir sind alle sehr glücklich. Zu Hause werden sie in unserem Namen Freudenfeste feiern." Trainer Faria weist jede Kritik zurück: „Niemand kann uns vorwerfen, daß wir nicht auf Sieg gegen zehn Engländer gespielt haben. England ist stark und wir unerfahren. Da hätten uns die Engländer attackieren müssen und nicht wir sie." Marokkos König Hassan II., ein glühender Fußballanhänger, beglückwünscht seine Mannschaft eine Stunde nach dem Abpfiff herzlich per Telefon.

Portugals Elf wird vor der Partie gegen Polen von einem Mißgeschick betroffen. Der Kapitän, die „Seele der Mannschaft" (so Trainer Torres), der 37jährige Torwart Manuel Bento, fällt nach einer Knöchelfraktur aus. Für ihn soll der noch ein Jahr ältere Victor Damas in die Bresche springen. Auch Polens Trainer Antoni Piechniczek bastelt an seiner Mannschaft, nachdem einige Akteure beim 0:0 gegen Marokko nur Enttäuschendes boten. 45 Minuten geschieht nicht viel in diesem Spiel. Damas und Mlynarczyk erleben einen geruhsamen Tag. Erst nach dem Wiederanpfiff kommt Farbe ins Spiel, als vor allem die Portugiesen zur Offensive ·blasen. Doch weder der eingewechselte Futre noch Sousa treffen ins Schwarze. Dreimal scheitern sie am guten polnischen Schlußmann Jozef Mlynarczyk. Trainer Antoni Piechniczek will von der Bank aus gerade handeln. Seinem Angreifer Smolarek signalisiert er die Auswechslung, doch ausgerechnet in diesem Augenblick jagt der Stürmerfuchs mit einem Schrägschuß den Ball in die Maschen des portugiesischen Gehäuses. Zum Lohn darf er noch neun Minuten weitermachen. Der Klub Polska braucht jede Minute zum Verschnaufen, weil die Südeuropäer verzweifelt auf den Ausgleich drängen. Bei Rosas Schuß reißen sie schon die Arme hoch, doch das Leder klatscht an den Pfosten. „Sieben Pfund Gewicht verloren, aber zwei wichtige Punkte gewonnen", atmet Polens Dirigent Zbigniew Boniek erst einmal auf. „Ich bin überzeugt davon, daß wir trotz der Niederlage ins Achtelfinale einziehen", macht Jose Torres in Optimismus.

## Durch klare Siege ohne Rechenschieber

In der Gruppe der Nulldiät – ganze zwei Tore sind bisher gefallen – setzt das große Rechnen ein. Alle vier

Mannschaften besitzen mehr oder weniger noch eine Chance auf ein Weiterkommen. Aber wird am Ende der Rechenschieber gebraucht, oder droht gar ein Losentscheid?

Bobby Robson, ob seiner Kaltschnäuzigkeit und Großmäuligkeit bekannt, meint: „Die Differenz zu den führenden Polen beträgt nur zwei Tore. Die schießen wir." In Einzelgesprächen versucht er seine Spieler aufzurütteln. Londons Zeitung *The Sun*, die von den „Trotteln der WM" schrieb, liegt im prachtvollen Trainingsquartier der Engländer, 85 Kilometer von Monterrey entfernt, nicht aus. Nachdenken ist bei den Engländern angesagt. Auch über das eigentlich Unfaßbare. Evertons Torjäger Gary Lineker: „Zu Hause erwartet uns die Hölle. Die zerreißen uns in Stücke, wenn wir uns nicht mit einem Sieg gegen Polen ins Achtelfinale retten." In der größten Not schickt die englische Königin eigens ihren Sportminister nach Mexiko. Dick Tracey soll Bobby Robson und seine enttäuschenden Stars aufmöbeln. „Zu Hause haben die Fans die Hoffnung auf euer Weiterkommen noch nicht aufgegeben. Ich wünsche euch viel Erfolg", verkündet der Minister. Bobby Robson nickt gequält und weiß, daß sein Thron bedenklich wackelt.

Wesentlich ruhiger geht es im polnischen Quartier zu. Der Sieg gegen Portugal stärkt das Selbstvertrauen. „Gegen die angeschlagenen Engländer steht uns noch ein hartes Stück Arbeit bevor, aber wir besitzen drei Punkte. Vier könnten zum Gruppensieg reichen. Wir würden gern in Monterrey bleiben, weil wir uns gut akklimatisiert haben. Das wäre dann im Achtelfinale gegen die anreisende Mannschaft ein Vorteil", blickt Antoni Piechniczek schon voraus.

Ein schmächtiger, unscheinbarer junger Mann aus Liverpool haucht dem englischen Fußball neues Leben und neue Hoffnung ein. Gary Lineker vom EC Everton erweckt das bewußtlose Baby England wieder zum Leben, formuliert *The Mexiko City News*. Fast allein besiegt er die polnische Mannschaft. Doch auch die Umstellungen durch den Teamchef haben zum neuen Schwung der geschmähten englischen Kicker beigetragen. Auf den schulterverletzten Kapitän Bryan Robson und „Rotsünder" Wilkins muß er ohnehin verzichten, aber auch den Italien-Legionär Mark Hateley verbannt er auf die Bank. Die „Neuen", Trevor Steven, Peter Reid und der kleine Peter Beardsley, erweisen sich als echte Volltreffer. Dreimal ist Lineker zur Stelle, als ein Vollstrecker gebraucht wird. „Ich brauchte nur noch zu vollenden, was das Team so gut vorbereitet hatte", spielt der umschwärmte Junggeselle seinen Anteil ein wenig herunter. Beim ersten Tor leistet Gary Stevens auf der rechten Seite die Vorarbeit, beim zweiten Tor ist Hodge von der anderen Seite maßgeblich mitbeteiligt. Dem dritten Lineker-Goal geht ein Schnitzer vom polnischen Torwart Jozef Mlynarczyk voraus, der einen Eckball von Steven über die Hände rutschen ließ.

Die polnische Mannschaft kann dagegen nicht an die Leistungen der vorangegangenen Spiele anknüpfen. Vor allem die Hintermannschaft zeigt beim geradlinigen Angreifen der Briten große Unsicherheiten. „Lineker war der gefährlichste Stürmer, gegen den ich jemals spielen mußte. Er war einfach nicht zu binden", stöhnt Polens Vorstopper Stefan Majewski. Die Abwehr bekommt aber auch fast keine Verschnaufpause, weil die polnischen Mittelfeldspieler und Angreifer kaum für Entlastung sorgen. Boniek stellt fast einen Ausfall dar. Sein Stürmerkollege Smolarek versiebt die drei aussichtsreichsten Situationen. „Englands neue Leute haben uns überrascht. Eine solche Steigerung hätte ich nicht erwartet", gibt Piechniczek unumwunden zu.

*Alle Beschwörungsversuche nutzen am Ende nicht – Auftaktsieger Portugal bleibt in der Gruppe hängen. Hier Diamantino (17), Futre (10) und Rosa (8)*

Während „Old England" durch den „Helden von Monterrey" und „Retter Englands" seine fußballerische Wiederauferstehung erlebt, vollzieht sich in Guadalajara die Sensation der Welttitelkämpfe. Für die vom Jubeln ins Zweifeln geratenen Portugiesen geht es gegen die kessen Marokkaner ums WM-Überleben. Carlos Manuel, der neue Kapitän Portugals, erhebt seine warnende Stimme: „Das wird eine ungeheuer schwere Aufgabe für uns, denn die Marokkaner spielen ausgezeichneten Fußball und brauchen sich außerdem nicht zu schämen, wenn sie

die zweite Runde nicht erreichen." Kopfzerbrechen bereitet Trainer Jose Torres der bisher nur als Auswechselspieler nominierte Paulo Futre. „Er kann meinen Ruf als Psychologen zerstören. Ich weiß nicht, was ich mit ihm machen soll. Laß ich ihn spielen oder nicht?" Dann entschließt sich Torres für die Doppelspitze Gomes–Futre. Ein Wechsel auf den Sieg?

Derartige Sorgen plagen Faria nicht. Schon zeitig hat sich seine Equipe ins 1 547 Meter hoch gelegene Guadalajara begeben. „Wir haben nichts zu verlieren. Die Portugiesen müssen attackieren, nicht wir. Darin sehe ich eine Chance für uns, mindestens einen Punkt zu ergattern." Noch vor dem Spiel telefoniert Marokkos König Hassan II. mit den Spielern. „Spielt, was ihr könnt", sagt er ihnen, „ihr könnt nur noch gewinnen." Und wie sie spielen! Khairi nimmt sich nach 19 Minuten ein Herz und wuchtet den Ball aus 20 Metern ins Netz.

Portugals Spieler ahnen noch nicht das Unheil. Dann fällt eines der schönsten Tore der Weltmeisterschaft. Eine Maßflanke knallt erneut Khairi mit einem Volleyschuß in die Maschen. Krimau schließt nach der Pause einen der wunderschön angelegten, blitzschnell ausgeführten Konter zum dritten Treffer ab. Für die Portugiesen wird diese zweite Halbzeit zu einem Debakel. Sie finden einfach keine Mittel gegen die klug gestaffelte marokkanische Abwehr, die nur den Ehrentreffer durch Diamantino zuläßt.

Als die marokkanischen Spieler noch mit ihrer Landesfahne eine Ehrenrunde durch das Stadion „3. März" in Guadalajara laufen, sind Portugals schwer geschlagene Akteure schon in den Stadionkatakomben verschwunden. Zu groß ist die Enttäuschung, denn niemand hatte im Ernst an ein Ausscheiden gedacht. „Meine Spieler haben den Gegner unterschätzt", sagt Trainer Torres. „Diese Niederlage ist ein Tief-

*Marokkos Regisseur im Mittelfeld, Timoumi – ein Supertalent, wie sein Trainer meint*

schlag für den portugiesischen Fußball." Die Entschuldigungen, daß mit Chalana, Eurico und Lima Pereira wichtige Stützen ausfielen, nimmt ihm niemand ab. Jose Torres tritt dann auch wenige Tage später von seinem Amt als Auswahltrainer zurück.

Marokkos Team schreibt WM-Geschichte. Als erstes afrikanisches Land zieht es in die zweite Runde einer Weltmeisterschaft ein – und dazu noch als ungeschlagener Gruppensieger. In der Kabine lassen die marokkanischen Spieler ihren Freudentränen freien Lauf. Als etliche Spieler in den

Swimmingpool des Quartiers geworfen werden, ist Bouderbala ganz in Gedanken versunken. „Jetzt ist es ein Uhr morgens bei uns, und alle gehen auf die Straße und feiern."

Trainer Jose Faria, der den Marokkanern noch mehr Disziplin und Ordnung als brasilianische Fußballkunst lehrte, kann sich Überschwang leisten. „Wir haben unsere Mission erfüllt. Für mich ist Marokko Weltmeister."

237

# Achtelfinale:

# Das zweite Sieb

*Das Tor der Tore dieser WM? Zumindest eines der schönsten: Negretes Seitfallzieher gegen Bulgarien, das den Einzug ins Viertelfinale sicherte*

Adios Mexiko, sagen die Fußballer, die mit ihren Mannschaften nicht die Qualifikation für das Achtelfinale geschafft haben. Die Vorrunde wird zu den Akten gelegt. Im Geschichtsbuch der FIFA wird man einst nachlesen, daß 24 Teams angetreten waren und sich teilweise erstklassige Duelle lieferten, daß wider Erwarten der Defensivfußball zu Grabe getragen wurde. Die Überzeugung, daß der Fußball seine magnetische Kraft aus der Offensive herleitet, hat sich durchgesetzt. Nach den 36 Spielen des ersten Siebes ist Südamerika vollständig, Asien/Ozeanien nicht mehr, Europa, Nord-/Mittelamerika und Afrika — mit Marokko zum erstenmal unter den letzten 16 — reduziert präsent. Alle sechs Weltmeister überstanden die Gruppenqualifikation. Bulgarien, Belgien, Uruguay und Polen profitierten vom Modus, der vier Drittplazierten eine Achtelfinalchance einräumt, während die Magyaren und

Nordiren ebenso wie die Schlußlichter Südkorea, Irak, Kanada, Algerien, Schottland und Portugal schweren Herzens ihre Koffer packten. Nun wartet das zweite Sieb. Beim Modus des „alles oder nichts" sind die Löcher noch größer, Niederlagen bedeuten nur noch das eine – das Aus. „Eigentlich beginnt jetzt erst richtig die Weltmeisterschaft", drückt Bobby Charlton den allgemeinen Tenor aus.

## Negretes Meisterschuß

Trainer Velibor Milutinovic, „Bora" genannt, sucht Ablenkung vom Druck der Öffentlichkeit. Noch in Fußballstiefeln stapft er in den Speisesaal des Trainingsquartiers, gelegen zwischen Mexiko-Stadt und Toluca. Nicht mit seinen Kickern hat er trainiert – mit seinem Neffen hat er geübt.

„Wenn ich mich da austobe, vergesse ich ganz, daß Weltmeisterschaft ist", versichert der Jugoslawe. Doch er weiß, daß die Mexikaner nach dem glatten Gruppensieg förmlich nach einem Erfolg über Bulgarien schreien. „Wir dürfen unsere Landsleute einfach nicht enttäuschen. Wir müssen die Hürde Bulgarien noch schaffen, um von den zahlreichen Problemen unseres Landes abzulenken. Illusionen sind für uns beinahe lebenswichtig", beschreibt Idol Hugo Sanchez die Forderung der Nation an ihn und seine Mannschaftskameraden. Die Diskussion um „Hugoito" selbst hält an. In der Mannschaft gibt es Widerstände gegen ihn, zumal die „Gelbsperre" nach schauspielerischen Einlagen und der verschossene Strafstoß gegen Paraguay in der letzten Minute seinem Renommee abträglich waren. „Ich kann mir den Luxus nicht leisten, Hugo zuschauen zu lassen", sieht es aber Señor Bora ähnlich wie der Star selbst.

Im Lager der Bulgaren herrscht helle Freude. „Wir danken Brasilien und Spanien für ihre Siege über Nordirland

und Algerien. Ihr Einsatz hat uns erstmals eine frühe Heimreise erspart", sagt Trainer Iwan Wuzow. Jetzt träumen die Bulgaren gar vom Viertelfinale. „Im Endeffekt hätten wir es wohl kaum besser treffen können. Über Mexiko können wir bei dieser WM noch weit kommen", denkt Kapitän Georgi Dimitrow. Doch Mexikos Trainer Bora Milutinovic verfolgt mit seinen „Muchachos" andere Absichten. „Meinen Freund Iwan Wuzow habe ich in den letzten Tagen schon zweimal getroffen und verabschiedet. Nun werde ich ihn endgültig verabschieden – auf dem Flughafen", scherzt Señor Bora.

Das Aztekenstadion brodelt wie immer über, wenn der Gastgeber seine Spiele bestreitet. Bei der Bekanntgabe der beiden Aufstellungen folgt ein Orkan dem anderen – auch „Hugo nacional" ist wieder dabei. Am Geburtstag seines Sohnes Huguin verspricht er sein Tor. Ein toller Auftakt heizt die Stimmung noch an. Noch kann der ausgezeichnete bulgarische Schlußmann Michailow gedankenschnell Schüsse von Negrete (4.) und Volksheld Hugo (7./28.) abwehren, doch der Führungstreffer liegt in der Luft. Die Zuschauer treiben ihre Mannschaft unaufhaltsam nach vorn. Nach 35 Minuten geraten die Mexikaner im Stadion und an den Rundfunk- und Fernsehgeräten schier aus dem Häuschen. Mittelfeldspieler Manuel Negrete bringt den Gastgebern mit seinem Tor aus dem Fußball-Bilderbuch die ersehnte Führung. Im Doppelpaß mogelt er sich mit Javier Aguirre durch die bis dahin geschlossene bulgarische Abwehr und überwindet Michailow mit einem nahezu artistischen Seitfallzieher – auf mexikanisch „media chilena". Damit kommt der schmächtig wirkende 26jährige Mittelfeldspieler von Universidad Mexiko einem anderen persönlichen Ziel näher. „Seine Braut heiratet ihn nur, wenn wir Weltmeister werden", gibt Trainer Bora preis.

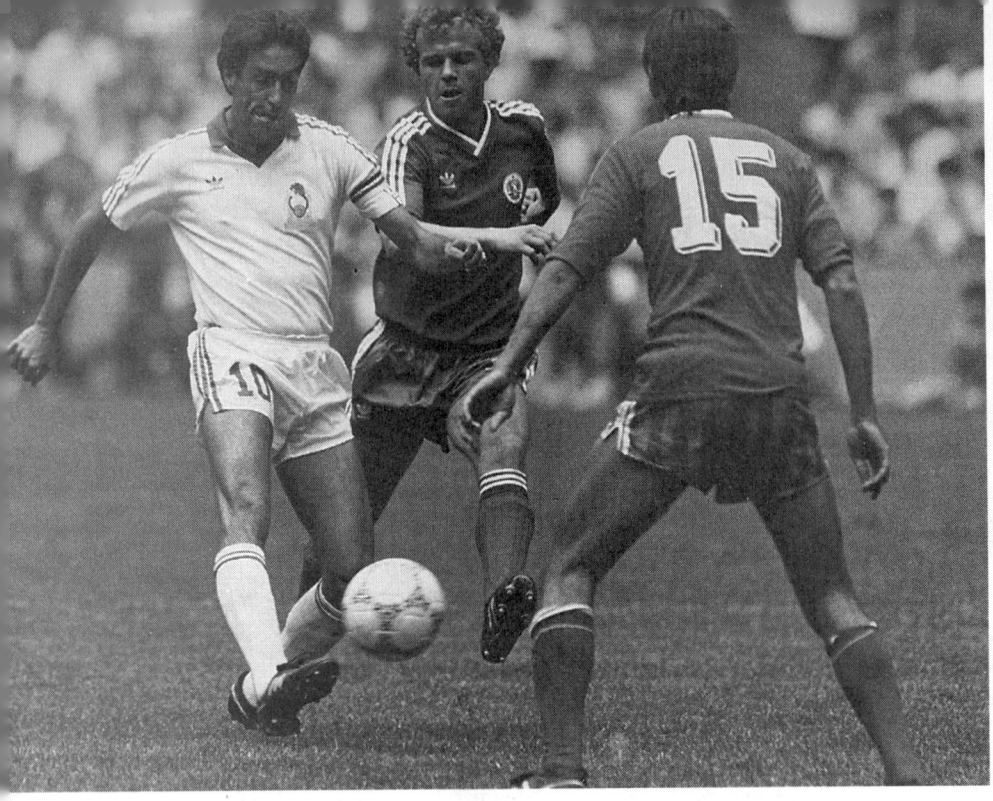

Auch beim zweiten Tor ist Negrete beteiligt. Maßgerecht serviert er dem aufgerückten Verteidiger Raul Servin einen Eckball auf den Kopf. Die bulgarische Mannschaft wirkt dagegen lange Zeit wie gelähmt. „Greift endlich früher und energischer an", fordert Wuzow seine Männer auf. Mit Sirakow und Iskrenow bringt er zwei frische Leute. Die Bulgaren spüren plötzlich, daß der mexikanischen Deckung beizukommen ist. Doch Torhüter Larios beseitigt alle Zweifel an seinem Können, als er einen Kopfball von Petrow und einen Gewaltschuß von Sdrawkow meistert.

Milutinovic wechselt, sucht frischen Wind zu bringen. Auch mit de los Cobus, der, wie um dem Trainer recht zu geben, noch einen Knaller aus 30 Metern an die Latte setzt. Kein Tor von „Hu-gol". Doch Mexiko ist weiter!

Die „Bora, Bora"-Chöre dröhnen durch das Stadion. Auch Staatspräsident Miguel de la Madrid und seine Familie stimmen in das „Mexiko, ra-ra-ra" ein. Der zentrale Paseo de la Reforma wird wieder zur Bühne. Unermüdlich pendeln die hupenden Autokolonnen die Prachtstraße rauf und runter. Auf die Kühlerhauben wird das „Mexiko, Mexiko"-Stakkato getrommelt. 1,5 Millionen Menschen sind nach Angaben von Mota Sanchez, Polizeichef von Mexiko-Stadt, an dieser großen Straßenfiesta beteiligt.

Der Einzug der Mexikaner ins Viertelfinale beherrscht die Schlagzeilen der einheimischen Presse. So spricht *Novedades* von „der ganzen Verrücktheit nach dem 2:0" und meint, „daß die Jubelschreie der Mexikaner den Koloß von Santa Ursula haben erbeben lassen". *La Jornada* schreibt: „Die Helden des Spieles sind Negrete und Aguirre."

*Einzug der Gastgeber ins Viertelfinale, da geht's vor Freude über Barrieren und Reklamewände – Boy, Servin, Flores sind nicht zu halten*

Für die Bulgaren ist nun doch das Aus gekommen. Die Mannschaft, die in der WM-Qualifikation selbst Europameister Frankreich ins Zittern gebracht hatte, fand in Mexiko nicht ihre Form. Eine biedere Spielweise, ohne jede Überraschung, dazu eine katastrophale Chancenverwertung fielen besonders erschwerend ins Gewicht. „Unter dem Strich verlief die Weltmeisterschaft für uns unbefriedigend. Wir wollten offensiv spielen, doch dieses Ziel haben wir nicht erreicht", kritisiert Trainer Iwan Wuzow.

16mal probiert, 16mal ist nichts passiert. Bulgarien gelang während einer WM-Endrunde noch nie ein Sieg, obwohl man diesmal sogar ins Achtelfinale eingezogen war.

### Der Krimi von Leon

In der belgischen Mannschaft gibt es nach den mäßigen Leistungen in der Vorrunde einen von den Anderlechtern inszenierten hausgemachten Krach. Das Mittelfeld des RSC mit Vandereycken, Scifo und Vercauteren liegt sich wegen der Arbeitsteilung in den Haaren. Vandereycken, seit Jahren so etwas wie die „graue Eminenz" in der Nationalmannschaft, wirft dem gebürtigen Italiener Scifo – bei der Europameisterschaft 1984 mit 18 Jahren als Wunderkind tituliert – und Vercaute-

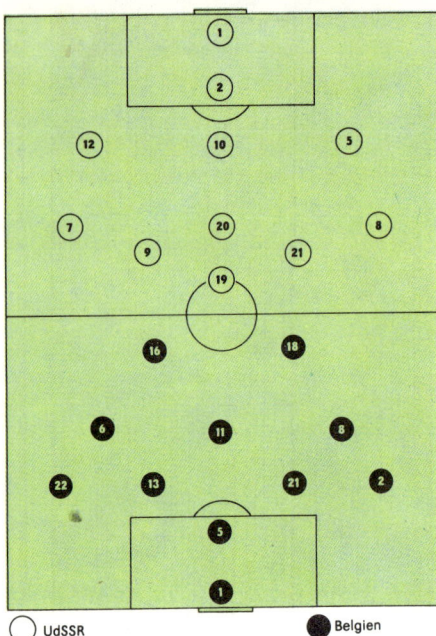

○ UdSSR  ● Belgien

## UdSSR

| | |
|---|---|
| 1 | Dassajew |
| 2 | Bessonow |
| 12 | Bal |
| 10 | Kusnezow |
| 5 | Demjanenko |
| 8 | Jakowenko |
| 7 | Jaremtschuk |
| 9 | Sawarow |
| 20 | Alejnikow |
| 21 | Raz |
| 19 | Belanow |

## Belgien

| | |
|---|---|
| 1 | Pfaff |
| 5 | Renquin |
| 2 | Gerets |
| 21 | Demol |
| 13 | Grün |
| 22 | Vervoort |
| 8 | Scifo |
| 11 | Ceulemans |
| 6 | Vercauteren |
| 18 | Veyt |
| 16 | Claesen |

ren vor, sich auf seine Kosten ein schönes, sonniges Leben zu machen. Trainer Guy Thys beendet den Machtkampf und feuert Vandereycken kurzerhand aus der Mannschaft. Auch der Libero Frankie van der Elst hat nach einer nächtlichen Krisensitzung keinen Platz mehr in der Mannschaft. Torwart Pfaff fordert die Mitspieler nachdrücklich zu engagierterem Verhalten auf und bastelt zusammen mit Guy Thys eine neue Abwehrkette – endlich mit Renquin als Libero.

Im Trainingscamp der sowjetischen Auswahl in Irapuato herrscht Optimismus. Ein Wetterumschwung fesselt zwar Trainer Waleri Lobanowski für einen Tag ans Bett, aber Assistent Nikita Simonjan besänftigt beunruhigte Gemüter. „Waleri geht es schon besser. Morgen ist er wieder dabei", verkündet der frühere Spartakspieler. Nur Verteidiger Larionow bereitet Sorgen. Nach einem Muskelfaserriß fällt er für die weiteren Spiele aus. Bal soll ihn vertreten. Wie wird es sich bemerkbar machen, daß der Großteil der Akteure nach dem Frankreich-Spiel seit zehn Tagen ohne Wettkampfpraxis ist, da Lobanowski gegen Kanada ja die „Reserve" einsetzte?

Als Belanow mit einem tollen Schuß von der Strafraumlinie nach 28 Minuten den Favoriten in Führung bringt, gibt niemand mehr einen Pfifferling für die fast ängstlich wirkenden Flamen und Wallonen. „Die Belgier wurden lange überrannt, aber sie weigerten sich einfach zu verlieren", schreibt später die englische Zeitung *The Sun*. Scifo, allerdings aus abseitsverdächtiger Position, schießt doch überraschend den Ausgleich (56.). Noch einmal ist es Belanow, der die sowjetische Mannschaft nach vorn bringt (71.), aber erneut nutzt Ceulemans eine Leichtfertigkeit von Libero Bessonow zum 2:2. Dabei profitiert der belgische Kapitän freilich von Fehlern des Unparteiischen und des spanischen Linienrichters Sanchez, der zwar die Fahne wegen einer Abseitsstellung hebt, sie dann jedoch wieder herunternimmt. „Schwerer Fehler des Schiedsrichters Fredriksson. Das 2:2 war abseits", sieht es *Corriere dello Sport,* Rom, wie alle. Ceulemans Treffer bringt die Verlängerung.

Offensichtlich, daß die „Roten Teufel" sich immer mehr in einen Rausch spielen. Ceulemans wird zum Dreh- und Angelpunkt. Erstmals glückt ihnen per Kopf durch Demol (102.) die Führung. Claesen baut sie sechs Minuten später aus. Auch wenn die sowjetische Auswahl danach den Strafraum pausenlos belagert, mehr als der Anschlußtreffer durch einen von Belanow verwandelten Foulstrafstoß gelingt nicht.

Nach dem Krimi von Leon war der Krach im belgischen Lager vergessen. „Der größte Erfolg in meiner Laufbahn", jubelt Torwart Jean-Marie Pfaff. „Vor dem Spiel glaubte ich nicht an den Erfolg. Um so größer unsere Freude." Trainer Guy Thys zieht erst einmal genießerisch an seiner Zigarre. „Es war ein leidenschaftliches Spiel voller Emotionen. Mit unseren gefährlichen Konterattacken haben wir die UdSSR geschlagen."

Selbst der große Regen, der nach dem Spiel über dem Stadion „Nou Camp" in Leon niedergeht, kann die Tränen der Enttäuschung bei den sowjetischen Spielern nicht hinwegspülen. „Wir sind alle völlig fassungslos. Die Niederlage hat uns wie ein Blitz getroffen. Für uns alle ist ein großer Traum zu Ende gegangen", ringt Torwart Rinat Dassajew um die ersten Worte. „Wir haben verloren, weil einige unserer Spieler individuelle Fehler wie noch nie zuvor gemacht haben", urteilt Lobanowski. Damit sind vor allem Libero Bessonow und Kapitän Demjanenko gemeint. „Die Begegnung hatte das Niveau eines Finales." Darin findet der Trainer der „Sbornaja"

26 Tore in 8 Spielen
$\emptyset$ pro Spiel: 3,25
Torreichstes Spiel: Belgien—UdSSR 4:3 nach Verlängerung
Zuschauer: 438 000
$\emptyset$ pro Spiel: 54 750
Höchste Zuschauerzahl: Mexiko—Bulgarien 114 000
Niedrigste Zuschauerzahl: Marokko—BRD 22 000
Torschützen: 20
Mexiko (2): Negrete, Servin (je 1); UdSSR (1): Belanow (3); Belgien (4): Scifo, Ceulemans, Demol, Claesen (je 1); England (2): Lineker (2), Beardsley (1); Spanien (2): Butragueno (4), Goicoechea (1); Dänemark (1): J.Olsen (1); Frankreich (2): Platini, Stopyra (je 1); BRD (1): Matthäus (1); Brasilien (4): Socrates, Josimar, Edinho, Careca (je1); Argentinien (1): Pasculli (1).

*Beste Torschützen nach dem Achtelfinale:*
Lineker (England) und Butragueno (Spanien) je 5, Elkjaer-Larsen (Dänemark), Altobelli (Italien), Belanow (UdSSR), Careca (Brasilien) je 4, Valdano (Argentinien) und J. Olsen (Dänemark) je 3.
Verwarnungen: 25
gegen England 2 (Martin, Hodge); gegen Paraguay 1 (Nunez); gegen Spanien 3 (Goicoechea, Michel, Camacho); gegen Dänemark 1 (Andersen); gegen Belgien 1 (Renquin); gegen Frankreich 1 (Ayache); gegen Italien 2 (de Napoli, di Gennaro); gegen Marokko 2 (Lemris, Khalifa); gegen Brasilien 2 (Careca, Edinho); gegen Polen 3 (Boniek, Dziekanowski, Smolarek); gegen Argentinien 2 (Garre, Brown); gegen Uruguay 4 (Francescoli, Acevedo, da Silva, Bossio); gegen Bulgarien 1 (Arabow).
Nach zwei gelben Karten für das Viertelfinale gesperrt: Ayache (Frankreich), Garre (Argentinien), Camacho, Goicoechea (beide Spanien).
Strafstöße: 6
Verwandelt von Belanow (UdSSR), Butragueno, Goicoechea (beide Spanien), J.Olsen (Dänemark), Socrates, Careca (beide Brasilien).
Der Engländer Gary Lineker erzielte beim 3:0-Erfolg gegen Paraguay das 1300.WM-Tor.

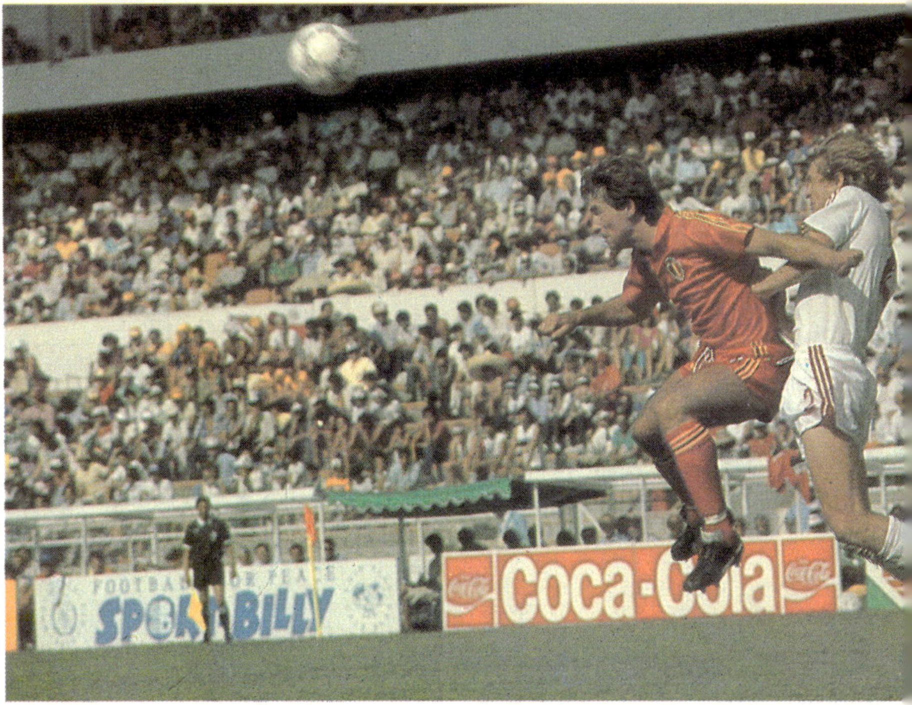
Coca-Cola

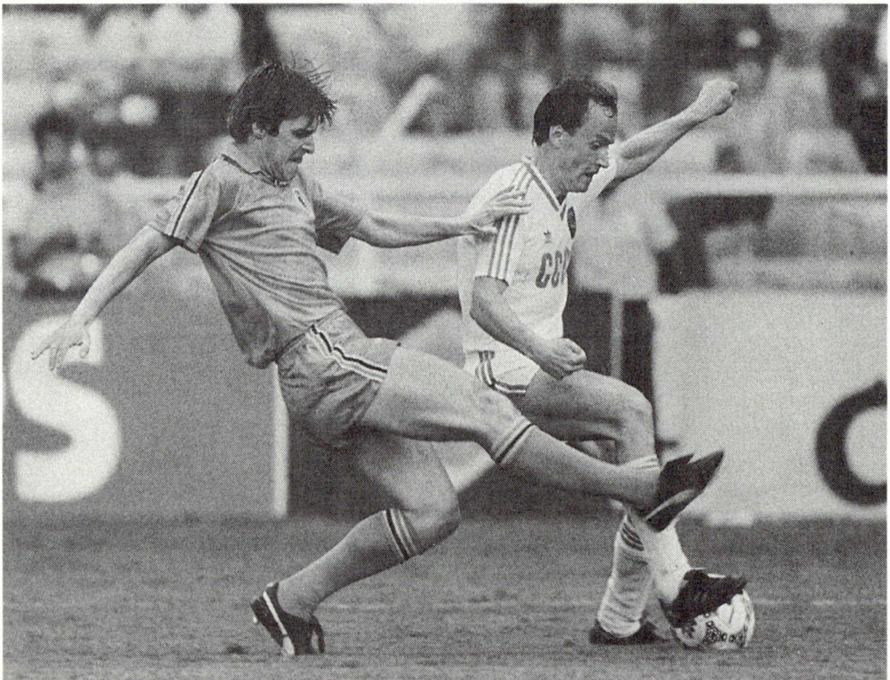

*Oh, diese belgischen Konter. Claesen, die einsame Spitze, von Bessonow noch abgeblockt*

*Belanow, pfeilschnell, gewandt, raffiniert. Der Belgier Grün ist selbst mit langem Bein nicht lang genug*

keinen Widerspruch. „Lehrfilm für das Jahr 2000", schreibt die Agentur „sid" über das bisher beste Match der WM. „Kühle Cleverness besiegte die Fußballkunst", zu diesem Urteil kommt das BRD-Fachblatt *Kicker.* „Was für ein Spiel", schwärmt *El Mundo Deportivo,* Spanien, ebenso wie *Tuttosport,* Italien: „Was für ein Fußballfest".

Keine Frage, mit der UdSSR-Auswahl scheidet eine der besten Vertretungen aus. *Daily Telegraph,* London: „Die sowjetischen Spieler mußten entdecken, daß das Glück in der WM eine wesentliche Rolle spielt." Nicht anders *The Guardian:* „Die UdSSR bot brillanten

*Die Jubiläumstorschützen:*

1. Tor: McGhee (USA)
   1930 gegen Belgien (3:0)
100. Tor: Jonasson (Schweden)
   1934 gegen Argentinien (3:2)
200. Tor: Wätterström (Schweden)
   1938 gegen Kuba (8:0)
300. Tor: Chico (Brasilien)
   1950 gegen Spanien (6:1)
400. Tor: Lefter (Türkei)
   1954 gegen die BRD (2:7)
500. Tor: Rahn (BRD)
   1958 gegen ČSR (2:2)
600. Tor: Jerkovic (Jugoslawien)
   1962 gegen Uruguay (3:1)
700. Tor: R. Charlton (England)
   1966 gegen Mexiko (2:0)
800. Tor: Jairzinho (Brasilien)
   1970 gegen England (1:0)
900. Tor: Yazalde (Argentinien)
   1974 gegen Haiti (4:1)
1000. Tor: Rensenbrink (Niederlande)
   1978 gegen Schottland (2:3)
1100. Tor: Barmos (ČSSR/Eigentor)
   1982 gegen England (0:2)
1200. Tor: Papin (Frankreich)
   1986 gegen Kanada (1:0)
1300. Tor: Lineker (England)
   1986 gegen Paraguay (3:0)

Der Spanier Emilio Butragueno traf als erster Spieler nach 20 Jahren wieder viermal ins Schwarze. Er brachte dieses Kunststück beim 5:1-Erfolg seiner Mannschaft gegen Dänemark fertig. Zuletzt war es Portugals Star Eusebio 1966 in England beim 5:3-Erfolg über die KDVR geglückt. Als einziger WM-Spieler markierte Uruguays Schiaffino 1950 beim 8:0-Sieg gegen Bolivien sogar fünf Treffer.

Ein atemberaubender Kampf trotz Abwehr-
verdichtung der Belgier, für Jaremtschuk zu
dicht gegen Veyt und Demol (21)

Sensationell der Ausgang – Pfaff und Vervoort außer sich vor Jubel

Angriffsfußball. Ein großes Team muß viel zu früh nach Hause fahren." Aber *El Pais* weist auch auf eine Schwäche hin: „Schuld war auch ihr allzu großes Selbstbewußtsein." Ähnlich sieht es die Moskauer *Sowjetskaja Rossija:* „Das Hauptunglück: Unsere Mannschaft hat nicht jenen unerschütterlichen Willen gezeigt, wie wir ihn erwartet haben."

Eins ist gewiß: Dieser Krimi von Leon – ähnlich wie zwischen der BRD und Italien 1970 im Halbfinale (3:4) – geht mit goldenen Lettern in die WM-Geschichte ein.

## Eine Halbzeit Samba

Allein der dreimalige Weltmeister Brasilien hat ein besonderes Privileg. Bis zum Endspiel im „Azteka" können die „Brasils" alle ihre Spiele im Stadion „Jalisco" von Guadalajara austragen, während die anderen Teams ihr Quartier wechseln oder sich zumindest für ein, zwei Tage an anderen Spielorten nach einer neuen Bleibe umsehen müssen. Guadalajara ist „die Stadt der Brasilianer", denn bereits bei der WM 1970 legten sie hier mit fünf Siegen den Grundstein zum dritten Titelgewinn. Auch wenn ihr 30 Kilometer von der Stadt entfernt gelegenes Quartier „La Primavera" (der Frühling) bei den Spielern als einsames Kloster verschrien ist, schwört Trainer Tele Santana auf die optimalen Bedingungen im Uni-Sportzentrum.

Trotz der makellosen Vorrundenbilanz gibt es bei den Fachleuten viel Kritik am brasilianischen Spiel und Stil. Doch solch ein Scheinwiderspruch ist nur bei den „Canarios" denkbar. Über ein halbes Jahrhundert haben die Ballzauberer aus Rio und Sao Paulo Maßstäbe gesetzt und Millionen verzückt. Fußball aus Brasilien, das war der Glücksfall von „schön und erfolgreich", Pele der größte Protagonist. Auch von den Erben wird diese Fußballkunst erwartet. Doch vor vier Jah-

*Die erfolgreichsten Schützen eines WM-Spieles:*

Schiaffino (Uruguay)
    5 Tore 1950 Uruguay–Bolivien
Leonidas (Brasilien)
    4 Tore 1938 Brasilien–Polen
Willimowski (Polen)
    4 Tore 1938 Brasilien–Polen
Watterström (Schweden)
    4 Tore 1938 Schweden–Kuba
Ademir (Brasilien)
    4 Tore 1950 Brasilien–Schweden
Kocsis (Ungarn)
    4 Tore 1954 Ungarn–BRD
Fontaine (Frankreich)
    4 Tore 1958 Frankreich–BRD
Eusebio (Portugal)
    4 Tore 1966 Portugal–KDVR
Butragueno (Spanien)
    4 Tore 1986 Spanien–Dänemark

Der Pole Wladyslaw Zmuda hat bei seiner vierten WM-Teilnahme den Rekord des BRD-Spielers Uwe Seeler mit 21 WM-Spielen eingestellt. Trainer Antoni Piechniczek wechselte den Abwehrspieler zehn Tage nach seinem 32. Geburtstag die letzten sieben Minuten im Achtelfinalspiel gegen Brasilien ein (0:4). Vorher hatte Zmuda schon die Endrunden in der BRD (1974), Argentinien (1978) und Spanien (1982) bestritten.

*Die „Dauerbrenner" der WM-Endrunden auf einen Blick:*

21 Einsätze:
    Seeler (BRD) 1958–1970
    Zmuda (Polen) 1974–1986
20 Einsätze:
    Lato (Polen) 1974–1982
19 Einsätze:
    Overath (BRD) 1966–1974
    Vogts (BRD) 1970–1978
    Cabrini (Italien) 1978–1986
    Scirea (Italien) 1978–1986
18 Einsätze:
    Beckenbauer (BRD) 1966–1974
    Maier (BRD) 1970–1978
    Kempes (Argentinien) 1974–1982
17 Einsätze:
    Schnellinger (BRD) 1958–1970
    Zoff (Italien) 1974–1982
16 Einsätze:
    Jairzinho (Brasilien) 1966–1974

*Torwart Mlynarczyk am Boden, Ostrowski, Majewski ausmanövriert – nach gutem Start gegen Brasilien ohne Chance: 0:4*

ren scheiterten die Brasilianer mit ihrem schönen Spiel, nun wollen sie Weltmeister werden. Dafür opfert Trainer Santana ein Stück Selbstverständnis. Nur der Sieg zählt.

„Aber ab Achtelfinale werden wir mehr denn je auf Sieg spielen und Offensivfußball bieten", verspricht Mittelfeldspieler Junior. Santana läßt auch gegen Polen den „Luxus-Joker" Zico vorerst auf der Bank.

So sahen Experten und Journalisten die „Elf des Achtelfinales":

Pfaff
(Belgien)

Julio Cesar
(Brasilien)

| Quirarte (Mexiko) | Edinho (Brasilien) | Amoros (Frankreich) |
|---|---|---|
| Tigana (Frankreich) | Platini (Frankreich) | Maradona (Argentinien) |
| Belanow (UdSSR) | Butragueno (Spanien) | Lineker (England) |

„Das war das beste Spiel meiner Laufbahn", jubelte der 22jährige Emilio Butragueno nach dem 5:1-Erfolg gegen Dänemark. Vier Tore steuerte er bei, „El Buitre" (Geier) nennen sie den nur 1,70 Meter großen quirligen Stürmerstar von Real Madrid in Anlehnung an seinen Namen, weil das Leichtgewicht (68 Kilo) eher durch den Strafraum schwebt als sich „durchtankt" und wie ein Raubvogel bei der geringsten Torchance zustößt. Als 17jähriger spielte er bei der Real-Zweigstelle FC Castillo, wurde dort 1984 Torschützenkönig der 2. Division. Danach zog er zu Real um und debütierte mit zwei Toren gegen Cadiz. Mit seiner kämpferischen, jungenhaft frischen Art eroberte er sich schnell die Herzen der Madrider Fans. Nach dem Titelgewinn und dem UEFA-Cup-Triumph band ihn der königliche Klub für weitere fünf Jahre, der Vertrag macht ihn mit umgerechnet 1,65 Millionen Mark zum bestbezahlten Fußballer Spaniens. Noch lebt Butragueno zurückgezogen bei seinen Eltern, Bescheidenheit zeichnet ihn aus. Ein Star will er auch noch nicht sein. „Dazu gehört mehr als das Glück in jenen 90 Minuten gegen die Dänen. Da hat mich die ganze Mannschaft getragen."

Stadtbummel statt Training, so verabschiedet sich Polens Nationalelf aus Monterrey, wo der Klub Polska in der Vorrunde nicht überzeugte und nur ein Tor durch Smolarek gegen Marokko (0:0), Portugal (1:0) und England (0:3) zustande brachte. Trainer Piechniczek nimmt nur 16 Spieler mit nach Guadalajara, darunter auch Zmuda, der gegen Brasilien mit 21 Spielen den WM-

Endrunden-Rekord des BRD-Stürmers Uwe Seeler einstellen wird. „Gegen Brasilien sind wir nur Außenseiter, aber wir werden die polnische Fußball-ehre retten", verspricht Boniek.

Fast scheint ihm der Spielverlauf recht zu geben, denn Tarasiewicz' Ball landet am Pfosten (2.) und bei Karas' Lattenknaller aus 22 Metern steht Carlos das Glück zur Seite (11.). Die Polen halten mit, die Südamerikaner starten nur gelegentlich über Alemao und Branco wuchtige Angriffe. Dann fällt durch den BRD-Schiedsrichter Roth eine Vorentscheidung. Von einer „Schwalbe" Carecas läßt er sich täuschen und verhängt Strafstoß. Vergebens die Proteste der Polen. Socrates verwandelt mit einem Zweimeteranlauf. „Brasilien leitete seine Tore mit Hilfe des Schiedsrichters ein", wettert *El Pais,* Spanien. Die brasilianische Kühlschrankfirma Ponto Frio will ihrer Mannschaft mit einer ganzseitigen Anzeige helfen: „Gott ist Brasilianer". Die neutralen Beobachter fügen hinzu: Schiedsrichter Roth auch.

Nach der Führung läuft das Spiel des dreimaligen Weltmeisters. Eine Halbzeit findet er wieder zur Samba glanzvoller Tage zurück. Josimar, Edinho, Careca — mit einem erneuten Strafstoß nach Foulspiel am eingewechselten Zico — schrauben das Ergebnis noch in beeindruckende Höhen.

„Die Brasilianer bedurften nicht der Elfmeterunterstützung. Sie hätten die Partie auch so gewonnen. Sie waren einfach stärker", nimmt Antoni Piechniczek das 0:4 gefaßt hin. „Mit der Leistung der zweiten Halbzeit können wir das Finale erreichen", glaubt Tele Santana aufgeräumt. „Momentan macht Tele genau die richtigen Schachzüge", bemerkt Mario Zagalo, der Brasilien 1974 auch ins Spiel um Platz 3 geführt hatte und vor kurzem noch zu den schärfsten Kritikern Santanas gehörte. Mittelfeldakteur Junior resümiert: „Wir

kommen von Spiel zu Spiel besser in Tritt. So werden wir Weltmeister."

Auch die internationale Presse hält für den Sieger mehr Lob bereit. *Kepessport,* Budapest, schreibt: „Nicht ein Gegentor — Brasilien wurde stärker und stärker." *The Sun,* London, formuliert: „Die brasilianische Mannschaft hat es verstanden, ihre Partien effektiv zu gestalten und die Qualität ihrer Einzelkönner zu erhöhen." Und *Naroden Sport,* Sofia, meint: „Ein Triumph für Brasilien und seine wiedergewonnenen Fußballkünste."

## Das Duell der Nachbarn

Die Präsidenten von Uruguay und Argentinien beschlossen vor Monaten die Verwirklichung eines Jahrhunderttraums: Irgendwann in der nahen Zukunft sollen die beiden Nachbarstaaten durch eine Brücke über den mehr als 50 Kilometer breiten Rio de la Plata verbunden werden. Dies würde den engen Kontakten und den gemeinsamen Interessen beider Nationen entsprechen, die sich nach Jahren der Militärdiktatur auf dem Wege der Rückkehr zur bürgerlichen Demokratie befinden. Doch wenn es um Fußball geht, setzt die Logik aus. Im mexikanischen Puebla geht es deshalb für die Menschen beiderseits des Rio de la Plata ums „Ganze". Eine Niederlage im Fußball gegen den nachbarlichen Bruder wiegt besonders schwer.

So droht das Duell der Exweltmeister zu einem heißen Tanz zu werden. Nach 56 Jahren ist es zugleich eine WM-Revanche, denn zum letzten Male trafen sich beide Teams 1930 bei der ersten Weltmeisterschaft — Uruguay siegte im Finale am 30. Juli in Montevideo mit 4:2. Viel wird vom Unparteiischen Luigi Agnolin abhängen, dem 43jährigen Sportlehrer aus dem italienischen Bassano del Grappa.

Die „Urus" haben schon für mehr als einen Eklat bei der Endrunde gesorgt. Zwei Platzverweise (Bossio, Batista), sieben gelbe Karten, Sanktionen gegen Mannschaft und Trainer Borras, Proteste der Männer aus Montevideo ließen sie zur „Buh-Mannschaft" dieses Turniers werden. „Angst vor dieser Spielweise habe ich nicht", gibt Maradona zu verstehen. „Wir werden über Uruguays wenig kreativen Fußball triumphieren", fühlt sich Juan Jose Russo, Hauptberater des argentinischen Verbandes, sehr sicher. Auch Coach Dr. Carlos Bilardo sieht es nicht anders: „Wir werden unseren Stil nicht ändern. Der Gegner muß sich nach uns richten." Der Weltmeistermacher von 1978, Cesar Luis Menotti, glaubt an den Sieg der Argentinier. „Die spielerische Orientierung der Uruguayer ist zu gering, ein Francescoli zuwenig."

Der erwartete Fußball-Kleinkrieg zwischen den „Gauchos" und den „Celestes" tritt zum Glück nicht ein. Referee Agnolin hat mit seiner konsequenten Leitung daran maßgeblichen Anteil. „Das Spiel war nicht hart, es war männlich", wird später Diego Maradona in die Reportermikrofone sagen. Der Weltstar zaubert wie nie zuvor bei dieser WM. *Tuttosport,* Italien, theatralisch: „Magier Maradona überstrahlte alles." Die *Frankfurter Allgemeine Zeitung* meint in ihrer Schlagzeile: „Diego Maradona ist der Alleinunterhalter beim 1:0." Der Argentinier erweist sich diesmal weniger als Vollstrecker – mit einem Freistoß scheitert er am Lattenkreuz (25.) –, sondern mehr als der geniale Vorbereiter. Doch weder Valdano in der 12. Minute noch Pasculli kurz danach können die Vorarbeit von „Diguito" nutzen, der mit seinen glänzenden Soli die uruguayische Abwehr ein um das andere Mal düpiert. „Langsam wurden wir nervös, weil uns der Führungstreffer nicht glücken wollte", meint Maradona. Bis zur 42. Minute müssen die Argentinier warten, ehe Pedro Pasculli den Ball im Gehäuse von Alves unterbringt. Eine Muster-

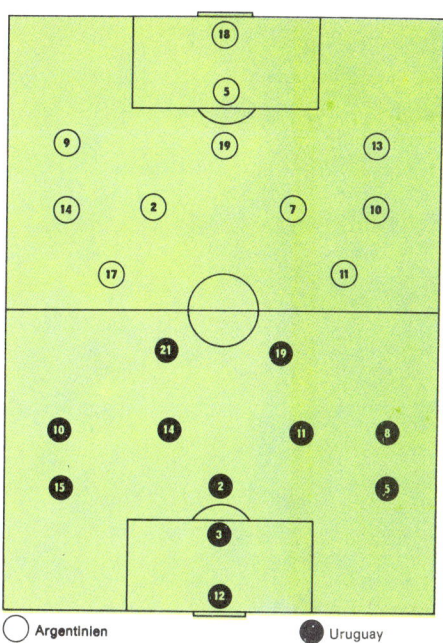

○ Argentinien    ● Uruguay

**Argentinien**

| | |
|---|---|
| 18 | Pumpido |
| 5 | Brown |
| 9 | Cuciuffo |
| 19 | Ruggeri |
| 13 | Garre |
| 14 | Giusti |
| 2 | Batista |
| 7 | Burruchaga |
| 10 | Maradona |
| 17 | Pasculli |
| 11 | Valdano |

**Uruguay**

| | |
|---|---|
| 12 | Alves |
| 3 | Acevedo |
| 5 | Bossio |
| 2 | Gutierrez |
| 15 | Rivero |
| 8 | Barrios |
| 11 | Santin |
| 14 | Pereira |
| 10 | Francescoli |
| 19 | Ramos |
| 21 | Cabrera |

*Der ehrfurchtgebietende Batista (Argentinien) muß Santin entwischen lassen*

*Buchstäblich im Regen steht Argentiniens Torwart Pumpido, doch in ihm lacht die Sonne*

kombination über Maradona und Pasculli scheint sich schon im Strafraum festzufahren, aber Uru-Verteidiger Acevedo bugsiert im Strafraum-Hickhack das Leder genau in die Füße des völlig freien Stürmers, der Uruguays gutem Torwart keine Chance läßt.

Uruguay, dessen Trainer Omar Borras auf die Tribüne verbannt ist und von dort per Sprechfunk das Spiel seiner Elf zu leiten versucht, findet kein Mittel gegen Argentiniens Kapitän und Regisseur. Als eine Viertelstunde vor Abpfiff ein Platzregen niedergeht, schöpfen die „Urus" noch einmal Hoffnung. Doch auch jetzt erweist sich die Klasse Maradonas, als er auf dem glat-

ten Rasen seine Spielkunst zelebriert, der lediglich die Krönung durch ein Tor fehlt.

„Ein ausgelassener Maradona reißt Argentinien mit", beschreibt *Corriere dello Sport,* Rom, den Anteil des Kapitäns. *El Dia,* Mexiko, nicht anders: „Argentinien erreichte seine Qualifikation ohne Probleme – 1:0 gegen Uruguay. Maradona war der Orchesterleiter Argentiniens." *Sowjetski Sport,* Moskau, stellt fest: „Es war eine Freude, seinen Manövern zuzuschauen." *fuwo* urteilt: „Es gewann der Beste vom Rio de la Plata. Mehr nicht."

Der Star selbst gibt sich zuversichtlich: „Ich habe immer gesagt: Wenn wir Uruguay schlagen, ist der Weg ins Finale zu 50 oder 60 Prozent frei für uns. Als Gegner im Viertelfinale wünsche ich mir England." Auch Bilardo zieht zufrieden das Resümee: „Wir sind mit unserer Kunst noch nicht am Ende. Wir haben viel vor. Diego ist ein

*Trotz furiosen Schlußspurts stehen Uruguays nicht unbegabte, aber unsportliche Talente draußen vor der Tür. Brown und Batista gestatten Cabrera (21) nichts mehr*

*Maradona: geballte Energie, keine Chance für Bossio (r.) und Barrios (8)*

Vorbild für die Jugend Argentiniens. Er spielt für die Mannschaft und nicht für sich selbst."

Im uruguayischen Lager fliegen die Fetzen. Die Spieler werfen Borras vor, zuwenig auf ihr Können und damit nur auf Defensive gesetzt zu haben. „Ich habe Uruguay zum Südamerikameister gemacht und endlich wieder einmal zur Endrunde der Weltmeisterschaft geführt. Mehr war nicht drin", verteidigt sich Omar Borras. Doch für ihn und alle Vorstandsmitglieder liegen die „blauen" Briefe im enttäuschten Montevideo schon bereit; denn Niederlagen gegen den nachbarlichen Bruder werden nicht verziehen.

## Europameister
## verabschiedet Weltmeister

Frankreich–Italien, der amtierende Europameister gegen den amtierenden Weltmeister – das ist der vermeintliche Hit des Achtelfinales. Da treffen zwei verschiedene Auffassungen des europäischen Fußballs aufeinander. Hier der verspielte, improvisierte, ausgelassene, zuschauerfreundliche Fußball der Equipe tricolore, dort der rationelle, kühle, abwartend-berechnende, auf Torverteidigung ausgerichtete Fußball der Squadra azzurra. Die zusätzliche Würze: Frankreichs Kapitän Michel Platini verdient sein Geld beim italienischen Champion Juventus Turin. Klar, daß von beiden Seiten vor dem Anpfiff nicht mit Sticheleien und Seitenhieben gegeizt wird. „In einem solchen Match spielen Gefühle keine Rolle. Was allein zählt, ist der Sieg. Ich erwarte jedenfalls nicht, von meinen sonstigen Mitspielern wie ein Freund behandelt zu werden", äußert Platini am Tage vor dem Spiel. „Frankreichs Ruf ist besser als sein Spiel und als seine Mannschaft", hatte Enzo Bearzot,

*Glänzend ausgeführt Platinis Führungstor gegen Cabrini und Galli*

der Weltmeistermacher von 1982, vor Mexiko unverblümt gesagt und damit den gallischen Stolz verletzt. Jetzt muß er das Echo fürchten. „Die Italiener tragen das größere Risiko, ihr Titel steht auf dem Spiel. Wir sind stärker als 1982 und haben keine Komplexe. Die Weltmeisterschaft ist immerhin schon vier Jahre vorbei, die Europameisterschaft erst zwei", erinnert Frankreichs Trainer Henri Michel „charmant".

„In Angriff und Abwehr sind wir besser, dagegen ist Frankreichs Mittelfeld brillant", macht, stoisch Pfeife rauchend, der „Schweiger aus Friaul" seine Rechnung auf. Mittelfeldspieler de Napoli meldet sich freiwillig als „Wachhund" für „Re Michel", dessen Freistöße vor allem die Italiener fürchten. Auch Vierchowod traut sich diese Aufgabe zu. Nur Bagni, der in der Vorrunde Maradona erfolgreich beschattete, warnt: „Diego hat zwar ein reichhaltigeres Repertoire, doch

auf Platini muß man auch dann aufpassen, wenn er 80 Minuten lang nur ein Schatten seiner selbst war."

Die Franzosen bestreiten dagegen mit Recht, daß sie angesichts ihrer „vier Musketiere" Giresse, Tigana, Fernandez und eben Platini allein von der Tagesform ihrer Nummer 10 abhängig sind. „Es wird jedenfalls ein großer Fußballabend und ein großes Spiel", verspricht Bearzot.

Der taktische Winkelzug des „Schweigers" wird bei der Aufstellung deutlich. Der deckungsstarke Baresi soll die Kreise von Platini entscheidend einengen. Bereits nach einer Viertelstunde geraten die Italiener in Zugzwang. Der französische Kapitän taucht nach einem Fehler von Scirea frei vor Galli auf und lupft den Ball in das leerstehende Tor. „Was mich wunderte, war das halbherzige Aufbegehren des Weltmeisters, daß er gegen das technisch feinere, variable Spiel der Franzosen weder mit hartem Zweikampfverhalten noch mit temposcharfem Forechecking einen Ausgleich schaffen konnte", schreibt der jahrzehntelange Kenner des internationalen Fußballs, Rundfunk- und Fernsehreporter Wolfgang Hempel.

Bearzot handelt zur Pause. Den taktischen Mißgriff mit Baresi versucht er mit dem spielintelligenten di Gennaro auszugleichen. Die Franzosen lassen sich vom Siegeskurs nicht abbringen. Zwar scheitern Platini und Giresse noch an Galli, doch als Stopyra nach blendender Kombination im italienischen Strafraum frei zum Schuß kommt, ist das 2:0 perfekt. Die „Beerdigung des Weltmeisters im Olympiastadion von Mexiko-Stadt", so *Corriere dello Sport,* läßt sich nicht mehr aufhalten. Ein Spiel, das nicht der große Hit wurde, weil im großen Fußball-Gipfeltreffen der Europäer es nur einen Redner in französisch und einen stummen Zuhörer gab, der nichts verstand.

Enzo Bearzot bleibt auch nach dem Spiel ganz Gentleman. „Tadelt mich, aber nicht die Mannschaft", fordert er. „Wir waren in allen Mannschaftsteilen und in jeder Beziehung unterlegen", anerkennt er den französischen Sieg. Platini, der mit dem 1:0 zugleich sein 40. Länderspieltor markierte, nimmt die Azzurri in Schutz: „Der Sieg fiel uns viel schwerer, als es von außen vielleicht den Eindruck machte. Auch als wir bei Halbzeit führten, war noch nichts entschieden. Wir haben immer noch auf eine italienische Offensive gewartet."

Die internationale Presse ist sich im Urteil einig. Hart gehen die italienischen Zeitungen mit ihrer Mannschaft ins Gericht. *Corriere dello Sport* vergleicht: „Frankreich schickt ein Italien nach Hause, das nicht einmal ein entfernter Verwandter des Weltmeisters

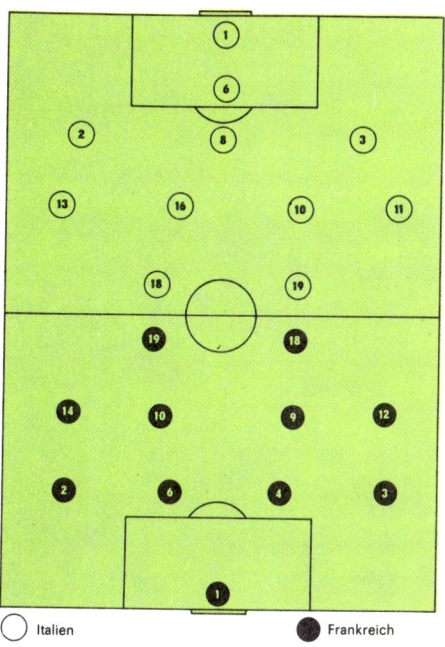

○ Italien      ● Frankreich

**Italien**

| | |
|---|---|
| 1 | Galli |
| 6 | Scirea |
| 2 | Bergomi |
| 8 | Vierchowod |
| 3 | Cabrini |
| 13 | de Napoli |
| 16 | Conti |
| 10 | Bagni |
| 11 | Baresi |
| 18 | Altobelli |
| 19 | Galderisi |

**Frankreich**

| | |
|---|---|
| 1 | Bats |
| 3 | Ayache |
| 4 | Battiston |
| 6 | Bossis |
| 2 | Amoros |
| 12 | Giresse |
| 9 | Fernandez |
| 10 | Platini |
| 14 | Tigana |
| 18 | Rocheteau |
| 19 | Stopyra |

*Hoch und höher steigt Italiens Nachwuchshoffnung Vialli, vergeblich! Gegen Frankreichs Abwehr, einbezogen Platini, gelingt nicht einmal der Anschlußtreffer*

ist." Und *Gazzetto dello Sport:* „Wir waren Weltmeister. Nun sind wir Gespenster. Wir können euch nur Tomatenwürfe ersparen." *Tuttosport* ehrt einen „Halbitaliener": „Italien: Weltfiasko. Italien liegt vor Platini auf den Knien." Die *Corriere della Sera* sarkastisch: „Ende des Bluffs der Azzurri."

Frankreichs Blätterwald schwelgt natürlich in Jubeltönen. *l'Humanite:* „Bellissimo", *Le Figaro:* „Bravissimo". Auch *Liberation:* „Italien hat den Stiefel verloren. Welch französische Mücke hat die Squadra azzurra gestochen, daß sie kein einziges Mal den französischen Torhüter beunruhigte." Und die führende Sportzeitung *l'Equipe:* „Die Zauberer von Mexiko. Noch nie hat eine französische Mannschaft so klar eine italienische Elf beherrscht."

Nach den wenig überzeugenden Leistungen in den dem Titelgewinn folgenden Jahren kommt für die Londoner *Times* das Ausscheiden der Italiener nicht überraschend: „Für Italien war es ein grauenvoller Abschied ohne Charakter. Aber es hat in den vergangenen vier Jahren seine Krone nie mit besonders viel Stil getragen." Für den Ausrichter der Weltmeisterschaft 1990 gilt es nun, den Blick nach vorn zu richten. „Die Mannschaft ist nur durch eine Verjüngungskur zu retten. Für diesen Prozeß ist der Grundstein

schon gelegt. Ich bin sicher, daß sich der italienische Fußball wieder steigern wird", verliert Verteidiger Antonio Cabrini seinen Optimismus nicht. Als erster kündigt Torjäger Alessandro Altobelli, der immerhin vier Tore erzielte, seinen Rücktritt an: „Ich lasse jüngeren Spielern den Vortritt und will ihrer Zukunft nicht im Wege stehen." Während es für die Squadra nun „Arividerci" heißt, sind zahlreiche WM-Stars aus Italiens Liga noch für andere Mannschaften im Rennen. „Für das Spektakel in der Liga sind die Ausländer wichtig, aber sie dürfen nicht alle Plätze für unsere Talente versperren", legt Bearzot den Finger auf einen wunden Punkt des italienischen Fußballs. Die Ausländerklausel bleibt also ein brennendes Problem.

## Ein Spiel der Langeweile

Die Marokkaner, nach ihrem ersten Platz in der Vorrunde international mit viel Lob bedacht, sehen dem Spiel gegen Exweltmeister BRD mit Gelassenheit entgegen. „Wir haben schon vor dem Anpfiff gewonnen", lacht der 27jährige Kapitän und Torwart Badou Zaki aus Casablanca. „Die Deutschen haben eine große Mannschaft mit berühmten Namen. Wenn wir verlieren, ist es das Normalste von der Welt. Also haben wir nichts zu verlieren." Unbefangen und unbeschwert wie Zaki, den sie wegen seiner katzenartigen Gewandtheit nur den „Panther" nennen, treten alle Marokkaner auf. Auch Trainer Faria verbreitet Optimismus. Der Brasilianer nennt sich nach seinem Glaubensübertritt vom Katholizismus zum Islam offiziell Mehdi Ben Faria. Mit viel Einfühlungsvermögen hat er sich das Vertrauen der marokkanischen Spieler erworben. „Er ist der geschickteste Taktiker, den ich kenne", lobt ihn Mittelfeldspieler Dolmy. Auf die Aussichten angesprochen, antwortet Faria diplomatisch:

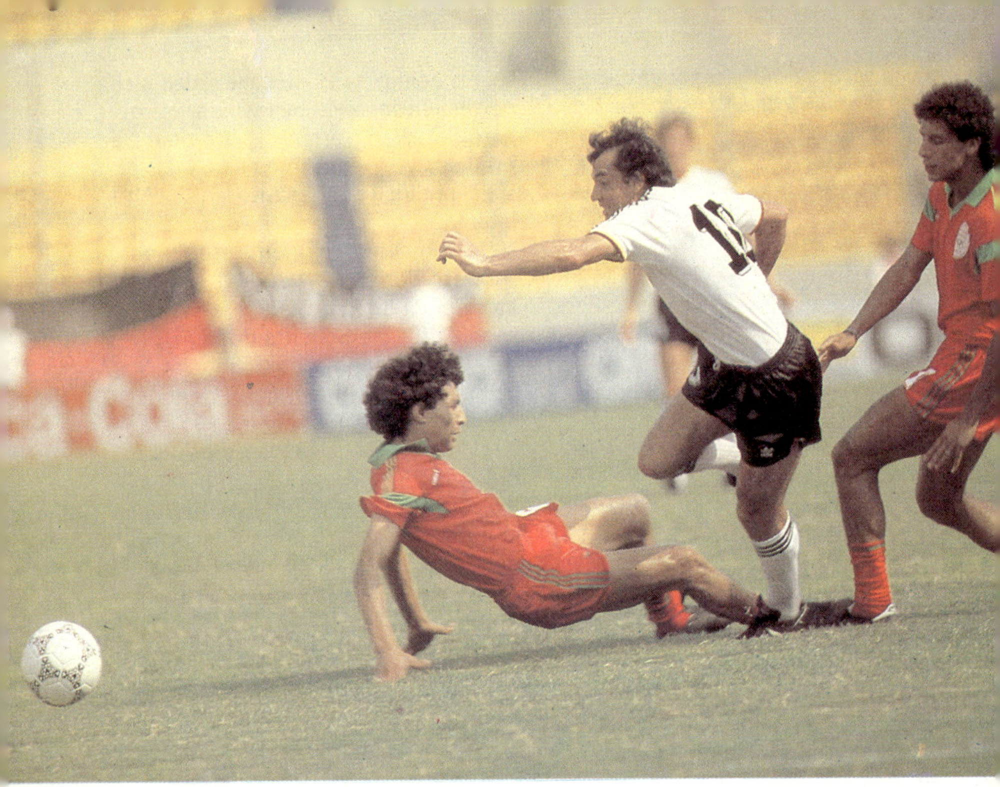

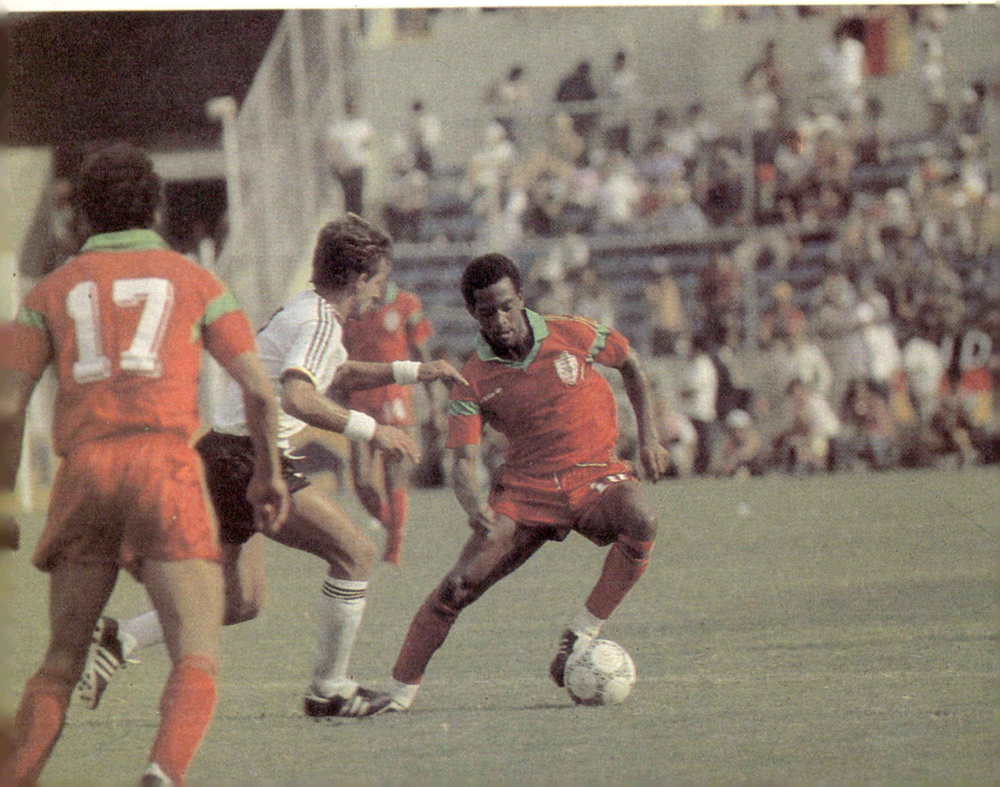
17

*BRD-Regisseur Magath zwischen Dolmy und Khalifa*

*Littbarski versucht Timoumi vom Ball zu trennen, links Khairi (17), der Doppeltor-schütze gegen Portugal*

„Unser Gegner hat auch nur elf Spieler auf dem Feld."

Doch welche? Auch Rummenigge? Eine Frage, der sich Teamchef Franz Beckenbauer stellen muß, denn der Kapitän drängt auf seinen Einsatz. In der Mannschaft selbst herrscht nach den Auseinandersetzungen der letzten Tage „Waffenstillstand" zwischen den Gruppen A und B, sprich: Schumacher und Rummenigge. Ein „zufälliges" Zusammentreffen der beiden beim Spaziergang reinigt ein wenig die Luft. „Wir haben uns ausgesprochen. Eine Feindschaft auf Dauer schadet der Mannschaft nur. Dazu sind wir beide eigentlich auch zu alt", läßt Rummenigge verlautbaren. „Jetzt, wo die Spannung raus ist, kann es für uns nur von Vorteil sein", hofft der Hamburger Felix Magath, der sich während der WM-Vorrunde zum Chef im Mittelfeld aufschwingt. Beckenbauer entschließt sich entgegen seinen vorher verkündeten Absichten zum kompromißlosen Einsatz von drei Angriffsspitzen: Rummenigge–Völler–Allofs. „Mit dem Spiel in Monterrey gegen Marokko steht der bundesdeutsche Fußball vor dem Scheideweg", sieht „dpa" die Brisanz des Achtelfinalspiels. „Unvorstellbar, wenn wir gegen Marokko ausscheiden würden", läßt auch der Teamchef seine Nervosität spüren.

Das Spiel wird für die BRD-Elf zu einer harten Nervenprobe und für die 22 000 Zuschauer eine Zumutung. Die erste Halbzeit im glühendheißen Estadio Universitario – auf dem Rasen werden Temperaturen von über 40 Grad gemessen – „ist so aufregend und dramatisch wie die 25. Wiederho-

lung des ‚Dinner for one' alljährlich zum Silvesterabend", schreibt die Sportagentur „sid". Auch die marokkanischen „Löwen" erweisen sich diesmal als harmlos. Nach dem Wechsel verzeichnen sie nicht einen einzigen Schuß auf das Gehäuse von Schumacher. Als schon die Verlängerung in Sicht ist, erlöst Matthäus mit einem direkt verwandelten Freistoß aus rund 30 Metern seine Mannschaft. Mit einem veilchenblauen Auge und butterweichen Knien wankt die BRD-Elf ins Viertelfinale. Beckenbauers Erklärung ruft Erstaunen hervor: „Mit spielerischen Mitteln hätten wir Marokko nicht besiegen können. Fußballspielen können die Afrikaner besser."

Die Marokkaner sind enttäuscht. „Fußball ist eben keine Mathematik", gesteht Faria. „Mit langen Ballpassagen wollten wir unseren Gegner müde machen und dann mit zwei neuen Spielern in die Verlängerung gehen und die Entscheidung suchen." Doch dazu kam es nicht. Torwart Zaki schimpft mit seinen Vorderleuten. „Erst stellen sie sich schlecht, und dann machen sie auch das Loch auf", wettert er. Aber Trost kommt von Marokkos König Hassan II. In seinem Glückwunschschreiben an Trainer Faria und die Mannschaft läßt er übermitteln: „Euer Spiel hat Marokko, der arabischen Welt und dem islamischen Glauben zur Ehre gereicht." Die Fachwelt ist sich einig. Es war das bisher schwächste Spiel dieser Weltmeisterschaft. *Sport*, Bratislava, resümiert: „Nicht eine Torchance, nichts Sehenswertes, nichts Unterhaltsames – die reine Ohn-

macht." Vor allem dem Favoriten BRD wirft man Einfallslosigkeit vor. *Sport, Barcelona:* „Deutsche Impotenz hielt 80 Minuten an." Und für *Corriere dello Sport,* Italien, war es: „Matthäus – der Schuß der Verzweiflung".

## Englands Wandel

Nach dem Ausscheiden der Schotten und Nordiren haben die Engländer als letzte Bastion die Fahne Großbritanniens hochzuhalten. Sie tun es mit Bravour gegen Paraguay. Verstummt sind die Kritiker nach dem klaren Erfolg im letzten Gruppenspiel gegen Polen, nachdem Englands Fußballer schon als „Trottel der WM" tituliert wurden. Trainer Bobby Robson sah sich zu einer Veränderung der taktischen Marschroute gezwungen, weil Kapitän Bryan Robson wegen einer Schulterverletzung und Ray Wilkins nach einem Feldverweis als Mittelfeldmotoren ausfielen, Angreifer Hateley als Typ des alten englischen „Brechers" keinen Erfolg hatte. Lineker–Beardsley heißt nun das hoffnungsvolle Angriffsduo, glänzend dirigiert vom Tottenhamer Hoddle. Manager Robson meint zwar noch, daß das alte System doch gar nicht so schlecht gewesen sei, war man doch bis zum 0:1 gegen Portugal in fünfzehn Länderspielen unbezwungen geblieben, doch im stillen hat sich der 53jährige schon mit der neuen Taktik angefreundet.

Sorgen bereitet ihm nur der Umzug von der heißen „Monterrey-Hölle" in die Höhe von Mexiko-Stadt, weil da große Atemnot prophezeit wird. „Von Vorteil auf jeden Fall, daß es hier nicht so heiß ist", meint Robson. „Es wird so sein. Wir werden den Einzug in die nächste Runde schaffen."

Der schnauzbärtige Paraguaytrainer Cayetano Re, der nach seiner roten Karte im Belgienspiel 10 000 Schweizer Franken Geldstrafe aufgebrummt bekam, hat seine eigenen Erfahrungen mit dem britischen Fußball. Als Spieler schoß er bei der WM 1958 in Schweden beim 3:2 über Schottland ein Tor. „Wir haben bisher eine gute Show geliefert und den Rahmen unserer Möglichkeiten fast schon gesprengt. Wenn wir die Engländer schlagen, wie außergewöhnlich das wäre …", sagt der auch „Zwerg" genannte kleine Mann aus Asuncion.

Seine Mannschaft bekommt dann auch für viele gelungene Spielszenen Applaus im Aztekenstadion, doch in der 31. Minute stellt Lineker – wer auch sonst? – den Spielverlauf durch sein Tor auf den Kopf. Nach Rückpaß von Hoddle bereitet es dem Torjäger von Everton keine Mühe, den Ball zu seinem vierten WM-Treffer ins Netz zu befördern. Als der Torjäger am Seitenrand behandelt werden muß, glückt den Engländern der Ausbau der Führung. Paraguays Torhüter Fernandez hält einen Schuß des Abwehrrecken Butcher nicht fest, und Peter Beardsley ist zur Stelle. Vielleicht hätten die Südamerikaner noch eine Chance zur Wende gehabt, doch der syrische Unparteiische Jamar Al-Sharif versagt ihnen nach einem Foul von Martin an Cabanas einen klaren Elfmeter. Der 26jährige Lineker weist dann in der 72. Minute seiner Mannschaft mit dem zweiten Tor den endgültigen Weg ins Viertelfinale. Er erzielt das 1 300. WM-Tor.

Unabhängig davon, ob Lineker das angestrebte Ziel des Goalgetter-Königs erreicht und den „goldenen Fußball" seiner Braut Michele am 5. Juli auf den Hochzeitaltar legt, einen Rekord besitzt der Sohn eines Obst- und Gemüsehändlers bereits. Mit seinen fünf Toren ist er Englands erfolgreichster WM-Schütze aller Zeiten. Bobby Charlton, Geoffrey Hurst und Roger Hunt, Mitglieder der Nationalmannschaft, die 1966 Weltmeister wurde, brachten es auf vier Treffer.

Die Paraguayer sind kein unglückli-

So schießt er, der WM-Rekordschütze aus England, Lineker

cher Verlierer. „Gegen die Engländer zu unterliegen ist wirklich keine Schande", sagt Trainer Re nach dem Abpfiff. „Wir sind erstmals seit 28 Jahren wieder dabei. Wir haben das Achtelfinale erreicht, und die Engländer haben sogar ein paar Sorgen mit uns gehabt", meint Kapitän Cayetano.

Manager Bobby Robson macht aus seiner Zuversicht kein Hehl. „Jetzt haben wir eine Chance, Weltmeister zu werden – wie die anderen sieben Mannschaften auch." Gary Lineker träumt auch ein wenig: „Noch einmal ins ‚Azteka' zum Finale." In Englands Presse läßt sich leicht die Kehrtwendung ablesen. Wem Albion viel zu verdanken hat, würdigt *Today*: „Lineker. Marsch. Marsch." Grenzenlos der Op-

timismus bei *Daily Mail*: „Perfekt, England – und jetzt ist Argentinien dran!" Der Widerspruch läßt nicht auf sich warten. „Mit der europäischen Spielweise kamen wir immer gut zurecht. Ich sah bei England nichts Besonderes", meldet sich Diego Maradona zu Wort.

## Die Butragueno-Show

Für den ersten Zusammenstoß der Dänen und Spanier sorgt die FIFA mit einer Organisationspanne. Die Dänen waren nach ihrem Sieg in der Vorrunde als erste in das Hotel „Hacienta Jurica" eingezogen. Sie fühlen sich nun natürlich in ihrer Ruhe und Vorbereitung gestört, als die Spanier mit einem großen Journalistentroß folgen. „Es ist ein unhaltbarer Zustand, daß zwei Teams, die sich im Achtelfinale gegenüberstehen, im gleichen Hotel wohnen", wettert der ansonsten zurückhaltende dänische Teamchef Sepp Piontek. Auch Kapitän Morten Olsen erregt sich: „Das wäre genau, als wollte man zwei Boxer vor einem Weltmeisterschaftskampf im gleichen Hotel unterbringen." Dynamit-Elkjaer nimmt es gelassener: „Ich habe einfach noch keinen Spanier gesehen und will es vor dem Spiel auch nicht." Die Dänen haben zudem noch eine Rechnung mit den „Fußball-Toreros" offen: In der Europameisterschaft unterlagen die Wikinger im Elfmeterschießen.

Auch Spaniens Chef Miguel Munoz zeigt sich von der Situation nicht gerade beglückt. „Man macht uns überall Schwierigkeiten. Im Spiel gegen Brasilien wurde uns ein Tor nicht anerkannt, die Schiedsrichter sind gegen uns, und jetzt auch noch dieses Quartierproblem. Wir bleiben aber hier", lautet Munoz' Marschroute.

Um die Aufstellungen gibt es keine großen Geheimnisse. Dänemark muß Mittelfeldspieler Arnesen nach dem Feldverweis gegen die BRD ersetzen, dafür sind Ivan Nielsen und Bertelsen wieder dabei, auch die Oberschenkelzerrung von Elkjaer-Larsen ist abgeklungen. Bei den Iberern fällt nun doch Mittelfeldracker Gordillo aus, aber für Calderes Einsatz hat die FIFA grünes Licht gegeben. Die Dopingprobe des 27jährigen vom FC Barcelona nach dem Vorrundenspiel gegen Nordirland hatte ein positives Ergebnis. Doch der Weltfußballverband sah von einer Sperre ab, verordnete lediglich dem spanischen Verband eine Geldstrafe von 25 000 Schweizer Franken und erteilte einen strengen Verweis an Mannschaftsarzt Dr. Jorge Guillen.

Im Stadion „La Corregidora" scheinen die Dänen ihrer Favoritenrolle gerecht zu werden. Stürmisch berennen sie das Tor. Noch hält die spanische Abwehrwand. Doch als Libero Gallego den heranstürmenden Berggreen legt, weist der niederländische Schiedsrichter Keizer auf den ominösen Punkt. Jesper Olsen verwandelt mit stoischer Ruhe. Aber ebendieser Jesper Olsen ist es wohl, der die Dänen vom Siegeskurs abbringt, weil er mit einem folgenschweren Fehlpaß Butragueno die Chance zum Ausgleich ermöglicht. „In der Pause mußte ich Jesper erst einmal trösten", schildert Piontek die Situation. Doch nach der Pause kommt es für die Dänen knüppeldick. Zwar haben sie auch noch ihre Chance, aber Butragueno nach einer Kopfballablage von Kapitän Camacho und Goicoechea mit einem von Busk an Butragueno verwirkten Strafstoß führen die Vorentscheidung gegen die Dänen herbei. Die Spanier machen ihrem Kampfnamen „La Furia" alle Ehre. Wie sie die Dänen in die Enge treiben, ist eine der großen Überraschungen dieser Weltmeisterschaft. Eine sehr böse für die Dänen, eine äußerst reizvolle für die

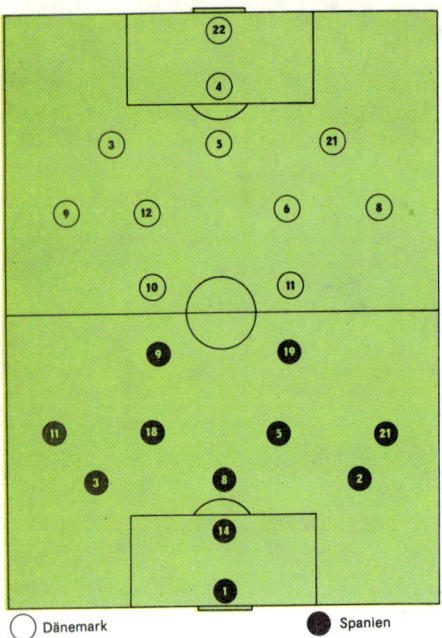

○ Dänemark            ● Spanien

## Dänemark

| | |
|---|---|
| 22 | Hoegh |
| 4 | M. Olsen |
| 3 | Busk |
| 5 | I. Nielsen |
| 21 | Andersen |
| 9 | Berggreen |
| 12 | Bertelsen |
| 6 | Lerby |
| 8 | J. Olsen |
| 10 | Elkjaer-Larsen |
| 11 | Laudrup |

## Spanien

| | |
|---|---|
| 1 | Zubizarreta |
| 14 | Gallego |
| 2 | Tomas |
| 8 | Goicoechea |
| 3 | Camacho |
| 21 | Michel |
| 5 | Victor |
| 18 | Caldere |
| 11 | Julio Alberto |
| 19 | Salinas |
| 9 | Butragueno |

Zuschauer. Denn sie erleben einen atemberaubenden Schlagabtausch, der keineswegs so einseitig ist, wie es am Ende das Resultat ausdrücken wird.

Es ist aber auch das Schauspiel mit zwei Hauptdarstellern, die das Schicksal ihrer Mannschaft auf dem Fuß haben. Der eine, der Spanier Emilio Butragueno, wird mit seinen vier Toren zum strahlenden Helden, der andere, Preben Elkjaer-Larsen, zum Verlierer. Beim Stande von 1:1 hat der Däne zweimal die Chance, seine Mannschaft in Führung zu schießen. Der ausgezeichnete spanische Schlußmann Zubizarreta verhindert es. Sonst wäre vielleicht alles ganz anders gekommen.

Niedergeschlagenheit bei der dänischen Mannschaft. „Wir haben uns selbst besiegt", meint Busk und spielt damit auf den unheilbringenden Olsen-Paß an. „Uns fehlt einfach die Erfahrung für eine Weltmeisterschaft. Nach drei sehr guten Spielen waren wir nicht gut genug, als es darum ging, Farbe zu bekennen", urteilt Trainer Piontek. Für die Wikinger war Andersens dänisch-mexikanisches Fußballmärchen ausgeträumt. Niemand aber sucht nach der „völlig unnötigen Niederlage" – so Elkjaer-Larsen – die Schuld beim anderen. Die Dänen wollen, obwohl diesmal der Schuß nach hinten losging, auch weiterhin die Szenerie mit erfrischendem Angriffsgeist bereichern. „Wir werden stets Fußball bieten, wie ihn die Leute sehen wollen", verspricht Pechvogel Jesper Olsen. Die Glücksfee „Fortuna Mexikana" hat dagegen die spanischen Granden geküßt. „Meine Mannschaft kam mit einem neuen Geist aus der Kabine. Ich hoffe, die ganz große Stunde kommt erst noch", kommentiert Spaniens Trainer Miguel Munoz die Sensation. Abschied von Dänemark aus dem Turnier. *Aktuell*, Kopenhagen, klagt nicht: „Trotzdem ,Danke schön'. Dänemark hat der Fußballwelt einen neuen Stil mit optimaler Zusammenarbeit und

*Welch ein Fight, den sich Dänen und Spanier liefern! Camacho und Co auf der Jagd nach Elkjaer-Larsen*

künstlerisch-individuellen Elementen vorgeführt."

Lob aus der Heimat für die Spanier. *El Mundo Deportivo*, Barcelona, meint: „Bereits jetzt ist die spanische Mannschaft unvergeßlich." Und *Sport*, Barcelona, euphorisch: „Die Nacht, in der Spanien die Welt verzauberte."

## Das zweite Sieb

Sechzehn Mannschaften waren voller Hoffnungen ins Achtelfinale gezogen. Acht sind beim kräftigen Schütteln durch das Sieb gerutscht. Darunter mit Uruguay und Italien zwei Exweltmeister, vier – Brasilien, BRD, Argentinien und England – kamen weiter. Dieses Achtelfinale brachte glänzende Spiele wie UdSSR gegen Belgien oder Spanien gegen Dänemark. Es gab auch Langweiler mit Marokko gegen die BRD. Dazwischen reihen sich mit unterschiedlichen Qualitäten die anderen Begegnungen ein.

Es war ein Achtelfinale mit glanzvollen Mannschaften, wenngleich zwei von ihnen – die UdSSR und Dänemark – scheiterten, und glänzenden Individualisten – Belanow (UdSSR), Lineker (England), Butragueno (Spanien), Ceulemans (Belgien), Negrete (Mexiko) oder Platini (Frankreich). Es war ein Achtelfinale, das mit seiner Fußballkunst, Spannung und Dramatik sowie seinen Sensationen noch lange in Erinnerung bleiben wird.

# Ballartistik und Goldpokal

# Viertelfinale: Außergewöhnliches wird zum Alltag

*Careca, Brasiliens torgefährlichster Stürmer, und sein französischer Schatten Bossis, hauteng im wahrsten Sinne des Wortes*

*Im tollen Spiel mit tollen Torsituationen fehlt vorn natürlich auch der Mann der „längsten Wege", Fernandez, nicht. Gleich drei „Brazils" umschwirren ihn hier – Alemao (15), Carlos und Kapitän Edinho (S. 270/271)*

Die XIII. Weltmeisterschaft in Mexiko zwingt spätestens nach dem Viertelfinale zu Umkehrschlüssen in der Beurteilung sportlicher Vorgänge. Außerordentliches wie Hitze, Höhe, „Montezumas Rache", Verlängerungen und Elfmeterduelle scheinen der Alltag, das eher Beiläufige wird zum Ereignis. Nur ein Gruppensieger (Argentinien), aber zwei Zweite (Frankreich und die BRD) und ein Dritter, nämlich Belgien, stehen nach dem Abschluß der Runde der letzten Acht im Halbfinale.

Keiner von ihnen hat in der Vorrunde die meisten Tore geschossen oder die wenigsten erhalten. Die BRD (gegen Dänemark) und Belgien (gegen Mexiko) haben gar Niederlagen auf ihrem Konto. Alle Mannschaften, die sich mit spektakulären Siegen „zu weit aus dem Fenster lehnten", sind längst zu Hause – die UdSSR, die Spanier, die Dänen und die Brasilianer. Elfmeterduelle wie zwischen Frankreich und

Brasilien, der BRD und Mexiko oder Belgien gegen Spanien, vor nicht allzu langer Zeit noch als Sensationen angesehen, verkümmern hier scheinbar zur Routine. Doch ist dieses Ausschießen mit seiner Dramatik immer noch besser als das Los vom FIFA-Teller.

Man wird später feststellen, daß Frankreich den Exweltmeister Italien auf intelligente Weise besiegte, den Brasilianern den Zauber genommen hat. Daß Argentinien mit Uruguay und England sehr solide zwei ehemalige Titelträger ausschaltete, daß Belgien mit der UdSSR und Spanien zwei Titelaspiranten niederhielt. Von der Elf der BRD ist in diesem Zusammenhang festzuhalten, daß sie mit einer Alltagsleistung Außergewöhnliches erreichte und damit wohl genau im Trend dieser Titelkämpfe lag, in dem auch der Umkehrschluß richtig ist – das Normale wird zum Außergewöhnlichen. Treten wir mit einem Blick zurück den Beweis dafür an ...

**Finale vor dem Finale**

Michel Platini schläft, Joel Bats liest. Patrick Battiston sonnt sich, Jean Tigana planscht im Swimmingpool. Fußballpause beim Europameister. Am Mittwoch vor dem Viertelfinale gegen Brasilien fliegt die französische Mannschaft in Guadalajara ein und fährt sofort in das eine Autostunde vom Stadion entfernte Ajinic weiter, eine verträumte Urlauberidylle am riesengroßen Chapala-See. Hier ist Faulenzen erst einmal Pflicht. Im Park des Hotels „Real de Chapala" blühen Hibiskus, Bougainvillea und Weihnachtssterne in voller Pracht, auf dem sattgrünen Rasen liegen einige Mangofrüchte, die der nächtliche Gewitterregen von den vollbeladenen Bäumen heruntergetrommelt hat. Wenn es um das schönste Quartier geht – die Franzosen würden weit vorn liegen. Die Idylle am See ist an diesem Donnerstag nur ein-

mal gestört, als ein gutes Dutzend brasilianischer Reporter in das kaum bewachte Hotel eindringt. Trainer Henri Michel unterbricht seine Siesta und stellt sich den Journalisten für eine halbe Stunde zur Verfügung. Danach ist wieder Ruhe, von Fußball wird nicht weiter gesprochen. Sie sollen sich erholen vom WM-Streß, völlig abschalten, und die meisten Spieler halten sich an die Weisungen ihres Trainers. Einige, denen das „süße Leben" zu bunt wird, mieten sich gleich um die Ecke ein Pferd und reiten ein Stück in die Berge. Die Belohnung ist ein herrlicher Blick über den See bis hinüber zu den bewaldeten Hügeln am Südufer.

Im Quartier der Brasilianer, im Trainingscamp „La Primavera", geht es dagegen bei weitem weniger beschaulich zu, genauer gesagt: der Haussegen hängt schief. Trainer Tele Santana nimmt sich sogar zwei seiner Stars, Socrates und Junior, „zur Brust". Was ist passiert? „Beide haben in der ersten Halbzeit im Achtelfinale gegen die Polen viel zu offensiv gespielt und ihre Aufgaben in der Abwehr nicht erfüllt. Wenn sie sich künftig nicht an die von mir vorgegebene taktische Marschroute halten, werden sie zusehen", droht der autoritäre Santana. Santana nennt auch gleich die Alternativen: Valdo und Silas, wie der urplötzlich mit seinem Treffer gegen Polen ins Rampenlicht gerückte Außenverteidiger Josimar „hungrige" Spieler.

Natürlich setzten sich die so kritisierten Stars zur Wehr: „Die Probleme lagen woanders. Müller hat nach seiner Verletzung schlechter als erwartet ge-

spielt", rechtfertigt sich Junior, der wie Socrates einer der Wortführer des Teams ist. Aber auch die beiden dürfen nicht gegen die taktischen Vorstellungen Santanas verstoßen, die mit der Formel 4–2–2–2 schon ein treffendes Synonym erhalten. Die Zahlenkombination gibt Aufschluß darüber, daß vor der kompakten Vierer-Abwehrkette mit Josimar, Julio Cesar, Edinho und Branco die beiden defensiven Mittelfeldspieler Alemao und Elzo fungieren, als „Abfangjäger" quasi, davor die offensiv orientierten Junior und Socrates, die die Aufbauarbeit und die Unterstützung der beiden Spitzen Careca und Müller übernehmen. „Die Lektion schien eigentlich gelernt zu sein", zürnt der Trainer. „Aber wir müssen sie wohl noch einmal wiederholen."

Wie anfällig das Nervenkostüm des dreifachen Titelträgers in diesen Tagen ist, wird auch durch einen anderen Vorfall unterstrichen: Ein französisches Fernsehteam vom Sender „Antenne 2" taucht zwei Tage vor dem Spiel im Camp auf. Als die Crew aus dem Lande des Europameisters eine halbe Stunde lang ein Trainingsspiel von Brasilien A gegen B (2:3) filmt, reißt Nabi Abi Chedid, dem Vizepräsidenten des brasilianischen Verbandes, der Geduldsfaden. „Nehmt ihnen den Film weg", fordert er zwei seiner Begleiter auf. Nur mit großer Mühe können Handgreiflichkeiten vermieden werden. Chedid begründet später sein Verhalten mit dem Hinweis darauf, daß dieses Filmmaterial Trainer Michel zur Verfügung gestellt werden könnte.

Die gegenseitige Wertschätzung beider Kontrahenten vor dieser Begegnung ist indes riesig: „Unsere Partie gegen Brasilien ist das wahre Endspiel", wirbt Trainer Henri Michel für die zweifellos attraktive Begegnung. „Frankreich hat ein sehr gutes Team, weit besser noch als vor vier Jahren in Spanien", ist sich Santana sicher. Für seine Mannschaft ist der Termin dieser Begegnung ein gutes Omen: Genau vor 16 Jahren hat Brasilien mit einem 4:1-Erfolg über Italien den dritten Titel gewonnen. Zwischen Hoffen und Bangen hin- und hergerissen aber sind die wahren Fußballfans. Nach dieser Begegnung enden entweder die ruhmreichen Karrieren solcher Spieler wie Zico, Socrates, Junior oder Falcao oder die eines Michel Platini, Alain Giresse oder Jean Tigana. Man wird den Sieger gebührend feiern. Ein Wermutstropfen fällt nach solchen Überlegungen immer in den Freudenbecher.

## Das Spiel der Spiele

Der erste Akt, die 90 Minuten. Nach 17 Minuten macht Careca das 1:0. Junior spielt zu Müller, der zu Careca. Direktschuß. Ein sauberes Tor, ein brasilianisches Tor. Gleich danach trifft Müller den Pfosten. Jeder sieht: Brasilien ist wieder Brasilien. Es spielt schön, elegant, weich, fast tänzerisch. Ist eben hier in Guadalajara Brasiliens Wiedergeburt zu feiern? Dann Platinis Tor – ein Abstauber. Wieder einmal hat er seine frappierende Fähigkeit nachgewiesen, an der richtigen Stelle zu sein, wenn es notwendig ist. Socrates macht Fehler, ausgelaugt vom Pensum der ersten Halbzeit. 18 Minuten sind noch zu spielen, eine Minute ist Zico auf dem Platz. Er spielt den ersten Paß, wunderschön, auf den vorpreschenden Branco. Der versucht an Bats vorbeizukommen, wird umgerissen. Die Entscheidung des rumänischen Schiedsrichters Igna kommt prompt: Strafstoß. Und Zico tritt an. Er

*Endstation mit Bauchlandung: Careca hat sich an Fernandez (l.) und Amoros festgefahren*

*Tor und seine Entstehung: im Hechtsprung fliegt Stopyra zum Ball, Carlos wehrt ab in höchster Not, genau vor die Füße von Platini (r.) – im 68. Länderspiel dessen 41. Tor. Julio Cesar kommt zu spät*

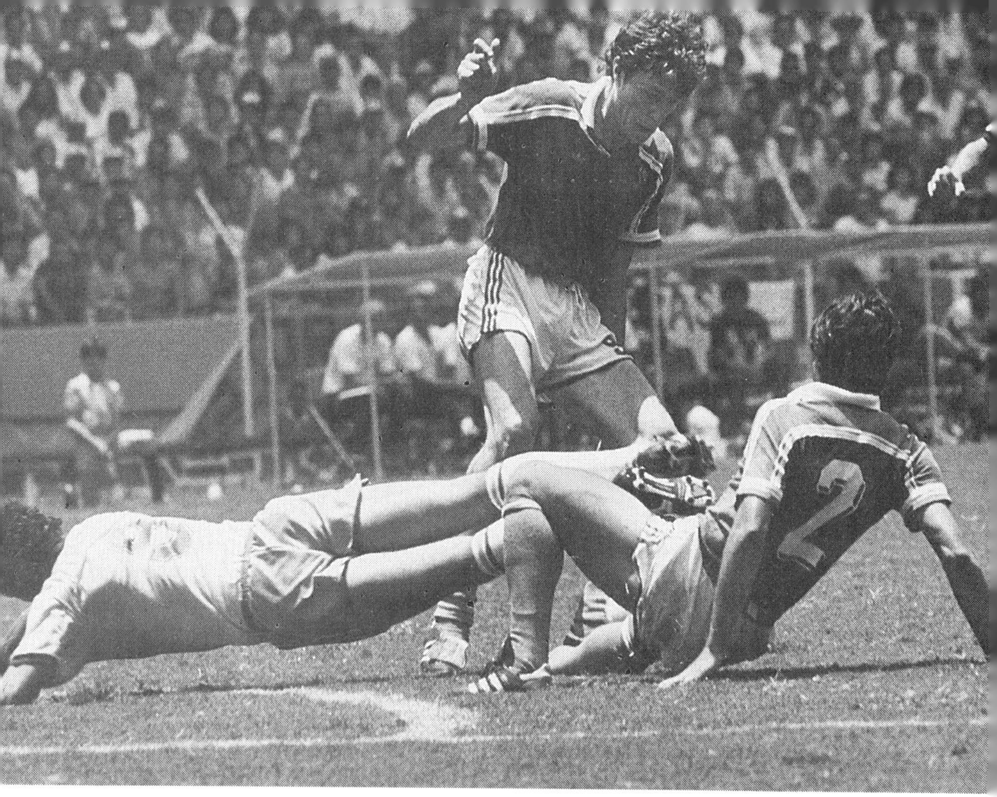

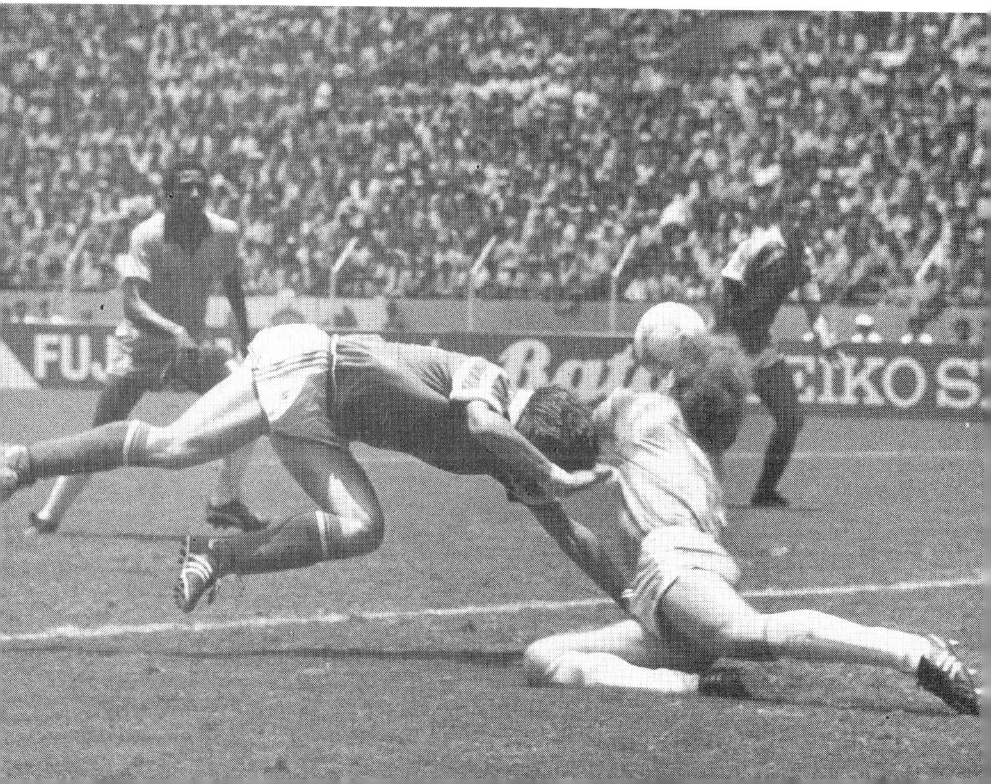
FUJ
EIKO S

ist der sicherste Strafstoßschütze. Und
dieses 2:1 werden die Franzosen nicht
mehr aufholen. Zico läuft an, und Bats
hat den Ball. Unzählige Tore, unzählige
Siege werden wertlos in einer Sekunde. Nach dem Strafstoß verschwindet Zico aus dem Spiel der „Cariocas",
und Socrates schleppt sich weiter dahin. Das Spiel der Franzosen koordi-
niert, orientiert über 120 Minuten. Die
Brasilianer torkeln in das Elfmeterschießen, die Franzosen steuern kühl und
konzentriert darauf zu. Dies das Steno-
gramm eines fast unglaublichen Spek-
takels: 0:0 – Socrates verschießt, 0:1
Stopyra, 1:1 Alemao, 1:2 Amoros, 2:2
Zico, 2:3 Bellone, 3:3 Branco, 3:3 Platini verschießt, 3:3 Julio Cesar trifft
den Pfosten, 3:4 Fernandez.

Es ist der 21. Juni 1986 – der Tag,
an dem den Stars die Nerven versa-
gen. Fernandez' Schuß ist der Fang-
schuß für Brasilien. Ein Spiel ist zu
Ende gegangen, nicht wenige werden
es kurz danach als das „Spiel des Jahrhunderts" bezeichnen.

Noch in der Stunde nach dem Spiel
erklärt Santana seinen Rücktritt. Er war
angetreten, die Scharte des frühen
Ausscheidens in Spanien auszuwetzen.
Die Anerkennung und das Lob der
Fachleute können ihn nun nicht trösten. „Dieses Spiel hatte keinen Sieger
verdient", äußert sich Argentiniens
WM-Macher von 1978, Cesar Luis
Menotti. Santana reagiert nicht. „Das
war mein letztes Spiel als Trainer!"

Logisch, daß nach diesem Ausscheiden die brasilianischen Funktionäre
des Verbandes (CBF) an der Rua de Al-
fandega in Rio in Klausur gehen werden. Man weiß dort um die Probleme.
„Der Zuschauerrückgang ist dramatisch", sagt Pedro Lopez, der Direktor

*Der Held des Spiels und des Elfmeter-Ner-
venduells: Frankreichs Schlußmann Joel
Bats. Glückwünsche hat er wahrlich verdient; erst hält er Zicos Versuch im Spiel,
dann den von Socrates im Elfmeterschießen*

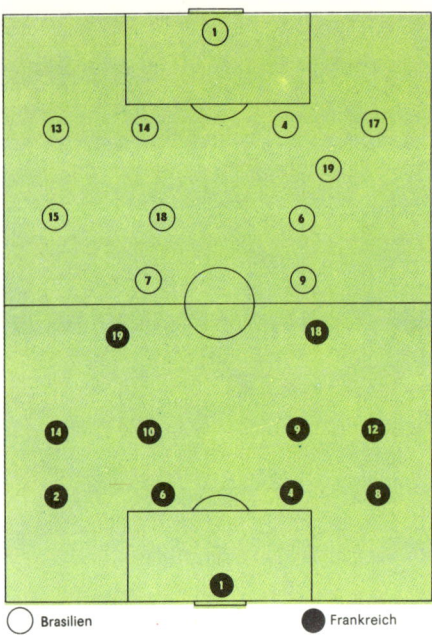

○ Brasilien  ● Frankreich

**Brasilien**

| | |
|---|---|
| 1 | Carlos |
| 13 | Josimar |
| 14 | Julio Cesar |
| 4 | Edinho |
| 17 | Branco |
| 19 | Elzo |
| 15 | Alemao |
| 18 | Socrates |
| 6 | Junior |
| 7 | Müller |
| 8 | Careca |

**Frankreich**

| | |
|---|---|
| 1 | Bats |
| 8 | Tusseau |
| 4 | Battiston |
| 6 | Bossis |
| 2 | Amoros |
| 12 | Giresse |
| 9 | Fernandez |
| 10 | Platini |
| 14 | Tigana |
| 18 | Rocheteau |
| 19 | Stopyra |

des CBF. Selbst Traditionsklubs wie Botafogo, Vasco da Gama oder der FC Santos haben einen großen Schwund zu verzeichnen. Das legendäre Maracana-Stadion war schon seit Jahren nicht mehr ausverkauft. Es liegen Pläne in den Schubladen. Brasilien, das nach einem unübersehbaren Pokalsystem den Meister ausspielt, will in Kürze eine Liga mit den 20 besten Klubs des Landes einführen. Darunter sollen eine zweite und dritte eingleisige Liga entstehen. „Wir stehen am Scheideweg. Eine Konzentration der Kräfte ist unbedingt notwendig", fordert die Zeitung *O Globo*.

## Von Monterrey bis Monterrey

Monterrey — eine Stadt in rot-grünen Farben. Die Industriestadt im Norden Mexikos, in die sich nur selten ein Tourist verirrt, zieht für einige Tage ...zig Tausende an: das Spiel Mexiko—BRD steht im „Estadio Universitario" an, die Nachfrage nach Karten übertrifft die Angebote um ein vielfaches. Nur 46 000 Zuschauer passen in das Stadion, nach FIFA-Schätzungen wollen wenigstens 200 000 Mexikaner ihre Mannschaft siegen sehen. Die letzten in den freien Verkauf gebrachten 8 000 Billetts werden den Kassierern förmlich aus der Hand gerissen, dabei ist der Strom der Schlachtenbummler aus dem Süden noch gar nicht eingetroffen! In der Innenstadt ist von dem Kampf um die heißbegehrten Tickets fast nichts zu spüren, hier ist es genauso ruhig wie im Quartier der Mexikaner, das in der Nähe von Toluca gelegen ist.

Vor dem Duell im Viertelfinale geben sich die Gastgeber lässig, locker, lustig und enorm selbstbewußt. Noch einen Tag vor der Abreise nach Monterrey geht es bei ihnen zu wie im Taubenschlag. Stürmerstar Hugo Sanchez posiert für eine Illustrierte, an seiner Seite ein Modell, das vielleicht zum ersten Male einen Lederball aus der Nähe sieht. Andere Spieler lassen sich geduldig für die Fotoalben der Fans ablichten, Trainer Velibor Milutinovic empfängt die Presse: „Vor drei Jahren hat im Grunde genommen niemand einen Peso auf uns gegeben", rechnet er vor. „Jetzt haben wir große Chancen, in das Halbfinale vorzustoßen. Objektiv hat unser Kontrahent möglicherweise die besseren Einzelspieler, aber wir stellen die bessere Mannschaft." „Señor Bora" ist da ganz einer Meinung mit seinen Spielern. „Die Hitze, dazu das begeisterungsfähige Publikum, das uns wie ein Mann unterstützen wird, ich glaube nicht, daß dies unsere Kontrahenten ohne weiteres wegstecken werden", vermutet Mannschaftskapitän Tomas Boy, während der Trainer die zu erwartende Atmosphäre weitaus weniger aufregend einschätzt. „Es wird so sein wie immer, wenn Mexiko spielt. Wenn jemand unter Druck steht", so diktiert er den „Periodistas", den Journalisten, in den Block, „dann sind es die BRD-Spieler. Für uns wäre es eine Tragödie gewesen, wenn wir die erste Runde nicht überstanden hätten."

Das Team der BRD trifft, aus dem Stammquartier in Queretaro kommend, mit zwei 19sitzigen Lear-Jets am Freitag am Spielort ein. Ohne Torhüter Uli Stein. Das Enfant terrible der Mannschaft hat seine Rolle bis zum Ende konsequent durchgespielt. Kurz vor dem Abflug nach Monterrey, die Mannschaft sitzt bereits im Bus, verkündet Teamchef Beckenbauer seine Entscheidung, Stein vorzeitig nach Hause zu schicken. Die Mitspieler des

## Korrektes Tor

Brasiliens Mannschaftskapitän Edinho hatte sofort beim Schiedsrichter protestiert, und Nabi Abi Chedid, Vizepräsident des brasilianischen Fußballverbandes, wollte sogar bei der FIFA Protest einlegen. Doch die Einwände der Brasilianer gegen die Anerkennung des dritten 11-m-Tors für Frankreich waren zwecklos. Bruno Bellone hatte mit seinem Schuß zwar nur den Pfosten getroffen, der Ball war aber dann vom Rücken des Torstehers Carlos noch ins Tor geprallt. Der Schweizer Erich Vogel, für diese Partie Beauftragter der FIFA, bezeichnete die Entscheidung des rumänischen Schiedsrichters Ion Igna sofort als korrekt. „Beim Elfmeterschießen muß die Wirkung des Balls abgewartet werden. Erst dann ist die Aktion abgeschlossen. Das gilt für den Fall, daß der Ball vom Pfosten an den Torwart und dann in das Tor springt ebenso wie in dem Fall, daß der Ball vom Torwart an den Pfosten gelenkt wird und von dort ins Tor springt."

## Zugaben

Dramatische Höhepunkte des Viertelfinales waren das abschließende Schießen vom Elfmeterpunkt zwischen Frankreich und Belgien, der BRD und Mexiko sowie Spanien und Belgien.

Insgesamt traten dabei 26 Schützen an den Punkt. 20 von ihnen trafen ins Netz (Stopyra, Alemao, Amoros, Zico, Bellone, Branco, Fernandez, Allofs, Negrete, Brehme, Matthäus, Littbarski, Senor, Scifo, Claesen, Chendo, Broos, Butragueno, Vervoort, Victor). Vier scheiterten am gegnerischen Torsteher: Socrates an Bats, Quirarte, Servin an Schumacher, Eloy an Pfaff; zwei verschossen Platini und Julio Cesar.

7 Tore in vier Spielen

∅ 1,75 pro Spiel
Zuschauer: 259 000; ∅ 64 750 pro Spiel
Höchste Zuschauerzahl:
Argentinien—England 100 000
Niedrigste Zuschauerzahl:
Belgien—Spanien 45 000
Torschützen:
Spanien: Senor (1); Belgien: Ceulemans (1); Argentinien: Maradona (2); England: Lineker (1); Brasilien: Careca (1); Frankreich: Platini (1).

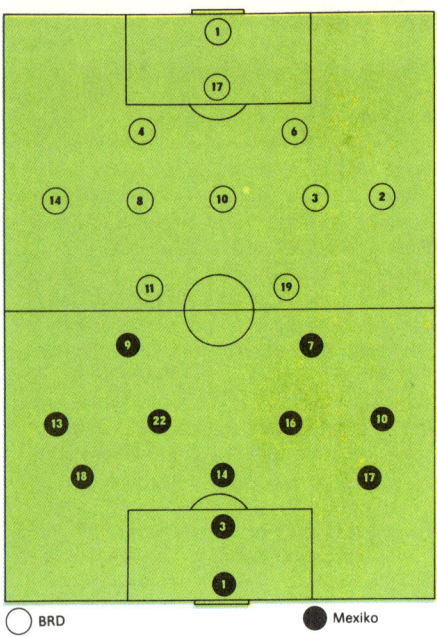

○ BRD   ● Mexiko

## BRD

| 1 | Schumacher |
|---|---|
| 17 | Jakobs |
| 4 | Förster |
| 6 | Eder |
| 14 | Berthold |
| 8 | Matthäus |
| 10 | Magath |
| 3 | Brehme |
| 2 | Briegel |
| 11 | Rummenigge |
| 19 | Allofs |

## Mexiko

| 1 | Larios |
|---|---|
| 3 | Quirarte |
| 17 | Servin |
| 14 | F. Cruz |
| 18 | Amador |
| 10 | Boy |
| 16 | Munoz |
| 22 | Negrete |
| 13 | Aguirre |
| 7 | Espana |
| 9 | Sanchez |

überaus streitbaren Hamburger Torstehers, der seiner Enttäuschung, nur zweiter Torsteher zu bleiben, rückhaltlos Luft gemacht hatte, quittieren Beckenbauers Worte mit gewisser Genugtuung. Stein hat „Nestbeschmutzung" begangen, nie zuvor hatte sich ein westdeutscher Spieler in aller Öffentlichkeit negativer geäußert. Beckenbauer nannte er einen „Suppenkasper", die Mannschaft eine „Gurkentruppe". Steins Äußerungen waren in großer Aufmachung in der Zeitung Die Welt erschienen; das andere war dann nur noch eine Frage von Stunden. Nach einer Beratung mit der Delegationsleitung erhielt Stein das Rückflugticket. Es ist dies aber beileibe nicht der einzige Umstand, der für eine gewisse Unruhe in der BRD-Mannschaft sorgt. Schon die Nominierung des Schiedsrichters wirbelt Staub auf.

„Das hat uns gerade noch gefehlt", ist Beckenbauer wieder einmal vorschnell mit der Zunge, als er erfährt, daß Jesus Diaz Palcio diese Partie leiten würde. Tatsächlich wird dieser 31jährige mit der Figur eines Knaben wie schon in Toluca bei der Partie Irak gegen Belgien zum Hauptdarsteller des Geschehens. Dort, im Stadion „La Bonbonera", verteilt er fünf gelbe Karten gegen die Iraker, dazu noch eine rote, ein Belgier erhält „Gelb". Nun, in Monterrey, geht er noch weit energischer zur Sache. Rot für Berthold, der gegen den mexikanischen Libero Quirarte eine Boxeinlage gibt. Rot auch für den Mexikaner Aguirre in der Verlängerung, nachdem er Matthäus mit einem Bodycheck erster Güte für einen Moment außer Gefecht setzt. Dazu Verwarnungen für fünf Mexikaner und drei BRD-Spieler. „Der Mann hat Mut", lobt ihn nicht nur Monterreys FIFA-Pressechef Fekrou Kidane. Tatsächlich bekommt der Kolumbianer Spieler wie Zuschauer langsam, aber sicher in den Griff, weil er sich in seinen Entscheidungen nicht einmal irrt. Am Niveau dieser Partie kann er allerdings nichts ändern, das ist bescheiden genug.

120 Minuten ohne Entscheidung – die mexikanischen Zuschauer schreien sich heiser, aber ihre Anstrengungen per Kehlkopf zahlen sich nicht aus. Nur in den letzten zehn Minuten der regulären Spielzeit spielt der Gastgeber mit Elan, Schwung, Konzentration. Da aber ist die BRD-Abwehr schon so sicher, daß nichts mehr „anbrennen" kann. „Kein Rhythmuswechsel, wenig Phantasie bei Standards, bedenklich geringe Durchschlagskraft", so charakterisiert der niederländische Trainer Rinus Michels die Aktionen des Gastgebers. Beide Torsteher werden jeweils nur einmal ernsthaft geprüft.

Elfmeterschießen, keine Flucht, keine Ausreden mehr. „Zehn Minuten vor dem Spielende war für mich klar, daß kein Tor mehr fallen würde", erläutert Beckenbauer anschließend sein Vorgehen. Als erstes wechselt er den Kölner Pierre Littbarski ein. Schließlich gilt der kleine Dribbler als einer der sichersten Elfmeterschützen der BRD-Bundesliga überhaupt, und die Erinnerung an das Halbfinale in Spanien gegen Frankreich, als eben Littbarski auch kühl und beherrscht vollstreckte, ist noch nicht verwischt. Schlußpfiff, aus. 120 Minuten sind gespielt. Gewissensfrage. Wer will, wer kann, wer will nicht? Fünf Spieler mit eisernen Nerven sind gesucht. „Ich beginne", entschließt sich der Kölner Allofs. Alle anderen nicken dankbar. Inzwischen sucht Torsteher Schumacher immer wieder Blickkontakt mit Assistenztrainer Horst Köppel. Der hat die Spieler der Mexikaner stundenlang beobachtet, kennt alle mit ihren Stärken und Schwächen. Und von ihm erwartet Schumacher nun Zeichen. Kommt ein Techniker, wird einer versuchen, das Leder mit einem „Mordshammer" unterzubringen? Niemand kann am Ende den Beweis dafür antreten, ob das Zusammenspiel dieser beiden den Aus-

## Die Strafstöße der WM bis zum Viertelfinale

2. Juni – UdSSR–Ungarn:
Jewtuschenko (UdSSR) über das Tor

2. Juni – UdSSR–Ungarn:
Belanow (UdSSR) verwandelt

5. Juni – Italien–Argentinien:
Altobelli (Italien) verwandelt

7. Juni – Mexiko–Paraguay:
Sanchez (Mexiko) Fernandez gehalten

8. Juni – Irak–Belgien:
Claesen (Belgien) verwandelt

8. Juni – Dänemark–Uruguay:
Francescoli (Uruguay) verwandelt

10. Juni – Südkorea–Italien:
Altobelli (Italien) Pfosten

13. Juni – Dänemark–BRD:
J. Olsen (Dänemark) verwandelt

15. Juni – UdSSR–Belgien:
Belanow (UdSSR) verwandelt

16. Juni – Brasilien–Polen:
Socrates (Brasilien) verwandelt

16. Juni – Brasilien–Polen:
Careca (Brasilien) verwandelt

18. Juni – Dänemark–Spanien:
J. Olsen (Dänemark) verwandelt

18. Juni – Dänemark–Spanien:
Goicoechea (Spanien) verwandelt

18. Juni – Dänemark–Spanien:
Butragueno (Spanien) verwandelt

21. Juni – Brasilien–Frankreich:
Zico (Brasilien) Bats gehalten

## Statistische Details der WM nach den Spielen des Viertelfinales

*Zuschauer*: Mit 2 113 423 verkauften Tickets wurde erstmals bei einem WM-Turnier die Zweimillionengrenze überschritten. Die meisten Zuschauer gab es mit 114 500 im ausverkauften Aztekenstadion von Mexiko-Stadt (Mexiko–Bulgarien). Die geringste Resonanz fand UdSSR–Kanada (4 500). 1982 in Spanien wurden für alle 52 Treffen 1 842 250 Besucher registriert.

*Tore*: Nach 84 Toren in der Vorrunde (pro Spiel 2,33) und 26 Treffern im Achtelfinale (3,25) trafen die Schützen im Viertelfinale lediglich siebenmal (1,75). Insgesamt fielen damit 117 Treffer (2,43). Die meisten Treffer schossen die UdSSR (12), Spanien (11), Dänemark, Belgien und Brasilien (jeweils 10).

schlag gibt. Fakt ist, daß der BRD-Schlußmann nicht nur den Strafstoß von Libero Quirarte abwehrt, sondern auch noch Servins Schuß unter Kontrolle bringt. Der Techniker Negrete ist der einzige, der Schumacher „verladen" kann. Auf der Seite der BRD-Mannschaft aber zahlt sich nun das größere Stehvermögen aus. Allofs, Brehme, Matthäus und Littbarski — keinem spielen die Nerven einen Streich.

Mexikos Trainer Velibor Milutinovic gehört nach diesem Drama eigentlich zu jenen, die getröstet werden müßten. Und doch spendet der 42jährige Jugoslawe selbst Trost. „Mexiko muß nicht traurig sein", sagt er nach dem Elfmeterschießen. Und in der Tat, nach einigen Sekunden der tiefen Nie-

*Kein Spiel zur Freude der Zuschauer, der heiße Fight BRD–Mexiko, der nicht ohne rote, gelbe Karten und auch nicht ohne Blessuren abgeht*

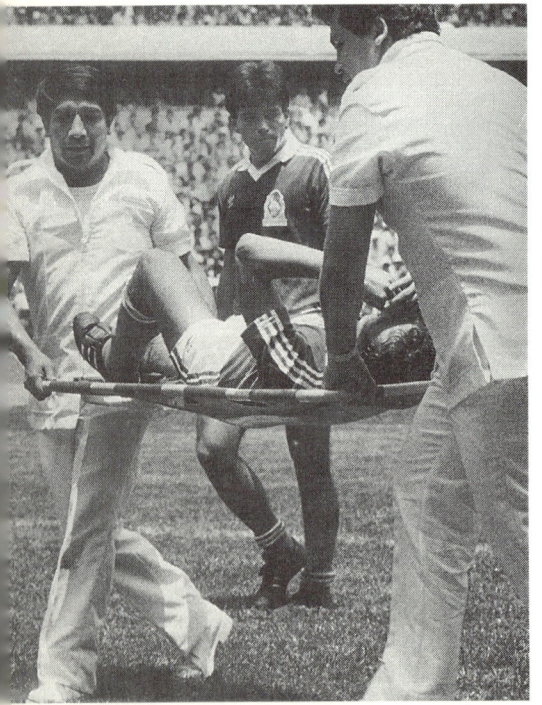

dergeschlagenheit beweisen die 46 000 „Hinchas", die mexikanischen Zuschauer, ihr feines Gespür. „Mexiko, Mexiko"- und „Bora, Bora"-Rufe zeigen auf, für sie sind ihre Matadoren auf dem grünen Rasen weiterhin die anerkannten Idole.

Mit gesenkten Köpfen stehen indes die Spieler ziemlich fassungslos an der Seitenlinie. „Das war der bitterste Moment meines Lebens. Wir waren bestimmt nicht schlechter als unser Gegner. Aber Fußball kann auch ungerecht sein", klagt Libero Quirarte, nachdem er die Sprache wiedergefunden hat. Vom Vizeweltmeister von 1982 geschlagen worden zu sein hat den Stolz des Gastgebers nicht verletzt, schließlich hat die Mexikaner bei diesem Turnier niemand in der regulären Spielzeit besiegt. Quirarte und Servin werden mit ihren verschossenen Elfmetern zu den tragischen Gestalten von Monterrey. „Mich tröstet nur, daß uns unsere Fans ihr Herz geschenkt haben. Wir haben mit ganzem Herzen gekämpft", meint Servin. Kapitän Tomas Boy aber trauert noch einmal den vertanen Chancen nach: „Ich hatte mir einen schöneren Abschied vorgestellt", meint der fast 34jährige, der nach diesem Spiel seine Karriere beendet.

Hier in Monterrey hatte die fast dreijährige Vorbereitung der mexikanischen WM-Elf begonnen, hier schließt sich auch der Kreis. Das Viertelfinale zu erreichen wie 1970 war das Mindestziel des Gastgebers. Und mit seinen Spielen hat er die nach Millionen zählenden Fans für drei Wochen begeistert. Der Alltag, der nach der WM einziehen wird, wird nach der Ablenkung durch den Fußball für viele wieder trist sein.

## Solo zum Verlieben

Schottland aus dem Rennen, die Nordiren nicht mehr dabei — den Engländern schwillt die Brust vor dem Viertelfinale dieses Turniers! Sie sind die einzigen Vertreter des britischen Fußballs. Hat jemand im Ernst daran gezweifelt, daß es so kommen würde? Der Erfolg läßt den Männern um Manager Robert Robson Flügel wachsen. „New look" plus Gary Lineker – so heißt die Formel, die spätestens nach dem 3:0-Erfolg gegen Paraguay zu richtigen Lösungen führt.

Die Umstände zwingen Robson zu seinem Glück, das beim 0:0 gegen Marokko, noch viel mehr beim 0:1 gegen Portugal fehlte. Ray Wilkins und Tery Fenwick gesperrt, Kapitän Bryan Robson verletzt, der Umbau der Mannschaft nach der problemlosen Umstellung von der Hitze Monterreys auf die Höhe von Mexiko-Stadt bringt die Engländer auf die richtige Bahn. Der Verzicht auf Flügelstürmer, der Wechsel vom 4–3–3-System auf eine 4–4–2-Formation sorgen für den „new look", das neue Gesicht, und schieben jenen Mann in die optimale Position, der sich bei diesem Endrundenturnier immer mehr als einer der besten Angreifer überhaupt entpuppt: Gary Lineker. Überholt ist der antiquierte englische Stil mit hohen Flanken auf den langen Mark Hateley. Der beim AC Mailand spielende Mittelstürmer wird folglich seinen Platz auf der Reservebank behalten. Lineker rückt dafür von der Rechtsaußenposition in die Mitte und bedankt sich für die „Versetzung" mit fünf von sechs englischen Treffern, mit denen die Engländer 20 Jahre nach ihrem Titelgewinn im Wembley fraglos wieder zu einem Mitfavoriten geworden sind. Dabei entspricht Lineker so gar nicht den Vorstellungen von einem englischen Angreifer. Mit 1,79 m Größe und 75 kg Gewicht ist er alles andere denn wuchtig. Entdeckt wird er spät, da ist er schon 22. In der Schule – er stammt aus Leicester, wo seine Eltern einen Obst- und Gemüsestand betreiben – spielt er Fußball und Kricket. Aber

Die Torschützenliste führen mit Lineker (England/6), Butragueno (Spanien) und Careca (Brasilien je 5) Spieler von Mannschaften an, die bereits ausgeschieden sind. Die besten Schützen der Halbfinalisten sind die Argentinier Valdano und Maradona (jeweils 3).

*Feldverweise*: Nach sechs roten Karten in der Vorrunde und keinem Feldverweis im Achtelfinale wurden in der Runde der letzten Acht Berthold (BRD) und Aguirre (Mexiko) vorzeitig in die Kabinen geschickt.

*Verwarnungen*: Im Verlaufe des bisherigen Turniers wurden 122 gelbe Karten gezeigt, davon 14 im Viertelfinale, 1982 für das gesamte Turnier 100.

*Spieler*: Von den 528 gemeldeten Spielern für die Endrunde kamen einschließlich des Viertelfinales 403 zum Einsatz. Erstmals im Viertelfinale dabei: Hoeness (BRD), Barnes (England), Chendo (Spanien). Die meisten Spieler setzte die UdSSR (20) ein, die wenigsten Paraguay (13).

*Ergebnisse*: Das häufigste Resultat einschließlich des Viertelfinales waren das 1:0 (zehnmal) und das 1:1 (neunmal).

## Fußball als Kunst

Ein Musical über das Leben des brasilianischen Fußballspielers Socrates soll voraussichtlich schon im nächsten Jahr auf die Bühnen kommen. Der irische Komponist Eddie Reynolds hat das Werk mit dem Titel „The Game" (Das Spiel) fast fertiggestellt. Auch Pele, der großen Einfluß auf die Laufbahn von Socrates hatte, wird als Musicalfigur zu bewundern sein.

## Im Spiegel der Presse

**Nach dem Spiel Frankreich–Brasilien 1:1**
*Sport*, Belgrad: „Das Glück war auf Frankreichs Seite. Die Begegnung war in der Tat das vorweggenommene Finale. Es ist bedauerlich, daß sich eine von zwei Mannschaften gleicher Qualität von dem Mundial verabschieden muß."
*Kronenzeitung*, Wien: „Danke für dieses Spiel. Schade, daß es einen Verlierer geben mußte. Die Franzosen hatten die stärkeren Nerven. Ein Spiel von Rasse und Klasse, eine Riesenpropaganda für den Fußball."

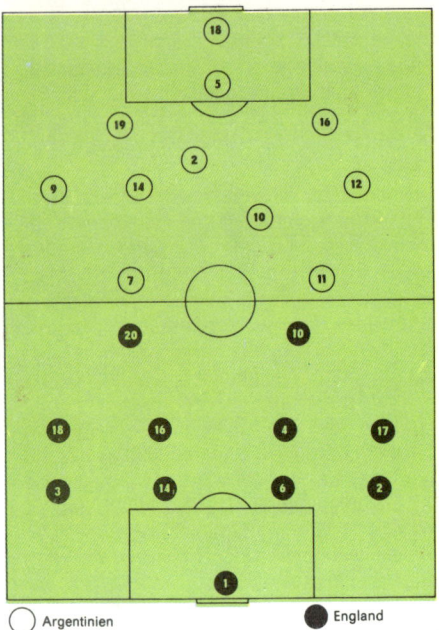

○ Argentinien   ● England

## Argentinien

18  Pumpido
5  Brown
19  Ruggeri
16  Olarticoechea
2  Batista
9  Cuciuffo
14  Giusti
12  Enrique
10  Maradona
7  Burruchaga
11  Valdano

## England

1  Shilton
2  G. Stevens
6  Butcher
14  Fenwick
3  Sansom
17  Steven
4  Hoddle
16  Reid
18  Hodge
10  Lineker
20  Beardsley

eigentlich lieber Kricket als Fußball. Mit 15 hat er sich endgültig auf den Fußball geworfen, aber ein richtiger Profi wird er erst mit 22 Jahren. Er unterschreibt einen Vertrag bei Leicester. Ein Jahr vor der WM geht er nach Everton, trifft während einer Saison 43mal ins Schwarze und stößt damit selbstverständlich zum Kader von Robert Robson. Unmittelbar vor Mexiko aber bricht sich der Schwarzschopf in einem Testspiel gegen Kanada in Vancouver die Hand. Sein Einsatz wird erst mit Hilfe einer Manschette sichergestellt. Eine ganz andere Frage, daß inzwischen auch die gegnerischen Abwehrspieler vor ihm „Manschetten" bekommen haben. Argentiniens Trainer Dr. Carlos Bilardo, befragt, wer ihn, Lineker, wohl abschirmen wird, antwortet gelassen: „Wait and see", was man frei mit „Abwarten und Tee trinken" übersetzen könnte. Wenn nicht schon lange vorher klargewesen wäre, daß er den eisenharten Oscar Ruggeri von River Plate abkommandiert hat, um den „Goalgetter", den englischen Torschützen, auszuschalten. Dr. Carlos muß im Viertelfinale auf Garre (zwei gelbe Karten) verzichten, läßt auch Pasculli zusehen. Für sie kommen Olarticoechea und Enrique. Beide werden noch von sich reden machen, nicht nur im Viertelfinale.

Rückblende: WM '82 in Spanien. Als Titelverteidiger Argentinien am 13. Juni mit einer 0:1-Niederlage gegen Belgien die WM eröffnet, ist gerade die letzte Stunde eines 74-Tage-Krieges zwischen Argentinien und England um die Malwinen, besser bekannt als Falklandinseln, angebrochen. Ein Krieg, der über 1 000 Opfer fordert. Vier Jahre später sind beide Parteien bemüht, die von den englischen und argentinischen Medien hochgespielte Brisanz – die Beziehungen zwischen beiden Ländern sind auch jetzt noch, milde gesagt, nicht die besten – zu entschärfen. Der argentinische Fußball-

verband (AFA) läßt in einer offiziellen Pressemitteilung durch seinen Präsidenten Julio Grondona erklären: „Das Spiel gegen England ist ein Spiel mit völlig sportlichem Charakter. Alle anderen Einflüsse werden ausgeklammert." Und nicht anders meint auch Kapitän Jose Brown: „Wir schießen mit dem Ball, nicht mit Gewehren!"

Maradona, Maradona und nochmals Maradona. „Ich kann es nur immer und immer wiederholen. Er ist der beste Spieler der Welt", stimmt Trainer Dr. Bilardo nach dem 2:1-Sieg über England in die neueste Lobeshymne auf seinen Kapitän ein. Der Mann, der vier Jahre zuvor, unter einem riesigen Erfolgsdruck stehend, seine Nerven nicht im Zaume halten konnte und nach einem schweren Foul im Spiel gegen Brasilien vom Feld geschickt werden mußte, stellt sich hier auch psychisch bestens präpariert vor. Eine winzige Begebenheit am Rande gibt Aufschluß darüber. Als Maradona vor einem Eckstoß die Fahne wegnimmt, um mehr Platz für den Anlauf zu bekommen, erregt er bei Linienrichter Ulloa Morera (Kostarika) Anstoß. Auf dessen Aufforderung stellt sie der argentinische Kapitän nicht nur an die alte Stelle zurück, lächelnd, gelassen repariert er sie auch noch. Er, der noch vor vier Jahren fuchtig, nervös, wild wurde unter dem Muß, der Wunderknabe zu sein, das liebe Kerlchen. Er hat sich geändert, ist reifer geworden. Eine Wandlung, die auch der Mannschaft zugute kommt.

Und dann das Spiel: Es steht von Anbeginn im Zeichen der Argentinier und des kleinen Mannes mit der Nummer zehn. Er zieht im Mittelfeld die Fäden,

## Nach dem Spiel Argentinien–England 2:1

*The Sun*, London: „Maradona hat mehr Gefühl in den Zehen und in der Ferse als die meisten seiner Kollegen. Allerdings auch in den Händen …"

*l'Equipe*, Paris: „Das Einmannorchester Maradona spielte eine Symphonie. Maradona hat seine Zuschauer verzaubert."

*fuwo*, DDR: „Englands Anschlußtreffer verlieh dem Spiel noch einmal dramatische Akzente. Aber es hatte den richtigen Sieger."

## Nach dem Spiel Mexiko–BRD 0:0

*Het Laatste Nieuws*, Brüssel: „Wenn man den spielerischen Gehalt dieser Partie ins Kalkül zieht, dann hatte keine der beiden Mannschaften den Einzug in das Halbfinale verdient."

*Kurier*, Wien: „Kraft und Stehvermögen der BRD-Elf gaben den Ausschlag zu ihren Gunsten."

*El Mundo Deportivo*, Barcelona: „Beckenbauer sah eines der besten Teams der Welt. Aber da muß er bei einem anderen Spiel gewesen sein."

## Nach dem Spiel Belgien–Spanien 1:1

*El Pais*, Madrid: „Wir sind nach einem unglücklichen Elfmeterschießen in Puebla zwar verabschiedet worden, aber wir können mit hoch erhobenem Kopf die Arena verlassen."

*Times*, London: „Belgiens Metamorphose innerhalb von 14 Tagen ist kaum vorstellbar. Welch großartige Moral zeigt diese Mannschaft."

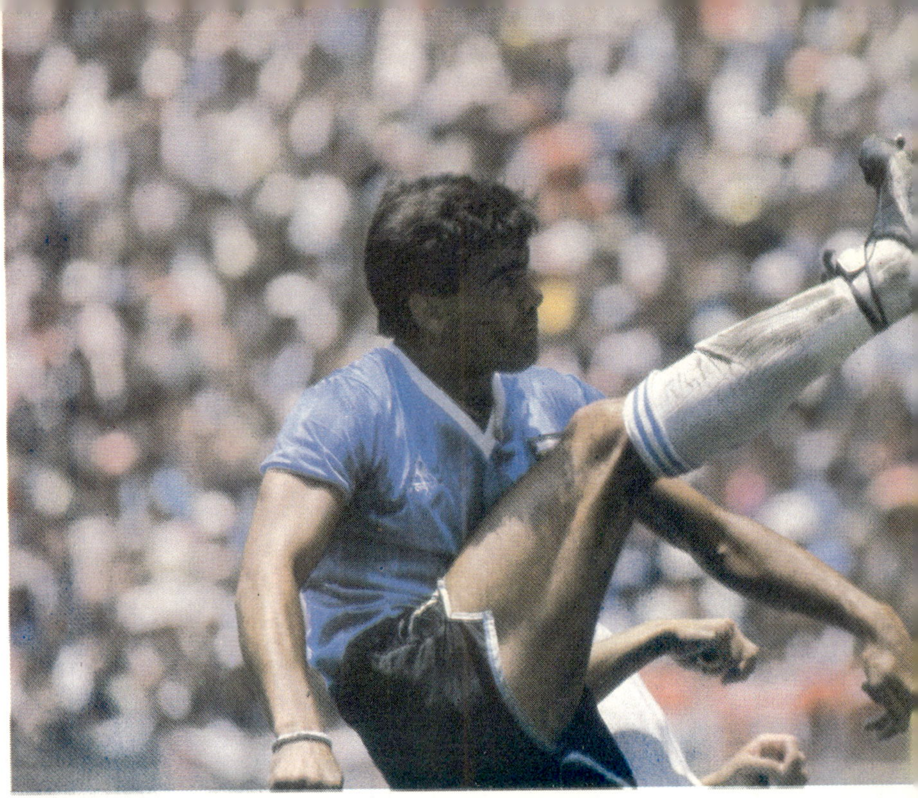

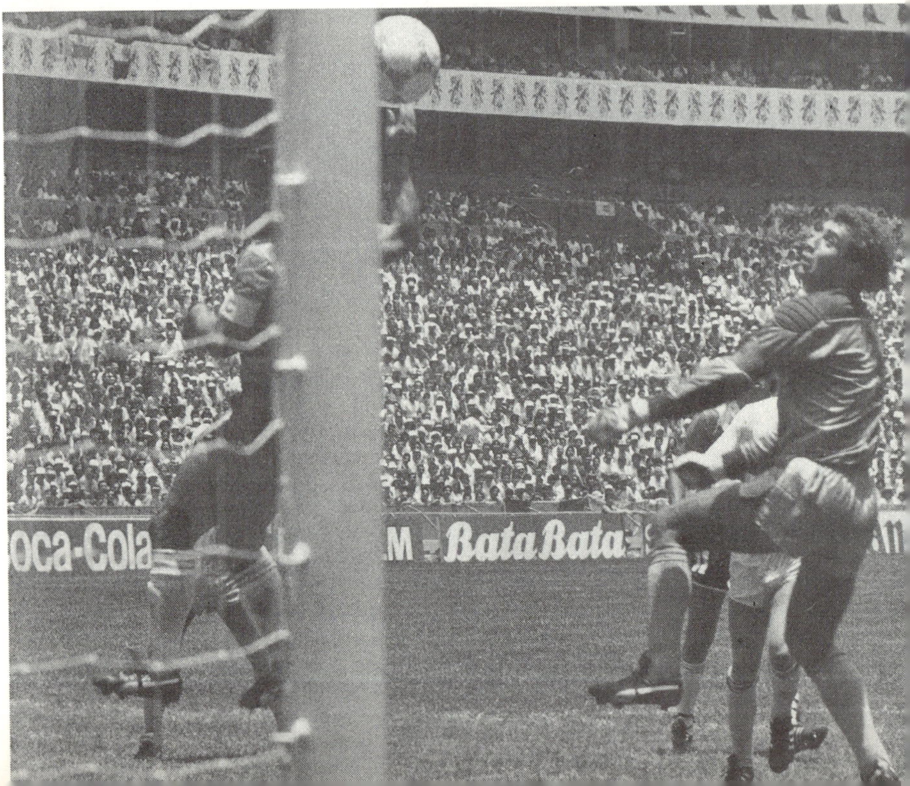

oca-Cola
Bata Bata

*Hoch, höher, am höchsten – Argentiniens Libero Brown, vom Reservisten für Passarella zum Abwehrchef der Weltmeisterelf aufgestiegen, versucht sich im Hochparterre*

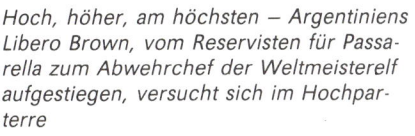

*Maradonas Schummeltor (zum 1:0) gegen England. Shiltons Proteste wenig später sind mehr als berechtigt, aber vergeblich*

*Das Fliegengewicht Enrique überspringt Englands Stopperrecken Butcher. Valdano (l.) und Giusti (14) auf der Lauer*

schießt die Freistöße, setzt die Eckbälle vor das Tor. Fenwick, wieder dabei, bekommt ihn nie in den Griff. Auf der anderen Seite ist Lineker bei Ruggeri ebenso abgemeldet wie Beardsley bei Cuciuffo. Dann die Vorentscheidung. In der 51. Minute steigt der kleine Diego (1,66 m) zum Luftkampf mit Englands Torsteher Peter Shilton hoch. Keiner im Aztekenstadion gibt ihm eine Chance, doch plötzlich ist das Leder im Netz. Der tunesische Schiedsrichter Ali Bennaceur sieht keinen Grund, den Treffer nicht anzuerkennen. Ihm fehlt die Zeitlupe, die Millionen von Fernsehzuschauern in aller Welt deutlich macht, was ihm verborgen bleibt. Nicht von Maradonas Kopf springt der Ball ins Netz, sondern von seiner Faust. „Ein unkorrekter Treffer", schimpft Englands Teammanager Robson, noch bevor er die Aufzeichnung gesehen hat. Aber obwohl er in Rage ist, verliert er nicht den klaren Kopf. „Der World-Cup liegt in den Händen der FIFA", meint er vielsagend. Für einen offiziellen Protest aber sieht er keinen Grund, wohl wissend, daß die FIFA keine Fernsehbeweise anerkennt. England erweist sich als fairer Verlierer. „Wir selbst haben die Tatsachenentscheidung eingeführt. Es wird unsererseits weder ein Vorgehen gegen den Referee noch gegen die FIFA ge-

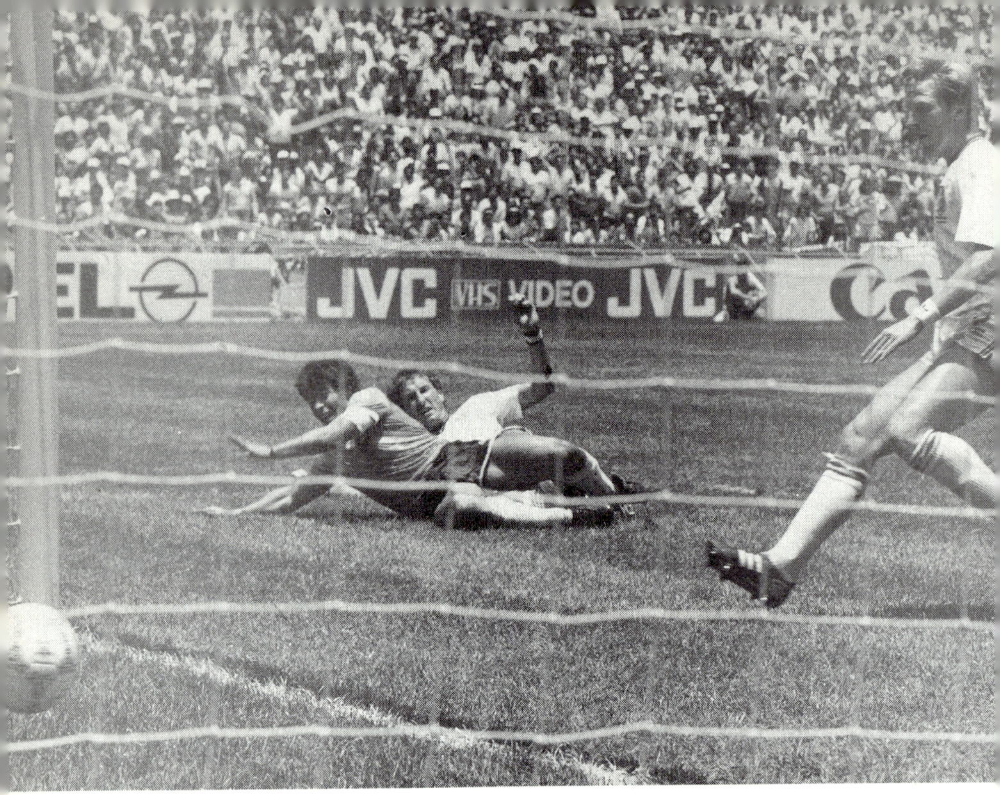
JVC
VHS VIDEO
JVC

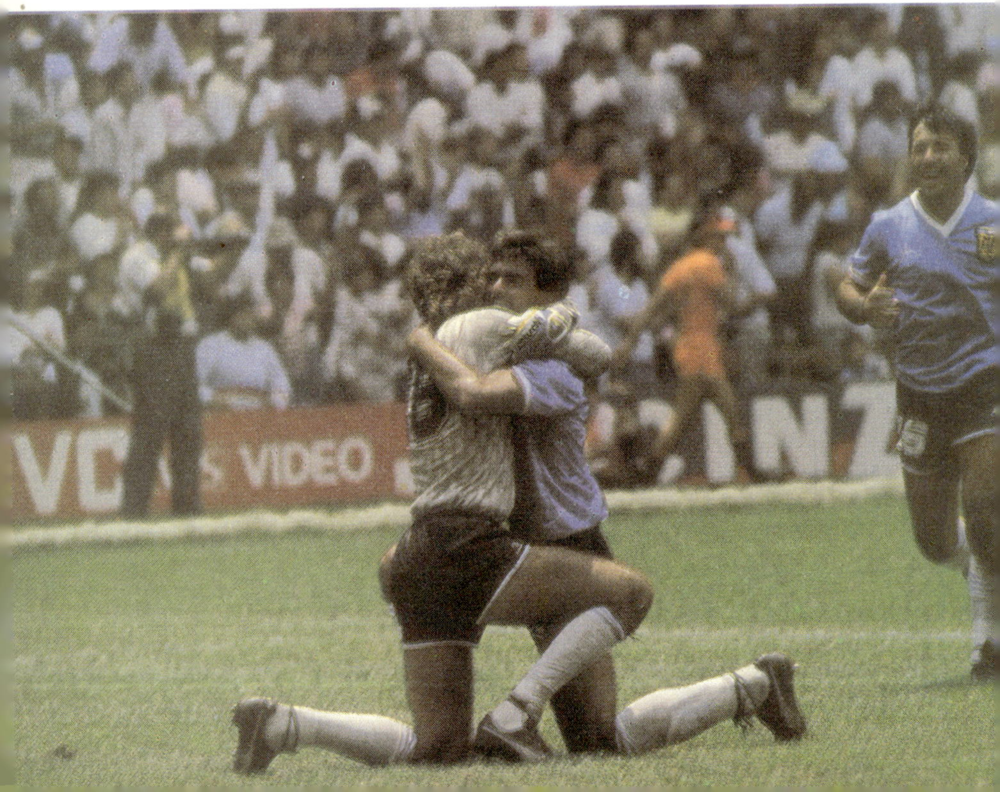
VIDEO

*Natürlich, er kann's auch anders, Argentiniens kleiner Tausendsassa. So endet Maradonas unglaubliches Solo durch die halbe englische Mannschaft. Auch Butcher (am Boden) und G. Stevens laufen ins Leere*

*Der neue englische Torjäger Lineker (10) schießt hier das 1:2 gegen Argentinien, sein 6. WM-Tor, das ihn zum Schützenkönig macht*

*Brust an Brust im Freudentaumel, Maradonas Superlauf zum Supertor gegen England (2:0) löst ihn aus zwischen Torwart Pumpido und seinem Vordermann Ruggeri. Olarticoechea möchte auch mittun ...*

ben", macht der englische Generalsekretär, Ted Crooker, klar.

Maradona, auf diesen ersten Treffer angesprochen, macht erst gar nicht den Versuch, seine Hände in Unschuld zu waschen. „Es war ein Treffer durch die Hand Gottes und den Kopf Maradonas." Sein Teamkollege Jorge Valdano drängt die Diskussion indes in eine ganz andere Richtung. „Diego ist so groß, daß er mit der Last dieses irregulären Tores nicht spielen konnte, deshalb hat er gleich noch ein zweites geschossen." So kann man es auch sehen. Wenngleich, es ist diéses zweite Tor, das nicht nur die 100 000 Besucher im Stadion, sondern Millionen Zuschauer an den Fernsehgeräten elektrisiert. 50 Meter vor dem englischen Tor wird der kleine Argentinier angespielt. Mit einer Finte läßt er noch vor der Mittellinie zwei Engländer aussteigen. Reid verfolgt ihn, im Grunde ohne Chance, Butcher und seinen Schatten Fenwick spielt er aus, als seien sie Bohnenstangen. Shilton, der ihm entgegenspringt, manövriert er mit einem Kunststoß aus. Ein Solo zum Verlieben — und welch ein Tor! „Ein Hochgenuß, eine Delikatesse", schwärmt auch BRD-Teamchef Beckenbauer, der es selbstredend nicht versäumt, sich den möglichen Finalkontrahenten anzuschauen. Für ihn sind die Argentinier danach klarer Favorit im Halbfinale gegen die Belgier. „Eine kompakte Abwehr mit den schier unüberwindlichen Ruggeri und Brown", konstatiert er, „ein Mittelfeld, das natürlich von Maradona dominiert wird, in dem aber auch alle anderen weitaus mehr als nur biedere Handwerker sind."

Erst nach dem 0:2-Rückstand werden die Engländer mutiger, versuchen Druck auf das argentinische Tor auszuüben, in dem Schlußmann Pumpido, trotz seines Sondertrainings, das er vor jeder Partie absolviert, wieder einmal nicht den sichersten Eindruck hinterläßt. Immerhin, als ihn Hoddle in der 70. Minute mit einem Freistoß prüft, macht der schlaksige Mann von River Plate, der ansonsten nur durch Spielverzögerungen auffällt, eine ordentliche Figur. Lineker bleibt es vorbehalten, nach großartiger Vorarbeit des eingewechselten Barnes — kam er zu spät? — mit seinem sechsten Turniertreffer den Anschluß zu markieren. Zu mehr reicht es nicht. England ist aus dem Wettbewerb, die Argentinier indes strotzen nun vor Selbstbewußtsein.

„Wir können noch zulegen", ist sich Dr. Bilardo sicher. „Und es ist einfach falsch, zu behaupten, wir hätten bislang leichte Gegner gehabt."

Teammanager Robson überhört nach dem Ausscheiden geflissentlich die Frage nach seiner Zukunft. Er, der nach den Vorrundenspielen schon in die Schußlinie der Kritik geraten war, wird seinen Vertrag erfüllen, der bis 1988 läuft. Sein abschließendes Urteil zum Viertelfinale fällt möglicherweise auch deshalb etwas überschwenglich aus. „Argentinien war Weltklasse. Meine Elf hat nie aufgesteckt, die letzte halbe Stunde sogar offen gestaltet."

## Trainer-„Opas" im Duell

Das letzte „Olé" erstirbt den 40 000 im Cuauhtemoc-Stadion von Puebla auf den Lippen. Gerade hat Belgiens Torsteher Jean-Marie Pfaff den von Eloy schwach geschossenen Elfmeter gehalten. Die spanische „Furie", die auf dieser WM für Furore sorgte, muß nun mit ansehen, wie sich die Titelträume unter den plazierten Schüssen der kühlen Belgier in Nichts auflösen. Claesen, Scifo, Broos, Vervoort und van der Elst treten an — nicht die Spur von Unruhe ist ihnen anzumerken, keinem werden die Knie weich unter der von Schütze zu Schütze zunehmenden Last der Verantwortung. Nicht die Routiniers wie Gerets oder Renquin schickt der alte Fuchs Thys in das Elfmeterfeuer. Dort eben holen die Jungen die Kastanien heraus. Und sie machen das in einem Stil, der das fast komplett auf der Seite der Spanier stehende Publikum zur Anerkennung zwingt.

Mit 4:5 Elfmetertoren ist auf diesem Turnier wieder einmal Endstation für den kämpferisch schönen Offensivfußball, wie ihn Spanien, zuvor die UdSSR, Dänemark oder Brasilien zur Freude der Zuschauer zelebriert hatten. Caldere, dessen Treffer Spanien ins Achtelfinale geführt hatten, empfindet nur: „Es ist ungerecht. Wir waren hier die klar bessere Mannschaft." Eloy, dessen Schuß Pfaff gehalten hat, sitzt unterdessen seit langem in der Kabine, fassungslos. Er weiß, daß er mit seinem, dem einzigen Fehlschuß den Lohn für 120 Minuten Einsatz seiner Mannschaft voller Herz und Mut verspielt hat …

Vor dieser Partie wohnen die beiden Kontrahenten nur einen Steinwurf voneinander getrennt im Hotel „Meson del Angel" in Puebla. „Ich bin ganz froh, daß wir im Viertelfinale nicht auf die Dänen, sondern auf die Spanier treffen", erläutert Belgiens Torjäger Nico Claesen. „Viele von den Dänen stehen bei belgischen Klubs unter Vertrag, und möglicherweise hätte sich so nur ein Prestigekampf angebahnt." Aufstellungssorgen indes hat Trainer Guy Thys kaum, ganz im Gegensatz zu seinem Kollegen Miguel Munoz, der wie Thys (63) mit seinen 64 Jahren gut und gern als „Opa" gehen kann, und die internationale Presse stilisiert das Duell zwischen den Überraschungsmannschaften des Achtelfinales eben vorrangig als eine Auseinandersetzung zwischen den beiden alten Herren hoch, die vom Fußball – das haben sie nicht allein bei diesem Turnier bewiesen – eine Menge verstehen. Spanien ohne Goicoechea. Er hat, beileibe nicht unerwartet, im Verlaufe des bisherigen Turniers zwei gelbe Karten kassiert und muß nun zuschauen. „Sein Ausfall ist das Schlimmste, was

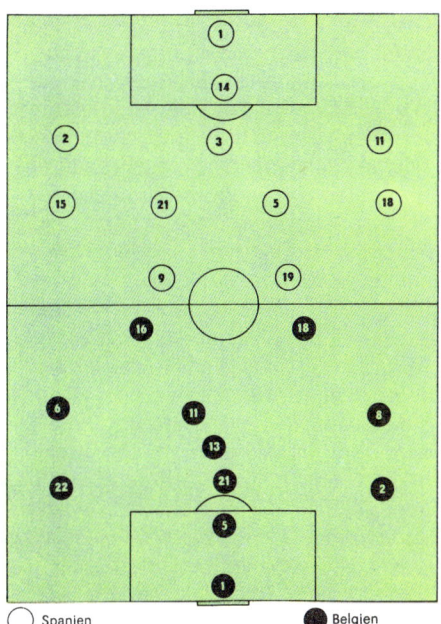

○ Spanien    ● Belgien

**Spanien**

1 Zubizarreta
14 Gallego
2 Tomas
3 Camacho
11 Julio Alberto
15 Chendo
21 Michel
5 Victor
18 Caldere
9 Butragueno
19 Salinas

**Belgien**

1 Pfaff
5 Renquin
2 Gerets
21 Demol
22 Vervoort
13 Grün
8 Scifo
11 Ceulemans
6 Vercauteren
18 Veyt
16 Claesen

291

passieren konnte. Unter seinem Fehlen leiden wir am meisten, einen solchen Typ kann man nicht erfinden." So Munoz. Tatsächlich hat sich Andoni Goicoechea vor allem in Spanien seinen „Namen" als knallhart einsteigender Verteidiger gemacht, unter anderem Schuster und Maradona – beide seinerzeit noch gemeinsam beim FC Barcelona unter Vertrag – so schwer gefoult, daß sie für Wochen und Monate ausfielen. Er hat einen schlechten Ruf seit jenen Tagen. Hier in Mexiko hält er nach dem Ausscheiden von Maceda die Abwehr der Iberer zusammen. Er wird den Spaniern fehlen, das weiß nicht allein Munoz. Nach dem Sieg gegen die Dänen aber sieht der selbstredend keinen Anlaß, die Mannschaft auf weiteren Positionen zu ändern. Der torgefährliche Mittelfeldspieler Rafael Gordillo wird also wieder zuschauen. Munoz bleibt trotz aller Freude über das Erreichen des Viertelfinales Realist: „Bei einer WM-Endrunde zählt die Vergangenheit nicht. Der nächste Gegner muß genau analysiert und dann mit der richtigen Taktik bekämpft werden." Von Butragueno weiß er, daß er nach seinen vier Treffern gegen die Dänen sicherlich einen „Polizisten" zugestellt bekommt. „Dann müssen eben die anderen die Tore schießen", meint der grauhaarige Madrider. „Wir haben noch ein paar Spieler, die das können." Unterdes dringen aus dem Lager der Belgier doch einige Nachrichten, die für die Spanier von Interesse sind. Pfaff meldet sich während des Trainings bei Thys: „Ich bin verletzt und kann möglicherweise nicht spielen." Thys, der seinen Schlußmann als Spaßvogel kennt, reagiert vorerst nicht,

wird erst stutzig, als der Arzt gerufen wird. Schließlich erweist sich Pfaffs dicker Knöchel als ebensolche Bagatelle wie Gerets' Pech, der sich beim Aussteigen aus dem Bus den Fuß verknackst. Der Optimismus auf beiden Seiten treibt Stunden vor dem Spiel die schönsten Blüten. „Für zwei Treffer sind wir gegen die Belgier immer gut. Und das wird reichen", so Victor vom FC Barcelona.

Sie reichen nicht. Als Schiedsrichter Siegfried Kirschen aus der DDR die Partie anpfeift, halten sich beide Kontrahenten nicht lange beim Taktieren auf, ängstliche Zurückhaltung ist nicht gefragt, Tempohatz von der ersten Minute angesagt. In der spanischen Mannschaft bespielt Victor, der Mann mit dem ungeheuren Laufvermögen, wieder einmal „jeden Grashalm", nicht minder groß der Aktionsradius von Julio Alberto und Caldere. Die Belgier, einmal mehr meisterhaft mit der Abseitsfalle operierend, setzen ihre Konter wie Nadelstiche in den Rücken der spanischen Abwehr. Zwei Faktoren scheinen erst einmal ausschlaggebend für den Ablauf des Geschehens: Butragueno, gegen Dänemark noch vierfacher Torschütze, wird von Demol nach allen Regeln der Kunst abgemeldet. Hat der antrittsschnelle Spanier es doch einmal geschafft, seinen unerbittlichen Schatten loszuwerden, stehen da mit den ausgefuchsten Gerets und Renquin noch zwei weitere Felsen in der Brandung, an denen nicht allein Butraguenos Angriffsversuche mal um mal zerschellen. Und dann schließlich die Führung für die Belgier. Eine Flanke von Vercauteren berechnet Libero Gallego falsch. Belgiens Kapitän Ceulemans, wie immer einer der Aktivposten seiner Mannschaft bei diesem

Turnier, muß geahnt haben, daß der Real-Spieler patzen würde. Wie von der Sehne geschnellt jagt er das Leder im Hechtflugkopfball ins spanische Netz. Im darauffolgenden Schlagabtausch sind die Spanier zumeist tonangebend, geraten aber beinahe nach einem Musterzug über Claesen–Ceulemans–Veyt (51.) in einen aussichtslosen Rückstand, bevor der eingewechselte Senor mit einem Schuß aus gut 25 Metern fünf Minuten vor dem Abpfiff wenigstens die Verlängerung für Spanien rettet. Caldere (96.) und Grün (112.) haben hier jeweils noch eine Chance, ihre Mannschaften in Führung zu bringen. Dann ruft Schiedsrichter Kirschen beide Mannschaften zum Elfmeterschießen. Dem dritten im Verlaufe dieses Viertelfinales.

Zehn Millionen Einwohner zählt Belgien, nur 300 000 Aktive jagen in der Völkergemeinschaft der Flamen und Wallonen dem Leder nach. Nun haben die Männer um Kapitän Ceulemans den Einzug in das Halbfinale der WM geschafft, spielen dort im Konzert der „Großen" eine der ersten Geigen. „Für Belgiens Fußball ist etwas Unfaßbares geschehen. Wir haben plötzlich eine Mannschaft, die im WM-Halbfinale steht und sogar nach den Sternen greift. Ich habe dafür keine Erklärung." Der Niederländer Arie Haan, 1974 und 1978 in der Elf des Vizeweltmeisters Niederlande stehend und nun Trainer beim RSC Anderlecht, dem belgischen Rekordmeister, stimmt nach dem gewonnenen Elfmeterschießen in den ausgelassenen Jubel seiner zahlreichen Schützlinge ein.

Was indes wie ein Wunder anmutet, hat ganz reale Hintergründe. Ein lange schwelender Krach der drei Anderlechter Mittelfeldspieler Rene Vandereycken, Enzo Scifo und Frank Vercauteren, in dessen Verlauf sich auch Guy Thys erhebliche Vorwürfe anhören muß, gebar plötzlich und mitten im Turnier eine neue Mannschaft, in der die „Youngster" den Ton angaben. Patrick Vervoort (21), Enzo Scifo (20) und der 20 Tage jüngere „Benjamin" Stephane Demol, als größtes Talent Belgiens gepriesen, werden zu Stammspielern und Leistungsträgern. Die verletzten und inzwischen nach Hause gereisten Vandenbergh und Vandereycken werden nicht mehr vermißt.

„Wir sind stärker als vor vier Jahren, aber nicht so gut wie bei der Europameisterschaft 1980 in Italien", sagt Eric Gerets, der nach seiner Verwicklung in den belgischen Fußballskandal lange für die Auswahl gesperrt wurde, hier in Mexiko aber einmal mehr zu den besten Offensivverteidigern des Turniers zählt. „Im Spiel gegen die UdSSR hat sich die Mannschaft endgültig zusammengefunden."

Das Schlußwort für die Belgier nach diesem denkwürdigen Spiel spricht Torsteher Pfaff: „Der Sprung in das Halbfinale ist der größte Erfolg meiner bisherigen Laufbahn. Nach dem Erfolg gegen Spanien halte ich eine ähnliche Leistung gegen Argentinien auch für möglich." Im Hintergrund zieht Thys indes genüßlich an seiner obligatorischen Zigarre und lüftet das „Geheimnis" um seine Elfmeterschützen, die letztlich die Entscheidung zugunsten der Belgier erzwangen. „Als es zum Penaltyschießen ging, haben sich die Jungen vorgedrängelt. Sie wollten es den Alten noch einmal richtig zeigen."

Thys, der alte Fuchs und Psychologe, ließ sie selbstverständlich gewähren und schlug damit auch seinen Kollegen Munoz aus dem Felde. Bei dem herrschte indes keine Trauer. „Wir haben großartig gespielt, als die bessere Mannschaft aber versäumt, die zum Siege nötigen Tore zu schießen. In zwei Jahren werden wir das bei der Europameisterschaft nachholen."

*Er wird zum Helden des Hits von Puebla – Jean-Marie Pfaff, wohl der beste, beständigste Torwart der Endrunde*

Der Unglücksrabe Joel Bats am Boden. Der Freistoßscharfschuß von Brehme ist ihm unterm Körper durch ins Netz gerutscht. Fassungslos Platini, jubelnd Rolff

# Halbfinale: Neuauflage und Revanche

## Revanche? Nein, Neuauflage!

Im Hotel „Camino Real" im Herzen der Metropole residiert die FIFA. Im dritten Stock, versteckt in einem Labyrinth von Gängen, sitzt auch ihr Pressechef Guido Tognoni. „Nehmen Sie bitte Platz", begrüßt er die Journalisten, greift Sekunden später zum Telefon und schwenkt auf Englisch um: „Everything is organized. Yes, wait a moment, let me check!" Der studierte Jurist, einige Zeit als Journalist Tätige und Chef des Züricher Schlittschuhklubs ist Härte und Bodychecks gewohnt. Das kommt ihm gelegen. Er sieht sich meist an der Bande, wie er gelegentlich Journalisten gegenüber bekennt, eingezwängt zwischen Organisationsproblemen und journalistischen Bitten. Der Schweizer spricht perfekt englisch, französisch, deutsch, leidlich italienisch, inzwischen passabel spanisch. Manchmal kommt er durcheinander, spricht er

englisch mit einem Deutschsprachigen. „Der Streß", entschuldigt sich Tognoni. „Pressebulletins, Tickets, Interview-Arrangements. Einen Augenblick, Herr Blatter kommt gleich."

Zwei Tage vor dem Halbfinale wird analysiert. Frankreich–BRD und Belgien–Argentinien. Drei europäische Vertretungen gegen eine Südamerikas, und das auf lateinamerikanischem Boden! Zufall oder Ende eines Vorurteils, daß die Vertreter Europas in der Höhenlage Mexikos ohne Chance sind? Vom FIFA-Generalsekretär erwartet man eine Antwort. „Das Höhensyndrom wurde eindeutig überbewertet", erklärt Joseph S. Blatter die zahlenmäßige Überlegenheit der Europäer. Bei der WM in Mexiko 1970 stellten die beiden dominierenden Fußballkontinente mit Italien, BRD sowie Brasilien und Uruguay je zwei Vertretungen. Doch die Verhältnisse vor 16 Jahren waren andere.

„Beim ‚Mundial 1986' spielt eine neue Generation, die sich viel schneller auf extreme Bedingungen einstellen kann. Selbst Otto Normalverbraucher wechselt im Urlaub heute in der Regel ohne Probleme Klima- und Zeitzonen. Der moderne Mensch hat gelernt, seinen Körper den verschiedenen Gegebenheiten anzupassen." Erst recht haben die mit modernsten sportwissenschaftlichen Methoden bestens vorbereiteten Mannschaften diese Probleme bewältigt. Mit der Legende vom ökonomischen Kurzpaßspiel haben viele längst aufgeräumt. Die Europäer merkten sehr bald, daß sie den südamerikanischen Mannschaften konditionell nicht unterlegen sind und Tempofuß-

ball auch in der Höhe Mexikos durch-
halten können.

Dennoch: Die Vorteile des geringeren Luftwiderstandes sind seit Bob Bea-
mons 8,90-m-Weitsprungweltrekord
bei Olympia '68 und dem Stundenwelt-
rekord des Radprofis Francesco Mo-
ser bekannt, und das bringt Probleme
mit den Bällen. Ein Institut für Biome-
chanik habe errechnet, so der FIFA-
Generalsekretär, daß ein mit 90 km pro
Stunde geschossener Ball in Mexiko
etwa 30 Meter fliegt, vier Meter weiter
als auf Meereshöhe. Diese Erkenntnis
hat Italiens legendärer Torwart Dino
Zoff gerade bestätigt: „Vor allem die
Torleute mußten sich umstellen. Der
Ball fliegt schneller, die Reaktionszeit
ist kürzer." Wissenschaftler haben zudem analysiert, daß der Ball in 2 000 m
Höhe leichter aufspringt als auf Meereshöhe und technische Fehler weniger verzeiht.

Die Franzosen bewegen solche The-
men in Chapala nicht. Der Europameister, der nacheinander die beiden
Dreifachweltmeister Italien und Brasilien ausschaltete, kommt aus den
Feiern nicht heraus. Keine vorverleg-
ten Siegesfeste, nur begehen Jean Tigana
und Michel Platini am 23. und
24. Juni ihren Geburtstag. Beide werden 31, und die Geburtstagstorte für
Maxime Bossis einen Tag nach dem
Halbfinale ist bestellt, gleichfalls zum
31. Zuvor bestreitet der Verteidiger
von Racing Paris gegen die BRD sein
75. Länderspiel.

Für die gute Stimmung hat Henri
Michel aber auf ganz andere Art gesorgt. Partnertausch nennen es die
Franzosen und halten es für das Normalste auf der Welt. Wieder einmal haben 18 der 22 Spieler der Equipe tricolore neue Zimmernachbarn. Sie teilen
für eine Nacht ihr Doppelbett, in dem
bisher ein Mannschaftskamerad lag,

*... und Schumacher bereinigt die letzte
Gefahr*

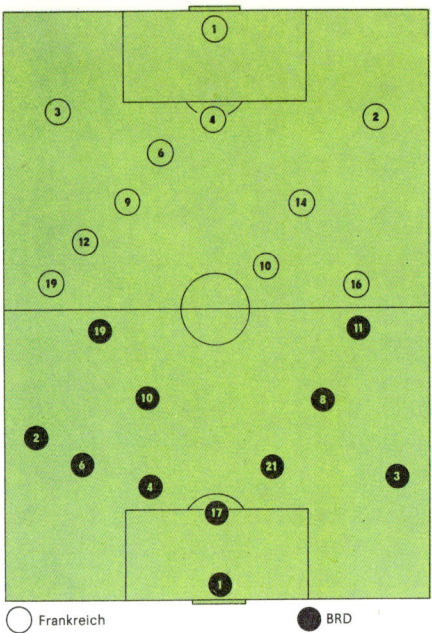

○ Frankreich          ● BRD

## Frankreich

| | |
|---|---|
| 1 | Bats |
| 4 | Battiston |
| 3 | Ayache |
| 2 | Amoros |
| 6 | Bossis |
| 9 | Fernandez |
| 14 | Tigana |
| 12 | Giresse |
| 10 | Platini |
| 19 | Stopyra |
| 16 | Bellone |

## BRD

| | |
|---|---|
| 1 | Schumacher |
| 17 | Jakobs |
| 3 | Brehme |
| 4 | Förster |
| 21 | Rolff |
| 6 | Eder |
| 2 | Briegel |
| 8 | Matthäus |
| 10 | Magath |
| 11 | Rummenigge |
| 19 | Allofs |

mit der eigenen Frau oder Freundin, und Michel ist der Damenbesuch sehr willkommen. Die Atmosphäre ist seit der Ankunft der Frauen, die sonst einige Kilometer entfernt wohnen, besser als je zuvor. „Wir haben gute Erfahrungen gemacht. Daß die Frauen störend wirken, ist ein alter Zopf. Ihre Anwesenheit kann bei einem so langen Turnier nur nützlich sein." Trainer Michel bemerkt lakonisch: „Daß einer über die Feuerleiter ausbricht, brauchen wir nicht zu befürchten. Wir wissen unsere Spieler in bester Obhut."

Viele Worte kann Michel sich ersparen, die WM-Vorstellungen des Europameisters und Olympiasiegers '84 sprechen für sich. Frankreich ist eine „Grande Nation" im Fußball geworden. Übertroffen scheinen die Zeiten eines Just Fontaine, des WM-Torschützenkönigs 58 (13), und Raymond Kopa, die bei der WM in Schweden Rang drei erspielten, oder als es in den Europacupfinals für Stade Reims gegen Real Madrid 1956 und 1959 Niederlagen gab. Nicht anders erging es AS St-Etienne 1976. Zu einer Zeit, als der Stern des Michel Platini bereits aufging, als die stolzen Franzosen im Fußball über ihren Schatten sprangen und den mit Ajax Amsterdam zweimal (1972 und 73) im Europacup erfolgreichen Rumänen Stefan Kovacs als Verbandstrainer nach Paris geholt hatten.

Kovacs ordnete die Nachwuchsarbeit neu, und sein Assistent Michel Hidalgo führte das Werk fort und formte mit dem EM-Titel 1984 das Meisterstück. Viele Klubs richteten eine systematische Jugendarbeit ein, gekoppelt häufig mit Internaten und Ausbildungsprogrammen, gefördert durch Kommunen, doch in der Gegenwart zunehmend durch die Industrie. Die Folgen kommerzieller Folgeerscheinungen im Profifußball übersehen kritische Beobachter gerade in den WM-Tagen nicht. Aufsteiger Racing Paris, hinter dem einflußreiche Industrielle stehen, ver-

pflichtete Fernandez, den BRD-Aus-
wahlstürmer Littbarski und den Uruguayer Francescoli; der von einem Kauf-
hauskonzern geförderte Klub Olym-
pique Marseille neben Papin vom
FC Brügge Förster (BRD), und der von
Zuwendungen seines Fürsten lebende
AS Monaco den Dänen Lerby. Aus Mexiko kabelt ein kritischer Journalist
noch als einsamer Rufer in der Wüste
nach Paris: Allmählich beginnt man
stutzig zu werden. Es könnte in Frankreich ähnlich laufen wie in Italien, wo
in den letzten Jahren die meisten
Schaltstationen der dominierenden
Mannschaften mit Ausländern besetzt
sind. Viele Italiener führen heute das
Scheitern der Nationalmannschaft bei
der Titelverteidigung auf Schlüsselstel-
lungen der ausländischen Starspieler
zurück.

Beim Spielchen auf einem 15 Meter
breiten Wiesenstreifen zwischen Hotel-
terrasse und dem See in Chapala geht
es übermütig zu. Trainer Michel läßt
sich nach verblüffenden Kurzpässen
und einem Hackentor feiern. Francois
Remetter, der 1958 bei der WM in
Schweden das Tor hütete, sagt über
seine Nachfolger: „Die Mannschaft hat
alle Komplexe daheimgelassen." Michel hat den „Thriller von Sevilla"
BRD-Frankreich im Halbfinale '82 vom
Videoprogramm gestrichen mit dem
Bemerken: „Fußball ist ein Spiel und
kein Krieg!" 1:1 nach 90 Minuten, 3:3
nach Verlängerung hieß es in Spanien,
ehe die BRD das Elfmeterschießen 5:4
für sich entschied.

Nicht nur französische Zeitungen beschwören zugleich den „Schatten von
Sevilla" herauf. „Böse Erinnerungen liegen über dem Halbfinale", verweist
*France Soir* auf das brutale, vorsätzli-
che Foul des BRD-Torwarts Schumacher gegenüber Battiston, der dabei
drei Zähne verlor und den zweiten
Halswirbel brach. „Schumacher? Nein,
danke!" wird Battiston vier Jahre später
zitiert. „Wenn ich ihm wieder gegen-

## Pressespiegel
## zu BRD–Frankreich:

*El Mundo Deportivo*, Barcelona: „Der Kraft-
fußball hat sich durchgesetzt."
*Gazzetta dello Sport*, Mailand: „Bier schlägt
Champagner 2:0."
*Daily Express*, London: „Der Power-Fußball
der BRD zerschmetterte den Traum von
einem romantischen französischen Auftritt
im Finale."
*Sport*, Zürich: „Wie fast in jedem Weltmei-
sterschaftsturnier rappelte sich die BRD
nach selbstquälerischen internen Streite-
reien und den üblichen Querelen mit den
hyperkritischen Medienleuten ... im entscheidenden Moment zu einer überzeugenden Leistung auf."
*El Pais*, Madrid: „Das war Arbeit, harte Arbeit. Alles sehr bundesdeutsch."
*l'Equipe*, Paris: „Ende eines großartigen
Abenteuers. Adios, Muchachos."
*Die Welt*, Hamburg: „Zu einem guten Spiel
gehören zwei Mannschaften. Gegen die
Franzosen kommt halt Fußball zustande, die
lassen einen spielen ... Und wie sah die
deutsche Gegenleistung zum französischen
Entgegenkommen aus? Ziemlich undank-
bar."

## Pressespiegel
## zu Argentinien–Belgien:

*La libre Belgique*, Brüssel: „Wir Belgier fan-
den einen Maradona, der teuflischer war
als unsere Roten Teufel."
*Sport*, Belgrad: „Pele bekam einen würdi-
gen Nachfolger: Maradona."
*Times*, London: „One-man-band. Belgien
von Maradona geschlagen."
*El Mundo Deportivo*, Barcelona: „Argentinien mit Fußball der hohen Schule ins Finale."
*Sport*, Zürich: „Ovationen für Maradonas
Supershow. Fast im Alleingang führte der
Superstar Maradona die Argentinier ins
Endspiel. Seine Show forderte auch im
Aztekenstadion von Mexiko-Stadt im Halbfinale Ovationen der 110 000 Zuschauer her-
aus. Er erzielte beide Tore auf spektakuläre
Weise und legte zudem seinen Kameraden
mehrmals den Ball ‚pfannenfertig' auf den
Fuß. Doch die Mitspieler zogen daraus kei-
nen Nutzen."

überstehen sollte, werde ich mich nicht mehr auf einen Zweikampf einlassen."

Frankreichs Elf gilt bei Experten wie in der Öffentlichkeit als hoher Favorit. Aber nicht nur die Pariser *l'Equipe* warnt nach den bislang keineswegs überzeugenden WM-Partien der BRD: „In allen Zeitungen kann man es lesen: Die Deutschen spielen wie auf Krükken. Aber: der BRD-Fußball besteht aus … Erfahrung, Defensivkraft und Selbstvertrauen." Sehr vorsichtig äußert sich Henri Michel: „Dänemark wurde schon als Weltmeister gehandelt und bekam eine Packung von den Spaniern, die gegen die von allen unterschätzten Belgier verloren. Alle Welt sagt, daß die BRD-Auswahl bisher schlecht gespielt habe. Doch die Spieler haben noch die gleichen Eigenschaften, die Berge versetzen können: starken Teamgeist und Kondition für zwei Spiele."

Englands legendärer Flügelstürmer der Vergangenheit Sir Stanley Matthews, der mit 16 Jahren der jüngste Fußballprofi auf der Insel war und mit 50 Jahren noch zur Erstligamannschaft des FC Blackpool gehörte, WM-Teilnehmer 1950 und 54, sieht Frankreich im Quartett der letzten Vier als ungekrönten König: „Die Partie gegen Brasilien war das vorweggenommene Endspiel. Eine Begegnung der Superlative." Zugleich verweist der Engländer auf die starke Physis und Disziplin der BRD-Vertretung, die in Turnieren Grundlage und Voraussetzung für den Erfolg sind. „Sie halten einen Schlüssel der WM in Händen und beenden auch ein schlechtes Spiel siegreich. Man kann sie in der Beziehung durchaus mit den Italienern von früher als ‚Minimalisten' vergleichen."

Mit zwei Chartermaschinen fliegt die BRD-Delegation 24 Stunden vor dem Halbfinale von Queretaro ins 30° Celsius warme Guadalajara. Im Hotel „El Tapatio", dicht an einer sechsspurigen Schnellstraße, doch die Zimmer außer Hör- und Sichtweite des Verkehrs auf einem 250 m hohen Hügel, sammeln die BRD-Akteure Kräfte und genießen die Ruhe. Klaus Allofs wühlt in einem Stoß Zeitungen und wendet sich seinen Kameraden zu: „Vizeweltmeister kontra Europameister – ein Duell zwischen Athletik und Spielkunst."

Eine Formel, die er wie seine Mitstreiter ablehnt. „Es sieht fast so aus, als ob gute Kondition schon etwas Negatives wäre. Wir sind auch keine reinen Kraftbolzer." Dessenungeachtet provoziert Werder Bremens Trainer Otto Rehhagel in einem anderen Blatt: „Wir brauchen bessere Fußballer" und lobt die Franzosen: „Wie der Ball von Mann zu Mann läuft, das ist perfekt, das ist moderner Fußball. In allen Mannschaften, die bisher überzeugt haben, sind die wirklichen Fußballer, die guten Techniker also, zu 75 Prozent vertreten. Bei uns ist das Verhältnis nicht einmal 50:50, dominieren die Kämpfer."

In aller Offenheit beleuchten die Blätter auch die „Drei-Klassen-Gesellschaft" der BRD-Profis, wie sie Kapitän Karl-Heinz Rummenigge bezeichnet. An den Bestseller-Titel „Ihr da oben, wir da unten" von Günter Wallraff wird erinnert, die Trennung von erster Elf, Bankhaltern und unfreiwilligen WM-Zuschauern. Im Gegensatz zu den bisherigen Spielen lüftete Beckenbauer das Geheimnis der Aufstellung, das er stets bis anderthalb Stunden vor dem Anpfiff hütete, schon zwei Tage vorher. Der über Monate verletzte Rummenigge, dessen Einwechslung im Halbfinale von 1982 die Wende bedeutete, wird diesmal von Beginn an stürmen; als Joker sitzt Völler auf der Bank und wird voraussichtlich mit ihm die Plätze tauschen. Brehme rückt für den gesperrten Berthold auf die Rechtsverteidigerposition. Vakant läßt der Teamchef nur eine Rolle, deren Besetzung aber jedem klar ist: der Dauerläufer

Rolff gilt als idealer Sonderbewacher. Ko-Trainer Horst Köppel erläutert vielsagend: „Gegen Platini brauchen wir einen laufstarken, deckungstreuen Mann, und das sind Rolffs Qualitäten." Dabei spielt die Rückblende auf das Europacupfinale der Meister 1983 zwischen dem Hamburger SV und Juventus Turin (1:0) mit, in dem Platini gegen Rolff keinen Stich sah.

Gelassenheit und Selbstbewußtsein kennzeichnet die Atmosphäre im BRD-Lager. „Das Klassenziel ist erreicht", charakterisiert dies Rummenigge. Bekkenbauer verteidigt seine Mannschaft vor der Kritik, sie sei nach schwachen Partien mit viel Glück ins Halbfinale vorgestoßen: „Wir haben auch ein gutes Team." Der Kaiserslauterer Brehme prophezeit: „Entscheidend wird sein, wie gut wir das gegnerische Mittelfeld mit Fernandez, Giresse, Tigana und Platini bekämpfen. Wir wissen zumindest, daß wir Kondition für 120 Minuten haben."

Ein Erfolgsgeheimnis der BRD-Auswahl in Mexiko, das ihr Arzt Professor Heinz Liesen mit dem Begriff „Regenerationsfähigkeit" der Spieler umschreibt: „Wir sind im Vergleich zu früheren Weltmeisterschaften sportmedizinisch besser gerüstet. Wir haben fünf Minuten vor dem Ende der regulären Spielzeit im Viertelfinale Massen an Zeug geholt, die Mexikaner gar nichts." Natürlich, vom Inhalt der Kisten, Taschen, Beutel und Flaschen allein werden müde Spieler nicht munter. „Wenn die Grundkondition nicht stimmt, nutzt alles nichts", sagt Prof. Liesen, „doch wir haben gut aufgebaut, unsere Spieler sind physisch stabil." Gegen Frankreich wird das Auftanken der Kräfte mit Vitaminen und Elektrolyten unterstützt.

Werden die größeren Kraftreserven im sechsten Spiel dieses Turniers entscheiden? Die Franzosen ergreifen sofort die Initiative. Für den Paukenschlag aber sorgt sehr früh die BRD-

## Richtige Erkenntnis

„Im Fußball ist man ohne eine gute Mannschaft ein Nichts. Bei uns, auch bei mir, schlug sich auf dem Rasen unser toller Teamgeist nieder. Auch ein Pele konnte seine großartige Fußballshow nur in einem großartigen Team vorführen."  Maradona

## Stillstand und Jubel

Während des Halbfinales Argentinien—Belgien stand der Verkehr in der argentinischen Hauptstadt Buenos Aires fast vollständig still. Ein ganzes Volk saß am Bildschirm und fieberte mit. Als das Spiel beendet war, stürzten die Massen auf die Straßen. Trotz „winterlicher Kälte" — 14 Grad Celsius — saßen sie in Trauben auf den Dächern hupender Autos, schwenkten Fahnen und stimmten Jubelgesänge an.

## Originelle Antwort

Was ist der Unterschied zwischen den zwei Spielmachern Michel Platini und Diego Maradona? Argentiniens Stürmer Jorge Valdano gab darauf eine originelle Antwort: „Platini ist der beste Orchesterchef, Maradona der beste Solist." Die Antwort wurde lange vor dem Finale formuliert ...

## Erkenntnisse

„Das Mittelfeld, vor allem auf den beiden Außenpositionen, hat sich dynamisiert. Verlagerung des Schwerpunktes nach außen, Platz für die Mitte. Junge, sehr schnelle, überaus lauffreudige und ausdauernde Spieler mit guter Technik, die teilweise die Aufgabe der Offensiv-Außenverteidiger übernehmen und in den Abschluß gehen, reißen das Spiel über die Flügel auf. Renaissance des Flügelspiels — auch ohne nominelle Flügel."
„Die klassischen Spielmacher, die etwas bedächtigen und langsamen Ballverteiler, sind zwar noch nicht verschwunden, aber sie müssen, wie etwa Platini, einen besonderen Blick fürs Spiel haben, besonders kreativ oder fußballgenial sein, damit sie sich noch durchsetzen können. Das Spiel ist lebendiger geworden, aggressiver, weniger statisch. Da geraten ein Socrates und ein Zico beispielsweise trotz ihrer technischen Perfektion leicht unter die Räder."

Auswahl. Rummenigge geht im Zwei-kampf mit Battiston zu Boden, Freistoß, Magath tippt den Ball leicht an, Brehme schießt an der Mauer vorbei, und Torwart Bats läßt ihn unter seinem Körper ins Netz rutschen (9.). Ein folgenschwerer Fehler des später wieder mehrfach glänzenden Schlußmannes. Frankreichs Techniker begehren zwar auf: Bellone und der Fleißarbeiter Fernandez wirbeln und flanken, Tigana marschiert und dribbelt.

Doch das 0:1 scheint die Franzosen zu lähmen. Zu ihrem Spielrhythmus finden sie nicht, werden nervöser und unruhiger. Mit der französischen Szene vertraute Beobachter registrieren tiefere Ursachen. Frankreichs Elf läßt immer deutlicher Spuren des 120 Minuten dauernden „Abnutzungs-fights" gegen Brasilien erkennen. Die Akteure bewegen sich manchmal buchstäblich auf den Knien. Nur, das ist es nicht allein.

Das Paradestück im Mittelfeld, Platini–Giresse–Tigana, inzwischen um vier Jahre gealtert, ließ schon gegen die Brasilianer nach gut einer Stunde Ermüdungserscheinungen sichtbar werden. Gegen die BRD wagt Michel einen neuen Schachzug. Wohl beläßt er Giresse in der Mannschaft, auf ausdrückliche Fürsprache Platinis, wie aus dem französischen Quartier nach außen dringt. Doch Platini setzt der Trainer, weil der Angreifer Rocheteau ausfällt, als Mittelstürmer ein. Der Trainer opfert das bisherige klassische Schema der Equipe tricolore mit vier Mittelfeldspielern und zwei Stürmern. Gegen die BRD-Elf rennt anfangs ein Viermannsturm an, mit Platini und dem leicht zurückhängenden Giresse in der Mitte sowie den beiden etatmäßigen Stürmern Stopyra und Bellone auf den Flügeln.

*Wenn all die Großen vom Fußball reden, schwärmen, warum dann nicht WM-Stimmung auch bei uns Kleinen?*

„4–4–2, 4–5–1, 3–5–2, 4–3–3, die Zahlenschemata, die die Gruppierung der Spieler angeben, sind nur noch leere Formeln. Sie sind nur noch eine Grundabsicht, aber unwichtig geworden, weil der polyvante Spieler, der jede Aufgabe übernehmen kann, sich durchgesetzt hat."

„Man muß sich von der offenbar unausrottbaren Idee endlich lossagen, daß die Anzahl der Spitzen aussagt, ob eine Mannschaft offensiv oder defensiv spielt. Das ist nicht die Frage einer Zahl, sondern der Einstellung und Orientierung der Mannschaft."

Aus *Sport*, Zürich

## Der WM-Ball '86, „Azteca"

Nie werde ich klug daraus, wie Spieler zu mir stehen. Die einen treten mich mit Füßen, schlagen mich, manchmal direkt und hart an Latte oder Pfosten, daß mir fast die Luft ausgeht. Doch gibt es auch die Techniker, die wissen, was „Ballbehandlung" bedeutet, die mich mit dem feinen Leder ihrer Fußballschuhe streicheln, mich an ihrer Brust abtropfen lassen, mich nicht auf langweilige gerade, sondern eine kunstvoll geschwungene Flugbahn schicken.

Am schlimmsten ergeht es unsereinem nach einem Tor, wenn das Wechselbad der Gefühle einsetzt. Von den einen geküßt, von den andern kurz danach in grenzenloser Wut ins Netz oder in die Zuschauerränge geschlagen, ist Charakter eine gefragte Stärke. Auch wenn man am liebsten aus seiner Lederhaut fahren oder viereckig statt rund sein möchte, aufgegeben wird nicht, das Spiel geht weiter.

P. S. Zu meiner Person: Wiege 420 bis 450 g, habe einen Umfang von 69 bis maximal 69,5 cm und einen Innendruck von 0,6 bis 1,1 atü. Mein Name: „Azteca".

## Keine Stagnation

„Die ewigen Nörgler von gestern sind hier und heute eines Besseren belehrt worden. Der Fußball stagniert nicht, er wird weltweit besser", meint der Engländer Sir Stanley Matthews, WM-Teilnehmer 1950 und 1954.

## Weisheit

„Es wird ein schweres Spiel, weil alle Spiele bei der Fußball-WM schwer sind. Aber für die anderen wird es auch schwer."

Enzo Bearzot, Italiens Auswahltrainer

Der Europameister kommt so der Taktik des Vizeweltmeisters mit seiner Überzahl an Abwehrspielern entgegen. Eine Sechserkette mit Brehme, Förster, gegen Giresse, Libero Jakobs, Eder, gegen Stopyra, Rolff, gegen Platini, und Briegel schirmt das Spielfeld in ganzer Breite ab. Und wenn die BRD-Elf zu Konterzügen ansetzt, stoßen Magath, Allofs ins Niemandsland, zumal Platini und Giresse kaum zurücklaufen. Rummenigge, Briegel und Matthäus haben nach einer halben Stunde dreimal das zweite Tor vor den Füßen, Torwart Bats macht seinen Fehler mehrfach wieder gut, nur eben nicht vergessen.

Die Entscheidung im Spiel fällt genau dort, wo man sie erwartet hatte. Nur nicht für die Equipe tricolore, sondern überraschend zugunsten der BRD-Auswahl. In einem Bereich, der bislang im Turnier die Bruchstelle der Aktionen darstellte, gegen Frankreich aber zum Zentrum aller Handlungen wird. Brehme operiert im Mittelfeld mit großer Angriffslust gemeinsam und im Wechsel mit Matthäus, und sie entlasten den sonst oft alleingelassenen Magath. „Gegen die spielstärkste Mannschaft dieser Weltmeisterschaft darf man nicht nur reagieren, sondern muß mitspielen", hatte Magath erklärt. „Wir wollen nicht nur Frankreichs Kreise zerstören, sondern selbst bestimmen."

Mit dieser Einstellung steigert sich die BRD-Elf zu ihrem besten Spiel in Mexiko. In energisch geführten Zweikämpfen hindert sie die Franzosen, ihr Spiel zu entfalten. Aber Rolff bildet nicht nur mit Platini ein unzertrennliches Paar, er findet auch Zeit und Möglichkeiten für eigene Vorstöße. Der dreimal als Europas Fußballer des Jahres gewählte Platini wird fast zur Wirkungslosigkeit verurteilt und gesteht: „Es ist schwer, zum richtigen Zeitpunkt topfit und in Höchstform zu sein." Der wegen einer Achillessehnenverletzung über Monate weniger trainierende Franzose kommandiert mehr statisch wie ein Feldherr und setzt seine Kräfte sparsam mit dem Tropfenzähler ein. Zwei Chancen zum Ausgleich erhält er dennoch, die eine wehrt Schumacher ab, die zweite verstolpert er.

„Viel zu früh wurden wir in die Verfolgerrolle gedrängt", so Michel später, „die zusätzliche Kräfte kostete und der wir nie gerecht wurden." Der letzte Versuch des Trainers, für Giresse und Bellone in der Schlußphase mit Vercruysse und Xuereb zwei frische Männer einzuwechseln, zahlt sich ebensowenig aus wie die Aufgabe der Liberorolle durch Battiston. Wohl erspielen die Franzosen in den zweiten 45 Minuten mehr Möglichkeiten gegen die das Tempo und Spiel drosselnde BRD-Auswahl, aber sie wirken kraft- und ratlos und sind ohne Platinis Künste am Ende. Ihre Überlegenheit ist trügerisch. Als Stopyra abzieht und schießt, wehrt Schumachers Bein ab (62.). Und dann, in der vorletzten Minute, stürmt Battiston, der einmal gesagt hatte, er werde sich dem BRD-Tor nur auf höchstens 40 Meter nähern — Battiston stürmt allein auf Schumacher zu, wie ein Rächer, doch verläßt ihn die Kaltblütigkeit. Schumacher verkleinert geschickt den Schußwinkel.

Die Szenen wiederholen sich, in denen Platini sich verzweifelt die Haare rauft und Bossis die Arme resignierend gegen den Himmel streckt. Die BRD-Elf erwirbt keinen Schönheitspreis, bietet nicht den perlenden Fußballsekt der Franzosen, aber sie handelt zweckmäßiger, fast fehlerlos. Rechtzeitig im Turnier kehrt sie ihre Qualitäten hervor, das kompromißlose Verteidigen und blitzschnelle Kontern. In der letzten Minute überlaufen Allofs und Völler die gegnerische Deckung, und der für den erneut zu verhalten, unsicher agierenden Rummenigge eingewechselte Völler hebt die Kugel über Bats und schießt ins leere Tor.

Die 86er Neuauflage BRD—Frankreich hatte nicht die Klasse und Dramatik des Halbfinales von Sevilla, nur der Sieger hat den gleichen Namen. Zum fünften Male nach 1954, 1966, 1974 und 1982 zieht die BRD-Auswahl in ein WM-Endspiel. Das 2:0 ändert jedoch nichts an Beckenbauers Urteil: „Der Sturm bleibt unser Problem. Völler, Rummenigge und Littbarski sind nicht in Form und können immer nur eine Halbzeit spielen." Fast entschuldigend erklärt er, es habe für das Problem Platini als Lösung nur „die Manndeckung auf dem ganzen Feld gegeben. Die Brasilianer sind flexibler als wir, die haben das nicht nötig."

Unter einem Torbogen der Tribüne steht ein kleiner Mann mit grauen Schläfen und schaut nach dem Spiel selbstvergessen auf den aufgewühlten Rasen des Stadions „Jalisco". Während Platini sein blaues Trikot mit der Nummer 10 in einen Block brasilianischer Touristen wirft, eine Abschiedsgeste trotz tiefer Enttäuschung, nimmt der einsame Herr auf der Tribüne ebenfalls Abschied. Michel Hidalgo, der Vorgänger Michels, hat die Mannschaft mit dem „Champagner-Fußball" einst geformt. Er hat Platini, der ein Problemspieler war, nach Beinbrüchen und Bänderrissen wieder aufgerichtet und sich gegen die Kritiker gestellt, die ihn für „zu weich" und „zu verspielt" hielten. Den kleinen Giresse hat er nicht für zu klein befunden, um die beiden Strategen hat er Tigana als Satellit kreisen lassen, das Trio später durch den lauffreudigen Fernandez ergänzt. Das beste Mittelfeld Europas bildete auch eine Antwort auf den brasilianischen Fußball. Enttäuscht sagt Jean Tigana: „Diese WM war unsere Chance. Sie gibt es nicht zweimal."

## „Pique"

Das mexikanische WM-Maskottchen „Pique" ist eine grüne Pfefferschote mit buschigem Schnauzbart, dem übergroßen Mexikaner-Hut und dem grün-roten Dreß der Nationalmannschaft. „Pique" heißt im Spanischen „pikant", aber auch „Lappalie" oder „Groll". Etwas schläfrig blickt er drein, der kleine Kerl, dem der Sombrero fast über die Augen fällt. Von mexikanischem Temperament und bissiger Schärfe ist keine Spur zu entdecken. Er symbolisiert mehr den gemütlichen Mexikaner, der gern ißt. Der Direktor des mexikanischen Nationalinstituts für Schöne Künste, Javier Barros Valero, kritisiert: „Pique hat mit Mexiko überhaupt nichts zu tun. Er vereinigt in sich keinen einzigen charakteristischen Zug unserer Kultur."

## Persönlichkeiten

Eusebio (Portugal), WM-Torschützenkönig von 1966, zur Frage, ob die Gegenwart ärmer an Persönlichkeiten als früher sei: „Ich bin der Auffassung, jede Zeit hat ihre Persönlichkeiten. Diese WM hat sogar eine Vielzahl ganz hervorragender. Maradona ist die auffälligste, dazu Spieler wie Morten Olsen, Laudrup, Elkjaer-Larsen bei den Dänen, ein Strachan bei den Schotten, Belanow, Alejnikow in der UdSSR-Auswahl, Ceulemans bei den Belgiern, die Franzosen mit einer Garde von Platini bis Fernandez, die Brasilianer von Socrates bis Julio Cesar. Und ich denke an die Torhüter Jennings (Nordirland), Dassajew (UdSSR), Bats (Frankreich), Schumacher (BRD), Shilton (England) oder Pfaff (Belgien)."

## Die blauen Engel

Die 350 mexikanischen WM-Hostessen waren die „blauen Engel" des Turniers für die Arbeit der Journalisten, Fotografen, Organisatoren und Funktionäre. Sie durften nie sagen „Das weiß ich nicht", im Dienste nicht rauchen, Kaugummi kauen, sich schminken oder kämmen. Sie mußten immer lächeln, ihre türkisfarbenen Uniformen und dunkelblauen Blusen tadellos in Ordnung halten. Streng verboten war auch jeglicher privater Kontakt mit Journalisten und Funktionären. Gerüffelt wurde schon, wenn eine Hostess als spontanen Dank ein Wangenküßchen erhielt. Die Auswahl von 350 Damen erfolgte unter 3 000 Bewerberinnen.

## Keine Wiederholung von 1982

„Vor Überraschungen ist man nie sicher!" Die Schlagzeile einer belgischen Zeitung gefällt Kapitän Jan Ceulemans. „Die könnte von mir sein!" schmunzelt er. Genüßlich läßt er im Quartier von Toluca die Stationen der belgischen „Teufel" und die Pressekommentare Revue passieren. 1:2 zum Auftakt gegen Mexiko und das Heimatecho: „So überstehen wir nicht einmal die Vorrunde!" Als Gruppendritter bezwingt die Elf mit der UdSSR einen der großen Favoriten 4:3 in der Verlängerung. Und die 120 Minuten reichen im Viertelfinale gegen Spanien, den 5:1-Sensationssieger über Dänemark, nicht; erst das Elfmeterschießen entscheidet Belgien mit 5:4 für sich. Zwischendurch wirft Trainer Thys Libero van der Elst aus der Mannschaft, fahren die Spieler zweimal in der Woche von Toluca nach Mexiko-Stadt zu ihren Frauen und verbringen einen Tag mit ihnen. Die Belgier feiern dreimal in ihrem Quartier unter sich bis nach Mitternacht. Und Ceulemans sieht sich in der Presse zitiert: „Das fördert die Kameradschaft. Wo Krach und Querelen aufkommen, muß man auch wieder den Weg zueinander finden."

Dieser ungemein dynamische Dränger Ceulemans spielt eine der wichtigsten Rollen in Thys' Strategie. „Die Erfahrung von Ceulemans zahlt sich aus, und er sorgt für gute Stimmung", klopft Michel Renquin ihm auf die Schulter. Sachlich ergänzt er: „Man hat uns vielfach unterschätzt, und das kam uns zugute."

Torhüter Jean-Marie Pfaff unterhält auf seine Weise die Reporter. Er probiert Schuhe und Trikots aus. „Niemand hat für uns Torhüter extra Schuhzeug und Pullover angefertigt. Ich habe jetzt mit Hilfe meiner Frau ein Trikot entworfen, das auf der Brustseite gepolstert ist. Auch meine Schuhe sind anders geschnitten als die

herkömmlichen. Für den Abschlag benötigen wir eine besonders große Stelle, um den Ball richtig zu treffen", erklärt Pfaff.

Sprunghaft steigt die Popularität der Belgier, und die fördern das geschickt. Erfreut vernehmen sie die Kunde aus Amsterdam, wo den Einzug ins Halbfinale über 10 000 Menschen auf dem Leidse Pleine, im Herzen der Innenstadt, an mehreren Fernsehgroßgeräten miterlebten. „Toll, daß wir selbst in unserem Nachbarland gefeiert werden, wo wir doch eher Rivalen sind", bemerkt Frank Vercauteren.

Die große Sorge gehört vor dem Argentinien-Spiel aber zunächst den beiden Verletzten Stephane Demol, von dem Thys behauptet: „Belgiens größtes Talent seit Jahren", und Nico Claesen, der den früheren Torjäger Vandenbergh fast vergessen läßt und maßgeblich am Vordringen der Belgier beteiligt ist. Beide melden sich aber rechtzeitig wieder gesund, und der 20jährige Demol äußert selbstbewußt: „Wir haben als Außenseiter unsere Chance. Wir dürfen nur nicht den Fehler begehen, zu offensiv zu spielen."

Überlegungen, die den Argentiniern fremd sind. Erst recht Diego Maradona, der allein eine Pressekonferenz gewährt. Ungerührt steht er eine Stunde lang am gleichen Fleck, bekommt kaum Luft und antwortet in spanisch und italienisch. Richtig munter wird Maradona, als jemand wissen will, ob ihm die Bezeichnung „neuer Pele" gefalle. „Was soll das!" entgegnet er, „wir haben hier eine WM ohne Pele. Es gab nur einen Pele, und es gibt nur einen Diego Maradona. Ich brauche keinen neuen Namen." Besänftigt wird er wieder durch eine Frage nach seinem Bruder Hugo und der Familie. „Der geht es gut, und das macht mich glücklich. Vielleicht wird es bei der nächsten WM in Italien schon einen Hugo Maradona geben."

Zu flotten Sprüchen über die Belgier läßt er sich nicht verleiten. „Wir sind noch längst nicht im Finale. Wir dürfen gegen die Belgier nicht zaubern wollen, sondern müssen hart arbeiten." Und entschieden widerspricht Maradona seinem früheren Trainer Menotti, der Argentiniens Elf als „90 Prozent Maradona und 10 Prozent Valdano" bezeichnete. „Unser Team kann sich noch steigern und die beste argentinische Mannschaft werden, in der ich je gespielt habe." Mit Worten unterstreicht der 25jährige, was er auf dem Rasen demonstriert. Er spielt nicht für sich, sondern im Dienste der Mannschaft: „Ich will keine Maradona-WM erleben, sondern alles tun, damit es die WM Argentiniens wird. Ich kann nur mit der Mannschaft Weltmeister werden. Wenn dabei am Ende auch Maradona herauskommt – noch besser."

Argentiniens Mannschaft hat seit dem Neuaufbau unter Dr. Carlos Bilardo ihr Gesicht ebenso stark verändert wie die belgische und nicht nur durch Maradona an Stärke gewonnen. Gegenüber dem Eröffnungstreffen der WM '82 in Barcelona, das Belgien gegen den damals noch amtierenden Weltmeister Argentinien 1:0 gewann, sieht Maradona einen wesentlichen Unterschied: „Damals bestand das Gerippe der Elf aus Spielern, die bereits Weltmeister waren. Unsere Auswahl heute ist erfolgshungriger."

Deutlich sind in Maradonas Worten Autorität und Regie des Trainers Dr. Bilardo zu erkennen. „Alle Favoriten sind schon zu Hause", bemerkt der Trainer, „wir sind eindringlich gewarnt und unterschätzen keinen Gegner." Zugleich macht der Trainer seinem Spielmacher ein Kompliment: „Maradona ist der Superstar dieser WM und soll es bleiben. Unser Ziel ist es, unter seiner Regie Weltmeister zu werden." Der promovierte Mediziner meint, in engem Zusammenwirken mit seinem

Kapitän die richtige Therapie gegen eine Fortsetzung des Favoritensterbens zu wissen. Besetzungsprobleme kennt Dr. Bilardo nicht. Pechvogel Daniel Passarella, der Kapitän der WM-Elf von 1978, der nach „Montezumas Rache" und einer Oberschenkelzerrung an einem Darmgeschwür erkrankte, kehrt zwar aus dem Krankenhaus zurück, muß aber noch Wochen pausieren und wird von Brown als Libero glänzend vertreten. Mittelfeldspieler Giusti klagt über Achillessehnenbeschwerden, erhält vom Mannschaftsarzt Dr. Raul Maduro rechtzeitig grünes Licht. Der für den gesperrten Garre in die Elf gekommene Olarticoechea bleibt ebenso erste Wahl wie Enrique, der den Vorzug vor Pasculli erhält.

Vom „Wunderkind" Claudio Borghi, der zu einer der tragenden Figuren dieser WM zu werden versprach, hat sich Dr. Bilardo längst lösen müssen. Der 21jährige saß anfangs auf der Bank, ohne eingewechselt zu werden, dann wurde er aufgestellt und ausgewechselt und schließlich gar nicht mehr berücksichtigt. Gefragt ist der sensible Junge, den Menotti als einen der „zehn bis 15 besten Fußballer der Welt" bezeichnet, nur noch bei Argentiniens Reportern, die vergeblich im Innersten des Indiojungen mit den melancholischen Augen zu forschen suchen. Borghi ist nicht nur auf dem Spielfeld nicht da, er wirkt auch sonst abwesend. Die Gründe liegen wohl im privaten Bereich. Denn unmittelbar vor der WM verunglückte Borghis Mutter bei einem Autounfall schwer, und beide Beine blieben gelähmt. Den Vater verlor er schon mit neun Jahren. Borghi wollte auf die WM verzichten, Bilardo überredete ihn zur Teilnahme, und keiner weiß nun, was das Beste gewesen wäre. Ein junger Mann am Rande des Aufstiegs.

Der soll auf den Gipfel führen, wovon die Argentinier fest überzeugt sind. Tormann Nery Pumpido sagt

*Belgiens Libero Renquin mit überlegtem, si-
cherem Außenristspiel; Enrique ohne
Chance, an den Ball zu kommen*

selbstbewußt: „Wir kommen ins Finale:
Vor zwei Jahren haben wir Belgien in
Brüssel sogar ohne Maradona 2:0 besiegt." Und Sergio Batista bekräftigt:
„Maradona ist so einmalig, daß ihn
kein Belgier ausschalten kann. Er wird
uns ins Endspiel führen."

## Im Alleingang in die Hölle gejagt

Der Argentinier Bilardo meint, daß
eine Weltmeisterschaft „Schlacht um
Schlacht gewonnen wird". Die Zuschauer sehen sehr bald, der Trainer
hat die Belgier gründlich studiert und
ihre Bewegungsräume minutiös analysiert. Der südamerikanischen Auffassung nicht entsprechend, führen die

Argentinier eine Manndeckung vor.
Batista verfolgt Ceulemans, sobald der
vorstößt, der sonstige Rechtsverteidi-
ger Cuciuffo kontrolliert die Wege des
Stürmers Veyt genauso wie Ruggeri
die Claesens. Olarticoechea schließt
den Raum für Scifo ebenso aufmerksam wie auf der anderen Seite Giusti
den für Vercauteren. Argentinisches
Planspiel, das in vielen Elementen aus
Europa übernommen ist, mit südamerikanischer Virtuosität verknüpft, für die
nicht nur Maradona sorgt. Doch er zu-
allererst und immer wieder.

Im stürmischen Auftakt der Gauchos
stößt zunächst Brown, der Libero, vor,
und sein Kopfball deutet an, die Argentinier verharren nicht beim starren Rol-
lenschema (4.). Zwei Minuten darauf
leitet Maradona mit einem Doppelpaß
auf Burruchaga die zweite Chance ein,
aber dessen 20-m-Schuß streicht am
Tor vorbei. Neun Minuten sind gespielt, blitzschnell zieht Maradona ab,

schießt aus 22 Metern scharf, Pfaff kann den Ball lediglich mit einer Faust abklatschen, Valdano aber drückt die Kugel mit dem Oberarm statt mit dem Kopf ins Netz – kein Tor.

Die Belgier lassen sich nicht irritieren, spielen wie gewohnt in ihren Zonen, scheinen das Versprechen ihres Trainers Thys: „Schluß mit taktischem Spiel. Wir haben nichts mehr zu verlieren, da spielen wir auch schön" auf dem Rasen umsetzen zu wollen. Nur, beim Wollen bleibt es. In der 21. Minute gibt Grün den ersten Schuß auf Pumpidos Tor ab. Eine halbe Stunde benötigen die Belgier, sich zumindest gelegentlich aus der Umklammerung der Argentinier zu lösen. Gefahrenmomente für Pumpido beschwören sie aber kaum herauf. Der lange Wege gehende Ceulemans wirkt in entscheidenden Phasen nicht mehr frisch. Scifo leistet zuwenig. Vercauterens Durchbrüche am linken Flügel rufen

*Brüder teilen alles. In der Hitze von Mexiko wurden die kleinen Plastebeutelchen mit wenigen Schlückchen Labsal zum typischen Bild in jedem Stadion. Hier bringt Libero Brown seinem Schlußmann Pumpido die Erfrischung*

kaum Unruhe hervor. Zu kompakt, athletisch stark und kraftvoll stellt sich Argentiniens Ensemble dar. Vor der Deckung dirigiert Batista, als eine Art „Korrektor", schließt Löcher und leitet Gegenstöße ein, die Enrique, Burruchaga und Valdano fortführen und so Lücken für ihren Kapitän reißen.

Die Glanzlichter aber setzt dem Spiel wieder Maradona auf. „Ein solches Phänomen in seiner Mannschaft zu haben ist ein Geschenk", hatte Bilardo freimütig eingeräumt. Belgiens Trainer hatte wie angekündigt darauf verzichtet, Maradona einen Aufpasser zuzuordnen. Im Mittelfeld sorgen sich im Wechsel Grün und Veyt um ihn,

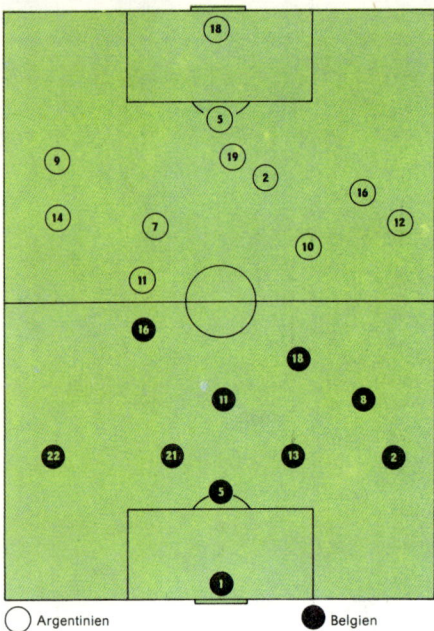

○ Argentinien       ● Belgien

## Argentinien

| | |
|---|---|
| 18 | Pumpido |
| 5 | Brown |
| 9 | Cuciuffo |
| 19 | Ruggeri |
| 2 | Batista |
| 16 | Olarticoechea |
| 14 | Giusti |
| 12 | Enrique |
| 7 | Burruchaga |
| 10 | Maradona |
| 11 | Valdano |

## Belgien

| | |
|---|---|
| 1 | Pfaff |
| 5 | Renquin |
| 2 | Gerets |
| 13 | Grün |
| 21 | Demol |
| 22 | Vervoort |
| 8 | Scifo |
| 11 | Ceulemans |
| 6 | Vercauteren |
| 18 | Veyt |
| 16 | Claesen |

*Die Spezialität der Belgier, Abwehrräume zu verdichten, bekommt Valdano zu spüren. Dennoch behauptet er sich imponierend gegen Demol (21), Ceulemans (am Boden), Vercauteren und Grün*

geht er in den Angriff, übernehmen ihn Demol oder Vervoort und in der Abschlußphase außerdem Gerets. Doch so sorgfältig dieses System abgestimmt ist, viel nutzt es nicht. Beim 1:0 demonstrieren die Argentinier die ureigene belgische Waffe, den Konter. Enrique serviert den Ball Maradona, und der hebt ihn in halbrechter Position, von zwei Gegnern bedrängt, raffiniert mit dem linken Außenrist über den zu früh herausgekommenen Pfaff ins Tor (52.). Nach einer Stunde hat Claesen die große Chance zum Ausgleich, doch verfehlt er überhastet aus vier Metern das Ziel, wie auch Ceulemans, der bei einem Konter einen Moment zu lange zögert. Und wieder versetzt Maradona in einem unnachahmlichen Lauf Belgiens Abwehr in Angst und Schrecken, schlängelt sich an vier Abwehrspielern wie an Slalomstangen vorbei und krönt die Vorarbeit von Cuciuffo zum 2:0 (63.). Buchstäblich im Alleingang jagt er die „Roten Teufel" in die Hölle. Fünf Minuten darauf glückt ihm nach einem weiteren Solo beinahe das dritte Tor. Er gibt sich nicht zufrieden, legt nicht, was natürlich wäre und bei anderen Mannschaften und Solisten beobachtet, einen Schongang ein. Maradona kämpft, läuft, dribbelt weiter im Dienste der Mannschaft. Lange bleibt die 81. Minute in der Erinnerung wohl aller 110 000 Zuschauer. Mit einem 40-m-Paß in Szene gesetzt, stürmt Maradona Grün davon, stoppt den scharfen Ball mit beinahe tänzerischer Leichtigkeit an der verlängerten Torlinie und paßt ihn exakt zum heranfliegenden Valdano, der schlägt die Kugel jedoch über das Tor. Gewiß ist es übertrieben, auch ungerecht, vom Einmannor-

## Strukturen

Statistiker haben ausgerechnet, daß eine Mannschaft bei der WM in Mexiko etwa folgende Altersstruktur aufzuweisen hat: Der Torwart und der Libero sind über 30 Jahre alt, der Vorstopper Ende 20. Komplettiert wird die Abwehr durch zwei junge Außenverteidiger (22 bis 24). Im Mittelfeld ein Spielmacher von rund 30 Jahren, ergänzt um einen weiteren erfahrenen Spieler um die 29 Jahre sowie zwei jüngere Dauerläufer von Mitte 20. Jüngster Mannschaftsteil ist in fast allen Vertretungen der Sturm.

## Sauerstoffzelt nicht gefragt

Experten beobachteten, die Maradona und Ceulemans, Josimar und Magath sind 1986 wesentlich besser trainiert als ihre Vorgänger von 1970 Pele und Rivera, Bobby Charlton und Seeler. Die 2 300 m Meereshöhe von Mexiko-Stadt hindern die heutige Generation vom Weltklassespielern nicht, auch in der dünnen Luft jederzeit ein hohes Tempo im Spiel zu gehen. Größere Pausen sind nicht nötig, das vorher befürchtete Sauerstoffzelt erübrigte sich.

chester der Argentinier zu sprechen, wie selbst viele Experten nicht müde werden, doch wahr ist: Ohne Maradona, seine atemberaubenden Slalomläufe, seine kaum zu leerende Trickkiste, sein Antrittsvermögen, seine Wendigkeit, die Fähigkeit, den Ball zu dekken, Tormöglichkeiten vorzubereiten und selbst abzuschließen, wären die Südamerikaner mit zuletzt nur noch einer Sturmspitze – Valdano – nicht so weit gekommen.

„Wir haben gegen den besten Spieler der Welt verloren", resümiert Belgiens Coach Thys, wenn auch zur Übertreibung neigend: „Hätte Maradona bei uns gespielt, wäre meine Mannschaft ins Finale gezogen." Wohl reagierte Thys auf das argentinische Führungstor sofort, nahm Libero Renquin heraus und mit Desmet in der 54. Minute einen weiteren Stürmer herein. Doch auch er veränderte nicht mehr die Gewichte des Spiels. Die Bel-

gier konnten Maradona nur eine Halbzeit zumindest ohne Torverlust abschirmen. Der dritte Einzug in ein WM-Finale nach 1930 und 1978 fällt den Argentiniern „gegen einen physisch gezeichneten Gegner ohne große Widerstandskraft", wie Menotti kommentiert, nicht sehr schwer.

Das Nachspiel im Aztekenstadion dauert für Maradona eine Stunde und 45 Minuten, ehe er sich mit Mühe einen Weg ins Freie bahnt. Der FIFA-Pressechef Tognoni wird zum Spielball entfesselter Emotionen und läßt ebenso hilflos das Frage-Antwort-Spiel über Maradona ergehen. Teilen Sie die Ansicht vieler, gegen Belgien fast allein gewonnen zu haben? „Nein, den Sieg verdanken wir der ganzen Mannschaft. Argentinien besteht nicht nur aus einem einzigen Spieler. Wir sind endlich ein Team." Aber Ihre zwei Tore entschieden? Emphatisch reagiert Maradona: „Dazu brauche ich Partner,

die Lücken ins Spiel des Gegners reißen. Jeder spielt für die Mannschaft."

Eine Stunde später sieht sich Maradona, „versteckt" zwischen dem bärtigen Batista und dem bulligen Olarticoechea, auf dem Weg ins argentinische Steakhaus „Mi Viejo" – „Mein Alter", Stammlokal auch von Mexikos Trainer Milutinovic, abermals von Fans umringt. Wie nach jedem WM-Sieg tafeln die Argentinier bei Eduardo Cremasco, einem früheren Mittelfeldspieler Argentiniens. Maradona ist im azurblauen Trikot der Squadra azzurra mit der Nummer 10 erschienen, einem Andenken des neapolitanischen Freundes und Gegenspielers Bagni, läßt die Köstlichkeiten zunächst eine Weile unberührt und telefoniert noch einmal mit der Mutter. Diegos Familiensinn und die Anhänglichkeit des Familienclans sind ausgeprägt. Spontan hatte er auch die „beiden Tore meiner Mutter und meinem Vater" gewidmet.

Die gute Stimmung der Belgier leidet unter dem 0:2 nicht im geringsten. „Diego ist der beste Spieler der Welt", kommentiert Pfaff und verstaut das wertvolle Souvenir mit der Nummer 10 nach dem Trikottausch sorgfältig in seiner Tasche. „Die jungen Spieler haben sich im Turnierverlauf gut gesteigert", verteilt Routinier Eric Gerets Komplimente an die Youngster Demol, Vervoort und Claesen. „Wir gehen mit Zuversicht an die neuen Aufgaben." Belgiens Ministerpräsident Wilfried Martens kabelt nach Mexiko: „Die ganze Nation steht hinter euch. Die Mannschaft hat zehn Millionen." Und die Zeitung *Het Volk* kommentiert die Jubelfeiern, an den jahrhundertealten Streit zwischen Flamen und Wallonen erinnernd, mit der Schlagzeile: „Es gibt wieder Belgier".

*Enrique in der Gasse zwischen Ceulemans und Grün, der ihn „auffangen" möchte*

# „Kleines Finale": Die Zukunft hat schon begonnen

Nach den 36 Gruppenspielen dieser WM-Endrunde gibt es bis hin zum Finale nur noch Sieger und Verlierer. Und einzig die Glücklichen sind gefragt. Wer verliert, ob knapp oder tragisch, verdient wie unglücklich, ist aus dem Turnier, meist auch aus den Schlagzeilen. Eine Ausnahme in diesem turbulenten Reigen „alles oder nichts" gibt's, und ginge es nach Augenblicksstimmungen mancher Verlierers und (voreilig-oberflächlichen) Urteilen ihrer journalistischen Begleiter, diese Ausnahme wäre längst zu den Akten der WM-Geschichte gelegt worden.

Wer könnte es nicht verstehen, daß beim großen Sturm auf die goldene Trophäe stets dann Ernüchterung, Niedergeschlagenheit, ja tiefste Enttäuschung um sich greifen, wo oft nur ein

*Zwei „Füchse" belauern einander – Ceulemans (l.) und Tigana, die überragenden Figuren des „kleinen Finales"*

Moment der Unaufmerksamkeit, ein Fehlgriff des Torwarts, ein vergebener Elfmeter gar der bittere Anfang vom folgenschweren, unkorrigierbaren Ende sportlicher Blütenträume ist? Einen „Treff der Enttäuschten" nennt daher der Pressechor jene Begegnung der Halbfinalverlierer jeweils am Vortag des Finales. Vom „Trostpreis" auch ist die Rede, mancherorts gar vom „Spiel ohne Wert", das nur „eine Tortur für die noch in ihre Enttäuschung vergrabenen Spieler" sei, wie *Le Matin*, Paris, findet.

Dieser Betrachtungsweise ist doch wohl wenig Sympathie abzugewinnen, auch nicht unbedingt ausgeprägte Sportlichkeit. Dort, wo es nach jedem Spiel nur Sieger und Verlierer gibt, in einem K.-o.-Modus halt sportliches Gesetz, gilt dem Unterlegenen in jedem Falle Respekt, häufig genug bei dieser attraktiven WM offene Sympathie. Nicht immer nämlich hatte der phantasievolle, der freudbetonte, der mitreißende Fußball mit der größeren spieltechnischen Ausstrahlung am Ende das entscheidende Tor mehr auf seinem Konto. Jawohl, wenigstens im Kreis der „letzten und besten Vier" ist in der Form des „kleinen Finales" ein Trostpreis angebracht und gerechtfertigt. Und sportlich logisch obendrein. Als ob ein dritter Rang bei Olympia oder einer WM gleichgültig wäre! Weshalb dann in Sportkreisen das Wort vom „undankbaren vierten Platz" mit etwas Wehmut, viel bitterem Beigeschmack für den knapp entgangenen Platz auf dem Siegertreppchen? Kurz, vom Unwert des Spiels um WM-Platz drei hält man weithin nichts und — wie sich in Puebla an jenem vorletzten WM-Spieltag zeigt — zumindest Spieler und Mannschaften Frankreichs wie Belgiens auch nicht.

Freilich sind bei beiden Mannschaften mehr die Seelenmasseure unter den Trainern gefragt. Vor allem in der Equipe tricolore. „Diese Gelegenheit kommt für unsere Generation, die beste, die Frankreich seit 30 Jahren hat, nicht wieder. Der Goldcup ist für uns in unerreichbare Ferne gerückt", läßt sich Jean Tigana vernehmen, als er am Tag nach der großen Ernüchterung des 0:2 gegen die BRD-Elf einer kleineren Düsenmaschine entsteigt. Mit zwei Privatjets sind die Mannen von Henri Michel von Guadalajara südlich geflogen gen Puebla. Natürlich alle Mann an Bord, auch der todunglückliche Joel Bats, der „mit dem größten und folgenschwersten Fehler meiner Laufbahn" den Freistoßball des Kanoniers Brehme unter dem Körper hatte durchrutschen lassen. Bats, ohnehin ein eher sensibler denn robuster Typ, ein phantasiereicher Gedichteschreiber, grübelte noch immer, wirkte still versunken. „Kein Wort des Vorwurfs, auch wenn uns der blanke Schreck in alle Glieder fuhr", ist auch der lange Stopper Maxime Bossis „mit der größten Enttäuschung" in seinem 75. Länderspiel in der Rückblende versunken. „Und wer in solchen Nervenspielen gezwungen wird, die Abwehr zu öffnen, die Offensive auf Gedeih und Verderb zu suchen, trägt das größere Risiko. Uns fehlte dann wohl auch körperliche und geistige Frische, diese Alles-oder-nichts-Hatz abgeklärt zu bewältigen." Er selbst denkt auch im Zorn zurück an seine zwei Riesenchancen. „Wie daran zu erkennen ist, hatte jeder von uns seinen ,Anteil' am bitteren Ende, nicht nur Joel."

Aber im Quartier „für Engel" wartet Trost. Er deutet es mit stillem Lächeln an, auch mit einem Schuß Ironie. Frankreichs Equipe bezieht nämlich jenes Hotel „Meson del Angel", in dem die Azzurri ihre Vorrundentage verbrachten. Doch für „Grübelstunden", wie es Henri Michel sagt, bleibt keine Zeit. Bewegung verordnet der Trainer, und er sieht sich von seinem Vorgänger Michel Hidalgo bestärkt, unterstützt. Noch am Ankunftstag, dann auch am Freitag bekommen die Spieler bei nicht sonderlich intensivem, mehr spielbetont-lockerem Training Gelegenheit, die Müdigkeit aus Köpfen und Gliedern zu schütteln. Aber schon da wird deutlich, „der Schock sitzt zu tief", stellt Just Fontaine fest. Immer dann, wenn moralische Aufmunterung nötig scheint, „ist Just da", wie Alain Giresse, der älteste aus der glanzvollen Mittelreihe der „gallischen Hähne", dankbar äußert. Kurze Sitzung des „Krisenstabes" nach dem Abschlußtraining. Henri Michel informiert, Michel Platini habe ihn gebeten, nicht nominiert zu werden. „Ich hänge psychisch noch in einem tiefen Loch", lauten seine Worte. Und Trainer und Leitung ringen sich durch, der „älteren Garde der Enttäuschten" gerecht zu werden. „Ich kann mich in sie hineinfühlen, und ein Risiko wollen wir nicht eingehen. Die jungen Leute brennen andererseits natürlich darauf, ihre Chance zu bekommen. Und das werden sie", erläutert er den Reportern im Hotel-Foyer. Die Entscheidung ist gefallen, „es spielen jene, die mit Elan darauf warten, ihr Können zu zeigen", heißt es in der Vorschau von l'Equipe.

Auf der anderen Seite des Stadtrands von Puebla, im Quartier der „Roten Teufel" — Witzbolde schreiben denn auch „vom ungleichen Duell der Ungleichen" („Engel und Teufel") —, ähnli-

## Positive Bilanz der Belgier

In den bisher 64 Vergleichen liegt Belgien gegen Europameister Frankreich klar in Front. 28 Siegen stehen bei 15 Unentschieden 21 Niederlagen gegenüber. Die Auftaktpartie stieg am 1. 5. 1904 in Brüssel und endete 3:3. Zuletzt hatte man sich während der EM-Tage 1984 in Nantes mit einem 5:0, dem höchsten Sieg Frankreichs in der Länderspielgeschichte mit Belgien, getrennt. Die „Roten Teufel" freilich können auf noch erfolgreichere Spiele verweisen. 1906 5:0-Sieg in Paris, 1911 7:1 in Brüssel, 1930 6:1 in Paris.

## Presseurteile zum „Kleinen Finale"

*Politika*, Belgrad: „Ein schönes und aufregendes Spiel, das die Franzosen zu Recht gewannen."
*Le Journal Dimanche*, Paris: „Angenehm fürs Auge … Besonders erfreulich, für den französischen Fußball scheint die Zukunft gesichert. Das bewiesen die sehr jungen Spieler gegenüber den erfahreneren Belgiern."
*Corriere dello Sport*, Italien: „Wieder ein Marathonkampf. Frankreich ohne Platini an dritter Stelle, trotz acht Reservespielern hat es das Unternehmen 1958 wiederholt. Die Belgier zum dritten Mal in diesem Turnier in der Verlängerung."
*El Pais*, Spanien: „Das Spiel rollte in fröhlicher Atmosphäre ab, ganz so, als sei es ein Freundschaftstreffen."
*ABC*, Spanien: „Die Abwehrreihen spielten locker, die Angriffe waren flüssig, so daß sich ein würdiges Schauspiel ergab. Männer wie Ceulemans und Tigana profilierten sich als wahre Architekten ihrer Mannschaften, die nicht viel von ausgefeilter Technik, dafür um so mehr von fröhlichen Attacken wissen wollten."
*Sunday Times*, England: „Es war ein Wunder, daß dieses seltsame, irreale Umhertoben um den dritten Platz eine Verlängerungszeit brauchte. Vor allem die Franzosen hatten unzählige Chancen."

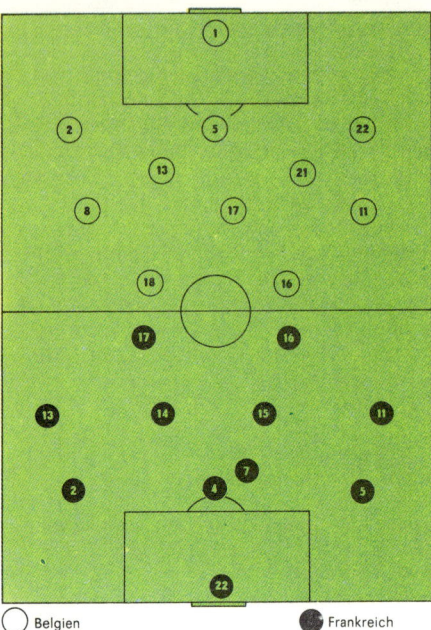

○ Belgien      ● Frankreich

## Belgien

1 Pfaff
2 Gerets
5 Renquin
22 Vervoort
13 Grün
21 Demol
8 Scifo
17 Mommens
11 Ceulemans
18 Veyt
16 Claesen

## Frankreich

22 Rust
4 Battiston
5 Bibard
7 Le Roux
2 Amoros
11 Ferreri
15 Vercruysse
14 Tigana
13 Genghini
16 Bellone
17 Papin

che Probleme, Debatten, aber eine gerade entgegengesetzte Entscheidung, für die Stammelf. Allerdings ist die Stimmung entsprechend der Ausgangsposition auch anders gelagert. „Natürlich, wir wären nur zu gern bis ins Finale vorgestoßen, aber wir haben schon jetzt mehr erreicht, als wir uns selbst zugetraut hatten, und Argentinien mit diesem Maradona war im Halbfinale eben klar besser", umreißt Kapitän Jan Ceulemans das Stimmungsbild. Erwin Vandenbergh, als große Angriffshoffnung in Mexiko angereist, ist – auch verletzungsbedingt – bereits wieder zu Hause, begleitet von Rene Vandereycken, der ausgerechnet während der Turniertage eine Machtprobe in der Mannschaft versuchte, um seine zur früheren massiven Abwehrvariante neigende Spielauffassung durchzuboxen. „Mit drei offensiven Mittelfeldakteuren Vercauteren, Scifo, Ceulemans haben wir keine Chance, bin ich als einziger defensiver Typ überfordert." Doch mit Pfaff, Ceulemans vor allem hatte Trainer Guy Thys einflußreiche Fürsprecher seiner flexibleren, vorwärtsgerichteten Konzeption. Und die Erfolge gaben ihm nach dem „reinigenden Gewitter" (so der neue und alte Libero Michel Renquin) recht, verliehen Mut und jenen unglaublichen Schwung, der die „Sensationserfolge über die UdSSR und Spanien" ermöglichte, wie Voetbal International, Rotterdam, voll des Lobes für den Nachbarn und Qualifikationsrivalen urteilte.

Wieder endet ein „feuchter Abend" bei den Belgiern, diesmal aber ein „feuchtfröhlicher", wie Frank Vercauteren ausdrücklich betont, in einer hitzigen Sachdiskussion. Guy Thys neigt wie sein Kollege Henri Michel dazu, den „Reservisten als Dank eine Chance" zu geben, wie er begründet. Aber er stellt diese Variante zur Diskussion und sieht, nicht ohne innere Genugtuung, seine Asse in Protesthaltung. „Nun wollen wir auch alles versuchen, das Beste geben, um vielleicht Dritter zu werden. WM-Dritter, das ist doch ein Ziel, das lockt", schwingt sich der bärtige Eric Gerets zu gewichtigen Worten auf.

Belgien also mit voller Kapelle. Und was dann in den 90 regulären, 30 zusätzlichen Minuten an lebhaft-interessantem Ablauf dargeboten wird, bringt vorgefertigte Urteile ins Wanken. Aus dem „Tanz mit der Schwester", so angeblich ohne Reiz und Spannung, wird „streckenweise großer Fußball im kleinen Finale" (*Kicker*, BRD), bei *sportinformationsdienst* avanciert die Partie sogar vom „Alibispiel zum echten Krimi". In der Tat läßt das Geschehen an packenden, attraktiven Momenten vor beiden Toren nichts zu wünschen übrig. Der Doppelspitze Frankreichs, Bellone–Papin, steht das Duo Veyt und Claesen seitens der Belgier gegenüber und in nichts nach. Die gleiche Grundformation, doch unterschiedliche Interpretation. Geradlinig, kraftvoll, schnell der Zug der „Teufel" in den gegnerischen Strafraum, mit schönem Paßspiel, flotten Kombinationen, verblüffenden Seiten- und Flankenwechseln die Gala der Franzosen. Nichts bei ihnen zu spüren, daß da Platini, Giresse, Stopyra, Ayache, Bats und auch der gesperrte Fernandez fehlen, daß Bossis erst nach der Pause für den etwas unglücklich spielenden Yvon Le Roux kommt. Gerets, Grün, dazu Demol gehen von Anbeginn mutig aus der Abwehr, rücken an die Seite von Ceulemans, Scifo. Und da der „neue Platini", wofür Jean-Marc Ferreri, mit viel Vorschußlorbeer bedacht, angesehen wird, mit dem erfahrenen Genghini, dem eine eindrucksvolle Leistung in Lauf und Zuspiel bietenden Tigana ähnliche torgefährliche Aktionen einleitet, haben die Torleute Pfaff und Rust, der mit 32 Jahren sein Auswahldebüt für Frankreich gibt, reichlich Gelegenheit, als „Flieger" ihr Können darzubieten. Erst bringt Ceulemans kraftvoll-dy-

## Empfangsjubel

Bei Ankunft der „Roten Teufel" feierten 25 000 auf dem Brüsseler Flughafen ihren WM-Vierten, der den größten Erfolg der Verbandsgeschichte sicherstellte. Brüssel erlebte ein Volksfest. Die Triumphfahrt ging an 100 000 begeisterten Fans vorbei. Die Mannschaft wurde von König Baudouin und Gattin Fabiola sowie von Premierminister Martens empfangen. Die Mannschaft überreichte ihrem Staatsoberhaupt ein Nationaltrikot und einen Ball mit allen Spielerautogrammen. Auf dem Rathausplatz von Brüssel herrschte Jubel wie zuletzt 1969 nach dem ersten Tour-de-France-Sieg von Radsportidol Eddy Merckx.

## Enttäuschung in Paris

Der dritte Platz bei der WM wurde – anders als die Siege über Italien und Brasilien – nicht zum Anlaß von Straßenfesten. Die Fans brachten ihre Enttäuschung nach hochgespannten Erwartungen durch Schweigen zum Ausdruck. Radiofazit: Die ganze Welt jubelt über unser schönes Spiel, aber die Konsequenzen einer schönen und einer weniger schönen Niederlage sind die gleichen. – Wirklich? Da scheint Staatspräsident Francois Mitterand doch der bessere Fachmann: „Wir teilen eure Enttäuschung, aber wir bewundern eure sportliche Haltung. Die großen Spiele, die ihr bei dieser WM gezeigt habt, werden uns stets in Erinnerung bleiben", heißt es in seinem Telegramm.

namischer Ritt an drei französischen Abwehrspielern vorbei zum entschlossenen 1:0 seine Elf auf die Siegerstraße. Doch dann das Kontra der gallischen Heißsporne mit schön herausgespielten Treffern von Ferreri wie Papin.

Und fortwährend Chancen auf beiden Seiten, die auf den Rängen jene Woge der gymnastisch-akustischen Begeisterung auslösen, die Mexikos Fans und ihre ausländischen Gäste aktiv ins Geschehen (fast) jedes Spiels eingreifen lassen. Ein Spiel zur Freude, in dem die jungen Franzosen technisch, spielerisch so imponieren, daß bei Henri Michel kaum Sorgen aufkommen sollten im Falle eines „Adieus der Superstars", wie eine Schlagzeile etwas voreilig verkündet. Doch Frankreichs Trainer will davon in den Mexiko-Tagen (noch) nichts wissen. „Das überschlafen wir erst einmal richtig und entscheiden zu Hause."

Ungeachtet dessen ist er stolz auf seine „gute, oft schon gleichwertige zweite Reihe". Sie muß zwar, weil der „Belgier" in den Reihen der Franzosen, der beim FC Brügge verpflichtete Jean Pierre Papin, wieder einmal dickste Chancen in Serie ausläßt, noch einmal den Ausgleich hinnehmen und in eine Verlängerung, aber dann setzt sich die frischere, lockere Spielweise durch. „Nach so vielen Zusatzminuten dreier Verlängerungen fehlte uns einfach die Kraft", fand die oft einsame Sturmspitze Nico Claesen. „Fußball ist schön, aber er kann auch grausam sein", ärgerte sich der großartig haltende Jean-Marie Pfaff, wohl bester, beständigster Torwart dieser WM-Endrunde. Frankreichs Rekordinternationaler (76 Spiele) Maxime Bossis hingegen strahlte: „Wie 1958 nun für Frankreich wieder Rang 3. Wir brauchen uns nicht zu verstecken, schon gar nicht zu schämen." Wahrlich nicht. Dieser

Kein „enttäuschendes Duell der Enttäuschten", vielmehr ein wechselvolles Spiel mit
vielen Toren und noch mehr mitreißenden
Szenen, wie Bibard (l.) und Mommens bestätigen

Und da kommen sie wieder: der 32jährige
Debütant im Tor der Franzosen, Albert
Rust, in Erwartung des belgischen „Sprin-
ters" Claesen, von Battiston attackiert

Sauber nimmt Claesen, der Stürmer, seinem Bewacher Bossis den Ball ab

Schlußgong im Spiel um Bronze. Amoros
verwandelt den an ihm selbst verwirkten
Strafstoß. Diesmal spekuliert „Elfmeterspe-
zialist" Pfaff falsch (S. 324/325)

„blaue Express" zählte zu den Attraktionen auch in Mexiko — wie die Belgier zu den großen Überraschungen. Ein sehenswertes „Vorfinale", das qualitativ beste jedenfalls seit eben 1958, als jener vielzitierte Just Fontaine vier Treffer zum 6:3-Sieg im Tor des BRD-Hüters Kwiatkowski versenkte.

In den Stadionkatakomben, an eine Tür zum Fernsehstudio gelehnt, finden wir auch Michel Platini, die Medaille umgehängt. „Nein, keine Abschiedsstimmung, kein Frust ob des entgangenen Finales, wir haben immerhin zwei Weltmeister bezwungen, mit eindrucksvollen Leistungen, wie uns Italiener und Brasilianer versicherten." Und er fügte hinzu: „Aber keine Frage, ins Finale wäre ich gern gekommen. Ein großer Traum, der für mich nicht in Erfüllung ging." Vielleicht für die „neue Tricolore" von Puebla? Zu früh, zu hoch gegriffen, wenngleich die Fachwelt sich einig ist: „Auch der zweite Anzug saß wie maßgeschneidert" (*Deutsches Sportecho*), „Ein Team für morgen" (*Het Laatste Nieuws*, Belgien), „Das Frankreich der Nach-Platini-Ära beginnt mit einem dritten WM-Platz" (*Corriere della Sera*, Italien). Die Zukunftsmusik klingt auch den „teuflischen" Belgiern in den Ohren. Guy Thys, der wie Henri Michel seine Mannen noch am selben Tag die Jumbos zum Rückflug in die Heimatländer besteigen läßt, mit der wohl unvermeidlichen Zigarre in der Hand: „Dieses Spiel und die Leistungen der 20jährigen Burschen Demol, Vervoort, Scifo sind Belgiens Option auf die Zukunft." In Puebla hat für beide die Zukunft schon begonnen.

*Einsatz über 120 Minuten, herrlich. Bellone mit Handstütz nach Flug über Frankie van der Elst, Gerets jagt zum Ball*

# Finale:
# Tango Argentino
# à la Maradona

Puebla und Umgebung sind geschichts-
trächtiger Boden. Mit Blut getränkt.
Hier stellte sich, vom Aztekenherr-
scher Moctezuma beschworen, die
Hauptschar seiner tapferen Krieger unter der Führung von Cuauhtemoc dem
einst gottähnlich empfangenen, aber
alsbald als rücksichtsloser Eroberer in
spanischen Diensten bekämpften Her-
nan Cortez zu einer der Entschei-
dungsschlachten. 1522 richteten Cortez und seine Vasallen mit ihren modernen Feuerwaffen ein Blutbad unter
den Azteken an. Auch Cuauhtemoc
fiel. Und ihm zu Ehren wurde das
schmucke Stadion benannt. Vieles erinnert an diese Zeit, selbst der majestätische Gipfel in der Bergkette vor den
Toren Pueblas, der den Namen der
Geliebten des Eroberers trägt: „Malinche". Vor Scham, so wissen die Einheimischen zu sagen, verhülle „Malinche"

*Packender Luftkampf mit den Akteuren För-*
*ster, Valdano, daneben Jakobs*

ihr Haupt meist. Selten, selbst beim schönsten Sonnenschein, ist der Gipfel auszumachen; eine Wolkendecke umhüllt ihn. Auch an diesem Tag, da sich Frankreich und Belgien aus der WM-Arena verabschieden, da die FIFA-Prominenz mit Präsident Havelange nach Überreichen der versilberten und bronzenen WM-Medaillen für den Dritten und Vierten zurück auf die Zweistundenfahrt per PKW in den Koloß Mexiko-Stadt gehen. Ob die Leistungen der „kleinen Finalisten" die ganze majestätische Schönheit der „Malinche" ohne Hülle gerechtfertigt hätten, ist einer Erörterung vielleicht weniger wert, aber die denkwürdige Demonstration des WM-Ausrichterlandes Mexiko im Sinne der UNO-Botschaft von Generalsekretär Cuellar wohl unbestritten. Ganz gewiß, die eigene Geschichte mit den bösen, unheilvollen Erfahrungen aus der Zeit der spanischen Unterdrückung oder der Eroberungskriege durch die „Gringos" aus dem USA-Norden, als 1847/48 Mexiko fünfzig Prozent seines Territoriums geraubt wurde, prägen die Haltung der heute 70 Millionen Mexikaner, ihre Sehnsucht nach Frieden und Unabhängigkeit, ihren solidarischen Beistand für unterdrückte und in ihrer Freiheit gefährdete Länder der Region. Die maßgebliche Rolle, die Mexikos Regierung in der Contadora-Gruppe bei der politischen Lösung der vornehmlich durch die USA geschürten Konflikte in Mittelamerika spielt, ist auch beim Staatsbesuch Erich Honeckers 1981 in Mexiko betont und gewürdigt worden Und so wissen wir uns einig in der Wertung jener Geste, vor dem Finale

dieses Weltsportereignisses eine Friedensbotschaft an die Welt zu senden und dies im feierlich-würdigen Rahmen der Endspielveranstaltung auch optisch anrührend auszudrücken. Das weite Rund des Aztekenstadions finden die 114 000 Augenzeugen und die Hunderte Millionen Fernsehbeobachter mit weißen Friedenstauben auf blauem Grund geschmückt. Den Aufruf, aus diesem Anlaß in weißer Kleidung zu erscheinen, erfüllen die 5 000 Mitarbeiter der Medien auf den Presse- und Funktribünen in großer Mehrheit, und Hunderte fleißige Helfer verteilen Fähnchen mit der Aufschrift „Viva la Paz! Es lebe der Frieden!" Aus sternenförmigen Figuren an den Tribünendächern ergießt sich ein silbern flimmernder Konfettiregen auf die feierlich gestimmten Zuschauer. Das Finale, ein ritterlich-fairer Wettstreit vor den Augen der ganzen Sportwelt, kann beginnen – nach 4 680 Minuten regulärer Spielzeit in diesem Turnier, nach 150 Minuten Verlängerung und drei zusätzlichen Elfmeterschießen. Der sportliche Wert dieser XIII. WM-Endrunde ist schon vor dem Höhepunkt des Endspiels unbestritten.

„Wir wollen in diesem 52. und letzten WM-Spiel alles dazu beitragen, daß dieses Turnier als Maßstab in Erinnerung bleibt, daß Millionen Freude und Entspannung an unserem Spiel finden", versichert der Arzt auf der argentinischen Trainerbank, Dr. Bilardo.

Bis hin zum großen Augenblick des Finalbeginns muß er wie Franz Beckenbauer, der BRD-Auswahlchef, vier volle Tage die Gemüter beruhigen, die Wogen dämpfen, nicht ohne jeden Spieler von Stunde zu Stunde heißhungriger auf dieses Spiel zu machen. Und da ist noch der öffentliche Wirbel, um Argentinien, um Maradona. Denn kaum eine WM-Sendung irgendwo auf der Welt, kaum eine WM-Zeile, wo immer geschrieben – ohne Diego Maradona sind sie in diesen Tagen, Stunden nicht denkbar. Ganze Trainerkolonnen werden befragt, jeder Spieler abgeklopft, wie denn nun diesem kleinen Teufelskerl mit seinen nur 166 Zentimetern, aber seinem pfeilschnellen Antritt, der unglaublichen Beweglichkeit und den verwirrenden Tricks mit dem linken Fuß beizukommen sei. Dr. Carlos Bilardo kann reden, was immer er will, wie stark seine Mannschaft als Mannschaft sei, daß sich die Abwehr um den Ersatzbänkler von Deportivos Espanol Jose Luis Brown als stabilste des 24er-WM-Feldes erwiesen habe, daß da neben dem gewiß hochbegabten Maradona in der Form seines Lebens mit den torgefährlichen Valdano (Real Madrid) und Burruchaga (FC Nantes), mit den als Neuling und Fastneuling zur WM gereisten, aber zu Klasseleuten gereiften Cuciuffo, Batista, Olarticoechea und Enrique noch weitere Trümpfe in der Hinterhand seien. Als sich in den gepflegten, weiträumigen Klub „America", abseits von den großen Blechkarawanen der Magistralen dieser Riesenstadt, am Tag vor dem Finale zum öffentlichen Training Legionen von Reportern mit Mikrofonen und Tonbändern, Kameras und Notizblöcken ergießen, muß „Dieguito" fürchten, wie eine Bienenkönigin im Inneren des Schwarmes zu verschwinden. Ein Zaun rettet ihn, und 400, 500 Reporter hängen, drängen, beugen sich hinüber, jeder eilfertig bemüht, sein Mikro etwas näher an ihn zu bringen. Erstaunlich, auch in diesem Trubel wirkt er sicher. Fragen über Fragen, und er bleibt keine Antwort schuldig, redet, temperamentvoll, aber im

## Der beste WM-Spieler – wer sonst: Maradona

Von 920 Pressevertretern wurde der beste WM-Spieler gewählt, der im Oktober während einer Auszeichnungsveranstaltung mit dem „Goldenen Ball" geehrt werden wird. Wie zu erwarten, holte Diego Maradona die meisten Punkte:

| | | |
|---|---|---|
| 1. | Diego Maradona (Argentinien) | 1 282 |
| 2. | Harald Schumacher (BRD) | 344 |
| 3. | Preben Elkjaer-Larsen (Dänemark) | 236 |
| 4. | Jean-Marie Pfaff (Belgien) | 224 |
| | Michel Platini (Frankreich) | 224 |
| 6. | Gary Lineker (England) | 200 |
| 7. | Manuel Amoros (Frankreich) | 168 |
| 8. | Emilio Butragueno (Spanien) | 156 |
| 9. | Jean Tigana (Frankreich) | 124 |
| 10. | Julio Cesar (Brasilien) | 110 |

## Weltelf aus sieben Ländern

Eine sogenannte Weltelf, von Pressevertretern gewählt, setzt sich aus Spielern aus sieben Ländern zusammen und hat folgendes Aussehen:
Schumacher (BRD) – Julio Cesar (Brasilien) – Josimar (Brasilien), Förster (BRD), Amoros (Frankreich) – Tigana ((Frankreich), Maradona (Argentinien), Ceulemans (Belgien) – Belanow (UdSSR), Lineker (England), Valdano (Argentinien)

### Andere kommentieren:

*fuwo*, DDR:
„Erstaunlich zu sehen, wie sich Fehler wiederholen. 1966 beorderte BRD-Trainer Schön den spielbegabten Beckenbauer an die Seite des englischen Spielmachers Bobby Charlton. Der Erfolg war gleich Null. Vor 20 Jahren fehlte Beckenbauers Spielintelligenz im Mittelfeld, diesmal die Dynamik, Motorik von Matthäus, der sich in der Sonderbewacherrolle für Maradona physisch verschliß."

*Tagesanzeiger*, Schweiz:
„Ausgerechnet die Spieler, denen sie es verdanken konnten, daß sie überhaupt in einem Finale standen, versagten beim Abschluß: Schumacher mit seinem Griff ins Leere, Magath, der diesmal nicht der Regisseur war, und Allofs, der bisher beste Stürmer, dem diesmal aber nichts gelang."

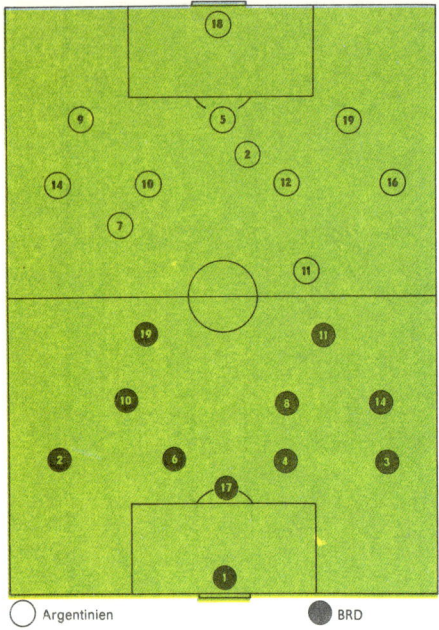

## Argentinien

| | |
|---|---|
| 18 | Pumpido |
| 9 | Cuciuffo |
| 5 | Brown |
| 19 | Ruggeri |
| 2 | Batista |
| 14 | Giusti |
| 10 | Maradona |
| 12 | Enrique |
| 16 | Olarticoechea |
| 7 | Burruchaga |
| 11 | Valdano |

## BRD

| | |
|---|---|
| 1 | Schumacher |
| 17 | Jakobs |
| 3 | Brehme |
| 4 | Förster |
| 6 | Eder |
| 2 | Briegel |
| 14 | Berthold |
| 8 | Matthäus |
| 10 | Magath |
| 11 | Rummenigge |
| 19 | Allofs |

Blick häufig abwesend. Nicht alles, was er sagt, hat Hand und Fuß, wie sollte es auch … Viel von Gott ist die Rede, naheliegend in einer Region, wo Hilfe durch Gott für Ungezählte oft genug einzige Hoffnung und letzte Zuflucht ist.

Aber in einem wird er bestimmt und konkret; wenn es um seine Rolle in der Mannschaft geht, um die Favoritenstellung Argentiniens dazu. „Ich spiele eine weit bessere WM als vor vier Jahren, das stimmt, und darüber freue ich mich, aber ich spiele nicht allein in einer Mannschaft. Andere spielen für mich, ich für andere, alle aber spielen wir gemeinsam", wehrt er jede Überhöhung zum „Genie am Ball" ab, zum „Fußballwunder". Sein Trainer Dr. Bilardo hat da nie ein Hehl daraus gemacht: „Das Team spielt nicht für Maradona, wenn Maradona nicht für das Team spielt." Vamos – laßt es angehen! Und was die Favoritenstellung betrifft, so argumentiert der schwarze Wuschelkopf fast ohne Leidenschaft: „Wir waren auch gegen Südkorea kein Favorit. Wären wir mit solcher Einstellung ins Turnier gegangen, das Finale fände ohne uns statt. Wir müssen unsere Stärke aus der gemeinsamen Kraft und aus unserer Bescheidenheit ziehen." Angelernte, einstudierte Worte? Manches klingt danach, aber der 25jährige weiß schon, wovon er spricht. Auf die zu erwartende Manndeckung angesprochen, wehrt er nur ab: „Ob Briegel oder Matthäus, ob beide zusammen, ich bin das gewöhnt, uns wird eine Antwort einfallen, denn ich spiele ja nicht allein."

Wer da meinte, der Kontrahent und Überraschungsfinalist BRD sei angesichts der Völkerwanderung zu den Argentiniern zu beneiden, weitab vom Schuß zu sein, ruhiger, zurückhaltender leben, sich vorbereiten zu können, der irrt. Gewiß, von Guadalajara aus geht's per Chartermaschine in leichter Champagnerstimmung des großen Sieges über Frankreich zurück ins Stamm-quartier „La Mansion Galindo" am Rande von Queretaro. Erst 24 Stunden vor dem Finale ist an der Reforma, im WM-Hauptquartier der 1970er Endrunde, dem „Maria Isabell", Stadtquartier vorbestellt. Aber in und um die BRD-Mannschaft lebt seit der Ankunft in Mexiko ein Schwarm von 140 Journalisten, unter einem Dach zumeist. Und dies schafft Zündstoff, Reibungsflächen, zumal da einige Spieler und einige Zeitungen besonders liiert und nicht nur durch Heimatgefühle verbunden sind. Jedenfalls kaum ein Tag ohne Querelen: der Trainer mit Spielern (bis hin zum Rausschmiß des Hamburgers Stein), Spieler und Spielergruppen untereinander, die zwischen Schumacher und Rummenigge zu offen feindseligen Auseinandersetzungen vor der Pressekarawane führen, und immer wieder ein wenig souveräner Beckenbauer, „allzu dünnhäutig, im Urteil unausgewogen", wie sich der Medienwald aller Schattierungen ausnahmsweise mal einig ist. Und als noch auf dem Flughafen von Guadalajara der Teamchef pauschal das böse Wort vom „Schweinejournalismus" in die Runde wirft, ist von der Jubelstimmung kaum mehr etwas übrig.

Sie hebt im Mannschaftsquartier um so demonstrativer an. „Magath, Herget, Brehme, Rahn, Berthold und Völler stimmen an ... So ein Tag, so wunderschön wie heute. Sie tragen Strohhüte, 20-Dollar-Noten in der Krempe, Sonnenbrillen und gestreifte Jacken", schildert ein BRD-Blatt und erwähnt auch die Mahnung von Prof. Liesen, dem „Vater" der Topfitneß: „Es ist nicht gut, wenn nach einem schweren Spiel Alkohol getrunken wird." Ein Rufer in der Wüste durstiger Kehlen. „Die Feier geht weit bis nach Mitternacht", schließt der Report. Der Donnerstag ist Schlaf- und Ruhetag. Magath eilt von Interview zu Interview, Matthäus lüftet das Geheimnis, wer

**Die Endspielformationen·**

*Argentinien:*
Pumpido (River Plate 28/22) –
Brown (Deportivo Espanol 29/20) –
Cuciuffo (Velez Sarsfield 24/7),
Ruggeri (River Plate 24/23),
Olarticoechea (Boca Juniors 27/15) –
Giusti (Independiente 29/36),
Batista (Arg. Juniors 23/12),
Maradona (AC Neapel 25/54),
Enrique (River Plate 23/7) –
Burruchaga (FC Nantes 23/42),
Valdano (Real Madrid 30/19).
Wechselspieler: ab 89. Trobbiani (Estudiantes 32/27) für Burruchaga.

*BRD:*
Schumacher (1. FC Köln 32/74) –
Jakobs (Hamburger SV 32/20) –
Förster (VfB Stuttgart 27/81),
Briegel (Hellas Verona 30/72) –
Berthold (Eintracht Frankfurt 21/18),
Brehme (1. FC Kaiserslautern 25/28),
Matthäus (FC Bayern München 25/58),
Magath (Hamburger SV 32/43),
Eder (FC Bayern München 30/9) –
Rummenigge (Inter Mailand 30/95),
Allofs (1. FC Köln 29/47).
Wechselspieler: ab 46. Völler (Werder Bremen 26/37) für Allofs; ab 62. Hoeness (FC Bayern München 33/6) für Magath.

## FIFA-Generalsekretär Sepp Blatter zur Turnierlänge:

„Die diesjährige WM zog sich wirklich zu lange hin. Allerdings mußten wir auf das extreme Klima Rücksicht nehmen und die Erholungszeit ausdehnen. Aber in Italien werden wir das Turnier straffen, um das Publikumsinteresse wachzuhalten. Die Einsparung wird in der ersten Phase vorgenommen. Sie wird statt 15 wie in Mexiko nur noch neun Tage dauern. Wir können an einem Freitag beginnen und die erste Phase (je drei Spiele) am zweiten Sonntag abschließen. Drei Spiele in neun Tagen, das ist ein guter Rhythmus. In Italien kann man an jedem Tag drei anstatt wie in Mexiko meist nur zwei Vorrundenspiele austragen. Die WM-Orte liegen weit auseinander im Norden, Süden, auf Inseln. Anstoßzeiten könnten z. B. 16.00, 18.00 und 22.00 Uhr sein."

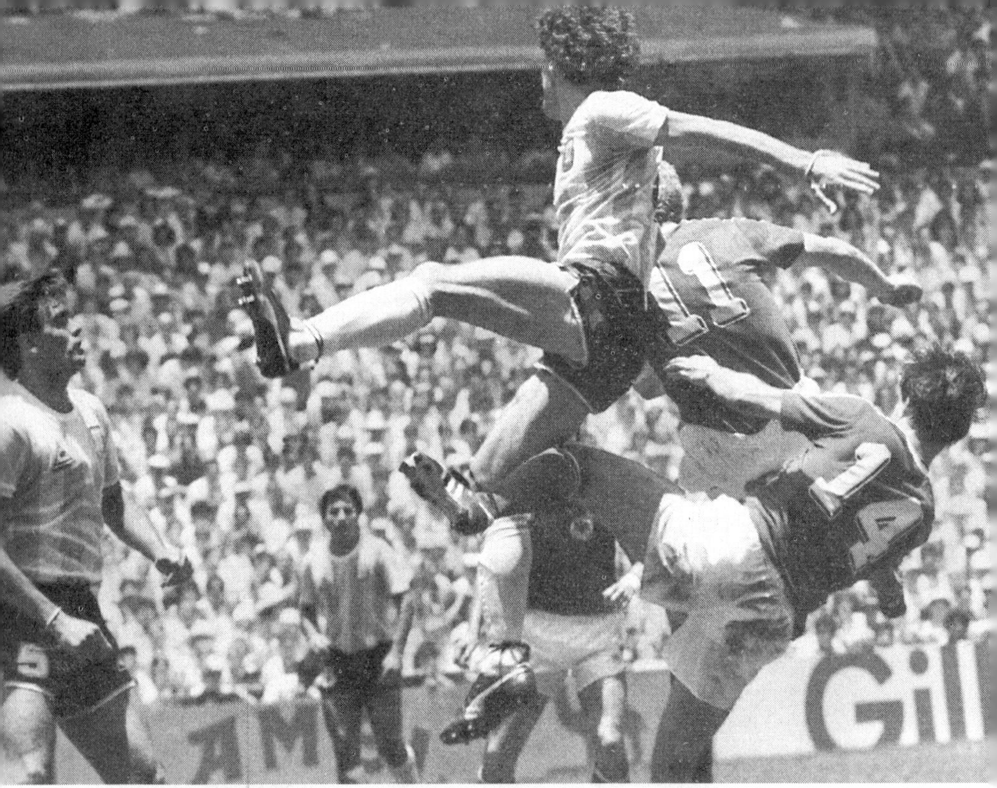

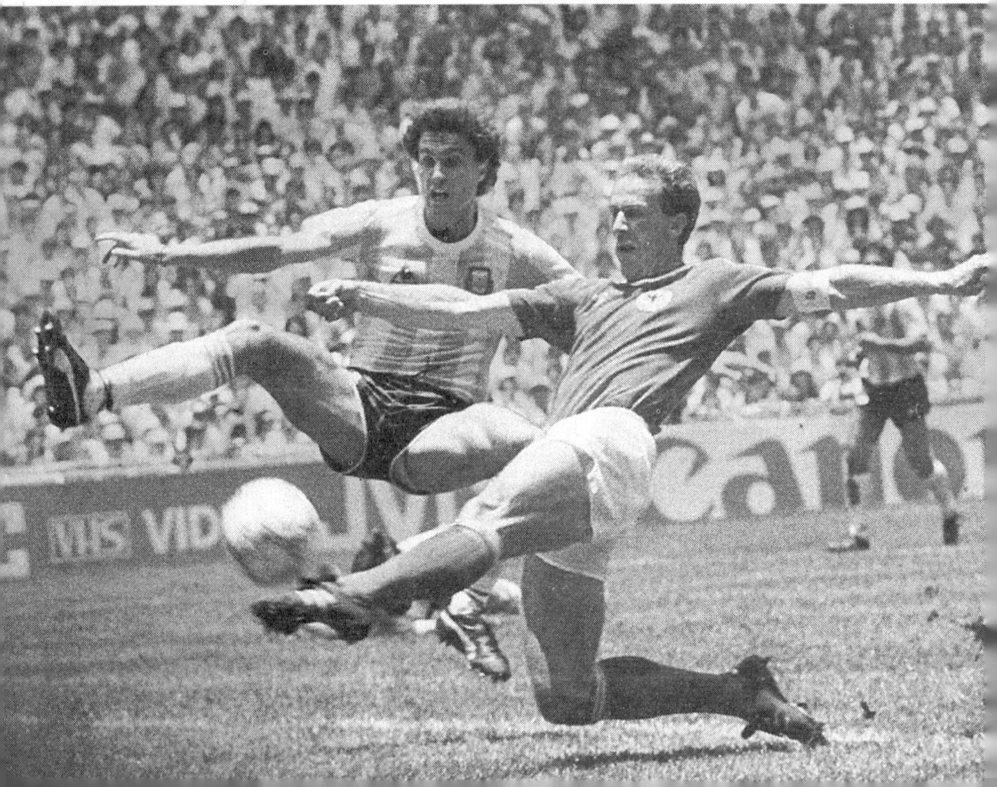

denn nun auf Maradona angesetzt werden solle, auf dem Tennisplatz kämpfen Brehme und Trainer Köppel. Der Flachs blüht dort: „Wenn du so gut Fußball wie Tennis spielen könntest, würdest du Nationalspieler werden!" Nebenan pfeifen die Bälle der Kraftprotze Augenthaler und Jakobs „mit Urgewalt", wie Augenzeugen berichten, über die Netzkante. Viel Ausgelassenheit, wenig Ernst. Nur Professor Liesen spaßt nicht. Er verabreicht Injektionen mit Aufbaustoffen.

Der Freitag ist nicht mehr freier Tag. Training, medizinische Behandlung, Kevin Keegan, Englands „Ehemaliger" als TV-Reporter auf der Fährte nach dem Sonderbewacher, Training, und wie Sonnabend früh noch Videoaufzeichnungen der Argentinier gegen England, gegen Belgien, mit Maradonas vielbestaunten Kunstfertigkeiten per Fuß und Hand. 14.30 Uhr Abfahrt im Bus nach Mexiko-Stadt mit Zwischenaufenthalt und 20 Minuten Auflockerung im Aztekenstadion. Vor der Abfahrt am Sonntag, 9.30 Uhr, nach dem Frühstück (Spaghetti mit Tomatensoße) noch eine Beihilfe vom Mediziner. „Aufbauspritzen mit Vitaminen, Mineralien, Extrakten aus Bienenhonig und Käferblut", macht der Professor kein Geheimnis draus. „Man fühlt sich danach richtig wohl", soll Klaus Allofs gesagt haben, nicht eben viel Farbe im Gesicht.

Es ist nicht das letzte Mal an diesem Tag großer Aufregungen. Der Hamburger Rolff hat sich damit abgefunden – trotz großen Spiels gegen Platini bleibt

*Kämpferischer Einsatz von der 1. bis zur 90. Minute, dies ist Kennzeichen des 13. WM-Finalspiels. Die Akteure: Brown (5), Cuciuffo sowie Rummenigge (11) und Berthold (14)*

*Der Direktschuß des BRD-Kapitäns – einzige Chance der 1. Halbzeit – und Ruggeris artistischer Abwehrversuch*

er draußen, Maradonas Schatten heißt Matthäus, „Helfer" im Hintergrund, die den Wirbelwind notfalls mit abschirmen sollen, sind in Jakobs – natürlich –, aber auch in Brehme, Eder gegeben. Berthold jedoch soll nach seiner Faustkampfeinlage samt Sperre wieder nach vorn wirksam werden. „Ich vertraue auf Spieldisziplin und Kampfmoral, vor allem auf die unglaubliche Spielfitneß", verbreitet der Trainer letzten Optimismus. Dann geht's gemeinsam mit den Gauchos im Zuckelschritt hinaus in die in jeder Beziehung heiße Arena.

Der Anpfiff taucht in der Anfeuerung aus 114 000 Kehlen unter, die technisch sicheren Flachpaßversuche der Argentinier nicht. Aber Brehme mit dem ersten Eckball von links, dann einem Eckball von rechts signalisierend: keine Einseitigkeit im Spielablauf von Anfang an. Die ersten Pärchen finden sich, Cuciuffo–Allofs, Ruggeri–Rummenigge, Giusti–Magath, Förster–Valdano und natürlich Matthäus–Maradona.

Stimmung auf den Rängen, noch Abtasten, Suchen auf dem Rasen. Erstes Signal Maradonas (6.), dessen Eckball Giusti verlängert. Valdano und Batista stören sich gegenseitig. Erste Gefahr auf der Gegenseite durch Briegel, der erst einen Fußbreit vor dem Strafraum von Brown gestoppt wird, unsauber. Der Freistoß bringt nichts, außer für Maradona wegen Reklamierens die „Gelbe". Unruhe zieht im Spiel auf, Maradona das Tempo an. Erst fällt ihn Jakobs, dann, ungeschickt zudem, Matthäus. Er kassiert dafür eine Verwarnung, die Mannschaft das 0:1, denn Burruchagas Freistoß köpft der nach vorn geeilte Libero Brown unbeschattet ein; danach serviert Maradona, gefährlich um die Mauer gezogen, einen Freistoß, aber ansonsten verzieht er sich in Räume und Ecken, schleppt Matthäus mit und hat auch andere noch in seinem Schlepptau. Dennoch

*Rettung in höchster Not durch das Duo För-*
*ster–Schumacher gegen den fliegenden*
*Menschen Maradona*

folgt nach der einzigen BRD-Chance
bis zur Pause (32., Berthold legt ein Zuspiel Försters per Kopf ab, Rummenigge schießt direkt, aber drüber) wieder ein Schreck durch Maradona, der,
mit Hackentrick Burruchagas freigespielt, am Torwart scheitert.
Wenig Höhepunkte bis dahin in
einem Spiel ohne Pfiff und Biß. Das
soll sich ändern – nach dem 0:2 in der
56. Minute. Ein schnelles Zuspiel im
Konter von Maradona auf Valdano,
und der 1,82-m-Mann von Real Madrid
vollendet mit überlegtem Schuß ins
lange Eck. Dann doch ein unglaubliches Aufbäumen der BRD-Elf. Matthäus übergibt Maradona an Förster,
orientiert sich auf eigene Stärken, und
mit Briegel (62., 68.), dem eingewechselten Hoeness sorgt er für mehr Ge-
gendruck. Aber noch finden Allofs–
Rummenigge, später Völler–Rummenigge in der schnellen, wendigen argentinischen Abwehr keine Lücken.
„Keine einzige herausgespielte
Chance" registrieren die Reporter.
Doch da gibt's ja noch Standards. Und
in die vom schulterverletzten Brown
mit hohem Einsatz dirigierte Abwehr
zirkelt Brehme von links die vierte
Ecke, die Völler per Kopf verlängert
und Rummenigge aus Nahdistanz einschießt (72.). Zwölf Minuten später fast
eine Kopie zum Ausgleich. Wieder
Eckball Brehme, wieder Kopfball Völler, diesmal allerdings direkt.
Längst ist der Stimmung auf den
Rängen Spannung im Feld gefolgt. Im
Überschwang des unverhofften Aus-
gleichs nun auch noch den Sieg aus
dem Feuer zu reißen, öffnet die BRD-
Elf ihre Abwehr; „Fuchs" Maradona
sieht und findet die Lücke zum Paß auf
Burruchaga, und der überlistet den im
Herauslaufen zögernden Schumacher.

Vom Freudenknäuel in die kalte Dusche. Ein Freistoß noch von Maradona
aufs linke Toreck, und das XIII. WM-Finale ist Geschichte. „0:2 zurück, alles
verloren, aus der Traum ... das war
die mißliche Situation der bundesdeut-
schen Auswahl", nachvollzieht die *Süd-*
*deutsche Zeitung*, „bis eine Viertelstunde vor Schluß ... eine Mannschaft
hatte sich aufgebäumt, die riesige
Arena brodelte, die zuvor eher reser-
vierten Zuschauer spürten den Prickel
der Sensation."
Aber „zwischen Himmel und Erde"
hängt da plötzlich eine Mannschaft:
weiter stürmen, drücken oder sichern?
„Nach dem 2:2 hatten wir geglaubt,
den Pott holen zu können", gesteht
Matthäus. „Wir haben gemeint, nun
packen wir's noch", sah es Eder. Und
Briegel wettert, tobt: „Wie Anfänger,
nach einem 2:2 weiter vorzustolpern."
Selbstvorwürfe, Spielerschelte, un-
glücklicher Ausgang? Von allem etwas
und doch nicht die ganze nüchterne
Wahrheit. „Daß es in der 72. Minute
noch mal offen und spannend wurde,
ist dem kämpferischen Aufbäumen zu
danken, der Ausgleich auch, das 2:3
aber dem Können, der höheren Spielkunst, besseren Technik der Argentinier", resümierte ein Bobby Charlton
am BBC-Fernsehschirm.
Und Sachkenner wie der BRD-Exaus-
wahlspieler Hoettges, die vor einer zu
betonten Orientierung auf Maradona
gewarnt hatten, sprechen von taktischen Schnitzern. Wer Maradona mit
zwei, drei Mann an die Leine zu legen
sucht, gibt andere aus dem Blick. Und
Valdano, Burruchaga bestraften dies.
„Bilardos Schachzug zerstörte das Ge-
füge", legt die *Süddeutsche Zeitung*
den Finger auf die taktische Wunde.
„Maradona funktionierte Matthäus zum
Vorstopper um. So geriet die bis dahin
starke BRD-Abwehr aus den Fugen."
Das 2:3 empfindet der beständigste
Turnierspieler der Turnierelf Beckenbauers, Karl-Heinz Förster, wie einen

*Herrlich nimmt Burruchaga den Ball mit der Brust mit, vorbei an Jakobs*

Genickschlag. Und so hocken sie denn auch auf dem Rasen, erschöpft, enttäuscht, deprimiert, während die Argentinier Ehrenrunden drehen, Medaillen und Pott empfangen, ihn liebevoll umarmen, küssen, umherschleppen, weiterreichen. Die Arena ist in Blau-Weiß gefärbt. Der Fußball-Tempel hallt von rhythmischen Trommelklängen,

Hunderte Fans jagen, Purzelbäume schlagend, auf den Rasen, Freudentrauben, wohin man schaut. Jorge Burruchaga inmitten des Trubels, Tränen des Glücks in den Augen: „Ich könnte die ganze Welt umarmen." Ähnlich die Verfassung von Diego Maradona. „Ich möchte nicht wissen, was zu Hause los ist!" stimmt er schon auf Vorfreude ein.

Zu Hause? In Buenos Aires sind es in der Stunde nach dem zweiten WM-Sieg über eine Million Menschen, die tanzend, singend, jubelnd durch die

Straßen ziehen. Trotz winterlicher Temperaturen von 14 Grad fast karnevalistisches Treiben. Das Röhren der dumpfen Schiffssirenen mischt sich mit den Hupstakkatos der Autokarawanen, das „Argentina-Argentina" der Fans zwischen sechs und sechzig hallt wie in den 78er WM-Tagen von den Häuserwänden. Die Zwölfmillionenstadt ein einziges Gewimmel, mit Lichterketten „Argentina Campeon", mit Maradonas Konterfei auf Plakaten und angeleuchtet in Fenstern.

Indessen holt Maradona im „Azteca" der Alltag ein – Dopingkontrolle. Und auch der Trainer schwitzt noch – vor Mikrofonen. 90 Minuten nach dem Abpfiff hockt er im nun fast leeren Stadion und erläutert, erklärt. Nicht ohne Stolz kommt er auch auf ein Telefonat mit Staatspräsident Raul Alfonsin zu sprechen, der ihn und Maradona mit den Worten beglückwünschte: „Die Mannschaft hat ein Beispiel für unser ganzes Land gegeben. Sie selbst haben alle Kritiker widerlegt, die jetzt sagen müssen – Bilardo, vergib uns." Einige „Sünder" sind noch mitten im Siegestrubel des Frühnachmittags auszumachen. Sie schleppen ein breites Band mit der Aufschrift durchs Stadion: „Pardon, Bilardo – gracia!" Bilardo nimmt das 20 Meter breite Entschuldigungsschreiben an, betont gelassen: „Ich mußte während der drei Jahre mit fairer und unfairer Kritik leben. Die passende Antwort sind immer Tatsachen. Und die hat meine Mannschaft in Mexiko, auch im Finale, sprechen lassen." Wie der Mediziner und Trainer Dr. Bilardo werden Experten anderer Länder noch lange auf den Presse- und Funktribünen ins Gespräch gezogen. Einhellig sind die Meinungen im Detail nicht, wohl aber in Tendenzen. Bei *Le Figaro*, Frankreich, heißt es: „Das Endspiel einer zu langen Meisterschaft hatte nur mittelmäßiges Niveau." Zweifellos, im Turnierverlauf gab es fünf, sechs Spiele attraktiveren Zuschnitts. *Politiken*, Dänemark, präzisiert: „An Dramatik konnte das Spiel es mit den allerspannendsten Endspielen der WM-Geschichte aufnehmen, nicht aber an spielerischer Qualität." In der *Luzerner Zeitung*, Schweiz, heißt es: „Die BRD blieb ihren Tugenden treu – kein Glanz, keine Brillanz – aber nie endender Kampfgeist." Und schließlich die *Times*, London: „Gut für den Fußball und seine Vorbildwirkung, daß die Mannschaft gewonnen hat, die während der ganzen Zeit eine positive Ein-

stellung bewies." Der *Kicker*, BRD, sieht das nicht anders: „Dem 13. Endspiel fehlte lange Zeit die spielerische Klasse. Erst die zunächst erfolgreiche Aufholjagd sorgte für knisternde Spannung und Dramatik." *Československy Sport*, Prag, geht auf einen zweiten wichtigen Endspielaspekt ein, dem Anteil Maradonas am Erfolg Argentiniens: „Nicht nur Maradona ist Weltmeister", heißt es hier, und in der *Jungen Welt*, Berlin, liest man dazu: „Argentiniens Trainer Dr. Bilardo schlug seinem Trainerkollegen Beckenbauer ein Schnippchen. Er ließ die BRD-Elf auf Maradona einstellen, nahm diesen aber aus der Schußlinie, um andere Spieler in die Lücken stürzen zu lassen." Auf eine fast lakonische Formel bringt es *Nepsport*, Budapest: „Auf Maradona aufgepaßt, die anderen haben gewonnen." Nun, Kenner der geselligen Szene schwören, der letzte Tango sei stets der schönste. Für den Fußballtango à

la Maradona, à la Argentina mag das vielleicht zutreffen, für das Endspiel als abschließenden WM-Höhepunkt allerdings kaum. Da erinnern sich nicht nur Experten an weit begeisterndere Finalbegegnungen.

Konzentration der BRD-Elf auf Maradona, die Tore erzielen andere, so Valdano, der vor Freude abhebt ...

.. und Burruchaga, der Briegel wie Schumacher noch umkurvt und abschließt

Sieg! Sieg! Sieg! Pumpido in Weltmeistergeste aus der Ferne

Maradona und der WM-Pokal auf Ehrenrunde (S. 342/343)

# WM der Superlative und offene Fragen

*Abschieds- und Siegerstimmung im herrlichen „Estadio Azteca"*

Die Wertung und Einordnung der XIII. Weltmeisterschaft ist keine Tagesaufgabe. Zu vielfältig waren die Eindrücke und Erkenntnisse, zu unterschiedlich die Urteile über die Details, zu differenziert die Erwartungen und Ergebnisse. Mit einem Pauschalurteil ist dem Fußball ohnehin nicht gedient. Theoretiker und Trainer werden es nicht an tiefgründigen Analysen fehlen lassen, Ableitungen für die Aufgaben der nächsten Jahre treffen. Dennoch kann uneingeschränkt gesagt werden: Es war eine Weltmeisterschaft der Su-

## Die WM-Torschützenkönige

| | | |
|---|---|---|
| 1930: | Stabile (Argentinien) | 8 |
| 1934: | Conen (Deutschland), | |
| | Chiavo (Italien), | |
| | Nejedly (Tschechoslowakei) | je 4 |
| 1938: | Leonidas (Brasilien) | 7 |
| 1950: | Ademir (Brasilien) | 9 |
| 1954: | Kocsis (Ungarn) | 11 |
| 1958: | Fontaine (Frankreich) | 13 |
| 1962: | Garrincha (Brasilien), | |
| | Vava (Brasilien), | |
| | Sanchez (Chile), | |
| | Jerkovic (Jugoslawien), | |
| | Iwanow (UdSSR), | |
| | Albert (Ungarn) | je 4 |
| 1966: | Eusebio (Portugal) | 9 |
| 1970: | Müller (BRD) | 10 |
| 1974: | Lato (Polen) | 7 |
| 1978: | Kempes (Argentinien) | 6 |
| 1982: | Rossi (Italien) | 6 |
| 1986: | Lineker (England) | 6 |

## Die „ewige" Torjägerliste

Müller (BRD 1970/74) 14; Fontaine (Frankreich 1958) 13; Pele (Brasilien 1958–70) 12; Kocsis (Ungarn 1954) 11; Rahn (BRD 1954/58) 10; Cubillas (Peru 1970–78) 10; Lato (Polen 1974–82) 10; Ademir (Brasilien 1950) 9; Vava (Brasilien 1958/62) 9; Seeler (BRD 1958–70) 9; Eusebio (Portugal 1966) 9; Jairzinho (Brasilien 1966–74) 9; Rossi (Italien 1978–86) 9; Rummenigge (BRD 1978–86) 9; Stabile (Argentinien 1930) 8; Leonidas (Brasilien 1934/38) 8; Rep (Niederlande 1974/78) 8; Schiaffino (Uruguay 1950/54) 7; Schäfer (BRD 1954/58) 7; Tichy (Ungarn 1958/62) 7; Szarmach (Polen 1974–82) 7; Maradona (Argentinien 1982/86) 7

**Neuer Zuschauerrekord:**
2 407 431 in 52 Spielen. Durchschnitt pro Spiel: 46 297.

## Das „Sündenregister"

**Die roten Karten (8)**
Sweeney (Kanada), Wilkins (England), Hanna (Irak), Bossio, Batista (beide Uruguay), Arnesen (Dänemark), Berthold (BRD), Aguirre (Mexiko)

perlative in vielerlei Hinsicht, aber sie warf auch Fragen für die Zukunft, für die Entwicklung auf.

## Die Superlative

Vieles läßt sich in Fakten fassen. Noch nie bedurfte es so vieler Turniertage, um den Weltchampion zu ermitteln, noch nie herrschte bei der Endrunde ein solch ausgeglichenes Niveau, woraus letztlich die bisher größte Anzahl von Verlängerungen resultierte. Erstmals strömten zu den 52 Spielen mehr als 2 Millionen Menschen in die Stadien, Milliarden Fußballanhänger in 162 Ländern – mehr, als der FIFA überhaupt angehören – waren elektronisch mit jenem Land verbunden, in dem zum zweiten Male nach 1970 das Weltfestival über die Bühne ging.

„Das WM-Turnier erfüllte hohe Ansprüche", zu diesem Fazit kommt Oleg Kutscherenko, Fußballchef von *Sowjetski Sport*. Selbst wenn diese Endrunde letztlich durch die Physis entschieden wurde, die Brillanz vieler Mannschaften bleibt in der Erinnerung. Sie erfüllten die Titelkämpfe mit Leben und Turbulenz, „obwohl sie beim Spielen für heute zu sehr das Morgen vergaßen", meinte Exweltmeister Bobby Charlton.

Aus dem Ausscheiden der spieltechnisch herausragenden Mannschaften eine Tendenzwende des internationalen Fußballs herauszulesen käme einer Desorientierung gleich. Denn trotz des Toreminusrekords brachte diese Endrunde den Triumph des offensiven Stils, der sich paarte mit Robustheit, Deckungsdisziplin und Durchsetzungsvermögen. Nur auf Intuition und Intelligenz zu setzen erwies sich aber ebenso als fehlerhaft wie die Betonung einer fußballtötenden Defensive.

Es war die Weltmeisterschaft der Könner und der Mannschaften. Von ihrem Wechselspiel hing der Erfolg maßgeblich ab. Die Einordnung des überragenden individuellen Könnens in das Kollektiv setzte die Maßstäbe, nicht der Individualist ohne Mannschaft, der sich selbst zu gern heraushebt, zuwenig für das Kollektiv leistet. Stars und Sterne gingen bei der Weltmeisterschaft auf, weil sie bis zur totalen Erschöpfung zum Spielen und Kämpfen, auch zum Glänzen bereit waren, andere verglimmten unter mexikanischer Hitze und Höhe, weil sie dem

*Das Spiel der Spiele – Frankreich kontra Brasilien mit Hauptdarstellern Junior, Tigana, Socrates*

347

eigenen Ego zu viele Schutzhüllen um-
legten, sich nicht den extremen Anforderungen stellten, noch weniger ihnen
gewachsen waren.

Es war eine Weltmeisterschaft, in
der keine taktischen Sensationen geboren wurden, in der vielmehr die Erkenntnisse der letzten Jahre noch
durchdachter, verfeinerter, raffinierter
umgesetzt wurden. Das variable Spiel
in allen Mannschaftsteilen drängte
Schemata ins Abseits, und der einseitig
ausgebildete Akteur hatte keine Er-
folgsaussichten.

Die Weltmeisterschaft brachte — besonders in der Vorrunde — Diskussionen über die Männer in Schwarz. Ihre
Qualitäten in der Spielleitung waren zu
unterschiedlich. „Wir müssen die besten Schiedsrichter zur Weltmeisterschaft holen, dürfen nicht zu sehr vom
Kontinentalprinzip ausgehen", glaubt
FIFA-Generalsekretär Joseph Blatter
einen Ausweg gefunden zu haben.

## Offene Fragen

Es war schon typisch, daß die Franzosen unmittelbar nach dem Abpfiff des
„kleinen Finales" zum Flugplatz rasten
und nach Hause flogen. Sie, wie fast
alle Mannschaften, hielten sich annähernd zwei Monate der Heimat fern,
um sich gewissenhaft vorzubereiten.
„Eine viel zu lange Zeit. Die Länge des
Turniers muß einer Korrektur unterzo-
gen werden", fordert der Chef der
Equipe tricolore, Henri Michel. Seit
der Ausdehnung der Endrunde auf
24 Mannschaften und dem Anstieg auf
52 Spiele gibt es um den Modus hefti-
ge Debatten. „Die Rückkehr zum K.-o.-
System im Achtelfinale kann nur ein
erster Schritt sein", fordert der frühere
sowjetische Nationalspieler Wiktor Po-
nedjelnik. „Korrekturen werden kommen", meint Günter Schneider, Vizepräsident des DFV der DDR und Mitglied des WM-Organisationskomitees.
„Eine Straffung des Turniers, auch eine

Einschränkung der Anzahl der Spiele
sind unausbleiblich." Aber vorerst
kehrt der allmächtige FIFA-Präsident
Dr. Joao Havelange alle Bedenken
selbstherrlich unter den Tisch: „Die
Weltmeisterschaft 1990 in Italien wird
nach dem gleichen Modus ausgetragen." Generalsekretär Joseph Blatter
schränkt lediglich ein, daß es Überlegungen gebe, in der Vorrunde einige
Tage einzusparen, weil drei Spiele an
einem Tag zu unterschiedlichen Zeiten
durchaus denkbar wären. Aber noch
bleibt die Frage, ob die westlichen
Fernsehstationen und vor allem die die
Weltmeisterschaft vermarktenden Firmen an einer solchen Korrektur interessiert sind. Sie trugen den Hauptanteil an der Finanzierung der WM-Endrunde. Noch nie in der 56 Jahre wäh-
renden Geschichte der Titelkämpfe be-
nutzten selbst sportfremde Wirtschafts-
zweige die WM so intensiv zu ihren
Zwecken; selbst an der Zigarettenwer-
bung fand Havelange nichts auszuset-
zen. Umgerechnet weit über 100 Millionen Mark Überschuß hat der Weltfußballverband nach Abschluß der
52 Spiele errechnet. „Wir sind keine
Profit-Making-Company", behauptet Jo
seph Blatter — doch allein die Festle-
gung der Anstoßzeiten zeigt, wie stark
sich der Fußball im Würgegriff des
Kommerz befindet.

Ein Zurück zu 16 Mannschaften
dürfte aber auch schwerlich möglich
sein angesichts des immer stärkeren
Auftretens der Verbände von Afrika,
Asien und Ozeanien in der internationalen Arena. Sie haben sich nicht nur
verstärkt zu Wort gemeldet, wenn es
um die Präsenz in den Entscheidungs-
gremien der FIFA geht, sondern sie
verlangen auch zu Recht mehr Präsenz
auf den Spielfeldern der Weltmeisterschaft. Gerade Marokko hat dafür Zeichen gesetzt. So wird sich der Welt-
verband einen neuen Modus einfallen
lassen müssen, will er gegenüber den
„Entwicklungsländern" nicht unglaub-

würdig erscheinen. Das Problem eben weiter vor sich herzuschieben, wie auf dem Kongreß in Mexiko-Stadt, dürfte auf die Dauer nicht gelingen. „Vorstellungen von interkontinentalen Ausscheidungsrunden und -turnieren gibt es schon", läßt Günter Schneider ein wenig in die Vorhaben der FIFA einblicken. Wenig Anklang werden auf den anderen Kontinenten auch die Worte des Präsidenten zu den Chancen bei der Vergabe zukünftiger Weltmeisterschaften finden: „Man nenne uns ein Land in Afrika oder Asien, das 10 Städte mit guten Stadien und perfekter Infrastruktur vorweisen kann. Die FIFA wird mit der WM sofort dorthin gehen." „Dies dürfte Marokko schon als Absage auf seine Ankündigung hin werten, sich um die WM von 1998 zu bewerben", schlußfolgert die *Berliner Zeitung*. Die Resignation der Kolumbianer und ihr Verzicht, die WM auszurichten, hat die FIFA-Oberen bestärkt, nur noch die „Großen und Lukrativen" für ihre Mammutunternehmen ins Kalkül zu ziehen. 1990 in Italien, 1994 vielleicht in Brasilien, 1998 in Frankreich. Allenfalls die Japaner könnten in die Vergaberechte eine Bresche schlagen. Doch alles andere wäre eine große Überraschung.

## Football for Peace – Fußball für den Frieden

Diese Weltmeisterschaft hat auch in anderer Hinsicht Zeichen gesetzt. Die Tafel mit der programmatischen Inschrift: Football for Peace (Fußball für den Frieden) wurde mit Aufmerksamkeit registriert. Mexikos Präsident Miguel de la Madrid machte kein Hehl daraus, daß die Organisatoren dieses Motto absichtlich gewählt hatten. Der Fußballsport mit seiner Faszination und Popularität ist eine große Kraft im Ringen um Frieden, Freundschaft und Verständnis. „Mexiko '86" war auch dafür ein kräftiger Beweis.

## Die gelben Karten (131)

Algerien (2): Madjer, Mansouri; Argentinien (11): Giusti, Garre (2), Cuciuffo, Brown, Batista, Valdano, Maradona, Pumpido, Olarticoechea, Enrique; Belgien (8): F. van der Elst, Ceulemans, Renquin, Demol, Grün, Claesen, Veyt, Pfaff; Brasilien (4): Branco, Careca, Edinho (2); Bulgarien (3): Markow, Gospodinow, Arabow; BRD (8): Jakobs, Eder, Allofs, Förster, Matthäus (2), Magath, Briegel; Dänemark (3): Eriksen, I. Nielsen, Andersen; England (7): Fenwick (3), Butcher, Hateley, Martin, Hodge; Frankreich (6): Fernandez (2), Amoros, Ayache (2), Rocheteau; Italien (8): Bergomi (2), Cabrini, Bagni, Scirea, Vierchowod, de Napoli, di Gennaro; Irak (8): Mahmoud (2), Salim, Abdoun, Hassan, Hamoudi, Minshid, Allawi; Kanada (1): Lenarduzzi; Marokko (5): Timoumi, Khalifa (2), Khairi, Lemris; Mexiko (9): Sanchez (3), Munoz, Negrete, Trejo, Quirarte, de los Cobos, Servin; Nordirland (4): Worthington, McIlroy, Hamilton, Donaghy; Paraguay (5): Schettina (2), Mendozza, Romero, Nunez; Polen (5): Dziekanowski (2), Wojcicki (2), Smolarek; Portugal (2): Gomes, Moreira; Schottland (5): Archibald, Bannon, Malpas, McStay, Nicoll; Spanien (7): Camacho, Victor, Goicoechea (2), Michel, Tomas, Caldere; Südkorea (7): Jung-Moo Huh, Chang-Sun Park, Young-Jeung Cho, Joo-Sung Kim (2), Kyung-Hoon Park, Jong-Soo Chung; UdSSR (3): Raz, Belanow, Jewtuschenko; Ungarn (0); Uruguay (10): Diego (2), da Silva (2), Cabrera, Alves, Francescoli, Acevedo, Bossio (2)

## Die 80 Schützen der 132 Tore

Lineker (England) 6; Butragueno (Spanien), Careca (Brasilien), Maradona (Argentinien) je 5; Altobelli (Italien), Belanow (UdSSR), Elkjaer-Larsen (Dänemark), Valdano (Argentinien) je 4; Ceulemans, Claesen (beide Belgien), J. Olsen (Dänemark), Völler (BRD) je 3; Allofs (BRD), Burruchaga (Argentinien), Cabanas (Paraguay), Caldere (Spanien), Jaremtschuk (UdSSR), Josimar (Brasilien), Khairi (Marokko), Papin, Platini (beide Frankreich), Quirarte (Mexiko), Romero (Paraguay), Scifo (Belgien), Socrates (Brasilien), Stopyra (Frankreich) je 2; Alejnikow (UdSSR), Alzamendi (Uruguay), Amaiesh (Irak), Amoros (Frankreich), Beardsley (England), Blochin (UdSSR), Kim-Yong Boo (Südkorea), Brehme (BRD), Brown (Argentinien), Sun-Hoo Choi (Südkorea), Clarke (Nordirland), Demol (Belgien), Detari (Ungarn), Diamantino (Portugal), Edinho (Brasilien), Eloy (Spanien), Eriksen (Dänemark), Esterhazy (Ungarn), Fernandez, Ferreri (beide Frankreich), Flores (Mexiko), Francescoli (Uruguay), Genghini (Frankreich), Getow (Bulgarien), Goicoechea (Spanien), Jung-Moo Huh (Südkorea), Jakowenko (UdSSR), Krimau (Marokko), Laudrup, Lerby (beide Dänemark), Carlos Manuel (Portugal), Matthäus (BRD), Negrete (Mexiko), Chang-Sun Park (Südkorea), Pasculli (Argentinien), Raz (UdSSR), Rocheteau (Frankreich), Rodionow (UdSSR), Ruggeri (Argentinien), Rummenigge (BRD), Salinas (Spanien), Sanchez (Mexiko), Senor (Spanien), Servin (Mexiko), Sirakow (Bulgarien), Smolarek (Polen), Strachan (Schottland), Tigana (Frankreich), Vandenbergh, Vercauteren, Veyt (alle Belgien), Whiteside (Nordirland), Sawarow (UdSSR), Zidane (Algerien).
1 Eigentor: Kwang-Rae Cho (Südkorea).

*Der Spieler der Spiele – Diego Maradona*

# WM-Turniere im Spiegel

# Die Fußball-Weltmeister-schaften in Zahlen

WM-Qualifikationsspiel Österreich–Niederlande – Torjäger van Basten verfängt sich im Austria-Abwehrlabyrinth

Da war die Welt noch heil für die DDR-Elf im Eröffnungsspiel gegen Jugoslawien. Ralf Minge bejubelt Michael Glowatzkys Führungstreffer. Am Boden Torwart Stojic (S. 352/353)

## I. WM 1930 in Uruguay

**Weltmeister Uruguay**

Endrunde: 13.–30. 7. Abgegebene Meldungen: 13. Ohne Qualifikationsspiele; alle Endrundentreffen fanden in Montevideo statt.

*Gruppe I:* Frankreich–Mexiko 4:1, Argentinien–Chile 3:1, Chile–Frankreich 1:0, Argentinien–Mexiko 6:3, Argentinien–Frankreich 1:0, Chile–Mexiko 3:0.

| | | | | | | |
|---|---|---|---|---|---|---|
| 1. Argentinien | 3 | 3 | – | – | 10: 4 | 6:0 |
| 2. Chile | 3 | 2 | – | 1 | 5: 3 | 4:2 |
| 3. Frankreich | 3 | 1 | – | 2 | 4: 3 | 2:4 |
| 4. Mexiko | 3 | – | – | 3 | 4:13 | 0:6 |

*Gruppe II:* Jugoslawien–Brasilien 2:1, Jugoslawien–Bolivien 4:0, Brasilien–Bolivien 4:0.

| | | | | | | |
|---|---|---|---|---|---|---|
| 1. Jugoslawien | 2 | 2 | – | – | 6:1 | 4:0 |
| 2. Brasilien | 2 | 1 | – | 1 | 5:2 | 2:2 |
| 3. Bolivien | 2 | – | – | 2 | 0:8 | 0:4 |

*Gruppe III:* Rumänien–Peru 3:1, Uruguay–Peru 1:0, Uruguay–Rumänien 4:0.

| | | | | | | |
|---|---|---|---|---|---|---|
| 1. Uruguay | 2 | 2 | – | – | 5:0 | 4:0 |
| 2. Rumänien | 2 | 1 | – | 1 | 3:5 | 2:2 |
| 3. Peru | 2 | – | – | 2 | 1:4 | 0:4 |

Gruppe IV: USA–Belgien 3:0, USA–Paraguay 3:0, Paraguay–Belgien 1:0.

| | | | | | |
|---|---|---|---|---|---|
| 1. USA | 2 | 2 | – | – | 6:0 | 4:0 |
| 2. Paraguay | 2 | 1 | – | 1 | 1:3 | 2:2 |
| 3. Belgien | 2 | – | – | 2 | 0:4 | 0:4 |

*Halbfinale:*
Uruguay–Jugoslawien 6:1, Argentinien–USA 6:1.

*Spiel um Platz 3:*
Jugoslawien–USA, Jugoslawien verzichtete. USA kampflos Dritter.

*Endspiel:*
Uruguay–Argentinien 4:2 (1:2) in Montevideo
Uruguay: Ballesteros; Mascheroni, Nasazzi; Andrade, Fernandez, Gestido; Dorado, Scarone (1), Castro (1), Cea (1), Iriarte (1).
Argentinien: Botasso; Della Torre, Paternoster; Evaristo J., Monti, Suarez; Peucelle (1), Varallo, Stabile (1), Ferreyra, Evaristo M.
Schiedsrichter: Langenus (Belgien). Zuschauer: 70 000.

*Zuschauer- und Torübersicht:*
Zuschauer: 434 500 in 18 Spielen.
Durchschnitt pro Spiel: 24 139.
Zugkräftigste Spiele: Uruguay–Argentinien, Uruguay gegen Jugoslawien je 70 000.
*Tore:* 70.
Durchschnitt pro Spiel: 3,89.
Torreichste Spiele: Argentinien–Mexiko 6:3, Uruguay–Jugoslawien 6:1, Argentinien–USA 6:1, Uruguay–Argentinien 4:2.
Für Weltmeister Uruguay markierten 7 Aktive in 4 Spielen 15 Tore, für Vizemeister Argentinien 7 Spieler in 5 Treffen 18 Tore und für den WM-Dritten USA 4 Spieler in 3 Begegnungen 7 Tore.
*Torschützenliste:* Stabile (Argentinien) 8, Cea (Uruguay) 5, Subiabre (Chile) 4, Peucelle (Argentinien), Netto (Brasilien), Beck (Jugoslawien), Anselmo (Uruguay), Patenaude (USA) je 3, Monti, Varallo (Argentinien), Visintainer (Brasilien), Maschinot (Frankreich), Staucin (Rumänien), Castro, Dorado, Iriarte (Uruguay), McGhee (USA) je 2.

# II. WM 1934 in Italien

**Weltmeister Italien**

Endrunde: 27. 5.–10. 6. Abgegebene Meldungen: 31.
Qualifikationsspiel am 24. 5. in Rom: USA–Mexiko 4:2.

*Achtelfinale:*
Österreich–Frankreich 3:2 n. V. (Turin), Ungarn–Ägypten 4:2 (Neapel), Spanien–Brasilien 3:1 (Genua), Italien–USA 7:1 (Rom), Deutschland–Belgien

5:2 (Florenz), Schweden–Argentinien 3:2 (Bologna), Schweiz–Niederlande 3:2 (Mailand), Tschechoslowakei–Rumänien 2:1 (Triest).

*Viertelfinale:*
Österreich–Ungarn 2:1 (Bologna), Italien–Spanien 1:1 n. V. und 1:0 (Florenz), Deutschland–Schweden 2:1 (Mailand), Tschechoslowakei–Schweiz 3:2 (Turin).

*Halbfinale:*
Italien–Österreich 1:0 (Mailand), Tschechoslowakei–Deutschland 3:1 (Rom).

*Spiel um Platz 3:*
Deutschland–Österreich 3:2 (3:1) in Neapel
Deutschland: Jacob; Janes, Busch; Zielinski, Münzenberg, Bender; Lehner (1), Siffling, Conen (2), Szepan, Heidemann.
Österreich: Platzer; Cisar, Sesta (1); Wagner, Smistik, Urbanek; Zischek, Braun, Bican, Horvath (1), Viertel.
Schiedsrichter: Carraro (Italien). Zuschauer: 10 000.

*Endspiel:*
Italien–Tschechoslowakei 2:1 (1:1, 0:0) n. V. in Rom
Italien: Combi; Monzeglio, Allemandi; Ferraris IV, Monti, Bertolini; Guaita, Meazza, Schiavio (1), Ferrari, Orsi (1).
Tschechoslowakei: Planicka; Zenisek, Ctyroky; Kostalek, Cambal, Krcil; Junek, Svoboda, Sobotka, Nejedly, Puc (1).
Schiedsrichter: Eklind (Schweden). Zuschauer: 45 000.

*Zuschauer- und Torübersicht:*
Zuschauer: 316 000 in 17 Spielen. Durchschnitt pro Spiel: 18 600. Zugkräftigste Spiele: Italien–Österreich 45 000, Italien–Tschechoslowakei 45 000.
*Tore:* 70. Durchschnitt pro Spiel: 4,11. Torreichste Spiele: Italien–USA 7:1, Deutschland–Belgien 5:2.
Für Weltmeister Italien markierten 4 Spieler in 5 Begegnungen 12 Tore, für Vizeweltmeister Tschechoslowakei 3 Spieler in 4 Treffen 9 Tore, für den WM-Dritten Deutschland 6 Spieler in 4 Begegnungen 11 Tore.
*Torschützenliste:* Nejedly (Tschechoslowakei), Conen (Deutschland) je 5, Schiavio (Italien) 4, Orsi, Meazza (beide Italien) je 3, Puc, Svoboda (beide Tschechoslowakei), Ferrari (Italien), Hohmann (Deutschland), Jonasson (Schweden), Langara (Spanien), Horvath (Österreich), Toldi (Ungarn) und Voorhoof (Belgien) je 2.

# III. WM 1938 in Frankreich

**Weltmeister Italien**

Endrunde: 4.–19. 6. Abgegebene Meldungen: 29.

*Achtelfinale:*

Italien–Norwegen 2:1 n. V. (Marseille), Frankreich–Belgien 3:1 (Paris), Brasilien–Polen 6:5 n. V. (Strasbourg), Tschechoslowakei–Niederlande 3:0 n. V. (Le Havre), Deutschland–Schweiz 1:1 n. V. und 2:4 (Paris), Ungarn–Niederländisch-Indien 6:0 (Reims), Kuba–Rumänien 3:3 n. V. und 2:1 (Toulouse).

Das Spiel Österreich–Schweden wurde kampflos für Schweden gewertet, da Österreich im Frühjahr 1938 vom faschistischen Deutschland okkupiert worden war. In der sogenannten deutschen Auswahl, die am 4. und 9. Juni gegen die Schweiz aus der Endrunde ausschied, spielten insgesamt acht Österreicher, die auf Befehl der nazistischen „Reichssportführung" eingesetzt wurden.

*Viertelfinale:*

Italien–Frankreich 3:1 (Paris), Brasilien–Tschechoslowakei 1:1 n.V. und 2:1 (Bordeaux), Ungarn–Schweiz 2:0 (Lille), Schweden–Kuba 8:0 (Antibes).

*Halbfinale:*

Italien–Brasilien 2:1 (Marseille), Ungarn–Schweden 5:1 (Paris).

*Spiel um Platz 3:*

Brasilien–Schweden 4:2 (1:2) in Bordeaux
Brasilien: Batataes; Domingos, Machado; Zeze, Martin, Alfonsinho; Lopez, Romeo (2), Leonidas (2), Peracio, Patesko.
Schweden: Abrahamsson; Eriksson, Nilsson; Almgren, Linderholm, Svanstroem; Nyberg (1), Persson, H. Andersson, Jonasson (1), A. Andersson.
Schiedsrichter: Langenus (Belgien). Zuschauer: 18 000.

*Endspiel:*

Italien–Ungarn 4:2 (3:1) in Paris
Italien: Olivieri; Foni, Rava; Serantoni, Andreolo, Locatelli; Biavati, Meazza, Piola (2), Ferrari, Colaussi (2).
Ungarn: Szabo; Polgar, Biro; Szalay, Szücs, Lazar; Sas, Vincze, Dr. Sarosi (1), Zsengeller, Titkos (1).
Schiedsrichter: Capdeville (Frankreich). Zuschauer: 80 000.

*Zuschauer- und Torübersicht:*

*Zuschauer:* 502 000 in 18 Spielen. Durchschnitt pro Spiel: 27 900. Zugkräftigste Spiele: Italien–Ungarn 80 000, Italien–Frankreich 72 000.
*Tore:* 84. Durchschnitt pro Spiel: 4,67. Torreichste Spiele: Brasilien–Polen 6:5, Schweden–Kuba 8:0. Für Weltmeister Italien erzielten 4 Spieler in 4 Partien 11 Tore, für Vizeweltmeister Ungarn 5 Spieler in 4 Begegnungen 15 Tore, für den WM-Dritten Brasilien 5 Akteure in 5 Spielen 14 Treffer.

*Torschützenliste:* Leonidas (Brasilien) 7, Zsengeller (Ungarn) 6, Dr. Sarosi (Ungarn), Willimowski (Polen) je 5, Piola, Colaussi (beide Italien), Nyberg (Schweden) je 4, Romeo (Brasilien), H. Andersson (Schweden) und Abegglen (Schweiz) je 3.

# IV. WM 1950 in Brasilien

**Weltmeister Uruguay**

Endrunde: 24. 6.–16. 7. Abgegebene Meldungen: 33.

*Gruppe 1:* Brasilien–Mexiko 4:0, Jugoslawien–Schweiz 3:0, Brasilien–Jugoslawien 2:0, Schweiz–Mexiko 2:1, Brasilien–Schweiz 2:2, Jugoslawien–Mexiko 4:1.

| | | | | | | |
|---|---|---|---|---|---|---|
| 1. Brasilien | 3 | 2 | 1 | – | 8: 2 | 5:1 |
| 2. Jugoslawien | 3 | 2 | – | 1 | 7: 3 | 4:2 |
| 3. Schweiz | 3 | 1 | 1 | 1 | 4: 6 | 3:3 |
| 4. Mexiko | 3 | – | – | 3 | 2:10 | 0:6 |

*Gruppe 2:* Spanien–USA 3:1, England–Chile 2:0, Spanien–Chile 2:0, USA–England 1:0, Spanien–England 1:0, Chile–USA 5:2.

| | | | | | | |
|---|---|---|---|---|---|---|
| 1. Spanien | 3 | 3 | – | – | 6:1 | 6:0 |
| 2. England | 3 | 1 | – | 2 | 2:2 | 2:4 |
| 3. Chile | 3 | 1 | – | 2 | 5:6 | 2:4 |
| 4. USA | 3 | 1 | – | 2 | 4:8 | 2:4 |

*Gruppe 3:* Schweden–Italien 3:2, Italien–Paraguay 2:0, Schweden–Paraguay 2:2.

| | | | | | | |
|---|---|---|---|---|---|---|
| 1. Schweden | 2 | 1 | 1 | – | 5:4 | 3:1 |
| 2. Italien | 2 | 1 | – | 1 | 4:3 | 2:2 |
| 3. Paraguay | 2 | – | 1 | 1 | 2:4 | 1:3 |

*Gruppe 4:* Uruguay–Bolivien 8:0.

*Spiele der Finalgruppe:*

Brasilien–Schweden 7:1 (3:0) in Rio de Janeiro

Brasilien: Barbosa; Augusto, Juvenal; Bauer, Danilo, Bigode; Maneca (1), Zizinho, Ademir (4), Jair, Chico (2).
Schweden: K. Svensson; Samuelsson, E. Nilsson; S. Andersson (1), K. Nordahl, Gärd; Sundqvist, Palmer, Jepsson, Skoglund, S. Nilsson.
Schiedsrichter: Ellis (England). Zuschauer: 150 000.

Uruguay–Spanien 2:2 (1:2) in Sao Paulo

Uruguay: Maspoli; M. Gonzales, Tejera; W. Gonzales, Varela (1), Andrade; Ghiggia (1), Perez, Miguez, Schiaffino, Vidal.
Spanien: Ramallets; Alonso, Gonzalvo II; Gonzalvo III, Parra, Puchades; Basora (2), Igoa, Zarra, Molowny, Gainza.
Schiedsrichter: Griffiths (Wales). Zuschauer: 40 000.

Brasilien–Spanien 6:1 (3:0) in Rio de Janeiro

Brasilien: Barbosa; Augusto, Juvenal; Bauer, Danilo, Bigode; Friaca, Zizinho (1), Ademir (2), Jair (1), Chico (2).
Spanien: Ramallets; Alonso, Gonzalvo II; Gonzalvo III, Parra, Puchades; Basora, Igoa (1), Zarra, Panizo, Gainza.
Schiedsrichter: Ellis (England). Zuschauer 150 000.

Uruguay–Schweden 3:2 (2:1) in Sao Paulo

Uruguay: Paz; M. Gonzales, Tejera; Gambetta, Varela, Andrade; Ghiggia (1), Perez (1), Miguez (1), Schiaffino, Vidal.
Schweden: K. Svensson; Samuelsson, E. Nilsson; S. Andersson, G. Johansson, Gärd; E. Jönsson, Palmer (1), Mellberg, Skoglund, Sundqvist (1).
Schiedsrichter: Galeatti (Italien). Zuschauer: 8 000.

Schweden–Spanien 3:1 (2:0) in Sao Paulo

Schweden: K. Svensson; Samuelsson, E. Nilsson; S. Andersson, G. Johansson, Gärd; Sundqvist (1), Mellberg, Rydell, Palmer (1), E. Jönsson.
Spanien: Eizaguire; Asensi, Alonso; A. Silva, Parra, Puchades; Basora, Fernandez, Zarra (1), Panizo, Juncosa.
Schiedsrichter: van der Meer (Holland). Zuschauer: 12 000.

Uruguay–Brasilien 2:1 (0:0) in Rio de Janeiro

Uruguay: Maspoli; M. Gonzales, Tejera; Gambetta, Varela, Andrade; Ghiggia (1), Perez, Miguez, Schiaffino (1), Moran.
Brasilien: Barbosa; Augusto, Juvenal; Bauer, Danilo, Bigode; Friaca (1), Zizinho, Ademir, Jair, Chico.
Schiedsrichter: Reader (England). Zuschauer: 203 849.

*Abschlußtabelle der Finalgruppe:*

| | | | | | | |
|---|---|---|---|---|---|---|
| 1. Uruguay | 3 | 2 | 1 | – | 7: 5 | 5:1 |
| 2. Brasilien | 3 | 2 | – | 1 | 14: 4 | 4:2 |
| 3. Schweden | 3 | 1 | – | 2 | 6:11 | 2:4 |
| 4. Spanien | 3 | – | 1 | 2 | 4:11 | 1:5 |

*Zuschauer- und Torübersicht:*

*Zuschauer:* 1 337 000 in 22 Spielen. Durchschnitt pro Spiel: 60 770. Zugkräftigste Spiele: Uruguay–Brasilien 203 849, Brasilien–Jugoslawien 150 000, Brasilien–Schweden 150 000, Brasilien–Spanien 150 000.
*Tore:* 88. Durchschnitt pro Spiel: 4,0. Torreichste Spiele: Uruguay–Bolivien 8:0, Brasilien–Schweden 7:1.
Für Weltmeister Uruguay markierten 6 Spieler in 4 Begegnungen 15 Tore, für Vizeweltmeister Brasilien 8 Spieler in 6 Auseinandersetzungen 22 Tore, für den WM-Dritten Schweden 5 Spieler in 5 Treffen 11 Tore.
*Torschützenliste:* Ademir (Brasilien) 9, Ghiggia (Uruguay) 5, Chico (Brasilien), Basora, Zarra (beide Spanien) je 4, Sundqvist, Palmer (beide Schweden) je 4, Perez und Schiaffino (beide Uruguay) je 3.

# V. WM 1954 in der Schweiz

### Weltmeister BRD

Endrunde: 16. 6.–4. 7. Abgegebene Meldungen: 37.

*Gruppe 1:* Jugoslawien–Frankreich 1:0, Brasilien–Mexiko 5:0, Jugoslawien–Brasilien 1:1 n. V., Frankreich–Mexiko 3:2.

| | | | | | | |
|---|---|---|---|---|---|---|
| 1. Brasilien | 2 | 1 | 1 | – | 6:1 | 3:1 |
| 2. Jugoslawien | 2 | 1 | 1 | – | 2:1 | 3:1 |
| 3. Frankreich | 2 | 1 | – | 1 | 3:3 | 2:2 |
| 4. Mexiko | 2 | – | – | 2 | 2:8 | 0:4 |

Die FIFA hatte nach der vermeintlichen Leistungsstärke jeweils zwei Mannschaften gesetzt, die in der Gruppe nicht aufeinandertrafen. In dieser Gruppe waren es Brasilien und Frankreich. Für die Zwischenrunde aber qualifizierte sich neben Brasilien das nicht gesetzte Jugoslawien.

*Gruppe 2:* Ungarn–Südkorea 9:0, BRD–Türkei 4:1, Ungarn–BRD 8:3, Türkei–Südkorea 7:0.

| | | | | | | |
|---|---|---|---|---|---|---|
| 1. Ungarn | 2 | 2 | – | – | 17: 3 | 4:0 |
| 2. Türkei | 2 | 1 | – | 1 | 8: 4 | 2:2 |
| 3. BRD | 2 | 1 | – | 1 | 7: 9 | 2:2 |
| 4. Südkorea | 2 | – | – | 2 | 0:16 | 0:4 |

Die BRD (nicht gesetzt) und die Türkei (gesetzt) erreichten die gleiche Punktzahl und mußten ein Entscheidungsspiel bestreiten: BRD–Türkei 7:2.
Ungarn (gesetzt) und die BRD erreichten die Zwischenrunde.

*Gruppe 3:* Uruguay–ČSR 2:0, Österreich–Schottland 1:0, Uruguay–Schottland 7:0, Österreich–ČSR 5:0.

| | | | | | | |
|---|---|---|---|---|---|---|
| 1. Uruguay | 2 | 2 | – | – | 9:0 | 4:0 |
| 2. Österreich | 2 | 2 | – | – | 6:0 | 4:0 |
| 3. ČSR | 2 | – | – | 2 | 0:7 | 0:4 |
| 4. Schottland | 2 | – | – | 2 | 0:8 | 0:4 |

Die gesetzten Uruguay und Österreich qualifizierten sich für die Zwischenrunde.

*Gruppe 4:* Schweiz–Italien 2:1, England–Belgien 4:4 n. V., England–Schweiz 2:0, Italien–Belgien 4:1.

| | | | | | | |
|---|---|---|---|---|---|---|
| 1. England | 2 | 1 | 1 | – | 6:4 | 3:1 |
| 2. Italien | 2 | 1 | – | 1 | 5:3 | 2:2 |
| 3. Schweiz | 2 | 1 | – | 1 | 2:3 | 2:2 |
| 4. Belgien | 2 | – | 1 | 1 | 5:8 | 1:3 |

Das gesetzte Italien und die nicht gesetzte Schweiz bestritten infolge Punktgleichheit ein Entscheidungsspiel: Schweiz–Italien 4:1.
England (gesetzt) und die Schweiz erreichten die Zwischenrunde.

*Zwischenrunde:*

Ungarn–Brasilien 4:2, BRD–Jugoslawien 2:0, Österreich–Schweiz 7:5, Uruguay–England 4:2.

Hruska (ČSSR) erzielt den Treffer zum 1:0
über Portugal, Andres Rettungsversuch
kommt zu spät

*Halbfinale:*

Ungarn–Uruguay 4:2 n. V., BRD–Österreich 6:1.

*Spiel um Platz 3:*

Österreich–Uruguay 3:1 (1:1) in Zürich
Österreich: Schmied; Hanappi, Kollmann, Bar-
schandt; Ocwirk (1), Koller; R. Körner, Wagner,
Dienst, Stojaspal (1), Probst.
Uruguay: Maspoli; Santamaria, Martinez; Andrade,
Carballo, Cruz (1/Selbsttor); Abadie, Hohberg (1),
Mendez, Schiaffino, Borges.
Schiedsrichter: Wyßling (Schweiz). Zuschauer:
35 000.

*Endspiel:*

BRD–Ungarn 3:2 (2:2) in Bern
BRD: Turek; Posipal, Kohlmeyer; Eckel, Liebrich,
Mai; Rahn (2), Morlock (1), O. Walter, F. Walter,
Schäfer.
Ungarn: Grosics; Buzanski, Lorant, Lantos; Bozsik,
Zakarias; Csibor (1), Kocsis, Hidegkuti, Puskas (1),
Toth.
Schiedsrichter: Ling (England). Zuschauer: 64 000.

*Zuschauer- und Torübersicht:*

*Zuschauer:* 943 000 in 26 Spielen. Durchschnitt pro
Spiel: 30 500. Zugkräftigste Spiele: BRD–Ungarn
(Endspiel) 64 000, Ungarn–Brasilien 60 000, BRD–
Österreich 58 000.
*Tore:* 140. Durchschnitt pro Spiel: 5,38. Torreich-
ste Spiele: Österreich–Schweiz 7:5, Ungarn–BRD
8:3.
Für Weltmeister BRD markierten 8 Spieler in 5 Begegnungen 24 Tore, für Vizeweltmeister Ungarn
7 Spieler in 4 Treffen 25 Tore, für den WM-Dritten
Österreich 5 Akteure in 5 Begegnungen 16 Tore.
*Torschützenliste:* Kocsis (Ungarn) 11, Probst (Österreich), Hügi II (Schweiz), Morlock (BRD) je 6, Balla-
man (Schweiz), Borges (Uruguay), Puskas, Hidegkuti (beide Ungarn), O. Walter, Rahn, Schäfer (alle
BRD) je 4, Anoul (Belgien), Lofthouse (England), Stojaspal, Wagner (beide Österreich), Suat, Buchan
(beide Türkei), Czibor (Ungarn) und F. Walter (BRD)
je 3.

358

# VI. WM 1958 in Schweden

**Weltmeister Brasilien**

Endrunde: 8.–29. 6. Abgegebene Meldungen: 52.

*Gruppe 1:* Nordirland–ČSR 1:0, BRD–Argentinien 3:1, Argentinien–Nordirland 3:1, ČSR–BRD 2:2, ČSR–Argentinien 6:1, BRD–Nordirland 2:2.

| | | | | | | |
|---|---|---|---|---|---|---|
| 1. BRD | 3 | 1 | 2 | – | 7: 5 | 4:2 |
| 2. ČSR | 3 | 1 | 1 | 1 | 8: 4 | 3:3 |
| 3. Nordirland | 3 | 1 | 1 | 1 | 4: 5 | 3:3 |
| 4. Argentinien | 3 | 1 | – | 2 | 5:10 | 2:4 |

Entscheidungsspiel: Nordirland–ČSR 2:1 n. V. BRD und Nordirland für die Zwischenrunde qualifiziert.

*Gruppe 2:* Jugoslawien–Schottland 1:1, Frankreich–Paraguay 7:3, Jugoslawien–Frankreich 3:2, Paraguay–Schottland 3:2, Frankreich–Schottland 2:1, Jugoslawien–Paraguay 3:3.

| | | | | | | |
|---|---|---|---|---|---|---|
| 1. Frankreich | 3 | 2 | – | 1 | 11: 7 | 4:2 |
| 2. Jugoslawien | 3 | 1 | 2 | – | 7: 6 | 4:2 |
| 3. Paraguay | 3 | 1 | 1 | 1 | 9:12 | 3:3 |
| 4. Schottland | 3 | – | 1 | 2 | 4: 6 | 1:5 |

Frankreich und Jugoslawien erreichten die Zwischenrunde.

*Gruppe 3:* Schweden–Mexiko 3:0, Ungarn–Wales 1:1, Schweden–Ungarn 2:1, Wales–Mexiko 1:1, Schweden–Wales 0:0, Ungarn–Mexiko 4:0.

| | | | | | | |
|---|---|---|---|---|---|---|
| 1. Schweden | 3 | 2 | 1 | – | 5:1 | 5:1 |
| 2. Ungarn | 3 | 1 | 1 | 1 | 6:3 | 3:3 |
| 3. Wales | 3 | – | 3 | – | 2:2 | 3:3 |
| 4. Mexiko | 3 | – | 1 | 2 | 1:8 | 1:5 |

Entscheidungsspiel: Wales–Ungarn 2:1. Schweden und Wales für die Zwischenrunde qualifiziert.

*Gruppe 4:* Brasilien–Österreich 3:0, UdSSR–England 2:2, UdSSR–Österreich 2:0, Brasilien–England 0:0, England–Österreich 2:2, Brasilien–UdSSR 2:0.

| | | | | | | |
|---|---|---|---|---|---|---|
| 1. Brasilien | 3 | 2 | 1 | – | 5:0 | 5:1 |
| 2. UdSSR | 3 | 1 | 1 | 1 | 4:4 | 3:3 |
| 3. England | 3 | – | 3 | – | 4:4 | 3:3 |
| 4. Österreich | 3 | – | 1 | 2 | 2:7 | 1:5 |

Entscheidungsspiel: UdSSR–England 1:0. Brasilien und die UdSSR erreichten die Zwischenrunde.

*Zwischenrunde:*

Schweden–UdSSR 2:0, BRD–Jugoslawien 1:0, Frankreich–Nordirland 4:0, Brasilien–Wales 1:0.

*Halbfinale:*

Schweden–BRD 3:1, Brasilien–Frankreich 5:2.

*Spiel um Platz 3:*

Frankreich–BRD 6:3 (3:1) in Göteborg
Frankreich: Abbes; Kaelbel, Lerond; Penverne, Lafont, Marcel; Wiesnieski, Douis (1), Kopa (1), Fontaine (4), Vincent.
BRD: Kwiatkowski; Stollenwerk, Erhardt; Schnellinger, Wewers, Szymaniak; Rahn (1), Sturm, Kelbassa, Schäfer (1), Cieslarczyk (1).
Schiedsrichter: Brozzi (Argentinien). Zuschauer: 33 000.

*Endspiel:*

Brasilien–Schweden 5:2 (2:1) in Stockholm
Brasilien: Gilmar; Djalma Santos, Nilton Santos; Zito, Bellini, Orlando; Garrincha, Didi, Vava (2), Pele (2), Zagalo (1).
Schweden: Svensson; Bergmark, Axbom; Börjesson, Gustavsson, Parling; Hamrin, Gren, Simonsson (1), Liedholm (1), Skoglund.
Schiedsrichter: Guigue (Frankreich). Zuschauer: 52 000.

*Zuschauer- und Torübersicht:*

*Zuschauer:* 868 000 in 35 Spielen. Durchschnitt pro Spiel: 24 800. Zugkräftigste Spiele: Brasilien–Schweden 52 000, Schweden–BRD 52 000, Brasilien–UdSSR 51 000, UdSSR–England 50 000.
*Tore:* 126. Durchschnitt pro Spiel: 3,60. Torreichste Spiele: Frankreich–Paraguay 7:3, Frankreich–BRD 6:3, Brasilien–Frankreich 5:2, Brasilien–Schweden 5:2.
Für Weltmeister Brasilien schossen 6 Spieler in 6 Spielen 16 Tore, für Vizeweltmeister Schweden 5 Akteure in 6 Begegnungen 12 Treffer, für den WM-Dritten Frankreich markierten 6 Spieler in 6 Auseinandersetzungen 23 Tore.
*Torschützenliste:* Fontaine (Frankreich) 13, Pele (Brasilien), Rahn (BRD) je 6, Vava (Brasilien), Zikan (ČSR), Veselinovic (Jugoslawien), Hamrin, Simonsson (beide Schweden) je 4, Corbatta (Argentinien), Kopa, Piantoni (beide Frankreich), McParland (Nordirland) und Schäfer (BRD) je 3.


# VII. WM 1962 in Chile

**Weltmeister Brasilien**

Endrunde: 30. 5.–17. 6. Abgegebene Meldungen: 55.

*Gruppe 1:* Uruguay–Kolumbien 2:1, UdSSR–Jugoslawien 2:0, Jugoslawien–Uruguay 3:1, UdSSR–Kolumbien 4:4, UdSSR–Uruguay 2:1, Jugoslawien–Kolumbien 5:0.

| | | | | | | |
|---|---|---|---|---|---|---|
| 1. UdSSR | 3 | 2 | 1 | – | 8: 5 | 5:1 |
| 2. Jugoslawien | 3 | 2 | – | 1 | 8: 3 | 4:2 |
| 3. Uruguay | 3 | 1 | – | 2 | 4: 6 | 2:4 |
| 4. Kolumbien | 3 | – | 1 | 2 | 5:11 | 1:5 |

Für die Zwischenrunde qualifiziert: UdSSR und Jugoslawien.

*Gruppe 2:* Chile–Schweiz 3:1, BRD–Italien 0:0, Chile–Italien 2:0, BRD–Schweiz 2:1, BRD–Chile 2:0, Italien–Schweiz 3:0.

| | | | | | |
|---|---|---|---|---|---|
| 1. BRD | 3 | 2 | 1 | – | 4:1 | 5:1 |
| 2. Chile | 3 | 2 | – | 1 | 5:3 | 4:2 |
| 3. Italien | 3 | 1 | 1 | 1 | 3:2 | 3:3 |
| 4. Schweiz | 3 | – | – | 3 | 2:8 | 0:6 |

In die Zwischenrunde gelangten:
BRD und Chile.

*Gruppe 3:* Brasilien–Mexiko 2:0, ČSSR–Spanien 1:0, Brasilien–ČSSR 0:0, Spanien–Mexiko 1:0, Brasilien–Spanien 2:1, Mexiko–ČSSR 3:1.

| | | | | | |
|---|---|---|---|---|---|
| 1. Brasilien | 3 | 2 | 1 | – | 4:1 | 5:1 |
| 2. ČSSR | 3 | 1 | 1 | 1 | 2:3 | 3:3 |
| 3. Mexiko | 3 | 1 | – | 2 | 3:4 | 2:4 |
| 4. Spanien | 3 | 1 | – | 2 | 2:3 | 2:4 |

Für die Zwischenrunde qualifiziert:
Brasilien und ČSSR.

*Gruppe 4:* Argentinien–Bulgarien 1:0, Ungarn–England 2:1, England–Argentinien 3:1, Ungarn–Bulgarien 6:1, Ungarn–Argentinien 0:0, Bulgarien–England 0:0.

| | | | | | |
|---|---|---|---|---|---|
| 1. Ungarn | 3 | 2 | 1 | – | 8:2 | 5:1 |
| 2. England | 3 | 1 | 1 | 1 | 4:3 | 3:3 |
| 3. Argentinien | 3 | 1 | 1 | 1 | 2:3 | 3:3 |
| 4. Bulgarien | 3 | – | 1 | 2 | 1:7 | 1:5 |

In die Zwischenrunde gelangten:
Ungarn und England.

*Zwischenrunde:*
Chile–UdSSR 2:1, Jugoslawien–BRD 1:0, Brasilien–England 3:1, ČSSR–Ungarn 1:0.

*Halbfinale:*
ČSSR–Jugoslawien 3:1, Brasilien–Chile 4:2.

*Spiel um Platz 3:*
Chile–Jugoslawien 1:0 (0:0) in Santiago
Chile: Godoy; Eyzaguirre, Rodriguez; Cruz, Raul Sanchez, Rojas (1); Ramirez, Toro, Campos, Tobar, Leonel Sanchez.
Jugoslawien: Soskic; Durkovic, Svinjarevic; Radakovic, Markovic, Popovic; Kovacevic, Sekularac, Jerkovic, Galic, Skoblar.
Schiedsrichter: Gardeazabal (Spanien). Zuschauer: 77 000.

*Endspiel*
Brasilien–ČSSR 3:1 (1:1) in Santiago
Brasilien: Gilmar; Djalma Santos, Nilton Santos; Zito (1), Mauro, Zozimo; Garrincha, Didi, Vava (1), Amarildo (1), Zagalo.
ČSSR: Schroif; Tichy, Popluhar, Novak; Pluskal, Masopust (1); Pospichal, Scherer, Kadraba, Kvasnak, Jelinek.
Schiedsrichter: Latyschew (UdSSR). Zuschauer: 60 000.

*Zuschauer- und Torübersicht:*
Zuschauer: 776 000 in 32 Spielen. Durchschnitt pro Spiel: 24 250. Zugkräftigste Spiele: Chile–Jugoslawien 77 000, Brasilien–Chile 77 000, Chile–Schweiz 70 000.
Tore: 89. Durchschnitt pro Spiel: 2,78. Torreichste Spiele: UdSSR–Kolumbien 4:4, Ungarn–Bulgarien 6:1, Brasilien–Chile 4:2.
Für Weltmeister Brasilien markierten 6 Spieler in 6 Begegnungen 14 Treffer, für Vizeweltmeister ČSSR 5 Akteure in 6 Spielen 7 Tore, für den WM-Dritten Chile 4 Spieler in 6 Auseinandersetzungen 10 Tore.
*Torschützenliste:* Garrincha, Vava (beide Brasilien), L. Sanchez (Chile), Jerkovic (Jugoslawien), Iwanow (UdSSR), Albert (Ungarn) je 4, Amarildo (Brasilien), Scherer (ČSSR) und Galic (Jugoslawien) je 3 Tore.

# VIII. WM 1966 in England

**Weltmeister England**

Endrunde: 11. 7.–30. 7 Abgegebene Meldungen: 74.

*Gruppe A:* England–Uruguay 0:0, Frankreich–Mexiko 1:1, Uruguay–Frankreich 2:1, England–Mexiko 2:0, Mexiko–Uruguay 0:0, England–Frankreich 2:0.

| | | | | | |
|---|---|---|---|---|---|
| 1. England | 3 | 2 | 1 | – | 4:0 | 5:1 |
| 2. Uruguay | 3 | 1 | 2 | – | 2:1 | 4:2 |
| 3. Mexiko | 3 | – | 2 | 1 | 1:3 | 2:4 |
| 4. Frankreich | 3 | – | 1 | 2 | 2:5 | 1:5 |

In die Zwischenrunde gelangten:
England und Uruguay.

*Gruppe B:* BRD–Schweiz 5:0, Argentinien–Spanien 2:1, Spanien–Schweiz 2:1, Argentinien–BRD 0:0, Argentinien–Schweiz 2:0, BRD–Spanien 2:1.

| | | | | | |
|---|---|---|---|---|---|
| 1. BRD | 3 | 2 | 1 | – | 7:1 | 5:1 |
| 2. Argentinien | 3 | 2 | 1 | – | 4:1 | 5:1 |
| 3. Spanien | 3 | 1 | – | 2 | 4:5 | 2:4 |
| 4. Schweiz | 3 | – | – | 3 | 1:9 | 0:6 |

Für die Zwischenrunde qualifiziert:
BRD und Argentinien.

*Gruppe C:* Brasilien–Bulgarien 2:0, Portugal–Ungarn 3:1, Ungarn–Brasilien 3:1, Portugal–Bulgarien 3:0, Portugal–Brasilien 3:1, Ungarn–Bulgarien 3:1.

| | | | | | |
|---|---|---|---|---|---|
| 1. Portugal | 3 | 3 | – | – | 9:2 | 6:0 |
| 2. Ungarn | 3 | 2 | – | 1 | 7:5 | 4:2 |
| 3. Brasilien | 3 | 1 | – | 2 | 4:6 | 2:4 |
| 4. Bulgarien | 3 | – | – | 3 | 1:8 | 0:6 |

Die Zwischenrunde erreichten:
Portugal und Ungarn.

*Gruppe D:* UdSSR–KDVR 3:0, Italien–Chile 2:0, KDVR–Chile 1:1, UdSSR–Italien 1:0, KDVR–Italien 1:0, UdSSR–Chile 2:1.

| | | | | | | |
|---|---|---|---|---|---|---|
| 1. UdSSR | 3 | 3 | – | – | 6:1 | 6:0 |
| 2. KDVR | 3 | 1 | 1 | 1 | 2:4 | 3:3 |
| 3. Italien | 3 | 1 | – | 2 | 2:2 | 2:4 |
| 4. Chile | 3 | – | 1 | 2 | 2:5 | 1:5 |

In die Zwischenrunde gelangten:
UdSSR und KDVR.

*Zwischenrunde:*

BRD–Uruguay 4:0, UdSSR–Ungarn 2:1, England–Argentinien 1:0, Portugal–KDVR 5:3.

*Halbfinale:*

England–Portugal 2:1, BRD–UdSSR 2:1.

*Spiel um Platz 3:*

Portugal–UdSSR 2:1 (1:1) in London
Portugal: Jose Pereira; Festa, Baptista, Carlos, Hilario; Graca, Coluna; Augusto, Eusebio (1), Torres (1), Simoes.
UdSSR: Jaschin; Ponomarjow, Kornejew, Churzilawa, Danilow; Woronin, Sitschinawa; Metreweli, Malofejew, Banischewski (1), Serebrjannikow.
Schiedsrichter: Dagnall (England). Zuschauer: 75 000.

*Endspiel:*

England–BRD 4:2 (2:2, 1:1) n. V. in London
England: Banks; Cohen, J. Charlton, Moore, Wilson; Stiles, B. Charlton, Peters (1); Ball, Hurst (3), Hunt.
BRD: Tilkowski; Höttges, Schulz, Weber (1), Schnellinger; Beckenbauer, Overath; Haller (1), U. Seeler, Held, Emmerich.
Schiedsrichter: Dienst (Schweiz). Zuschauer: 100 000.

*Zuschauer- und Torübersicht:*

*Zuschauer:* 1 453 000 in 32 Spielen. Durchschnitt pro Spiel: 45 400.
Zugkräftigste Spiele: England–BRD 100 000, England–Portugal 90 000, England–Argentinien 88 000.
*Tore:* 89. Durchschnitt pro Spiel: 2,78. Torreichste Spiele: Portugal–KDVR 5:3, England–BRD 4:2.
Für Weltmeister England markierten 4 Spieler in 6 Begegnungen 11 Tore, für Vizeweltmeister BRD 6 Akteure in 6 Treffen 15 Tore, für den WM-Dritten Portugal 4 Spieler in 6 Begegnungen 17 Treffer.
*Torschützenliste:* Eusebio (Portugal) 9, Haller (BRD) 5, Hurst (England), Parkujan (UdSSR), Bene (Ungarn), Beckenbauer (BRD) je 4, Artime (Argentinien), B. Charlton, Hunt (beide England), Augusto und Torres (beide Portugal) je 3 Tore.

# IX. WM 1970 in Mexiko

### Weltmeister Brasilien

Endrunde: 31. 5.–21. 6. Abgegebene Meldungen: 75.

*Gruppe 1:* Mexiko–UdSSR 0:0, Belgien–El Salvador 3:0, UdSSR–Belgien 4:1, Mexiko–El Salvador 4:0, UdSSR–El Salvador 2:0, Mexiko–Belgien 1:0.

| | | | | | | |
|---|---|---|---|---|---|---|
| 1. UdSSR | 3 | 2 | 1 | – | 6:1 | 5:1 |
| 2. Mexiko | 3 | 2 | 1 | – | 5:0 | 5:1 |
| 3. Belgien | 3 | 1 | – | 2 | 4:5 | 2:4 |
| 4. El Salvador | 3 | – | – | 3 | 0:9 | 0:6 |

In die Zwischenrunde gelangten:
UdSSR und Mexiko.

*Gruppe 2:* Uruguay–Israel 2:0, Italien–Schweden 1:0, Uruguay–Italien 0:0, Schweden–Israel 1:1, Schweden–Uruguay 1:0, Italien–Israel 0:0.

| | | | | | | |
|---|---|---|---|---|---|---|
| 1. Italien | 3 | 1 | 2 | – | 1:0 | 4:2 |
| 2. Uruguay | 3 | 1 | 1 | 1 | 2:1 | 3:3 |
| 3. Schweden | 3 | 1 | 1 | 1 | 2:2 | 3:3 |
| 4. Israel | 3 | – | 2 | 1 | 1:3 | 2:4 |

Die Zwischenrunde erreichten:
Italien und Uruguay.

*Gruppe 3:* Rumänien–England 0:1, ČSSR–Brasilien 1:4, Rumänien–ČSSR 2:1, England–Brasilien 0:1, Rumänien–Brasilien 2:3, England–ČSSR 1:0.

| | | | | | | |
|---|---|---|---|---|---|---|
| 1. Brasilien | 3 | 3 | – | – | 8:3 | 6:0 |
| 2. England | 3 | 2 | – | 1 | 2:1 | 4:2 |
| 3. Rumänien | 3 | 1 | – | 2 | 4:5 | 2:4 |
| 4. ČSSR | 3 | – | – | 3 | 2:7 | 0:6 |

Für die Zwischenrunde qualifiziert:
Brasilien und England.

*Gruppe 4:* Peru–Bulgarien 3:2, Marokko–BRD 1:2, Peru–Marokko 3:0, Bulgarien–BRD 2:5, Peru–BRD 1:3, Bulgarien–Marokko 1:1.

| | | | | | | |
|---|---|---|---|---|---|---|
| 1. BRD | 3 | 3 | – | – | 10:4 | 6:0 |
| 2. Peru | 3 | 2 | – | 1 | 7:5 | 4:2 |
| 3. Bulgarien | 3 | – | 1 | 2 | 5:9 | 1:5 |
| 4. Marokko | 3 | – | 1 | 2 | 2:6 | 1:5 |

In die Zwischenrunde gelangten:
BRD und Peru.

*Zwischenrunde:*

UdSSR–Uruguay 0:1 n. V., Mexiko–Italien 1:4, Brasilien–Peru 4:2, BRD–England 3:2 n. V.

*Halbfinale:*

Italien–BRD 4:3 n. V., Brasilien–Uruguay 3:1.

*Spiel um Platz 3:*

BRD–Uruguay 1:0 (1:0) in Mexiko-Stadt
BRD: Wolter; Patzke, Weber, Schnellinger (ab 46. Lorenz); Vogts; Fichtel, U. Seeler, Overath (1); Libuda (ab 74. Löhr), Müller, Held.

Uruguay: Mazurkiewicz; Ubinas, Ancheta, Matosas, Mujica; Cortes, Montero-Castillo, Maneiro (ab 68. Sandoval); Cubilla, Fontes (ab 46. Esparrago), Morales.
Schiedsrichter: Sbardella (Italien). Zuschauer: 90 000.

*Endspiel:*

Brasilien–Italien 4:1 (1:1) in Mexiko-Stadt
Brasilien: Felix; Carlos Alberto (1), Brito, Piazza, Everaldo; Gerson (1), Clodoaldo, Rivelino; Jairzinho (1), Tostao, Pele (1).
Italien: Albertosi; Burgnich, Cera, Rosato, Facchetti; Domenghini, De Sisti, Bertini (ab 75. Juliano), Mazzola; Boninsegna (1 – ab 84. Rivera), Riva.
Schiedsrichter: Glöckner (DDR). Zuschauer: 112 000.

*Zuschauer- und Torübersicht:*

*Zuschauer:* 1 491 000 in 32 Spielen. Durchschnitt pro Spiel: 46 000. Zugkräftigste Spiele: Brasilien–Italien 112 000, Mexiko–UdSSR 110 000, Mexiko–Belgien 108 000.
*Tore:* 95. Durchschnitt pro Spiel: 2,97. Torreichste Spiele: Italien–BRD 4:3, BRD–Bulgarien 5:2, Brasilien–Peru 4:2.
Für Weltmeister Brasilien markierten 7 Spieler in 6 Begegnungen 19 Tore, für Vizeweltmeister Italien schossen 5 Spieler in 6 Treffen 10 Tore, für den WM-Dritten BRD erzielten 6 Spieler in 6 Auseinandersetzungen 17 Tore.
*Torschützenliste:* Müller (BRD) 10, Jairzinho (Brasilien) 7, Cubillas (Peru) 5, Pele (Brasilien), Byschowez (UdSSR) je 4, Riva (Italien) und U. Seeler (BRD) je 3.

# X. WM 1974 in der BRD

**Weltmeister BRD**

Endrunde: 13. 6.–7. 7. Abgegebene Meldungen: 100.
Gruppenspiele der 1. Finalrunde:

*Gruppe 1:* BRD–Chile 1:0, DDR–Australien 2:0, Chile–DDR 1:1, Australien–BRD 0:3, Australien–Chile 0:0, DDR–BRD 1:0.

| | | | | | |
|---|---|---|---|---|---|
| 1. DDR | 3 | 2 | 1 | – | 4:1 | 5:1 |
| 2. BRD | 3 | 2 | – | 1 | 4:1 | 4:2 |
| 3. Chile | 3 | – | 2 | 1 | 1:2 | 2:4 |
| 4. Australien | 3 | – | 1 | 2 | 0:5 | 1:5 |

In die 2. Finalrunde gelangten:
DDR und BRD.

*Gruppe 2:* Brasilien–Jugoslawien 0:0, Zaire–Schottland 0:2, Jugoslawien–Zaire 9:0, Schottland–Brasilien 0:0, Schottland–Jugoslawien 1:1, Zaire–Brasilien 0:3.

| | | | | | |
|---|---|---|---|---|---|
| 1. Jugoslawien | 3 | 1 | 2 | – | 10: 1 | 4:2 |
| 2. Brasilien | 3 | 1 | 2 | – | 3: 0 | 4:2 |
| 3. Schottland | 3 | 1 | 2 | – | 3: 1 | 4:2 |
| 4. Zaire | 3 | – | – | 3 | 0:14 | 0:6 |

Die 2. Finalrunde erreichten:
Jugoslawien und Brasilien.

*Gruppe 3:* Schweden–Bulgarien 0:0, Uruguay–Niederlande 0:2, Niederlande–Schweden 0:0, Bulgarien–Uruguay 1:1, Bulgarien–Niederlande 1:4, Schweden–Uruguay 3:0.

| | | | | | |
|---|---|---|---|---|---|
| 1. Niederlande | 3 | 2 | 1 | – | 6:1 | 5:1 |
| 2. Schweden | 3 | 1 | 2 | – | 3:0 | 4:2 |
| 3. Bulgarien | 3 | – | 2 | 1 | 2:5 | 2:4 |
| 4. Uruguay | 3 | – | 1 | 2 | 1:6 | 1:5 |

Für die 2. Finalrunde qualifiziert:
Niederlande und Schweden.

*Gruppe 4:* Italien–Haiti 3:1, Polen–Argentinien 3:2, Haiti–Polen 0:7, Argentinien–Italien 1:1, Argentinien–Haiti 4:1, Polen–Italien 2:1.

| | | | | | |
|---|---|---|---|---|---|
| 1. Polen | 3 | 3 | – | – | 12: 3 | 6:0 |
| 2. Argentinien | 3 | 1 | 1 | 1 | 7: 5 | 3:3 |
| 3. Italien | 3 | 1 | 1 | 1 | 5: 4 | 3:3 |
| 4. Haiti | 3 | – | – | 3 | 2:14 | 0:6 |

In die 2. Finalrunde gelangten:
Polen und Argentinien.

*Gruppenspiele der 2. Finalrunde:*

*Gruppe A:* Brasilien–DDR 1:0, Niederlande–Argentinien 4:0, DDR–Niederlande 0:2, Argentinien–Brasilien 1:2, Argentinien–DDR 1:1, Niederlande–Brasilien 2:0.

| | | | | | |
|---|---|---|---|---|---|
| 1. Niederlande | 3 | 3 | – | – | 8:0 | 6:0 |
| 2. Brasilien | 3 | 2 | – | 1 | 3:3 | 4:2 |
| 3. DDR | 3 | – | 1 | 2 | 1:4 | 1:5 |
| 4. Argentinien | 3 | – | 1 | 2 | 2:7 | 1:5 |

Endspielteilnehmer: Niederlande.

*Gruppe B:* Jugoslawien–BRD 0:2, Schweden–Polen 0:1, BRD–Schweden 4:2, Polen–Jugoslawien 2:1, Polen–BRD 0:1, Schweden–Jugoslawien 2:1.

| | | | | | |
|---|---|---|---|---|---|
| 1. BRD | 3 | 3 | – | – | 7:2 | 6:0 |
| 2. Polen | 3 | 2 | – | 1 | 3:2 | 4:2 |
| 3. Schweden | 3 | 1 | – | 2 | 4:6 | 2:4 |
| 4. Jugoslawien | 3 | – | – | 3 | 2:6 | 0:6 |

Endspielteilnehmer: BRD.

*Spiel um Platz 3:*

Polen–Brasilien 1:0 (0:0) in München
Polen: Tomaszewski; Gorgon; Szymanowski, Zmuda, Musial; Maszczyk, Kasperczak (ab 71. Cmikiewicz), Deyna; Lato (1), Szarmach (ab 74. Kapka), Gadocha.
Brasilien: Leao; Alfredo; Ze Maria, M. Marinho, F. Marinho; Paulo Cesar Carpegiani, Rivelino, Ademir (ab 66. Mirandinha); Valdomiro, Jairzinho, Dirceu.

Schiedsrichter: Angonese (Italien). Zuschauer: 79 000.

*Endspiel:*

Niederlande–BRD 1:2 (1:2) in München
Niederlande: Jongbloed; Haan; Suurbier, Rijsbergen (ab 68. De Jong), Krol; Jansen, Neeskens (1, Foulstrafstoß), van Hanegem; Rep, Cruyff, Rensenbrink (ab 46. Rene van de Kerkhof).
BRD: Maier; Beckenbauer; Schwarzenbeck, Vogts, Breitner (1, Foulstrafstoß); Hoeness, Overath, Bonhof; Grabowski, Müller (1), Hölzenbein.
Schiedsrichter: Taylor (England). Zuschauer: 80 000.

*Zuschauer- und Torübersicht:*

*Zuschauer:* 1 807 774 in 38 Spielen. Durchschnitt pro Spiel: 47 553. Zugkräftigste Spiele: Niederlande–BRD 80 000, BRD–Chile 79 600, Polen–Brasilien 79 000.
*Tore:* 97. Durchschnitt pro Spiel: 2,55. Torreichste Spiele: Jugoslawien–Zaire 9:0, Haiti–Polen 0:7, BRD–Schweden 4:2, Bulgarien–Niederlande 1:4, Argentinien–Haiti 4:1.
Für Weltmeister BRD markierten 7 Spieler in 7 Begegnungen 13 Tore, für Vizeweltmeister Niederlande erzielten 6 Akteure in 7 Spielen 15 Treffer, für den WM-Dritten Polen schossen 4 Spieler in 7 Auseinandersetzungen 16 Tore.
*Torschützenliste:* Lato (Polen) 7, Neeskens (Niederlande), Szarmach (Polen) je 5, Müller (BRD), Rep (Niederlande) und Edström (Schweden) je 4.

# XI. WM 1978 in Argentinien

**Weltmeister Argentinien**

Endrunde: 1.–25. 6. Abgegebene Meldungen: 104.
Gruppenspiele der 1. Finalrunde:

*Die WM, auch Bewährungsprobe für die Männer in Schwarz. Hier der Däne Henning Lund-Sörensen, der die heiße Partie Rumänien–Nordirland bestens über die Zeit brachte. Mittelfeldakteur Bölöni „schleicht" sich an*

*Gruppe 1:* Frankreich–Italien 1:2, Ungarn–Argentinien 1:2, Italien–Ungarn 3:1, Argentinien–Frankreich 2:1, Frankreich–Ungarn 3:1, Italien–Argentinien 1:0.

| | | | | | | |
|---|---|---|---|---|---|---|
| 1. Italien | 3 | 3 | – | – | 6:2 | 6:0 |
| 2. Argentinien | 3 | 2 | – | 1 | 4:3 | 4:2 |
| 3. Frankreich | 3 | 1 | – | 2 | 5:5 | 2:4 |
| 4. Ungarn | 3 | – | – | 3 | 3:8 | 0:6 |

In die 2. Finalrunde gelangten:
Italien und Argentinien.

*Gruppe 2:* BRD–Polen 0:0, Tunesien–Mexiko 3:1, Polen–Tunesien 1:0, BRD–Mexiko 6:0, Mexiko–Polen 1:3, BRD–Tunesien 0:0.

| | | | | | | |
|---|---|---|---|---|---|---|
| 1. Polen | 3 | 2 | 1 | – | 4: 1 | 5:1 |
| 2. BRD | 3 | 1 | 2 | – | 6: 0 | 4:2 |
| 3. Tunesien | 3 | 1 | 1 | 1 | 3: 2 | 3:3 |
| 4. Mexiko | 3 | – | – | 3 | 2:12 | 0:6 |

In die 2. Finalrunde eingezogen:
Polen und BRD.

*Gruppe 3:* Spanien–Österreich 1:2, Schweden–Brasilien 1:1, Österreich–Schweden 1:0, Brasilien–Spanien 0:0, Schweden–Spanien 0:1, Brasilien–Österreich 1:0.

| | | | | | | |
|---|---|---|---|---|---|---|
| 1. Österreich | 3 | 2 | – | 1 | 3:2 | 4:2 |
| 2. Brasilien | 3 | 1 | 2 | – | 2:1 | 4:2 |
| 3. Spanien | 3 | 1 | 1 | 1 | 2:2 | 3:3 |
| 4. Schweden | 3 | – | 1 | 2 | 1:3 | 1:5 |

Für die 2. Finalrunde qualifiziert:
Österreich und Brasilien.

*Gruppe 4:* Peru–Schottland 3:1, Iran–Niederlande 0:3, Schottland–Iran 1:1, Niederlande–Peru 0:0, Peru–Iran 4:1, Schottland–Niederlande 3:2.

| | | | | | | |
|---|---|---|---|---|---|---|
| 1. Peru | 3 | 2 | 1 | – | 7:2 | 5:1 |
| 2. Niederlande | 3 | 1 | 1 | 1 | 5:3 | 3:3 |
| 3. Schottland | 3 | 1 | 1 | 1 | 5:6 | 3:3 |
| 4. Iran | 3 | – | 1 | 2 | 2:8 | 1:5 |

In die 2. Finalrunde gelangten:
Peru und Niederlande.

363

*Gruppenspiele der 2. Finalrunde:*

*Gruppe A:* BRD–Italien 0:0, Österreich–Niederlande 1:5, Italien–Österreich 1:0, Niederlande–BRD 2:2, Niederlande–Italien 2:1, Österreich–BRD 3:2.

| | | | | | |
|---|---|---|---|---|---|
| 1. Niederlande | 3 | 2 | 1 | – | 9:4 | 5:1 |
| 2. Italien | 3 | 1 | 1 | 1 | 2:2 | 3:3 |
| 3. BRD | 3 | – | 2 | 1 | 4:5 | 2:4 |
| 4. Österreich | 3 | 1 | – | 2 | 4:8 | 2:4 |

Endspielteilnehmer: Niederlande.

*Gruppe B:* Polen–Argentinien 0:2, Brasilien–Peru 3:0, Argentinien–Brasilien 0:0, Peru–Polen 0:1, Brasilien–Polen 3:1, Peru–Argentinien 0:6.

| | | | | | |
|---|---|---|---|---|---|
| 1. Argentinien | 3 | 2 | 1 | – | 8: 0 | 5:1 |
| 2. Brasilien | 3 | 2 | 1 | – | 6: 1 | 5:1 |
| 3. Polen | 3 | 1 | – | 2 | 2: 5 | 2:4 |
| 4. Peru | 3 | – | – | 3 | 0:10 | 0:6 |

Endspielteilnehmer: Argentinien.

*Spiel um Platz 3:*

Italien–Brasilien 1:2 (1:0) in Buenos Aires
Italien: Zoff; Scirea; Cuccureddu, Gentile, Cabrini; Antognoni (ab 78. C. Sala), P. Sala, Maldera; Causio (1), Rossi, Bettega.
Brasilien: Leao; Amaral; Nelinho (1), Oscar, Rodriguez Neto; Batista, Cerezo (ab 65. Rivelino), Dirceu (1), Mendonca; Gil (ab 46. Reinaldo), Roberto.
Schiedsrichter: Klein (Israel). Zuschauer 77 000.

*Endspiel:*

Niederlande–Argentinien 1:3 (1:1, 0:1) n. V. in Buenos Aires
Niederlande: Jongbloed; Krol; Jansen (ab 72. Suurbier), Brandts, Poortvliet; Neeskens, Haan, W. v. d. Kerkhof; R. v. d. Kerkhof, Rep (ab 59. Naninga, 1), Rensenbrink.
Argentinien: Fillol; Galvan; Olguin, Passarella, Tarantini; Ardiles (ab 65. Larossa), Gallego; Bertoni (1), Luque, Kempes (2), Ortiz (ab 74. Houseman).
Schiedsrichter: Gonella (Italien). Zuschauer: 77 000.

*Zuschauer- und Torübersicht:*

Zuschauer: 1 610 215 in 38 Spielen. Durchschnitt pro Spiel: 42 374. Zugkräftigste Spiele: BRD–Polen 80 000, Ungarn–Argentinien 80 000, Argentinien–Frankreich 80 000, Italien–Argentinien 80 000, Niederlande–Argentinien 77 000, Italien–Brasilien 77 000, Niederlande–Italien 77 000.
*Tore:* 102. Durchschnitt pro Spiel: 2,68. Torreichste Spiele: BRD–Mexiko 6:0, Peru–Argentinien 0:6, Niederlande–Österreich 5:1, Peru–Iran 4:1, Schottland–Niederlande 3:2, Österreich–BRD 3:2.
Für Weltmeister Argentinien markierten 6 Spieler in 7 Begegnungen 15 Tore, für Vizeweltmeister Niederlande 7 Spieler in 7 Treffen ebenfalls 15 Tore, für den WM-Dritten Brasilien schossen 5 Akteure in 7 Spielen 10 Tore.
*Torschützenliste:* Kempes (Argentinien) 6, Rensenbrink (Niederlande), Cubillas (Peru) je 5, Luque (Argentinien) und Krankl (Österreich) je 4.

## XII. WM 1982 in Spanien

**Weltmeister Italien**

Endrunde: 13. 6.–11. 7. Abgegebene Meldungen: 104.
Gruppenspiele der 1. Finalrunde:

*Gruppe 1:* Italien–Polen 0:0, Peru–Kamerun 0:0, Italien–Peru 1:1, Polen–Kamerun 0:0, Polen–Peru 5:1, Italien–Kamerun 1:1.

| | | | | | |
|---|---|---|---|---|---|
| 1. Polen | 3 | 1 | 2 | – | 5:1 | 4:2 |
| 2. Italien | 3 | – | 3 | – | 2:2 | 3:3 |
| 3. Kamerun | 3 | – | 3 | – | 1:1 | 3:3 |
| 4. Peru | 3 | – | 2 | 1 | 2:6 | 2:4 |

Für die 2. Finalrunde qualifiziert:
Polen und Italien.

*Gruppe 2:* BRD–Algerien 1:2, Chile–Österreich 0:1, BRD–Chile 4:1, Algerien–Österreich 0:2, Algerien–Chile 3:2, BRD–Österreich 1:0.

| | | | | | |
|---|---|---|---|---|---|
| 1. BRD | 3 | 2 | – | 1 | 6:3 | 4:2 |
| 2. Österreich | 3 | 2 | – | 1 | 3:1 | 4:2 |
| 3. Algerien | 3 | 2 | – | 1 | 5:5 | 4:2 |
| 4. Chile | 3 | – | – | 3 | 3:8 | 0:6 |

Für die 2. Finalrunde qualifiziert:
BRD und Österreich.

*Gruppe 3:* Argentinien–Belgien 0:1, Ungarn–El Salvador 10:1, Argentinien–Ungarn 4:1, Belgien–El Salvador 1:0, Belgien–Ungarn 1:1, Argentinien–El Salvador 2:0.

| | | | | | |
|---|---|---|---|---|---|
| 1. Belgien | 3 | 2 | 1 | – | 3: 1 | 5:1 |
| 2. Argentinien | 3 | 2 | – | 1 | 6: 2 | 4:2 |
| 3. Ungarn | 3 | 1 | 1 | 1 | 12: 6 | 3:3 |
| 4. El Salvador | 3 | – | – | 3 | 1:13 | 0:6 |

Für die 2. Finalrunde qualifiziert:
Belgien und Argentinien.

*Gruppe 4:* England–Frankreich 3:1, ČSSR–Kuweit 1:1, England–ČSSR 2:0, Frankreich–Kuweit 4:1, Frankreich–ČSSR 1:1, England–Kuweit 1:0.

| | | | | | |
|---|---|---|---|---|---|
| 1. England | 3 | 3 | – | – | 6:1 | 6:0 |
| 2. Frankreich | 3 | 1 | 1 | 1 | 6:5 | 3:3 |
| 3. ČSSR | 3 | – | 2 | 1 | 2:4 | 2:4 |
| 4. Kuweit | 3 | – | 1 | 2 | 2:6 | 1:5 |

Für die 2. Finalrunde qualifiziert:
England und Frankreich.

*Gruppe 5:* Spanien–Honduras 1:1, Jugoslawien–Nordirland 0:0, Spanien–Jugoslawien 2:1, Honduras–Nordirland 1:1, Jugoslawien–Honduras 1:0, Spanien–Nordirland 0:1.

| | | | | | |
|---|---|---|---|---|---|
| 1. Nordirland | 3 | 1 | 2 | – | 2:1 | 4:2 |
| 2. Spanien | 3 | 1 | 1 | 1 | 3:3 | 3:3 |
| 3. Jugoslawien | 3 | 1 | 1 | 1 | 2:2 | 3:3 |
| 4. Honduras | 3 | – | 2 | 1 | 2:3 | 2:4 |

Für die 2. Finalrunde qualifiziert:
Nordirland und Spanien.

*Gruppe 6:* Brasilien–UdSSR 2:1, Schottland–Neuseeland 5:2, Brasilien–Schottland 4:1, UdSSR–Neuseeland 3:0, UdSSR–Schottland 2:2, Brasilien–Neuseeland 4:0.

| | | | | | | |
|---|---|---|---|---|---|---|
| 1. Brasilien | 3 | 3 | – | – | 10: 2 | 6:0 |
| 2. UdSSR | 3 | 1 | 1 | 1 | 6: 4 | 3:3 |
| 3. Schottland | 3 | 1 | 1 | 1 | 8: 8 | 3:3 |
| 4. Neuseeland | 3 | – | – | 3 | 2:12 | 0:6 |

Für die 2. Finalrunde qualifiziert:
Brasilien und UdSSR.

*Gruppenspiele der 2. Finalrunde:*

Gruppe A: Polen–Belgien 3:0, Belgien–UdSSR 0:1, UdSSR–Polen 0:0.

| | | | | | | |
|---|---|---|---|---|---|---|
| 1. Polen | 2 | 1 | 1 | – | 3:0 | 3:1 |
| 2. UdSSR | 2 | 1 | 1 | – | 1:0 | 3:1 |
| 3. Belgien | 2 | – | – | 2 | 0:4 | 0:4 |

*Gruppe B:* BRD–England 0:0, BRD–Spanien 2:1, Spanien–England 0:0.

| | | | | | | |
|---|---|---|---|---|---|---|
| 1. BRD | 2 | 1 | 1 | – | 2:1 | 3:1 |
| 2. England | 2 | – | 2 | – | 0:0 | 2:2 |
| 3. Spanien | 2 | – | 1 | 1 | 1:2 | 1:3 |

*Gruppe C:* Italien–Argentinien 2:1, Argentinien–Brasilien 1:3, Brasilien–Italien 2:3.

| | | | | | | |
|---|---|---|---|---|---|---|
| 1. Italien | 2 | 2 | – | – | 5:3 | 4:0 |
| 2. Brasilien | 2 | 1 | – | 1 | 5:4 | 2:2 |
| 3. Argentinien | 2 | – | – | 2 | 2:5 | 0:4 |

*Gruppe D:* Österreich–Frankreich 0:1, Österreich–Nordirland 2:2, Nordirland–Frankreich 1:4.

| | | | | | | |
|---|---|---|---|---|---|---|
| 1. Frankreich | 2 | 2 | – | – | 5:1 | 4:0 |
| 2. Österreich | 2 | – | 1 | 1 | 2:3 | 1:3 |
| 3. Nordirland | 2 | – | 1 | 1 | 3:6 | 1:3 |

*Halbfinale:*

Polen–Italien 0:2 (0:1), BRD–Frankreich 3:3 (1:1, 1:1) n. V., Elfmeterschießen 5:4.

*Spiel um Platz 3:*

Polen–Frankreich 3:2 (2:1) in Alicante
Polen: Mlynarczyk; Zmuda; Dziuba, Janas, Majewski (1); Matysik (ab 46. Wojcicki), Buncol, Boniek, Kupcewicz (1); Lato, Szarmach (1).
Frankreich: Castaneda; Tresor; Amoros, Mahut, Janvion (ab 64. Lopez); Girard (1), Tigana (ab 82. Six), Larios; Soler, Couriol (1), Bellone.
Schiedsrichter: Garrido (Portugal). Zuschauer: 25 000.

*Endspiel:*

Italien–BRD 3:1 (0:0) in Madrid
Italien: Zoff; Scirea; Gentile, Collovati, Cabrini; Oriali, Bergomi, Tardelli (1); Conti, Rossi (1), Graziani (ab 8. Altobelli/1, ab 89. Causio).

BRD: Schumacher; Stielike; Kaltz, K.-H. Förster, B. Förster; Dremmler (ab 62. Hrubesch), Rummenigge (ab 69. Müller), Breitner (1), Briegel; Fischer, Littbarski.
Schiedsrichter: Coelho (Brasilien); Zuschauer: 90 000.

*Zuschauer- und Torübersicht:*

*Zuschauer:* 1 842 250 in 52 Spielen. Durchschnitt pro Spiel: 35 428. Zugkräftigste Spiele: BRD–Spanien 95 000, Italien–BRD 90 000, Argentinien–Belgien 90 000, Spanien–England 84 000, BRD–England 80 000, BRD–Frankreich 70 000.

*Tore:* 146. Durchschnitt pro Spiel: 2,80. Torreichste Spiele: Ungarn–El Salvador 10:1, Schottland–Neuseeland 5:2, BRD–Frankreich 3:3 (5:4 Elfmeterschießen), Polen–Peru 5:1, BRD–Chile, Argentinien–Ungarn, Brasilien–Schottland und Frankreich–Nordirland je 4:1, Algerien–Chile, Italien–Brasilien und Polen–Frankreich je 3:2.

Für Weltmeister Italien markierten 6 Spieler 12 Tore, für Vizeweltmeister BRD 6 Spieler 12 Tore und für den WM-Dritten Polen 8 Spieler 11 Tore in jeweils 7 Spielen.

*Torschützenliste:* Rossi (Italien) 6, Rummenigge (BRD) 5, Boniek (Polen) und Zico (Brasilien) je 4, Giresse (Frankreich), Falcao (Brasilien) und Kiss (Ungarn) je 3.

# XIII. WM 1986 in Mexiko

**Weltmeister Argentinien**

Endrunde: 31. 5.–29. 6. Abgegebene Meldungen: 121.

## Europa

*Gruppe 1:* Qualifiziert Polen
Belgien bestreitet zwei Entscheidungsspiele gegen den Zweiten der Gruppe 5 (Niederlande)

Belgien–Albanien 3:1 (0:0), Polen–Griechenland 3:1 (0:1), Polen–Albanien 2:2 (1:0), Griechenland–Belgien 0:0, Albanien–Belgien 2:0 (0:0), Griechenland–Albanien 2:0 (2:0), Belgien–Griechenland 2:0 (0:0), Belgien–Polen 2:0 (1:0), Griechenland–Polen 1:4 (0:0), Albanien–Polen 0:1 (0:1), Polen–Belgien 0:0, Albanien–Griechenland 1:1 (1:0).

| | | | | | | |
|---|---|---|---|---|---|---|
| 1. Polen | 6 | 3 | 2 | 1 | 10: 6 | 8:4 |
| 2. Belgien | 6 | 3 | 2 | 1 | 7: 3 | 8:4 |
| 3. Albanien | 6 | 1 | 2 | 3 | 6: 9 | 4:8 |
| 4. Griechenland | 6 | 1 | 2 | 3 | 5:10 | 4:8 |

*Gruppe 2:* Qualifiziert BRD und Portugal
Schweden–Malta 4:0 (2:0), Schweden–Portugal 0:1 (0:0), Portugal–ČSSR 2:1 (1:1), BRD–Schweden 2:0 (0:0), ČSSR–Malta 4:0 (2:0), Portugal–Schweden 1:3 (1:3), Malta–BRD 2:3 (1:1), Malta–Portugal 1:3 (0:2), Portugal–BRD 1:2 (0:2), BRD–Malta 6:0 (5:0), Malta–ČSSR 0:0, ČSSR–BRD 1:5 (0:4), Schweden–ČSSR 2:0 (0:0), Schweden–BRD 2:2 (0:2), ČSSR–Portugal 1:0 (1:0), Portugal–Malta 3:2 (1:0), ČSSR–Schweden 2:1 (1:1), BRD–Portugal 0:1 (0:0), BRD–ČSSR 2:2 (1:0), Malta–Schweden 1:2 (0:1).

| | | | | | | |
|---|---|---|---|---|---|---|
| 1. BRD | 8 | 5 | 2 | 1 | 22: 9 | 12: 4 |
| 2. Portugal | 8 | 5 | – | 3 | 12:10 | 10: 6 |
| 3. Schweden | 8 | 4 | 1 | 3 | 14: 9 | 9: 7 |
| 4. ČSSR | 8 | 3 | 2 | 3 | 11:12 | 8: 8 |
| 5. Malta | 8 | – | 1 | 7 | 6:25 | 1:15 |

*Gruppe 3:* Qualifiziert England und Nordirland
Finnland–Nordirland 1:0 (0:0), Nordirland–Rumänien 3:2 (1:1), England–Finnland 5:0 (2:0), Türkei–Finnland 1:2 (0:1), Nordirland–Finnland 2:1 (1:1), Türkei–England 0:8 (0:3), Nordirland–England 0:1 (0:0), Rumänien–Türkei 3:0 (3:0), Nordirland–Türkei 2:0 (1:0), Rumänien–England 0:0, Finnland–England 1:1 (1:0), Finnland–Rumänien 1:1 (1:1), Rumänien–Finnland 2:0 (1:0), Türkei–Nordirland 0:0, England–Rumänien 1:1 (1:0), Finnland–Türkei 1:0 (1:0), Rumänien–Nordirland 0:1 (0:1), England–Türkei 5:0 (4:0), England–Nordirland 0:0, Türkei–Rumänien 1:3 (0:2).

| | | | | | | |
|---|---|---|---|---|---|---|
| 1. England | 8 | 4 | 4 | – | 21: 2 | 12: 4 |
| 2. Nordirland | 8 | 4 | 2 | 2 | 8: 5 | 10: 6 |
| 3. Rumänien | 8 | 3 | 3 | 2 | 12: 7 | 9: 7 |
| 4. Finnland | 8 | 3 | 2 | 3 | 7:12 | 8: 8 |
| 5. Türkei | 8 | – | 1 | 7 | 2:24 | 1:15 |

*Gruppe 4:* Qualifiziert Frankreich und Bulgarien

● Jugoslawien–Bulgarien 0:0 am 29. September 1984 in Belgrad

Jugoslawien: Stojic; Hadzibegic; Zo. Vujovic (ab 36. Gracan), Radanovic, Baljic; Sestic, Sliskovic, Gudelj, Bazdarevic; Vokri (ab 71. Pancev), Zl. Vujovic.
Bulgarien: Michailow; Arabow; Petrow, G. Dimitrow, Markow; Sdrawkow, Sadakow, Gospodinow, Jantschew (ab 50. Pantschew); Welitschkow (ab 52. Tanew), Mladenow.
Schiedsrichter: Padar (Ungarn). Zuschauer: 12 000.

● Luxemburg–Frankreich 0:4 (0:4) am 13. Oktober 1984 in Luxemburg

Luxemburg: van Rijswijck; Michaux; Petry, Scheuer, Meunier; Schonckert, Hellers, Dresch, Weis; Langers, Reiter.
Frankreich: Bats; Bossis; Battiston, Bibard, Amoros; Fernandez, Giresse, Platini (ab 58. Ferreri), Tusseau; Stopyra, Brisson (ab 73. Anziani).
Schiedsrichter: Lund-Sörensen (Dänemark). Zuschauer: 10 000. Torfolge: 0:1 Battiston (2.), 0:2 Platini (13.), 0:3, 0:4 Stopyra (24., 33.).

● DDR–Jugoslawien 2:3 (1:1) am 20. Oktober 1984 in Leipig

DDR: Müller; Dörner; Kreer, Stahmann, Zötzsche; Rohde, Troppa, Ernst (ab 69. Streich), Steinbach; Minge, Glowatzky.
Jugoslawien: Stojic; Hadzibegic; Radovic, Radanovic, Baljic; Zajec, Bazdarevic, Gudelj; Sestic (ab 84. Jozic), Vokri (ab 88. Deveric), Zl. Vujovic.
Schiedsrichter: Brummeier (Österreich). Zuschauer: 63 000. Torfolge: 1:0 Glowatzky (11.), 1:1 Bazdarevic (30.), 1:2 Vokri (48.), 2:2 Ernst (50.), 2:3 Sestic (80.).

● Luxemburg–DDR 0:5 (0:0) am 17. November 1984 in Esch

Luxemburg: van Rijswijck; Weis; Girres, Schonckert, Scheuer, Meunier, Hellers, Petry; Malget (ab 76. Dresch), Langers (ab 72. Bossi), Reiter.
DDR: Müller; Dörner; Kreer, Stahmann (ab 66. Stübner), Döschner; Thom, Troppa, Steinbach; Minge, Ernst, Glowatzky (ab 46. Liebers).
Schiedsrichter: Donnelly (Nordirland). Zuschauer: 2 000. Torfolge: 0:1 Ernst (60.), 0:2 Minge (63.), 0:3 Ernst (76.), 0:4 Minge (78.), 0:5 Ernst (81.).

● Frankreich–Bulgarien 1:0 (0:0) am 21. November 1984 in Paris

Frankreich: Bats; Bossis; Bibard, Senac, Amoros; Fernandez, Tigana, Platini, Ghengini; Stopyra (ab 58. Toure, ab 85. Tusseau). Bellone.
Bulgarien: Michailow; Nikolow, Arabow, G. Dimitrow, Markow; Sdrawkow, Sadakow, Gotschew, Si-

*Himmelhochjauchzend – die Niederländer de Wit und Wijnstekers nach dem Überraschungssieg in Budapest, der die Zusatzchance gegen Belgien erbrachte*

rakow; Iskrenow (ab 46. Gospodinow), Mladenow (ab 75. Spassow).
Schiedsrichter: Tritschler (BRD). Zuschauer: 42 000. Torschütze: Platini (63., Handstrafstoß).

● Bulgarien–Luxemburg 4:0 (2:0) am 5. Dezember 1984 in Sofia

Bulgarien: Michailow; Nikolow; Arabow, G. Dimitrow, Markow (ab 66. Getow); Sdrawkow, Gotschew (ab 63. Mladenow), Sirakow, Spassow; Welitschkow, Paschew.
Luxemburg: van Rijswijck; Girres; Weis, Schonckert, Scheuer; Meunier, Petry, Hellers, Dresch; Reiter (ab 66. Bossi), Malget (ab 79. Hoscheid).
Schiedsrichter: Vassares (Griechenland). Zuschauer: 20 000. Torfolge: 1:0 Sirakow (8.), 2:0 Welitschkow (31.), 3:0 Mladenow (65.), 4:0 G. Dimitrow (70.).

● Frankreich–DDR 2:0 (1:0) am 8. Dezember 1984 in Paris

Frankreich: Bats; Bossis; Bibard, Senac, Amoros; Tigana, Fernandez, Platini, Giresse; Stopyra (ab 85. Anziani), Bellone.
DDR: Müller; Dörner; Trautmann, Stahmann, Döschner; Stübner, Troppa, Liebers, Steinbach (ab 75. Richter); Minge (ab 79. Glowatzky), Thom.
Schiedsrichter: Casarin (Italien). Zuschauer: 50 000. Torfolge: 1:0 Stopyra (32.), 2:0 Anziani (90.).

● Jugoslawien–Luxemburg 1:0 (1:0) am 27. März 1985 in Zenica

Jugoslawien: Stojic; Hadzibegic; Zo. Vujovic, Radanovic, Baljic; Gudelj, Sliskovic, Bazdarevic, Zl. Vujovic; Djurovski, Pasic (ab 72. Sestic).
Luxemburg: van Rijswijck; Wagner; Rohmann, Schonckert, Bossi; Barboni, Hellers, Hoscheid (ab 63. Malget), Dresch; Langers, Reiter.
Schiedsrichter: Muschkowez (UdSSR). Zuschauer: 30 000. Torschütze: Gudelj (27.).

● Jugoslawien–Frankreich 0:0 am 3. April 1985 in Sarajevo

Jugoslawien: Stojic; Hadzibegic; Capljic, Radanovic, Baljic; Gudelj, Zajec, Bazdarevic, Sestic (ab 66. Sliskovic), Halilhodzic, Zl. Vujovic (ab 62. Djurovski).
Frankreich: Bats; Ayache; Battiston, Specht, Amoros; Giresse, Fernandez (ab 85. Tusseau), Platini, Tigana; Stopyra (ab 70. Toure), Bellone.
Schiedsrichter: Fredriksson (Schweden). Zuschauer: 55 000.

● Bulgarien–DDR 1:0 (0:0) am 6. April 1985 in Sofia

Bulgarien: Michailow; Arabow; Iliew, G. Dimitrow, Petrow; Sdrawkow, Sirakow (ab 60. Welitschkow), Sadakow, Mladenow, Gotschew (ab 24. Getow), Iskrenow.
DDR: Müller; Dörner; Kreer, Stahmann, Döschner; Stübner, Krause, Backs (ab 88. Schulz); Minge (ab 88. Weidemann), Ernst, Thom.

Schiedsrichter: Wöhrer (Österreich). Zuschauer: 40 000. Torschütze: Mladenow (87.).

● Luxemburg–Jugoslawien 0:1 (0:0) am 1. Mai 1985 in Luxemburg

Luxemburg: van Rijswijck; Wagner; Rohmann, Schonckert, Bossi; Barboni, Weis (ab 72. Girres), Hellers, Dresch; Langers, Reiter.
Jugoslawien: Stojic; Hadzibegic; Miljus, Zajec, Radanovic (ab 46. Djurovski); Baljic, Gudelj (ab 46. Capljic), Bazdarevic, Mlinaric; Zl. Vujovic, Vokri.
Schiedsrichter: Haraldsson (Island). Zuschauer: 7 000. Torschütze: Vokri (89.).

● Bulgarien–Frankreich 2:0 (1:0) am 2. Mai 1985 in Sofia

Bulgarien: Michailow; Arabow; G. Dimitrow, Nikolow, Petrow; Sdrawkow, Sirakow, Sadakow; Getow (ab 76. Pantschew), Welitschkow (ab 56. Sheljaskow), Mladenow.
Frankreich: Bats; Bossis; Specht, Amoros, Ayache; Platini, Toure, Tigana, Fernandez (ab 71. Tusseau); Bellone, Stopyra.
Schiedsrichter: McGinley (Schottland). Zuschauer: 65 000. Torfolge: 1:0 G. Dimitrow (11.), 2:0 Sirakow (63.).

● DDR–Luxemburg 3:1 (3:0) am 18. Mai 1985 in Babelsberg

DDR: Müller; Dörner; Kreer, Rohde (ab 57. Döschner), Zötzsche; Pilz, Ernst, Liebers; Kirsten, Minge, Thom.
Luxemburg: van Rijswijck; Rohmann; Schonckert (ab 46. Meunier), Bossi, Wagner; Weis, Barboni, Dresch; Hellers, Reiter (ab 81. Malget), Langers.
Schiedsrichter: Scerri (Malta). Zuschauer: 9 000. Torfolge: 1:0, 2:0 Minge (19., 38.), 3:0 Ernst (45., Foulstrafstoß), 3:1 Langers (76.).

● Bulgarien–Jugoslawien 2:1 (1:1) am 1. Juni 1985 in Sofia

Bulgarien: Michailow; Nikolow, Petrow, Arabow, G. Dimitrow; Sdrawkow, Sadakow, Getow; Welitschkow (ab 46. Kostadinow), Sirakow (ab 46. Sheljaskow), Mladenow.
Jugoslawien: Stojic; Radanovic; Capljic, Gudelj, Zajec; Hadzibegic, Bazdarevic, Bahtic (ab 35. Mrkela), Mlinaric; Vokri, Djurovski.
Schiedsrichter: Christov (ČSSR). Zuschauer: 60 000. Torfolge: 1:0 Getow (27.), 1:1 Djurovski (29.), 2:1 Getow (57.).

● DDR–Frankreich 2:0 (0:0) am 11. September 1985 in Leipzig

DDR: Müller; Rohde; Kreer, Sänger, Zötzsche; Stübner, Minge, Liebers, Thom; Kirsten, Ernst.
Frankreich: Bats; Bossis; Bibard, Le Roux, Ayache; Giresse, Fernandez, Platini, Poullain (ab 75. Bellone); Rocheteau, Toure.
Schiedsrichter: d'Elia (Italien). Zuschauer: 78 000. Torfolge: 1:0 Ernst (54.), 2:0 Kreer (81.).

● Luxemburg–Bulgarien 1:3 (0:3) am 25. September 1985 in Luxemburg

Luxemburg: van Rijswijck; Schonckert; Scheuer, Meunier, Jeitz; Barboni (ab 74. Malget), Reiter, Dresch; Hellers, Weis (ab 46. Girres), Langers.
Bulgarien: Walow; Sdrawkow; G. Dimitrow, Arabow, Petrow; Sadakow, Kostadinow, Gospodinow, Gotschew; Getow (ab 70. Kolew), Iskrenow (ab 80. Paschew).
Schiedsrichter: Syme (Schottland). Zuschauer: 1 500. Torfolge: 0:1 Petrow (3.), 0:2 Kostadinow (26.), 0:3 G. Dimitrow (33.), 1:3 Langers (66., Foulstrafstoß).

● Jugoslawien–DDR 1:2 (0:0) am 28. September 1985 in Belgrad

Jugoslawien: Ljukovcan; Elsner; Gracan, Radanovic, Kapetanovic; Gudelj (ab 62. Capljic), Skoro, Bazdarevic; Nikolic (ab 64. Djurovski), Bursac, Zl. Vujovic.
DDR: Müller; Rohde; Kreer, Sänger, Zötzsche; Pilz, Minge, Liebers, Thom; Kirsten (ab 89. Heun), Ernst.
Schiedsrichter: Miminoschwili (UdSSR). Zuschauer: 45 000. Torfolge: 0:1, 0:2 Thom (47., 59.), 1:2 Skoro (83.).

*Zwei Fußballgrößen dieses Jahrzehnts – Tibor Nyilasi (Ungarn) von Bruno Pezzey (Österreich) angegriffen*

● Frankreich–Luxemburg 6:0 (4:0) am 30. Oktober 1985 in Paris

Frankreich: Bats; Bossis (ab 28. Le Roux); Ayache, Battiston, Amoros; Tigana, Giresse, Platini, Fernandez; Rocheteau (ab 63. Bellone), Toure.
Luxemburg: van Rijswijck; Meunier; Bossi, Dresch, Schonckert; Weis, Jeitz (ab 61. Wagner), Hellers; Hoscheid (ab 82. Scholten), Langers, Barboni.
Schiedsrichter: Listkiewicz (Polen). Zuschauer: 30 000. Torfolge: 1:0 Rocheteau (4.), 2:0 Toure (25.), 3:0 Rocheteau (30.), 4:0 Giresse (36.), 5:0 Fernandez (49., Foulstrafstoß), 6:0 Rocheteau (51.).

● Frankreich–Jugoslawien 2:0 (1:0) am 16. November 1985 in Paris

Frankreich; Bats; Battiston; Ayache, Le Roux (88. Platzverweis), Amoros; Tigana, Giresse, Platini, Fernandez; Toure, Rocheteau (ab 73. Stopyra).
Jugoslawien: Stojic; Vermezovic; Miljus, Radanovic (82. Platzverweis), Kapetanovic; Gudelj, Sliskovic, Stojkovic (ab 46. Skoro), Bazdarevic; Bursac, Zl. Vujovic.
Schiedsrichter: Ponnet (Belgien). Zuschauer: 46 000. Torfolge: 1:0, 2:0 Platini (3., 78.).

● DDR–Bulgarien 2:1 (2:1) am 16. November 1985 in Karl-Marx-Stadt

DDR: Müller; Rohde; Kreer, Sänger, Zötzsche; Pilz, Liebers, Minge, Stübner (ab 77. Heun); Kirsten, Ernst (ab 77. Glowatzky).

Bulgarien: Walow; E. Dimitrow; G. Dimitrow, Koew, Petrow; Sheljaskow, Sdrawkow (ab 65. Kolew), Gotschew, Gospodinow; Kostadinow, Iskrenow (ab 77. Getow).
Schiedsrichter: Keizer (Niederlande). Zuschauer: 32 000. Torfolge: 1:0 Zötzsche (4., Foulstrafstoß), 1:1 Gotschew (39.), 2:1 Liebers (40.).

| | | | | | | |
|---|---|---|---|---|---|---|
| 1. Frankreich | 8 | 5 | 1 | 2 | 15: 4 | 11: 5 |
| 2. Bulgarien | 8 | 5 | 1 | 2 | 13: 5 | 11: 5 |
| 3. DDR | 8 | 5 | – | 3 | 16: 9 | 10: 6 |
| 4. Jugoslawien | 8 | 3 | 2 | 3 | 7: 8 | 8: 8 |
| 5. Luxemburg | 8 | – | – | 8 | 2:27 | 0:16 |

*Gruppe 5:* Qualifiziert Ungarn
Niederlande bestreitet zwei Entscheidungsspiele gegen den Zweiten der Gruppe 1 (Belgien)

Zypern–Österreich 1:2 (0:1), Ungarn–Österreich 3:1 (0:1), Niederlande–Ungarn 1:2 (1:1), Österreich–Niederlande 1:0 (1:0), Zypern–Ungarn 1:2 (1:0), Zypern–Niederlande 0:1 (0:0), Niederlande–Zypern 7:1 (3:1), Ungarn–Zypern 2:0 (0:0), Österreich–Ungarn 0:3 (0:2), Niederlande–Österreich 1:1 (1:0), Österreich–Zypern 4:0 (2:0), Ungarn–Niederlande 0:1 (0:0).

| | | | | | | |
|---|---|---|---|---|---|---|
| 1. Ungarn | 6 | 5 | – | 1 | 12: 4 | 10: 2 |
| 2. Niederlande | 6 | 3 | 1 | 2 | 11: 5 | 7: 5 |
| 3. Österreich | 6 | 3 | 1 | 2 | 9: 8 | 7: 5 |
| 4. Zypern | 6 | – | – | 6 | 3:18 | 0:12 |

*Gruppe 6:* Qualifiziert Dänemark und die UdSSR
Irland–UdSSR 1:0 (0:0), Norwegen–Schweiz 0:1 (0:1), Dänemark–Norwegen 1:0 (0:0), Norwegen–UdSSR 1:1 (0:0), Schweiz–Dänemark 1:0 (1:0), Norwegen–Irland 1:0 (1:0), Dänemark–Irland 3:0 (1:0), Schweiz–UdSSR 2:2 (1:1), Irland–Norwegen 0:0, UdSSR–Schweiz 4:0 (4:0), Irland–Schweiz 3:0 (2:0), Dänemark–UdSSR 4:2 (2:1), Schweiz–Irland 0:0, UdSSR–Dänemark 1:0 (0:0), Dänemark–Schweiz 0:0, Norwegen–Dänemark 1:5 (1:0), UdSSR–Irland 2:0 (1:0), UdSSR–Norwegen 1:0 (0:0), Schweiz–Norwegen 1:1 (0:1), Irland–Dänemark 1:4 (1:1).

| | | | | | | |
|---|---|---|---|---|---|---|
| 1. Dänemark | 8 | 5 | 1 | 2 | 17: 6 | 11: 5 |
| 2. UdSSR | 8 | 4 | 2 | 2 | 13: 8 | 10: 6 |
| 3. Schweiz | 8 | 2 | 4 | 2 | 5:10 | 8: 8 |
| 4. Irland | 8 | 2 | 2 | 4 | 5:10 | 6:10 |
| 5. Norwegen | 8 | 1 | 3 | 4 | 4:10 | 5:11 |

*Gruppe 7:* Qualifiziert Spanien
Schottland bestreitet zwei Entscheidungsspiele gegen den Sieger der Ozeanien-Gruppe (Australien)
Island–Wales 1:0 (0:0), Spanien–Wales 3:0 (1:0), Schottland–Island 3:0 (2:0), Schottland–Spanien 3:1 (2:0), Wales–Island 2:1 (1:0), Spanien–Schottland 1:0 (0:0), Schottland–Wales 0:1 (0:1), Wales–Spanien 3:0 (1:0), Island–Schottland 0:1 (0:0), Island–Spanien 1:2 (1:0), Wales–Schottland 1:1 (1:0), Spanien–Island 2:1 (1:1).

| | | | | | | |
|---|---|---|---|---|---|---|
| 1. Spanien | 6 | 4 | – | 2 | 9: 8 | 8: 4 |
| 2. Schottland | 6 | 3 | 1 | 2 | 8: 4 | 7: 5 |
| 3. Wales | 6 | 3 | 1 | 2 | 7: 6 | 7: 5 |
| 4. Island | 6 | 1 | – | 5 | 4:10 | 2:10 |

Entscheidungsspiele: Belgien–Niederlande 1:0 (1:0), Niederlande–Belgien 2:1 (0:0); Schottland–Australien 2:0 (0:0), Australien–Schottland 0:0.
Damit außerdem qualifiziert:
Belgien und Schottland

**Afrika**

Qualifiziert Algerien und Marokko

*1. Runde:* Ägypten–Simbabwe 1:0 (1:0), Simbabwe–Ägypten 1:1 (1:1); Kenia–Äthiopien 2:1 (1:1), Äthiopien–Kenia 3:3 (2:0); Mauritius–Malawi 0:1 (0:1), Malawi–Mauritius 4:0 (1:0); Sambia–Uganda 3:0 (1:0), Uganda–Sambia 1:0 (0:0); Tansania–Sudan 1:1 (1:0), Sudan–Tansania 0:0; Sierra Leone–Marokko 0:1 (0:0), Marokko–Sierra Leone 4:0 (1:0); Benin–Tunesien 0:2 (0:0), Tunesien–Benin 4:0 (2:0); Elfenbeinküste–Gambia 4:0 (0:0), Gambia–Elfenbeinküste 3:2 (1:1); Nigeria–Liberia 3:0 (2:0), Liberia–Nigeria 0:1 (0:1); Angola–Senegal 1:0 (0:0), Senegal–Angola 1:0 (1:0) – Elfmeterschießen 3:4.
Kampflos kamen weiter: Madagaskar (Lesotho trat nicht an), Libyen (Niger zog zurück), Guinea (Togo zog zurück). Freilose: Ghana, Kamerun, Algerien.

*2. Runde:* Guinea–Tunesien 1:0 (0:0), Tunesien–Guinea 2:0 (1:0); Sudan–Libyen 0:0, Libyen–Sudan 4:0 (0:0); Ägypten–Madagaskar 1:0 (0:0), Madagaskar–Ägypten 1:0 (0:0) – Elfmeterschießen 2:4; Kenia–Nigeria 0:3 (0:2), Nigeria–Kenia 3:1 (2:1); Elfenbeinküste–Ghana 0:0, Ghana–Elfenbeinküste 2:0 (1:0); Marokko–Malawi 2:0 (1:0), Malawi–Marokko 0:0; Sambia–Kamerun 4:1 (4:0), Kamerun–Sambia 1:1 (1:1); Algerien–Angola 3:2 (3:0), Angola–Algerien 0:0.

*3. Runde:* Nigeria–Tunesien 1:0 (0:0), Tunesien–Nigeria 2:0 (1:0); Ägypten–Marokko 0:0, Marokko–Ägypten 2:0 (0:0); Algerien–Sambia 2:0 (1:0), Sambia–Algerien 0:1 (0:0); Ghana–Libyen 0:0, Libyen–Ghana 2:0 (1:0).

*4. Runde:* Tunesien–Algerien 1:4 (1:2), Algerien–Tunesien 3:0 (2:0); Marokko–Libyen 3:0 (1:0), Libyen–Marokko 1:0 (1:0).

**Nord-/Zentralamerika/Karibik**

Qualifiziert Kanada

*1. Runde* (Pokalsystem): El Salvador–Puerto Rico 5:0 (4:0), Puerto Rico–El Salvador 0:3 (0:2); Niederländische Antillen–USA 0:0, USA–Niederländische Antillen 4:0 (0:0); Panama–Honduras 0:3 (0:2), Honduras–Panama 1:0 (0:0); Antigua–Haiti 0:4 (0:2), Haiti–Antigua 1:2 (1:1); Suriname–Guyana 1:0 (1:0), Guyana–Suriname 1:1 (1:0).
Kampflos kamen weiter: Kanada (Jamaika wurde ausgeschlossen), Kostarika (Barbados zog zurück), Trinidad und Tobago (Grenada zog zurück). Freilos: Guatemala.

## 2. Runde (Punktsystem)

*Gruppe 1:* Suriname–El Salvador (in El Salvador) 0:3 (0:1), El Salvador–Suriname 3:0 (0:0), Suriname–Honduras (in Honduras) 1:2 (0:1), Honduras–Suriname 1:1 (1:1), El Salvador–Honduras 1:2 (0:1), Honduras–El Salvador 0:0.

| | | | | | | |
|---|---|---|---|---|---|---|
| 1. Honduras | 4 | 2 | 2 | – | 5:3 | 6:2 |
| 2. El Salvador | 4 | 2 | 1 | 1 | 7:2 | 5:3 |
| 3. Suriname | 4 | – | 1 | 3 | 2:9 | 1:7 |

*Gruppe 2:* Kanada–Haiti 2:0 (2:0), Kanada–Guatemala 2:1 (2:0), Haiti–Guatemala 0:1 (0:0), Guatemala–Kanada 1:1 (1:1), Haiti–Kanada 1:2 (0:1), Guatemala–Haiti 4:0 (1:0).

| | | | | | | |
|---|---|---|---|---|---|---|
| 1. Kanada | 4 | 3 | 1 | – | 7:3 | 7:1 |
| 2. Guatemala | 4 | 2 | 1 | 1 | 7:3 | 5:3 |
| 3. Haiti | 4 | – | – | 4 | 1:9 | 0:8 |

*Gruppe 3:* Trinidad und Tobago–Kostarika 0:3 (0:1), Kostarika–Trinidad und Tobago (in Trinidad) 1:1 (0:1), Trinidad und Tobago–USA (in den USA) 1:2 (1:1), USA–Trinidad und Tobago 1:0 (1:0), Kostarika–USA 1:1 (1:1), USA–Kostarika 0:1 (0:1).

| | | | | | | |
|---|---|---|---|---|---|---|
| 1. Kostarika | 4 | 2 | 2 | – | 6:2 | 6:2 |
| 2. USA | 4 | 2 | 1 | 1 | 4:3 | 5:3 |
| 3. Trinidad und Tobago | 4 | – | 1 | 3 | 2:7 | 1:7 |

## 3. Runde (Punktsystem der drei Gruppensieger)

Kostarika–Honduras 2:2 (1:2), Kanada–Kostarika 1:1 (0:1), Honduras–Kanada 0:1 (0:0), Kostarika–Kanada 0:1 (0:0), Honduras–Kostarika 3:1 (1:1), Kanada–Honduras 2:1 (1:0).

| | | | | | | |
|---|---|---|---|---|---|---|
| 1. Kanada | 4 | 2 | 2 | – | 4:2 | 6:2 |
| 2. Honduras | 4 | 1 | 1 | 2 | 6:6 | 3:5 |
| 3. Kostarika | 4 | – | 3 | 1 | 4:6 | 3:5 |

## Südamerika

*Gruppe 1:* Qualifiziert Argentinien

Kolumbien–Peru 1:0 (1:0), Venezuela–Argentinien 2:3 (1:2), Kolumbien–Argentinien 1:3 (0:1), Venezuela–Peru 0:1 (0:0), Peru–Kolumbien 0:0, Argentinien–Venezuela 3:0 (0:0), Peru–Venezuela 4:1 (2:1), Argentinien–Kolumbien 1:0 (0:0), Venezuela–Kolumbien 2:2 (1:1), Peru–Argentinien 1:0 (1:0), Kolumbien–Venezuela 2:0 (2:0), Argentinien–Peru 2:2 (1:2).

| | | | | | | |
|---|---|---|---|---|---|---|
| 1. Argentinien | 6 | 4 | 1 | 1 | 12: 6 | 9: 3 |
| 2. Peru | 6 | 3 | 2 | 1 | 8: 4 | 8: 4 |
| 3. Kolumbien | 6 | 2 | 2 | 2 | 6: 6 | 6: 6 |
| 4. Venezuela | 6 | – | 1 | 5 | 5:15 | 1:11 |

Für die Zusatzrunde qualifiziert Peru und Kolumbien.

*Gruppe 2:* Qualifiziert Uruguay

Ekuador–Chile 1:1 (1:1), Uruguay–Ekuador 2:1 (1:0), Chile–Ekuador 6:2 (4:2), Chile–Uruguay 2:0 (1:0), Ekuador–Uruguay 0:2 (0:0), Uruguay–Chile 2:1 (1:1).

| | | | | | | |
|---|---|---|---|---|---|---|
| 1. Uruguay | 4 | 3 | – | 1 | 6: 4 | 6:2 |
| 2. Chile | 4 | 2 | 1 | 1 | 10: 5 | 5:3 |
| 3. Ekuador | 4 | – | 1 | 3 | 4:11 | 1:7 |

Für die Zusatzrunde qualifiziert Chile.

*Gruppe 3:* Qualifiziert Brasilien

Bolivien–Paraguay 1:1 (1:0), Bolivien–Brasilien 0:2 (0:0), Paraguay–Bolivien 3:0 (2:0), Paraguay–Brasilien 0:2 (0:1), Brasilien–Paraguay 1:1 (1:1), Brasilien–Bolivien 1:1 (1:0).

| | | | | | | |
|---|---|---|---|---|---|---|
| 1. Brasilien | 4 | 2 | 2 | – | 6:2 | 6:2 |
| 2. Paraguay | 4 | 1 | 2 | 1 | 5:4 | 4:4 |
| 3. Bolivien | 4 | – | 2 | 2 | 2:7 | 2:6 |

Für die Zusatzrunde qualifiziert Paraguay.

*Zusatzrunde* (im Pokalsystem):
Qualifiziert Paraguay

Paraguay–Kolumbien 3:0 (1:0), Kolumbien–Paraguay 2:1 (0:0); Chile–Peru 4:2 (3:1), Peru–Chile 0:1 (0:0).
Finale der beiden Sieger: Paraguay–Chile 3:0 (1:0), Chile–Paraguay 2:2 (1:2).

## Asien

Qualifiziert Südkorea und Irak

*Gruppe 1:*

*Untergruppe 1a:* Saudi-Arabien–Vereinigte Arabische Emirate 0:0, Vereinigte Arabische Emirate–Saudi-Arabien 1:0 (1:0); Oman zog zurück.

*Untergruppe 1b:* Jordanien–Katar 1:0 (0:0), Irak–Libanon 6:0 (2:0)*, Katar–Libanon 7:0 (5:0)*, Jordanien–Irak 2:3 (0:1), Katar–Libanon 8:0 (2:0)*, Irak–Katar 2:1 (1:1), Katar–Jordanien 2:0 (0:0), Irak–Jordanien (in Kuweit) 2:0 (0:0), Katar–Irak 2:1 (1:1).
* = Libanon zog am 3. April 1985 zurück; Spiele wurden annulliert.

| | | | | | | |
|---|---|---|---|---|---|---|
| 1. Irak | 4 | 3 | – | 1 | 8:5 | 6:2 |
| 2. Katar | 4 | 2 | – | 2 | 5:4 | 4:4 |
| 3. Jordanien | 4 | 1 | – | 3 | 3:7 | 2:6 |

*Gruppe 2:*

*Untergruppe 2a:* Syrien–Kuweit 1:0 (0:0), Jemenitische Arabische Republik–Syrien 0:1 (0:0), Kuweit–Jemenitische AR 5:0 (1:0), Kuweit–Syrien 0:0, Syrien–Jemenitische AR 3:0 (2:0), Jemenitische AR–Kuweit 1:3 (0:2).

| | | | | | | |
|---|---|---|---|---|---|---|
| 1. Syrien | 4 | 3 | 1 | – | 5: 0 | 7:1 |
| 2. Kuweit | 4 | 2 | 1 | 1 | 8: 2 | 5:3 |
| 3. Jemenitische AR | 4 | – | – | 4 | 1:12 | 0:8 |

*Untergruppe 2b:* VDR Jemen–Bahrein 1:4 (0:2), Bahrein–VDR Jemen 3:3 (1:2); Iran wurde ausgeschlossen.

*Gruppe 3:*

*Untergruppe 3a:* Nepal–Südkorea 0:2 (0:1), Malaysia–Südkorea 1:0 (0:0), Nepal–Malaysia 0:0, Malaysia–Nepal 5:0 (5:0), Südkorea–Nepal 4:0 (3:0), Südkorea–Malaysia 2:0 (2:0).

| | | | | | | |
|---|---|---|---|---|---|---|
| 1. Südkorea | 4 | 3 | – | 1 | 8: 1 | 6:2 |
| 2. Malaysia | 4 | 2 | 1 | 1 | 6: 2 | 5:3 |
| 3. Nepal | 4 | – | 1 | 3 | 0:11 | 1:7 |

*Untergruppe 3b:* Indonesien–Thailand 1:0 (0:0), Indonesien–Bangladesh 2:0 (0:0), Indonesien–Indien 2:1 (1:1), Thailand–Bangladesh 3:0 (1:0), Thailand–Indonesien 0:1 (0:1), Bangladesh–Indien 1:2 (1:1), Bangladesh–Indonesien 2:1 (0:1), Bangladesh–Thailand 1:0 (0:0), Indien–Indonesien 1:1 (1:0), Indien–Thailand 1:1 (0:0), Indien–Bangladesh 2:1 (1:1).

| | | | | | | |
|---|---|---|---|---|---|---|
| 1. Indonesien | 6 | 4 | 1 | 1 | 8: 4 | 9:3 |
| 2. Indien | 6 | 2 | 3 | 1 | 7: 6 | 7:5 |
| 3. Thailand | 6 | 1 | 2 | 3 | 4: 4 | 4:8 |
| 4. Bangladesh | 6 | 2 | – | 4 | 5:10 | 4:8 |

*Gruppe 4:*

*Untergruppe 4a:* Macau–Brunei 2:0 (0:0), Hongkong–China 0:0, Macau–China 0:4 (0:1), Hongkong–Brunei 8:0 (3:0), China–Brunei 8:0 (4:0), Brunei–China (in Hongkong) 0:4 (0:2), Brunei–Hongkong 1:5 (0:3), Brunei–Macau 1:2 (0:0), Macau–Hongkong 0:2 (0:0), Hongkong–Macau 2:0 (2:0), China–Macau 6:0 (3:0), China–Hongkong 1:2 (1:1).

| | | | | | | |
|---|---|---|---|---|---|---|
| 1. Hongkong | 6 | 5 | 1 | – | 19: 2 | 11: 1 |
| 2. China | 6 | 4 | 1 | 1 | 23: 2 | 9: 3 |
| 3. Macau | 6 | 2 | – | 4 | 4:15 | 4: 8 |
| 4. Brunei | 6 | – | – | 6 | 2:29 | 0:12 |

*Untergruppe 4b:* Singapur–KDVR 1:1 (1:0), Singapur–Japan 1:3 (1:2), Japan–KDVR 1:0 (1:0), KDVR–Japan 0:0, Japan–Singapur 5:0 (0:0), KDVR–Singapur 2:0 (2:0).

| | | | | | | |
|---|---|---|---|---|---|---|
| 1. Japan | 4 | 3 | 1 | – | 9: 1 | 7:1 |
| 2. KDVR | 4 | 1 | 2 | 1 | 3: 2 | 4:4 |
| 3. Singapur | 4 | – | 1 | 3 | 2:11 | 1:7 |

*2. Runde* (Pokalsystem mit den Siegern der acht Untergruppen): Vereinigte Arabische Emirate–Irak 2:3 (1:1); Irak–Vereinigte Arabische Emirate 1:2 (0:1); Bahrein–Syrien 1:1 (1:0), Syrien–Bahrein 1:0 (1:0); Südkorea–Indonesien 2:0 (0:0), Indonesien–Südkorea 1:4 (0:3); Japan–Hongkong 3:0 (2:0), Hongkong–Japan 2:1 (0:0).

*3. Runde:* Japan–Südkorea 1:2 (1:1), Südkorea–Japan 1:0 (0:0); Syrien–Irak 0:0, Irak–Syrien (in Saudi-Arabien) 3:1 (1:0).

## Ozeanien

Israel–Taiwan 6:0 (3:0), Taiwan–Israel (in Israel) 0:5 (0:2), Neuseeland–Australien 0:0, Neuseeland–Taiwan 5:1 (3:1), Israel–Australien 1:2 (0:0), Taiwan–Neuseeland (in Neuseeland) 0:5 (0:2), Australien–Israel 1:1 (1:0), Australien–Taiwan 7:0 (2:0), Neuseeland–Israel 3:1 (2:1), Taiwan–Australien (in Australien) 0:8 (0:1), Australien–Neuseeland 2:0 (1:0), Israel–Neuseeland 3:0 (0:0).

| | | | | | | |
|---|---|---|---|---|---|---|
| 1. Australien | 6 | 4 | 2 | – | 20: 2 | 10: 2 |
| 2. Israel | 6 | 3 | 1 | 2 | 17: 6 | 7: 5 |
| 3. Neuseeland | 6 | 3 | 1 | 2 | 13: 7 | 7: 5 |
| 4. Taiwan | 6 | – | – | 6 | 1:36 | 0:12 |

Australien damit für zwei Entscheidungsspiele qualifiziert gegen den Zweiten der Europagruppe 7 (Schottland), dort aber mit 0:2 (0:0) und 0:0 gescheitert.

# Der Schlüssel für die WM-Qualifikation

Ein Überblick über die Verteilung der Endrundenteilnehmer pro Kontinent bei den WM-Turnieren

| | Europa | Asien/ Ozeanien | Afrika | Süd- amerika | Nord-/ Mittel- amerika/ Karibik |
|---|---|---|---|---|---|
| 1930[1] | 4 | – | – | 7 | 2 |
| 1934 | 12 | – | 1 | 2 | 1 |
| 1938[2] | 13 | 1 | – | 1 | 1 |
| 1950[3] | 8 | 1 | – | 5 | 2 |
| 1954 | 12 | 1 | – | 2 | 1 |
| 1958 | 12 | – | – | 3 | 1 |
| 1962 | 10 | – | – | 5 | 1 |
| 1966 | 10 | 1 | – | 4 | 1 |
| 1970 | 9 | 1 | 1 | 3 | 2 |
| 1974 | 9 | 1 | 1 | 4 | 1 |
| 1978 | 10 | 1 | 1 | 3 | 1 |
| 1982 | 14 | 2 | 2 | 4 | 2 |
| 1986 | 14 | 2 | 2 | 4 | 2 |

Erläuterung:
1 = Nur 13 Teilnehmer
2 = Österreich qualifiziert, aber an der Endrundenteilnahme durch faschistische deutsche Annexion verhindert
3 = Türkei, Schottland und Indien ziehen sich zurück
Zwischen 1934 und 1978 jeweils 16 Teilnehmer, seit 1982 jeweils 24 Teilnehmer.

# Einem Duo
# genügten vier Spiele

Der Weg der 24 Endrundenteilnehmer
nach Mexiko

| | Sp. | g. | u. | v. | Tore | Pkt. |
|---|---|---|---|---|---|---|
| Südkorea | 8 | 7 | – | 1 | 17: 3 | 14:2 |
| Kanada | 8 | 5 | 3 | – | 11: 5 | 13:3 |
| England | 8 | 4 | 4 | – | 21: 2 | 12:4 |
| BRD | 8 | 5 | 2 | 1 | 22: 9 | 12:4 |
| Marokko | 8 | 5 | 2 | 1 | 12: 1 | 12:4 |
| Algerien | 6 | 5 | 1 | – | 13: 3 | 11:1 |
| Dänemark | 8 | 5 | 1 | 2 | 17: 6 | 11:5 |
| Frankreich | 8 | 5 | 1 | 2 | 15: 4 | 11:5 |
| Bulgarien | 8 | 5 | 1 | 2 | 13: 5 | 11:5 |
| Irak | 8 | 5 | 1 | 2 | 15:10 | 11:5 |
| Ungarn | 6 | 5 | – | 1 | 12: 4 | 10:2 |
| Schottland | 8 | 4 | 2 | 2 | 10: 4 | 10:6 |
| UdSSR | 8 | 4 | 2 | 2 | 13: 8 | 10:6 |
| Belgien | 8 | 4 | 2 | 2 | 9: 5 | 10:6 |
| Nordirland | 8 | 4 | 2 | 2 | 8: 5 | 10:6 |
| Portugal | 8 | 5 | – | 3 | 12:10 | 10:6 |
| Argentinien | 6 | 4 | 1 | 1 | 12: 6 | 9:3 |
| Paraguay | 8 | 3 | 3 | 2 | 14: 8 | 9:7 |
| Polen | 6 | 3 | 2 | 1 | 10: 6 | 8:4 |
| Spanien | 6 | 4 | – | 2 | 9: 8 | 8:4 |
| Brasilien | 4 | 2 | 2 | – | 6: 2 | 6:2 |
| Uruguay | 4 | 3 | – | 1 | 6: 4 | 6:2 |
| Italien | Titelverteidiger | | | | | |
| Mexiko | Gastgeber | | | | | |
| Gesamt: | 158 | 96 | 32 | 30 | 277:118 | 224:92 |

# Gruppenspiele der Vorrunde:

**Gruppe A:**
**Spiele in Mexiko-Stadt und Puebla**

Bulgarien–Italien 1:1 (0:1)
am 31. Mai in Mexiko-Stadt
Bulgarien: Michailow; Sdrawkow, Arabow, Dimitrow, A. Markow; Sadkow, Sirakow, Gospodinow (ab 75. Sheljaskow), Getow; Mladenow, Iskrenow (ab 66. Kostadinow).
Italien: Galli; Scirea; Bergomi, Vierchowod, Cabrini; Conti (ab 66. Vialli), Bagni, di Gennaro, de Napoli; Galderisi, Altobelli.
Schiedsrichter: Fredriksson (Schweden); Zuschauer: 112 500; Torfolge: 0:1 Altobelli (44.), 1:1 Sirakow (85.).

Argentinien–Südkorea 3:1 (2:0)
am 2. Juni in Mexiko-Stadt
Argentinien: Pumpido; Brown; Clausen, Ruggeri, Garre; Giusti, Batista (ab 75. Olarticoechea), Maradona, Burruchaga; Pasculli (ab 73. Tapia), Valdano.
Südkorea: Yung-Kyo Oh; Kyung-Hoon Park; Yong-Hwan Jung, Pyung-Suk Kim (ab 22. Kwang-Rae

Cho), Min-Kook Cho, Chang-Sun Park; Yong-Se Kim (ab 46. Byung-Soo Byun), Jung-Moo Huh, Joo-Sung Kim; Sun-Hoo Choi, Bum-Kun Cha.
Schiedsrichter: Sanchez (Spanien); Zuschauer 40 000; Torfolge: 1:0 Valdano (6.), 2:0 Ruggeri (18.), 3:0 Valdano (46.), 3:1 Chang-Sun Park (73.).

Italien–Argentinien 1:1 (1:1)
am 5. Juni in Puebla
Italien: Galli; Scirea; Bergomi, Vierchowod, Cabrini; Conti (ab 65. Vialli), Bagni, di Gennaro, de Napoli (ab 87. Baresi); Galderisi, Altobelli.
Argentinien: Pumpido; Brown; Cuciuffo, Ruggeri, Garre; Giusti, Batista (ab 59. Olarticoechea), Maradona, Burruchaga; Valdano, Borghi (ab 75. Enrique).
Schiedsrichter: Keizer (Niederlande); Zuschauer: 35 000; Torfolge: 1:0 Altobelli (7., Handstrafstoß), 1:1 Maradona (34.).

Südkorea–Bulgarien 1:1 (0:1)
am 5. Juni in Mexiko-Stadt
Südkorea: Yung-Kyo Oh; Kyung-Hoon Park, Yong-Hwan Jung, Kwang-Rae Cho (ab 73. Min-Kook Cho), Young-Jeung Cho; Chang-Sun Park, Soo-Jin No (ab 46. Kim-Yong Boo), Byung-Soo Byun, Jung-Moo Huh; Joo-Sung Kim, Bum-Kun Cha.
Bulgarien: Michailow; Sdrawkow, Arabow, Dimitrow, Petrow; Sadkow, Sirakow, Getow (ab 57. Sheljaskow), Gospodinow; Mladenow, Iskrenow (ab 46. Kostadinow).
Schiedsrichter: Al-Shanar (Saudi-Arabien); Zuschauer: 20 000; Torfolge: 0:1 Getow (11.), 1:1 Kim-Yong Boo (70.).

Bulgarien–Argentinien 0:2 (0:1)
am 10. Juni in Mexiko-Stadt
Bulgarien: Michailow; Sheljaskow; Petrow, Dimitrow, A. Markow; Sadkow, Sirakow (ab 70. Sdrawkow), Getow, P. Markow; Mladenow (ab 53. Welitschkow), Jordanow.
Argentinien: Pumpido; Brown; Cuciuffo, Ruggeri, Garre; Giusti, Batista (ab 46. Olarticoechea), Maradona, Burruchaga; Borghi (ab 46. Enrique), Valdano.
Schiedsrichter: Ulloa Morera (Kostarika); Zuschauer: 35 000; Torfolge: 0:1 Valdano (4.), 0:2 Burruchaga (77.).

Südkorea–Italien 2:3 (0:1)
am 10. Juni in Puebla
Südkorea: Yung-Kyo Oh; Kyung-Hoon Park, Yong-Hwan Jung, Kwang-Rae Cho, Jung-Moo Huh; Chang-Sun Park, Joo-Sung Kim (ab 46. Jong-Soo Chung), Byung-Soo Byun (ab 70. Kim-Yong Boo), Young-Jeung Cho; Sun-Hoo Choi, Bum-Kun Cha.
Italien: Galli; Scirea; Collovati, Vierchowod, Cabrini; Conti, Bagni (ab 67. Baresi), di Gennaro, de Napoli; Galderisi (ab 87. Vialli), Altobelli.
Schiedsrichter: Socha (USA); Zuschauer: 8 000; Torfolge: 0:1 Altobelli (18.), 1:1 Sun-Hoo Choi (63.), 1:2 Altobelli (74.), 1:3 Kwang-Rae Cho (82., Eigentor), 2:3 Jung-Moo Huh (88.).

*Abschlußstand*

| | | | | | | |
|---|---|---|---|---|---|---|
| Argentinien | 3 | 2 | 1 | – | 6:2 | 5:1 |
| Italien | 3 | 1 | 2 | – | 5:4 | 4:2 |
| Bulgarien | 3 | – | 2 | 1 | 2:4 | 2:4 |
| Südkorea | 3 | – | 1 | 2 | 4:7 | 1:5 |

Qualifiziert für das Achtelfinale:
Argentinien, Italien und Bulgarien

## Gruppe B:
## Spiele in Mexiko-Stadt und Toluca

Belgien–Mexiko 1:2 (1:2)
am 3. Juni in Mexiko-Stadt
Belgien: Pfaff; F. van der Elst; Gerets, Broos, de Wolf; Vandereycken, Scifo, Ceulemans, Vercauteren; Vandenbergh (ab 67. Demol), Desmet (ab 63. Claesen).
Mexiko: Larios; Quirarte; Trejo, F. Cruz, Servin; Munoz, Aguirre, Boy (ab 72. Espana), Negrete; Sanchez, Flores (ab 80. J. Cruz).
Schiedsrichter: Esposito (Argentinien); Zuschauer: 95 000; Torfolge: 0:1 Quirarte (24.), 0:2 Sanchez (40.), 1:2 Vandenbergh (45.).

Paraguay–Irak 1:0 (1:0) am 4. Juni in Toluca
Paraguay: Fernandez; Torales, Zabala, Delgado, Schettina; Nunez, Romero, Canete, Fereira; Cabanas, Mendozza (ab 88. Guash).
Irak: Hamoudi; Mahmoud; Kh. Allawi, Salim, Al-Roubai; Hanna (ab 81. Kassim), Shibab, Said, Abdoun; Hassan (ab 67. Aufi), Amaiesh.
Schiedsrichter: Picon (Mauritius); Zuschauer: 12 000; Torschütze: Romero (36.).

Mexiko–Paraguay 1:1 (1:0)
am 7. Juni in Mexiko-Stadt
Mexiko: Larios; Quirarte; Trejo, F. Cruz, Servin; Munoz, Aguirre, Boy (ab 58. Espana), Negrete; Sanchez, Flores (ab 76. J. Cruz).
Paraguay: Fernandez; Torales (ab 80. Hicks), Delgado, Zabala, Schettina; Nunez, Fereira, Romero, Canete; Cabanas, Mendozza (ab 63. Guash).
Schiedsrichter: Courtney (England); Zuschauer: 111 000; Torfolge: 1:0 Flores (3.), 1:1 Romero (85.).

Irak–Belgien 1:2 (0:2) am 8. Juni in Toluca
Irak: Hamoudi; Mahmoud; Kh. Allawi, Salim, Al-Roubai; Hanna (53. Feldverweis), Shibab, Minshid (ab 82. Aufi), Abdoun; Hassan, Amaiesh.
Belgien: Pfaff; F. van der Elst; Gerets, Demol (ab 69. Grün), de Wolf; Vandereycken, Scifo (ab 67. Clijsters), Ceulemans, Vercauteren; Claesen, Desmet.
Schiedsrichter: Diaz Palcio (Kolumbien); Zuschauer: 15 000; Torfolge: 0:1 Scifo (16.), 0:2 Claesen (21., Foulstrafstoß), 1:2 Amaiesh (57.).

Mexiko–Irak 1:0 (0:0)
am 11. Juni in Mexiko-Stadt
Mexiko: Larios; Quirarte; Amador, F. Cruz, Servin; Espana, Aguirre (ab 62. Dominguez), Boy, de los Cobos (ab 78. J. Cruz), Negrete; Flores.
Irak: Jasim; Majeed; Kh. Allawi, Salim, Al-Roubai;

Radhi, Abdoun (ab 61. Aufi), Shibab, Tweresh (ab 70. Hamza); Minshid, Kassim.
Schiedsrichter: Petrovic (Jugoslawien); Zuschauer: 100 000; Torschütze: Quirarte (54.).

Belgien–Paraguay 2:2 (1:0)
am 11. Juni in Toluca
Belgien: Pfaff; Renquin; Grün (ab 88. F. van der Elst), Broos, Vervoort; Scifo, Ceulemans, Demol, Vercauteren; Claesen, Veyt.
Paraguay: Fernandez; Guash, Delgado, Zabala, Torales; Nunez, Romero, Fereira, Canete; Cabanas, Mendozza (ab 67. Hicks).
Schiedsrichter: Dotschew (Bulgarien); Zuschauer: 8 000; Torfolge: 1:0 Vercauteren (32.), 1:1 Cabanas (51.), 2:1 Veyt (61.), 2:2 Cabanas (77.).

*Abschlußstand*

| | | | | | | |
|---|---|---|---|---|---|---|
| Mexiko | 3 | 2 | 1 | – | 4:2 | 5:1 |
| Paraguay | 3 | 1 | 2 | – | 4:3 | 4:2 |
| Belgien | 3 | 1 | 1 | 1 | 5:5 | 3:3 |
| Irak | 3 | – | – | 3 | 1:4 | 0:6 |

Qualifiziert für das Achtelfinale:
Mexiko, Paraguay und Belgien

## Gruppe C:
## Spiele in Leon und Irapuato

Kanada–Frankreich 0:1 (0:0)
am 1. Juni in Leon
Kanada: Dolan; Lenarduzzi, Bridge, Samuel, Wilson; Norman, James (ab 82. Segota), Ragan, Sweeney (ab 54. Lowery); Vrablic, Valentin.
Frankreich: Bats; Amoros, Bossis, Battiston, Tusseau; Tigana, Giresse, Platini, Fernandez; Papin, Rocheteau (ab 71. Stopyra).
Schiedsrichter: Silva (Chile); Zuschauer: 20 000; Torschütze: Papin (79.).

UdSSR–Ungarn 6:0 (3:0)
am 2. Juni in Irapuato
UdSSR: Dassajew; Bessonow; Larionow, Kusnezow, Demjanenko; Jakowenko (ab 72. Jewtuschenko), Jaremtschuk, Sawarow, Alejnikow, Raz; Belanow (ab 70. Rodionow).
Ungarn: P. Disztl; Roth (ab 15. Burcsa); Sallai, Garaba, Peter (ab 62. Dajka); A. Nagy, Kardos, Detari, Bognar; Kiprich, Esterhazy.
Schiedsrichter: Agnolin (Italien); Zuschauer: 16 000; Torfolge: 1:0 Jakowenko (2.), 2:0 Alejnikow (4.), 3:0 Belanow (25., Foulstrafstoß), 4:0, 5:0 Jaremtschuk (67., 75.), 6:0 Rodionow (80.).

Frankreich–UdSSR 1:1 (0:0)
am 5. Juni in Leon
Frankreich: Bats; Ayache, Bossis, Battiston, Amoros; Tigana, Giresse (ab 82. Vercruysse), Platini, Fernandez; Papin (ab 77. Bellone), Stopyra.
UdSSR: Dassajew; Bessonow; Larionow, Kusnezow, Demjanenko; Jakowenko (ab 70. Rodionow), Jaremtschuk, Sawarow (ab 59. Blochin), Alejnikow, Raz; Belanow.

Schiedsrichter: Arppi Filho (Brasilien); Zuschauer: 27 000; Torfolge: 0:1 Raz (54.), 1:1 Fernandez (61.).

Ungarn–Kanada 2:0 (1:0) am 6. Juni in Irapuato
Ungarn: Szendrei; Kardos; Sallai, Garaba, Varga (ab 62. Dajka); A. Nagy, Burcsa (ab 46. Roth), Detari, Bognar; Kiprich, Esterhazy.
Kanada: Lettieri; Lenarduzzi, Bridge, Samuel, Wilson (ab 46. Sweeney/86. Feldverweis); James (ab 54. Segota), Ragan, Gray, Norman; Vrablic, Valentin.
Schiedsrichter: Al-Sharif (Syrien); Zuschauer: 10 000; Torfolge: 1:0 Esterhazy (2.), 2:0 Detari (76.).

Ungarn–Frankreich 0:3 (0:1)
am 9. Juni in Leon
Ungarn: P. Disztl; Roth; Sallai, Garaba, Varga; Hannich (ab 46. A. Nagy), Kardos, Detari, Kovacs (ab 65. Bognar); Dajka, Esterhazy.
Frankreich: Bats; Ayache, Bossis, Battiston, Amoros; Tigana, Giresse, Platini, Fernandez; Papin (ab 61. Rocheteau), Stopyra (ab 70. Ferreri).
Schiedsrichter: da Silva (Portugal); Zuschauer: 31 500; Torfolge: 0:1 Stopyra (30.), 0:2 Tigana (63.), 0:3 Rocheteau (83.).

UdSSR–Kanada 2:0 (0:0)
am 9. Juni in Irapuato
UdSSR: Tschanow; Kusnezow; Morosow, Bubnow, Alejnikow; Bal, Litowtschenko, Jewtuschenko, Blochin (ab 62. Sawarow); Protassow (ab 57. Belanow), Rodionow.
Kanada: Lettieri; Lenarduzzi, Bridge, Samuel, Wilson; Gray (ab 70. Pakos), Ragan, James (ab 64. Segota), Norman; Valentin, Mitchell.
Schiedsrichter: Traore (Mali); Zuschauer: 4 500; Torfolge: 1:0 Blochin (59.), 2:0 Sawarow (75.).

*Abschlußstand*

| | | | | | | |
|---|---|---|---|---|---|---|
| UdSSR | 3 | 2 | 1 | – | 9:1 | 5:1 |
| Frankreich | 3 | 2 | 1 | – | 5:1 | 5:1 |
| Ungarn | 3 | 1 | – | 2 | 2:9 | 2:4 |
| Kanada | 3 | – | – | 3 | 0:5 | 0:6 |

Qualifiziert für das Achtelfinale:
UdSSR und Frankreich

**Gruppe D:**
**Spiele in Guadalajara**

Spanien–Brasilien 0:1 (0:0) am 1. Juni
Spanien: Zubizarreta; Maceda; Tomas, Goicoechea, Julio Alberto; Michel, Francisco (ab 85. Senor), Camacho, Victor; Butragueno, Salinas.
Brasilien: Carlos; Edson, Julio Cesar, Edinho, Junior (ab 80. Falcao); Alemao, Socrates, Elzo, Branco; Careca, Casagrande (ab 67. Müller).
Schiedsrichter: Bambridge (Australien); Zuschauer: 66 000; Torschütze: Socrates (63.).

Algerien–Nordirland 1:1 (0:1) am 3. Juni
Algerien: Larbi; Medjadi, Guendouz, Kourichi, Mansouri; Ben Mabrouk, Kaci Said, Maroc, Zidane

(ab 72. Belloumi); Madjer (ab 33. Harkouk), Assad.
Nordirland: Jennings; O'Neill; Nicholl, McDonald, Donaghy; Penney (ab 68. Stewart), McCreery, McIlroy, Worthington; Whiteside (ab 82. Clarke), Hamilton.
Schiedsrichter: Butenko (UdSSR); Zuschauer: 25 000; Torfolge: 0:1 Whiteside (4.), 1:1 Zidane (58.).

Brasilien–Algerien 1:0 (0:0) am 6. Juni
Brasilien: Carlos; Edinho; Edson (ab 10. Falcao), Julio Cesar, Branco; Alemao, Socrates, Elzo, Junior; Careca, Casagrande (ab 60. Müller).
Algerien: Drid; Medjadi, Guendouz, Magharia, Mansouri; Belloumi (ab 80. Zidane), Kaci Said, Ben Mabrouk, Menad; Madjer, Assad (ab 68. Bensaoula).
Schiedsrichter: Molina (Guatemala); Zuschauer: 38 000; Torschütze: Careca (67.).

Nordirland–Spanien 1:2 (0:2) am 7. Juni
Nordirland: Jennings; Nicholl, O'Neill, McDonald, Donaghy; Penney (ab 53. Stewart), McCreery, McIlroy, Worthington (ab 72. Hamilton); Whiteside, Clarke.
Spanien: Zubizarreta; Gallego; Tomas, Goicoechea, Camacho; Michel, Francisco, Victor, Gordillo (ab 53. Caldere); Butragueno, Salinas (ab 79. Senor).
Schiedsrichter: Brummeier (Österreich); Zuschauer: 20 000; Torfolge: 0:1 Butragueno (2.), 0:2 Salinas (19.), 1:2 Clarke (47.).

Nordirland–Brasilien 0:3 (0:2) am 12. Juni
Nordirland: Jennings; Nicholl, O'Neill, McDonald, Donaghy; Stewart, Whiteside (ab 68. Hamilton), Campbell (ab 71. Armstrong), McIlroy, McCreery; Clarke.
Brasilien: Carlos; Edinho; Josimar, Julio Cesar, Branco; Alemao, Socrates (ab 68. Zico), Elzo, Junior; Müller (ab 27. Casagrande), Careca.
Schiedsrichter: Kirschen (DDR); Zuschauer: 45 000; Torfolge: 0:1 Careca (15.), 0:2 Josimar (42.), 0:3 Careca (87.).

Algerien–Spanien 0:3 (0:1)
am 12. Juni in Monterrey
Algerien: Drid (ab 19. Larbi); Guendouz; Mansouri, Megharia, Kourichi; Maroc, Kaci Said, Belloumi, Zidane (ab 58. Menad); Harkouk, Madjer.
Spanien: Zubizarreta; Gallego; Tomas, Goicoechea, Camacho; Michel (ab 63. Senor), Francisco, Caldere, Victor; Butragueno (ab 46. Eloy), Salinas.
Schiedsrichter: Takada (Japan); Zuschauer: 12 000; Torfolge: 0:1, 0:2 Caldere (16., 68.), 0:3 Eloy (71.).

*Abschlußstand*

| | | | | | | |
|---|---|---|---|---|---|---|
| Brasilien | 3 | 3 | – | – | 5:0 | 6:0 |
| Spanien | 3 | 2 | – | 1 | 5:2 | 4:2 |
| Nordirland | 3 | – | 1 | 2 | 2:6 | 1:5 |
| Algerien | 3 | – | 1 | 2 | 1:5 | 1:5 |

Qualifiziert für das Achtelfinale:
Brasilien und Spanien

Uruguay–BRD 1:1 (1:0)
am 4. Juni in Queretaro
Uruguay: Alves; Diego; Gutierrez, Acevedo, Batista; Barrios (ab 56. Saralegui), Bossio, Santin, Francescoli; Alzamendi (ab 82. Ramos), da Silva.
BRD: Schumacher; Augenthaler; Berthold, Förster; Eder, Matthäus (ab 69. Rummenigge), Magath, Briegel, Brehme (ab 46. Littbarski); Völler, Allofs.
Schiedsrichter: Christov (ČSSR); Zuschauer: 25 000; Torfolge: 1:0 Alzamendi (5.), 1:1 Allofs (85.).

Dänemark–Schottland 1:0 (0:0)
am 4. Juni in Nezahualcoyotl
Dänemark: Rasmussen; M. Olsen; Busk, I. Nielsen; Bertelsen, Berggreen, Lerby, Arnesen (ab 75. Sivebaek), J. Olsen (ab 89. Mölby); Elkjaer-Larsen, Laudrup.
Schottland: Leighton; Gough, Miller, McLeish, Malpas; Strachan (ab 75. Bannon), Souness, Aitken, Nicoll; Sturrock (ab 61. McAvennie), Nicholas.
Schiedsrichter: Nemeth (Ungarn); Zuschauer: 15 000; Torschütze: Elkjaer-Larsen (58.).

BRD–Schottland 2:1 (1:1)
am 8. Juni in Queretaro
BRD: Schumacher; Augenthaler; Berthold, Förster, Briegel (ab 63. Jakobs); Matthäus, Eder, Magath; Littbarski (ab 76. Rummenigge), Völler, Allofs.
Schottland: Leighton; Gough, Narey, Miller, Malpas; Strachan, Souness, Aitken, Nicoll (ab 60. McAvennie); Archibald, Bannon (ab 75. Cooper).
Schiedsrichter: Igna (Rumänien); Zuschauer: 28 000; Torfolge: 0:1 Strachan (18.), 1:1 Völler (22.), 2:1 Allofs (50.).

Uruguay–Dänemark 1:6 (1:2)
am 8. Juni in Nezahualcoyotl
Uruguay: Alves; Batista; Gutierrez, Acevedo, Diego; Saralegui, Santin (ab 57. Zalazar), Bossio (20. Feldverweis), Francescoli; Alzamendi (ab 57. Ramos), da Silva.
Dänemark: Rasmussen; M. Olsen; Busk, I. Nielsen; Andersen; Berggreen, Bertelsen (ab 57. Mölby), Arnesen, Lerby, Elkjaer-Larsen, Laudrup (ab 83. J. Olsen).
Schiedsrichter: Marquez (Mexiko); Zuschauer: 21 000; Torfolge: 0:1 Elkjaer-Larsen (11.), 0:2 Lerby (41.), 1:2 Francescoli (45., Foulstrafstoß), 1:3 Laudrup (52.), 1:4, 1:5 Elkjaer-Larsen (67., 80.), 1:6 J. Olsen (89.).

Uruguay–Schottland 0:0
am 14. Juni in Nezahualcoyotl
Uruguay: Alves; Diego, Gutierrez, Acevedo, Batista (1. Feldverweis); Barrios, Santin, Ramos (ab 70. Saralegui, Cabrera, Pereira; Francescoli (ab 83. Alzamendi).
Schottland: Leighton; Gough, Narey, Miller, Albiston; Strachan, McStay, Aitken, Nicoll (ab 70. Nicholas; Sharp, Sturrock (ab 70. Cooper).

Schiedsrichter: Quiniou (Frankreich); Zuschauer: 15 000.

Dänemark–BRD 2:0 (1:0)
am 14. Juni in Queretaro
Dänemark: Hoegh; M. Olsen; Sivebaek, Busk; Arnesen (89. Feldverweis), Mölby, Andersen, Lerby, J. Olsen (ab 72. Simonsen); Elkjaer-Larsen (ab 46. Eriksen), Laudrup.
BRD: Schumacher; Jakobs; Berthold, Förster (ab 72. Rummenigge), Brehme; Matthäus, Herget, Eder, Rolff (ab 46. Littbarski); Völler, Allofs.
Schiedsrichter: Ponnet (Belgien); Zuschauer: 25 000; Torfolge: 1:0 J. Olsen (44., Foulstrafstoß), 2:0 Eriksen (63.).

*Abschlußstand*

| | | | | | | |
|---|---|---|---|---|---|---|
| Dänemark | 3 | 3 | – | – | 9:1 | 6:0 |
| BRD | 3 | 1 | 1 | 1 | 3:4 | 3:3 |
| Uruguay | 3 | – | 2 | 1 | 2:7 | 2:4 |
| Schottland | 3 | – | 1 | 2 | 1:3 | 1:5 |

Qualifiziert für das Achtelfinale:
Dänemark, BRD und Uruguay

**Gruppe F:**
**Spiele in Monterrey**

Marokko–Polen 0:0 am 2. Juni
Marokko: Zaki; Bouyahiaoui; Khalifa, Biaz, Lemris; Dolmy, Bouderbala, Timoumi (ab 90. Khairi); El-Haddaoui (ab 89. Souleymani), Krimau, Mustapha.
Polen: Mlynarczyk; Wojcicki; Ostrowski, Majewski, Kubicki (ab 46. Przybys); Komornicki, Buncol, Matysik, Boniek; Dziekanowski (ab 56. Urban), Smolarek.
Schiedsrichter: Martinez (Uruguay); Zuschauer: 12 000.

Portugal–England 1:0 (0:0) am 3. Juni
Portugal: Bento; Rosa; A. Magalhaes, Oliveira, Inacio; Diamantino (ab 83. Antonio), Pacheco, Andre, Sousa, Carlos Manuel; Gomes (ab 75. Futre).
England: Shilton; G. Stevens, Butcher, Fenwick, Sansom; Wilkins, Hoddle, Robson (ab 79. Hodge), Waddle (ab 79. Beardsley); Lineker, Hateley.
Schiedsrichter: Roth (BRD); Zuschauer: 20 000; Torschütze: Carlos Manuel (76.).

England–Marokko 0:0 am 6. Juni
England: Shilton; G. Stevens, Butcher, Fenwick, Sansom; Wilkins (42. Feldverweis), Hoddle, Robson (ab 41. Hodge), Waddle; Lineker, Hateley (ab 76. A. Stevens).
Marokko: Zaki; Bouyahiaoui; Khalifa, Biaz, Lemris; Dolmy, Bouderbala, Timoumi (ab 72. Hcina); Khairi, Krimau, Mustapha (ab 86. Souleymani).
Schiedsrichter: Gonzales (Paraguay); Zuschauer: 10 000.

Polen–Portugal 1:0 (0:0) am 7. Juni
Polen: Mlynarczyk; Wojcicki; Majewski, Ostrow-

ski; Urban, Komornicki (ab 57. Palasz), Pawlak, Matysik, Boniek; Dziekanowski, Smolarek (ab 74. Zgutczynski).

Portugal: Damas; Rosa; A. Magalhaes, Oliveira, Inacio; Diamantino, Pacheco, Andre (ab 73. J. Magalhaes), Sousa, Carlos Manuel; Gomes (ab 46. Futre).

Schiedsrichter: Bennaceur (Tunesien); Zuschauer: 6 000; Torschütze: Smolarek (68.).

Portugal–Marokko 1:3 (0:2)
am 11. Juni in Guadalajara
Portugal: Damas; Inacio, Oliveira, Rosa, A. Magalhaes (ab 55. Aguas); Pacheco, J. Magalhaes, Carlos Manuel, Sousa (ab 69. Diamantino); Gomes, Futre.

Marokko: Zaki; Bouyahiaoui; Khalifa, Biaz, Lemris; Dolmy, Bouderbala, Timoumi, Hadaoui (ab 72. Souleymani); Krimau, Khairi.

Schiedsrichter: Snoddy (Nordirland); Zuschauer: 27 000; Torfolge: 0:1, 0:2 Khairi (19., 27.), 0:3 Krimau (62.), 1:3 Diamantino (79.).

England–Polen 3:0 (3:0) am 11. Juni
England: Shilton; G. Stevens, Butcher, Fenwick, Sansom; Hoddle, Steven, Reid, Hodge; Beardsley (ab 75. Waddle), Lineker (ab 85. Dixon).

Polen: Mlynarczyk; Wojcicki; Pawlak, Majewski, Ostrowski; Matysik (ab 46. Buncol), Urban, Komornicki (ab 22. Karas), Boniek; Dziekanowski, Smolarek.

Schiedsrichter: Daina (Schweiz); Zuschauer: 23 000; Torfolge: 1:0, 2:0, 3:0 Lineker (7., 23., 36.).

*Abschlußstand*

| | | | | | | |
|---|---|---|---|---|---|---|
| Marokko | 3 | 1 | 2 | – | 3:1 | 4:2 |
| England | 3 | 1 | 1 | 1 | 3:1 | 3:3 |
| Polen | 3 | 1 | 1 | 1 | 1:3 | 3:3 |
| Portugal | 3 | 1 | – | 2 | 2:4 | 2:4 |

Qualifiziert für das Achtelfinale:
Marokko, England und Polen

# Achtelfinale:

Mexiko–Bulgarien 2:0 (1:0)
am 15. Juni in Mexiko-Stadt
Mexiko: Larios; Quirarte; Amador, F. Cruz, Servin; Espana, Munoz, Negrete, Boy (ab 80. de los Cobos), Aguirre; Sanchez.

Bulgarien: Michailow; Arabow, Sdrawkow, Dimitrow, Petrow; Sadkow, Jordanow, Kostadinow, Gospodinow; Getow (ab 60. Sirakow), Paschew (ab 71. Iskrenow).

Schiedsrichter: Arppi Filho (Brasilien); Zuschauer: 114 000; Torfolge: 1:0 Negrete (35.), 2:0 Servin (61.).

UdSSR–Belgien 3:4 (2:2, 1:0)
nach Verlängerung am 15. Juni in Leon
UdSSR: Dassajew; Bessonow; Bal, Kusnezow, Demjanenko; Jakowenko (ab 79. Jewtuschenko), Jaremtschuk, Sawarow (ab 72. Rodionow), Alejnikow; Belanow, Raz.

Belgien: Pfaff; Renquin; Gerets (ab 113. F. van der Elst), Demol, Vervoort; Grün (ab 100. Clijsters),

Scifo, Ceulemans, Vercauteren; Veyt, Claesen.
Schiedsrichter: Fredriksson (Schweden); Zuschauer: 20 000; Torfolge: 1:0 Belanow (28.), 1:1 Scifo (56.), 2:1 Belanow (71.), 2:2 Ceulemans (77.), 2:3 Demol (102.), 2:4 Claesen (108.), 3:4 Belanow (110., Foulstrafstoß).

Brasilien–Polen 4:0 (1:0)
am 16. Juni in Guadalajara
Brasilien: Carlos; Edinho; Josimar, Julio Cesar, Branco; Alemao, Socrates (ab 70. Zico), Junior, Elzo; Müller (ab 74. Silas), Careca.

Polen: Mlynarczyk; Wojcicki; Przybys (ab 60. Furtok), Majewski, Ostrowski; Karas, Urban (ab 83. Zmuda), Tarasiewicz, Boniek; Dziekanowski, Smolarek.

Schiedsrichter: Roth (BRD); Zuschauer: 45 000; Torfolge: 1:0 Socrates (29., Foulstrafstoß), 2:0 Josimar (55.), 3:0 Edinho (78.), 4:0 Careca (83., Foulstrafstoß).

Argentinien–Uruguay 1:0 (1:0)
am 16. Juni in Puebla
Argentinien: Pumpido; Brown; Cuciuffo, Ruggeri, Garre; Giusti, Batista (ab 86. Olarticoechea), Burruchaga, Maradona; Pasculli, Valdano.

Uruguay: Alves; Acevedo (ab 61. Ruben Paz); Bossio, Gutierrez, Rivero; Barrios, Santin, Pereira, Francescoli; Ramos, Cabrera (ab 46. da Silva).

Schiedsrichter: Agnolin (Italien); Zuschauer: 30 000; Torschütze: Pasculli (42.).

Frankreich–Italien 2:0 (1:0)
am 17. Juni in Mexiko-Stadt
Frankreich: Bats; Ayache, Bossis, Battiston, Amoros; Giresse, Tigana, Fernandez (ab 74. Tusseau), Platini (ab 85. Ferreri); Rocheteau, Stopyra.

Italien: Galli; Scirea; Bergomi, Vierchowod, Cabrini; de Napoli, Conti, Bagni, Baresi (ab 46. di Gennaro); Altobelli, Galderisi (ab 58. Vialli).

Schiedsrichter: Esposito (Argentinien); Zuschauer: 70 000; Torfolge: 1:0 Platini (15.), 2:0 Stopyra (57.).

Marokko–BRD 0:1 (0:0)
am 17. Juni in Monterrey
Marokko: Zaki; Bouyahiaoui; Khalifa, Oudani, Lemris; Hadaoui, Dolmy, Bouderbala, Timoumi; Krimau, Khairi.

BRD: Schumacher; Jakobs; Förster, Eder; Berthold, Matthäus, Magath, Briegel, Rummenigge; Völler (ab 46. Littbarski), Allofs.

Schiedsrichter: Petrovic (Jugoslawien); Zuschauer: 22 000; Torschütze: Matthäus (88.).

England–Paraguay 3:0 (1:0)
am 18. Juni in Mexiko-Stadt
England: Shilton; G. Stevens, Butcher, Martin, Sansom; Hoddle, Steven, Reid (ab 57. A. Stevens), Hodge; Beardsley (ab 84. Hateley), Lineker.

Paraguay: Fernandez; Delgado; Torales (ab 64. Guash), Zabala, Schettina; Fereira, Romero, Nunez, Canete; Cabanas, Mendozza.

Schiedsrichter: Al-Sharif (Syrien); Zuschauer:

99 000; Torfolge: 1:0 Lineker (31.), 2:0 Beardsley (57.), 3:0 Lineker (72.).

Spanien–Dänemark 5:1 (1:1)
am 18. Juni in Queretaro
Spanien: Zubizarreta; Gallego; Tomas, Goicoechea, Julio Alberto; Michel (84. Francisco), Camacho, Victor, Caldere; Salinas (46. Eloy), Butragueno.
Dänemark: Hoegh; M. Olsen; Busk, I. Nielsen, Andersen (61. Eriksen); Berggreen, Bertelsen, Lerby, J. Olsen (71. Mölby); Elkjaer-Larsen, Laudrup.
Schiedsrichter: Keizer (Niederlande); Zuschauer: 38 000; Torfolge: 0:1 J. Olsen (33., Foulstrafstoß), 1:1, 2:1 Butragueno (43., 57.), 3:1 Goicoechea (70., Foulstrafstoß), 4:1, 5:1 Butragueno (80., 89., Foulstrafstoß).

## Viertelfinale:

Brasilien–Frankreich 1:1 (1:1, 1:1)
nach Verlängerung, Elfmeterschießen 3:4
am 21. Juni in Guadalajara
Brasilien: Carlos; Edinho; Josimar (ab 91. Silas), Julio Cesar, Branco; Alemao, Socrates, Elzo, Junior; Müller (ab 72. Zico), Careca.
Frankreich: Bats; Amoros, Bossis, Battiston, Tusseau; Giresse (ab 84. Ferreri), Tigana, Platini, Fernandez; Stopyra, Rocheteau (ab 99. Bellone).
Schiedsrichter: Igna (Rumänien); Zuschauer: 68 000; Torfolge: 1:0 Careca (16.), 1:1 Platini (41.); Elfmeterschießen: Socrates – gehalten, Stopyra 0:1, Alemao 1:1, Amoros 1:2, Zico 2:2, Bellone 2:3, Branco 3:3, Platini – verschossen, Julio Cesar – Pfosten, Fernandez 3:4.

BRD–Mexiko 0:0 nach Verlängerung,
Elfmeterschießen 4:1
am 21. Juni in Monterrey
BRD: Schumacher; Jakobs; Förster, Brehme; Berthold (66. Feldverweis), Eder (ab 114. Littbarski), Matthäus, Magath, Briegel; Rummenigge (ab 58. Hoeness), Allofs.
Mexiko: Larios; Quirarte; Servin, F. Cruz, Amador (70. J. Cruz); Espana, Munoz, Negrete, Boy (32. de los Cobos); Aguirre (100. Feldverweis), Sanchez.
Schiedsrichter: Diaz Palcio (Kolumbien); Zuschauer: 46 000; Elfmeterschießen: Allofs 1:0, Negrete 1:1, Brehme 2:1, Quirarte – gehalten, Matthäus 3:1, Servin – gehalten, Littbarski 4:1.

Argentinien–England 2:1 (0:0)
am 22. Juni in Mexiko-Stadt
Argentinien: Pumpido; Brown; Cuciuffo, Ruggeri, Olarticoechea; Giusti, Batista, Burruchaga (ab 76. Tapia), Enrique; Valdano, Maradona.
England: Shilton; G. Stevens (ab 75. Barnes), Butcher, Fenwick, Sansom; Hoddle, Steven, Reid (ab 65. Waddle), Hodge; Beardsley, Lineker.
Schiedsrichter: Bennaceur (Tunesien); Zuschauer: 100 000; Torfolge: 1:0, 2:0 Maradona (51., 55.), 2:1 Lineker (81.).

Spanien–Belgien 1:1 (1:1, 0:1)
nach Verlängerung, Elfmeterschießen 4:5
am 22. Juni in Puebla

Spanien: Zubizarreta; Gallego; Tomas (ab 46. Senor), Chendo, Camacho; Michel, Victor, Caldere; Julio Alberto; Salinas (ab 64. Eloy), Butragueno.
Belgien: Pfaff; Renquin; Gerets, Grün, Demol, Vervoort; Scifo, Ceulemans, Vercauteren (ab 106. F. van der Elst); Veyt (ab 84. Broos), Claesen.
Schiedsrichter: Kirschen (DDR); Zuschauer: 45 000; Torfolge: 0:1 Ceulemans (35.), 1:1 Senor (85.); Elfmeterschießen: Senor 1:0, Claesen 1:1, Eloy – gehalten, Scifo 1:2, Chendo 2:2, Broos 2:3, Butragueno 3:3, Vervoort 3:4, Victor 4:4, F. van der Elst 4:5.

## Halbfinale:

Frankreich–BRD 0:2 (0:1)
am 25. Juni in Guadalajara
Frankreich: Bats; Ayache, Bossis, Battiston, Amoros; Tigana, Giresse (ab 72. Vercruysse), Platini, Fernandez; Stopyra, Bellone (ab 66. Xuereb).
BRD: Schumacher; Jakobs; Brehme, Förster, Eder; Matthäus, Rolff, Magath, Briegel; Rummenigge (ab 57. Völler), Allofs.
Schiedsrichter: Agnolin (Italien); Zuschauer: 40 000; Torfolge: 0:1 Brehme (9.), 0:2 Völler (90.).

Argentinien–Belgien 2:0 (0:0)
am 25. Juni in Mexiko-Stadt
Argentinien: Pumpido; Brown; Cuciuffo, Ruggeri, Olarticoechea; Giusti, Batista, Enrique, Burruchaga (ab 85. Bochini); Maradona, Valdano.
Belgien: Pfaff; Renquin (ab 54. Desmet); Gerets, Grün, Demol, Vervoort; Scifo, Ceulemans, Vercauteren; Claesen, Veyt.
Schiedsrichter: Marquez (Mexiko); Zuschauer: 110 000; Torfolge: 1:0, 2:0 Maradona (52., 63.).

## Spiel um Platz 3:

Frankreich–Belgien 4:2 (2:2, 2:1)
nach Verlängerung am 28. Juni in Puebla
Frankreich: Rust; Bibard, Battiston, Le Roux (ab 56. Bossis), Amoros; Ferreri, Vercruysse, Tigana (ab 83. Tusseau), Genghini; Papin, Bellone.
Belgien: Pfaff; Renquin (ab 46. F. van der Elst); Gerets, Grün, Demol; Scifo (ab 64. L. van der Elst), Mommens, Ceulemans, Vervoort; Veyt, Claesen.
Schiedsrichter: Courtney (England); Zuschauer: 22 000; Torfolge: 0:1 Ceulemans (11.), 1:1 Ferreri (27.), 2:1 Papin (43.), 2:2 Claesen (72.), 3:2 Genghini (104.), 4:2 Amoros (109., Foulstrafstoß).

## Finale:

Argentinien–BRD 3:2 (1:0)
am 29. Juni in Mexiko-Stadt
Argentinien: Pumpido; Brown; Cuciuffo, Ruggeri, Olarticoechea; Giusti, Enrique, Batista, Burruchaga (ab 90. Trobbiani); Maradona, Valdano.
BRD: Schumacher; Jakobs; Förster, Eder; Berthold, Matthäus, Magath (ab 61. Hoeness), Briegel, Brehme; Rummenigge, Allofs (ab 46. Völler).
Schiedsrichter: Arppi Filho (Brasilien); Zuschauer: 114 000; Torfolge: 1:0 Brown (22.), 2:0 Valdano (56.), 2:1 Rummenigge (72.), 2:2 Völler (84.), 3:2 Burruchaga (85.).

## Die Punkttabelle aller Endrundenteilnehmer
## nach der XIII. Fußball-Weltmeisterschaft

| | Teiln. | Sp. | S. | U. | N. | Tore | Punkte |
|---|---|---|---|---|---|---|---|
| 1. Brasilien | 13 | 62 | 41 | 11 | 10 | 144:63 | 93:31 |
| 2. BRD | 9 | 55 | 31 | 12 | 12 | 116:72 | 74:36 |
| 3. Italien | 11 | 47 | 25 | 11 | 11 | 79:52 | 61:33 |
| 4. Argentinien | 9 | 41 | 22 | 6 | 13 | 77:55 | 50:32 |
| 5. England | 8 | 34 | 15 | 9 | 10 | 47:32 | 39:29 |
| 6. Uruguay | 8 | 33 | 14 | 7 | 12 | 59:47 | 35:31 |
| 7. Frankreich | 9 | 34 | 15 | 5 | 14 | 71:56 | 35:33 |
| 8. UdSSR | 6 | 28 | 14 | 6 | 8 | 49:30 | 34:22 |
| 9. Ungarn | 9 | 32 | 15 | 3 | 14 | 87:57 | 33:31 |
| 10. Polen | 5 | 25 | 13 | 5 | 7 | 39:29 | 31:19 |
| 11. Jugoslawien | 7 | 28 | 11 | 6 | 11 | 47:36 | 28:28 |
| 12. Spanien | 7 | 28 | 11 | 6 | 11 | 37:34 | 28:28 |
| 13. Schweden | 7 | 28 | 11 | 6 | 11 | 48:46 | 28:28 |
| 14. Österreich | 5 | 23 | 11 | 2 | 10 | 38:40 | 24:22 |
| 15. ČSSR | 7 | 25 | 8 | 5 | 12 | 34:40 | 21:29 |
| 16. Niederlande | 4 | 16 | 8 | 3 | 5 | 32:19 | 19:13 |
| 17. Mexiko | 9 | 29 | 6 | 6 | 17 | 27:64 | 18:40 |
| 18. Chile | 6 | 21 | 7 | 3 | 11 | 26:32 | 17:25 |
| 19. Belgien | 7 | 21 | 5 | 4 | 12 | 27:45 | 14:28 |
| 20. Portugal | 2 | 9 | 6 | 0 | 3 | 19:12 | 12:6 |
| 21. Schottland | 6 | 17 | 3 | 6 | 8 | 21:32 | 12:22 |
| 22. Schweiz | 6 | 18 | 5 | 2 | 11 | 28:44 | 12:24 |
| 23. Nordirland | 3 | 13 | 3 | 5 | 5 | 13:23 | 11:15 |
| 24. Peru | 4 | 15 | 4 | 3 | 8 | 19:31 | 11:19 |
| 25. Paraguay | 4 | 11 | 3 | 4 | 4 | 16:25 | 10:12 |
| 26. Deutschland | 2 | 6 | 3 | 1 | 2 | 14:13 | 7:5 |
| 27. Dänemark | 1 | 4 | 3 | 0 | 1 | 10:6 | 6:2 |
| 28. DDR | 1 | 6 | 2 | 2 | 2 | 5:5 | 6:6 |
| 29. USA | 3 | 7 | 3 | 0 | 4 | 12:21 | 6:8 |
| 30. Bulgarien | 5 | 16 | 0 | 6 | 10 | 11:35 | 6:26 |
| 31. Wales | 1 | 5 | 1 | 3 | 1 | 4:4 | 5:5 |
| 32. Algerien | 2 | 6 | 2 | 1 | 3 | 6:10 | 5:7 |
| 33. Marokko | 2 | 7 | 1 | 3 | 3 | 5:8 | 5:9 |
| 34. Rumänien | 4 | 8 | 2 | 1 | 5 | 12:17 | 5:11 |
| 35. Tunesien | 1 | 3 | 1 | 1 | 1 | 3:2 | 3:3 |
| 36. Kamerun | 1 | 3 | 0 | 3 | 0 | 1:1 | 3:3 |
| 37. Kuba | 1 | 3 | 1 | 1 | 1 | 5:12 | 3:3 |
| 38. KDVR | 1 | 4 | 1 | 1 | 2 | 5:9 | 3:5 |
| 39. Türkei | 1 | 3 | 1 | 0· | 2 | 10:11 | 2:4 |
| 40. Honduras | 1 | 3 | 0 | 2 | 1 | 2:3 | 2:4 |
| 41. Israel | 1 | 3 | 1 | 0 | 2 | 1:3 | 2:4 |
| 42. Kuweit | 1 | 3 | 0 | 1 | 2 | 2:6 | 1:5 |
| 43. Australien | 1 | 3 | 0 | 1 | 2 | 0:5 | 1:5 |
| 44. Kolumbien | 1 | 3 | 0 | 1 | 2 | 5:11 | 1:5 |
| 45. Iran | 1 | 3 | 0 | 1 | 2 | 2:8 | 1:5 |
| 46. Südkorea | 2 | 5 | 0 | 1 | 4 | 4:23 | 1:9 |
| 47. Norwegen | 1 | 1 | 0 | 0 | 1 | 1:2 | 0:2 |
| 48. AR Ägypten | 1 | 1 | 0 | 0 | 1 | 2:4 | 0:2 |
| 49. Niederländisch-Indien | 1 | 1 | 0 | 0 | 1 | 0:6 | 0:2 |
| 50. Irak | 1 | 3 | 0 | 0 | 3 | 1:4 | 0:6 |
| 51. Kanada | 1 | 3 | 0 | 0 | 3 | 0:5 | 0:6 |
| 52. Neuseeland | 1 | 3 | 0 | 0 | 3 | 2:12 | 0:6 |
| 53. Haiti | 1 | 3 | 0 | 0 | 3 | 2:14 | 0:6 |
| 54. Zaire | 1 | 3 | 0 | 0 | 3 | 0:14 | 0:6 |
| 55. Bolivien | 2 | 3 | 0 | 0 | 3 | 0:16 | 0:6 |
| 56. El Salvador | 2 | 6 | 0 | 0 | 6 | 1:22 | 0:12 |

## Croy und Streich liegen gleichauf

Sie kamen für die DDR-Nationalmannschaft in WM-Spielen (Qualifikation und Endrunde) zum Einsatz

**B**

1 Backs, Christian (BFC Dynamo). 1985 Bulgarien 0:1.
2 Baum, Frank (1. FC Lok Leipzig). 1981 Polen 2:3, Malta 5:1.
1 Bialas, Artur (SC Empor Rostock). 1961 Ungarn 0:2.
2 Bielau, Andreas (FC Carl Zeiss Jena). 1981 Polen 0:1, Malta 5:1.
2 Blochwitz, Wolfgang (FC Carl Zeiss Jena). 1973 Rumänien 0:1, Finnland 5:1.
16 Bransch, Bernd (HFC Chemie/FC Carl Zeiss Jena). 1969 Italien 2:2, Wales 2:1, Wales 3:1, Italien 0:3, 1972 Finnland 5:0, 1973 Albanien 2:0, Rumänien 0:1, Finnland 5:1, Rumänien 2:0/2 Tore, Albanien 4:1, 1974 Australien 2:0, Chile 1:1, BRD 1:0, Brasilien 0:1, Niederlande 0:2, Argentinien 1:1.
1 Busch, Günter (SC Lok Leipzig). 1957 Wales 1:4.
4 Buschner, Georg (SC Motor Jena). 1957 Wales 2:1, ČSR 1:3, Wales 1:3, ČSR 1:4.

**C**

19 Croy, Jürgen (Sachsenring Zwickau). 1969 Italien 2:2, Wales 2:1, Wales 3:1, Italien 0:3, 1972 Finnland 5:0, 1973 Albanien 2:0, Rumänien 2:0, Albanien 4:1, 1974 Australien 2:0, Chile 1:1, BRD 1:0, Brasilien 0:1, Niederlande 0:2, Argentinien 1:1, 1976 Türkei 1:1, 1977 Österreich 1:1, Österreich 1:1, Malta 9:0, Türkei 2:1.

**D**

14 Dörner, Hans-Jürgen (Dynamo Dresden). 1976 Türkei 1:1, 1977 Malta 1:0, Österreich 1:1, Österreich 1:1, Malta 9:0, Türkei 2:1, 1981 Malta 2:1, Polen 0:1, Polen 2:3, 1984 Jugoslawien 2:3, Luxemburg 5:0, Frankreich 0:2, 1985 Bulgarien 0:1, Luxemburg 3:1.
4 Döschner, Matthias (Dynamo Dresden). 1984 Luxemburg 5:0, Frankreich 0:2, 1985 Bulgarien 0:1, Luxemburg 3:1.
16 Ducke, Peter (FC Carl Zeiss Jena). 1961 Ungarn 0:2, Niederlande 1:1, Ungarn 2:3/1, 1965 Österreich 1:1, Ungarn 2:3/2, Österreich 1:0, 1969 Italien 0:3, 1972 Finnland 5:0, 1973 Albanien 2:0, Rumänien 0:1, Finnland 5:1/1, Rumänien 2:0, Albanien 4:1, 1974 Chile 1:1, Niederlande 0:2, Argentinien 1:1.
5 Ducke, Roland (FC Carl Zeiss Jena). 1961 Ungarn 0:2, Niederlande 1:1, 1965 Österreich 1:1, Ungarn 2:3, Österreich 1:0.

**E**

7 Erler, Dieter (SC Wismut Karl-Marx-Stadt). 1961 Ungarn 0:2, Niederlande 1:1/1, Ungarn 2:3/1, 1965 Österreich 1:1, Ungarn 1:1, Ungarn 2:3, Österreich 1:0.
8 Ernst, Rainer (BFC Dynamo). 1981 Malta 5:1, 1984 Jugoslawien 2:3/1, Luxemburg 5:0/3, 1985 Bulgarien 0:1, Luxemburg 3:1/1, Frankreich 2:0/1, Jugoslawien 2:1, Bulgarien 2:1.

**F**

8 Fräßdorf, Otto (FC Vorwärts Berlin). 1965 Österreich 1:1, Ungarn 1:1, Ungarn 2:3, Österreich 1:0, 1969 Italien 2:2, Wales 2:1, Wales 3:1, Italien 0:3.
7 Frenzel, Henning (1. FC Lok Leipzig). 1965 Ungarn 1:1, Ungarn 2:3, 1969 Italien 2:2, Wales 2:1, Wales 3:1/1, Italien 0:3, 1973 Albanien 4:1.
2 Fritsche, Joachim (1. FC Lok Leipzig). 1973 Rumänien 2:0, Albanien 4:1.

**G**

2 Ganzera, Frank (Dynamo Dresden). 1972 Finnland 5:0, 1973 Rumänien 0:1.
4 Geisler, Manfred (1. FC Lok Leipzig). 1965 Österreich 1:1, Ungarn 1:1, Ungarn 2:3, Österreich 1:0.
4 Glowatzky, Michael (FC Karl-Marx-Stadt). 1984 Jugoslawien 2:3/1, Luxemburg 5:0, Frankreich 0:2, Bulgarien 2:1.
4 Grapenthin, Hans-Ulrich (FC Carl Zeiss Jena). 1977 Malta 1:0, 1981 Malta 2:1, Polen 0:1, Polen 2:3.

**H**

9 Häfner, Reinhard (Dynamo Dresden). 1973 Finnland 5:1, 1976 Türkei 1:1, 1977 Malta 1:0, Österreich 1:1, Österreich 1:1, Malta 9:0, Türkei 2:1, Malta 2:1/1, Polen 0:1.
2 Hamann, Erich (FC Vorwärts Frankfurt/Oder). 1974 BRD 1:0, Brasilien 0:1.
3 Heidler, Gert (Dynamo Dresden). 1976 Türkei 1:1, 1977 Malta 1:0, Österreich 1:1.
3 Heine, Werner (SC Dynamo Berlin). 1961 Ungarn 0:2, Niederlande 1:1, Ungarn 2:3.
3 Heun, Jürgen (FC Rot-Weiß Erfurt). 1981 Malta 5:1/1, 1985 Jugoslawien 2:1, Bulgarien 2:1.
1 Hirschmann, Günter (SC Aufbau Magdeburg). 1961 Ungarn 0:2.
13 Hoffmann, Martin (1. FC Magdeburg). 1974 Australien 2:0, Chile 1:1/1, BRD 1:0, Brasilien 0:1, Niederlande 0:2, Argentinien 1:1, 1977 Malta 1:0, Österreich 1:1/1, Österreich 1:1, Malta 9:0/3, Türkei 2:1/1, 1981 Malta 2:1, Polen 0:1.
1 Hoge, Günter (ASK Vorwärts Berlin). 1961 Ungarn 2:3.
1 Holzmüller, Willy (SC Motor Karl-Marx-Stadt). 1957 ČSR 1:4.

**I**

6 Irmscher, Harald (FC Carl Zeiss Jena). 1969 Wales 3:1, Italien 0:3, 1974 Australien 2:0, Chile 1:1, BRD 1:0, Brasilien 0:1.

**J**

1 Jahn, Rolf (SC Turbine Erfurt). 1957 ČSR 1:4.

**K**

6 Kaiser, Manfred (SC Wismut Karl-Marx-Stadt). 1957 Wales 2:1, ČSR 1:3, Wales 1:4/1, ČSR 1:4, 1961 Niederlande 1:1, Ungarn 2:3.

1 Kalinke, Peter (ASK Vorwärts Berlin). 1961 Ungarn 2:3.

4 Kirsten, Ulf (Dynamo Dresden). 1985 Luxemburg 3:1, Frankreich 2:0, Jugoslawien 2:1, Bulgarien 2:1.

13 Kische, Gerd (FC Hansa Rostock). 1973 Albanien 2:0, 1974 Australien 2:0, Chile 1:1, BRD 1:0, Brasilien 0:1, Niederlande 0:2, Argentinien 1:1, 1976 Türkei 1:1, 1977 Malta 1:0, Österreich 1:1, Österreich 1:1, Malta 9:0, Türkei 2:1.

1 Klingbiel, Wilfried (SC Aufbau Magdeburg). 1961 Ungarn 2:3.

7 Körner, Gerhard (FC Vorwärts Berlin). 1965 Österreich 1:1, Ungarn 1:1, Österreich 1:0, 1969 Italien 2:2, Wales 2:1, Wales 3:1, Italien 0:3.

3 Kotte, Peter (Dynamo Dresden). 1976 Türkei 1:1/1, 1977 Österreich 1:1, Österreich 1:1.

3 Krampe, Dieter (ASK Vorwärts Berlin). 1961 Ungarn 0:2, Niederlande 1:1, Ungarn 2:3.

2 Krause, Andreas (FC Carl Zeiss Jena). 1981 Malta 5:1/1, 1985 Bulgarien 0:1.

7 Kreer, Ronald (1. FC Lok Leipzig). 1984 Jugoslawien 2:3, Luxemburg 5:0, 1985 Bulgarien 0:1, Luxemburg 3:1, Frankreich 2:0/1, Jugoslawien 2:1, Bulgarien 2:1.

10 Kreische, Hans-Jürgen (Dynamo Dresden). 1969 Italien 2:2/1, Wales 2:1, Finnland 5:0/1, 1973 Albanien 2:0, Rumänien 0:1, Finnland 5:1/1, Rumänien 2:0, 1974 Chile 1:1, BRD 1:0, Niederlande 0:2.

12 Kurbjuweit, Lothar (FC Carl Zeiss Jena). 1973 Albanien 2:0, Rumänien 0:1, Finnland 5:1, Rumänien 2:0, Albanien 4:1, 1974 BRD 1:0, Brasilien 0:1, Niederlande 0:2, Argentinien 1:1, 1977 Malta 1:0, 1981 Polen 0:1, Polen 2:3.

**L**

9 Lauck, Reinhard (1. FC Union Berlin/BFC Dynamo). 1973 Rumänien 0:1, Finnland 5:1, Rumänien 2:0, Albanien 4:1, 1974 BRD 1:0, Brasilien 0:1, Niederlande 0:2, 1976 Türkei 1:1, 1977 Malta 1:0.

10 Liebers, Matthias (1. FC Lok Leipzig). 1981 Malta 2:1, Polen 0:1, Polen 2:3, Malta 5:1, 1984 Luxemburg 5:0, Frankreich 0:2, 1985 Luxemburg 3:1, Frankreich 2:0, Jugoslawien 2:1, Bulgarien 2:1/1.

3 Lindemann, Lutz (FC Carl Zeiss Jena). 1977 Österreich 1:1, Österreich 1:1, Türkei 2:1.

14 Löwe, Wolfram (1. FC Lok Leipzig). 1969 Italien 2:2, Wales 2:1/1, Wales 3:1/1, Italien 0:3, 1973 Albanien 2:0, Rumänien 0:1, Finnland 5:1/1, Rumänien 2:0, Albanien 4:1/1, 1974 Australien 2:0, Brasilien 0:1, Niederlande 0:2, Argentinien 1:1, 1977 Österreich 1:1/1.

**M**

1 Maschke, Herbert (SC Dynamo Berlin). 1961 Ungarn 2:3.

5 Meyer, Lothar (ASK Vorwärts Berlin). 1957 Wales 2:1, ČSR 1:3, Wales 1:4, ČSR 1:4 1961 Ungarn 0:2.

8 Minge, Ralf (Dynamo Dresden). 1984 Jugoslawien 2:3, Luxemburg 5:0/2, Frankreich 0:2, 1985 Bulgarien 0:1, Luxemburg 3:1/2, Frankreich 2:0, Jugoslawien 2:1, Bulgarien 2:1.

3 Mühlbächer, Waldemar (SC Dynamo Berlin). 1961 Niederlande 1:1, 1965 Ungarn 1:1, Ungarn 2:3.

3 Müller, Bringfried (SC Wismut Karl-Marx-Stadt). 1957 Wales 2:1, ČSR 1:3, Wales 1:4.

1 Müller, Helmut (SC Motor Jena). 1957 ČSR 1:4/1.

1 Müller, Klaus (Dynamo Dresden). 1976 Türkei 1:1.

8 Müller, René (1. FC Lok Leipzig). 1984 Jugoslawien 2:3, Luxemburg 5:0, Frankreich 0:2, 1985 Bulgarien 0:1, Luxemburg 3:1, Frankreich 2:0, Jugoslawien 2:1, Bulgarien 2:1.

**N**

1 Netz, Wolf-Rüdiger (BFC Dynamo). 1981 Malta 2:1.

1 Noack, Michael (BFC Dynamo). 1981 Malta 2:1.

5 Nöldner, Jürgen (FC Vorwärts Berlin). 1965 Österreich 1:1/1, Ungarn 1:1, Ungarn 2:3, Österreich 1:0/1, 1969 Italien 2:2.

**P**

4 Pankau, Herbert (FC Hansa Rostock). 1965 Österreich 1:1, Ungarn 1:1, Ungarn 2:3, Österreich 1:0.

3 Pilz, Hans-Uwe (Dynamo Dresden). 1985 Luxemburg 3:1, Jugoslawien 2:1, Bulgarien 2:1.

9 Pommerenke, Jürgen (1. FC Magdeburg). 1972 Finnland 5:0, 1973 Rumänien 0:1, Finnland 5:1, 1974 Australien 2:0, Niederlande 0:2, Argentinien 1:1, 1977 Malta 9:0, Türkei 2:1, 1981 Polen 2:3.

**R**

1 Richter, Hans (1. FC Lok Leipzig). 1984 Frankreich 0:2.

1 Riedel, Dieter (Dynamo Dresden). 1976 Türkei 1:1.

7 Riediger, Hans-Jürgen (BFC Dynamo). 1977 Malta 1:0, Österreich 1:1, Österreich 1:1, Malta 9:0, Türkei 2:1, 1981 Polen 0:1, Polen 2:3.

2 Rock, Peter (FC Carl Zeiss Jena). 1969 Wales 2:1/1, Italien 0:3.

5 Rohde, Frank (BFC Dynamo). 1984 Jugoslawien 2:3, 1985 Luxemburg 3:1, Frankreich 2:0, Jugoslawien 2:1, Bulgarien 2:1.

1 Rudwaleit, Bodo (BFC Dynamo). 1981 Malta 5:1.

## S

3 Sänger, Carsten (FC Rot-Weiß· Erfurt). 1985 Frankreich 2:0, Jugoslawien 2:1, Bulgarien 2:1.

4 Sammer, Klaus (Dynamo Dresden). 1972 Finnland 5:0, 1973 Rumänien 0:1, Finnland 5:1, Rumänien 2:0.

6 Schade, Hartmut (Dynamo Dresden). 1976 Türkei 1:1, 1977 Malta 1:0, Österreich 1:1, Österreich 1:1, Malta 9:0/1, Türkei 2:1/1.

2 Schmuck, Udo (Dynamo Dresden). 1976 Türkei 1:1, 1981 Polen 0:1.

6 Schnuphase, Rüdiger (FC Carl Zeiss Jena). 1974 Niederlande 0:2, Argentinien 1:1, 1981 Malta 2:1/1, Polen 0:1, Polen 2:3/1, Malta 5:1.

4 Schoen, Herbert (SC Dynamo Berlin). 1957 Wales 2:1, ČSR 1:3, Wales 1:4, ČSR 1:4.

6 Schröter,' Günter (SC Dynamo Berlin). 1957 Wales 2:1, ČSR 1:3, Wales 1:4, ČSR 1:4, 1961 Niederlande 1:1, Ungarn 2:3.

1 Schulz, Bernd (BFC Dynamo). 1985 Bulgarien 0:1.

4 Seehaus, Klaus-Dieter (FC Hansa Rostock). 1969 Italien 2:2, Wales 2:1, Wales 3:1, Italien 0:3.

5 ·Seguin, Wolfgang (1. FC Magdeburg). 1972 Finnland 5:0, 1973 Albanien 2:0, Rumänien 0:1, Rumänien 2:0, 1974 Chile 1:1.

2 Skaba, Martin (SC Dynamo Berlin). 1961 Ungarn 0:2, Niederlande 1:1.

14 Sparwasser, Jürgen (1. FC Magdeburg). 1972 Finnland 5:0/2, 1973 Albanien 2:0/1, Rumänien 2:0, Albanien 4:1/1, 1974 Australien 2:0, Chile 1:1, BRD 1:0/1, Brasilien 0:1, Niederlande 0:2, Argentinien 1:1, 1977 Österreich 1:1, Malta 9:0/1, Türkei 2:1.

5 Spickenagel, Karl-Heinz (ASK Vorwärts Berlin). 1957 Wales 2:1, ČSR 1:3, 1961 Ungarn 0:2, Niederlande 1:1, Ungarn 2:3.

4 Stahmann, Dirk (1. FC Magdeburg). 1984 Jugoslawien 2:3, Luxemburg 5:0, Frankreich 0:2, 1985 Bulgarien 0:1.

5 Stein, Helmut (FC Carl Zeiss Jena). 1969 Italien 2:2, Wales 2:1, Wales 3:1, Italien 0:3, 1973 Albanien 4:1.

7 Steinbach, Wolfgang (1. FC Magdeburg). 1981 Malta 2:1, Polen 0:1, Polen 2:3, Malta 5:1, 1984 Jugoslawien 2:3, Luxemburg 5:0, Frankreich 0:2.

1 Stöcker, Hermann (1. FC Magdeburg). 1965 Österreich 1:1.

19 Streich, Joachim (FC Hansa Rostock/1. FC Magdeburg). 1972 Finnland 5:0/2, 1973 Albanien 2:0/1, Rumänien 0:1, Finnland 5:1/2, Rumänien 2:0, Albanien 4:1/2, 1974 Australien 2:0/1, Chile 1:1, Brasilien 0:1, Argentinien 1:1/1, 1976 Türkei 1:1, 1977 Malta 1:0/1, Malta 9:0/3, Türkei 2:1, 1981 Malta 2:1, Polen 0:1, Polen 2:3/1, Malta 5:1/2, 1984 Jugoslawien 2:3.

2 Strozniak, Dieter (HFC Chemie). 1981 Malta 2:1, Polen 0:1.

5 Stübner, Jörg (Dynamo Dresden). 1984 Luxemburg 5:0, Frankreich 0:2, 1985 Bulgarien 0:1, Frankreich 2:0, Bulgarien 2:1.

## T

6 Thom, Andreas (BFC Dynamo). 1984 Luxemburg 5:0, Frankreich 0:2, 1985 Bulgarien 0:1, Luxemburg 3:1, Frankreich 2:0, Jugoslawien 2:1/2.

1 Trautmann, Andreas (Dynamo Dresden). 1984 Frankreich 0:2.

2 Trocha, Martin (FC Carl Zeiss Jena). 1981 Polen 2:3, Malta 5:1.

3 Tröger, Willi (SC Wismut Karl-Marx-Stadt). 1957 Wales 2:1/1, ČSR 1:3, Wales 1:4.

4 Troppa, Rainer (BFC Dynamo). 1981 Malta 5:1, 1984 Jugoslawien 2:3, Luxemburg 5:0, Frankreich 0:2.

## U

2 Ullrich, Artur (BFC Dynamo). 1981 Malta 2:1, Malta 5:1.

4 Urbanczyk, Klaus (HFC Chemie). 1969 Italien 2:2, Wales 2:1, Wales 3:1, Italien 0:3.

## V

12 Vogel, Eberhard (FC Karl-Marx-Stadt/FC Carl Zeiss Jena). 1965 Ungarn 1:1/1, Österreich 1:0, 1969 Italien 2:2/1, Wales 2:1, Wales 3:1/1, Italien 0:3, 1973 Albanien 2:0, Rumänien 0:1, Albanien 4:1, 1974 Australien 2:0, Chile 1:1, Argentinien 1:1.

## W

4 Walter, Manfred (Chemie Leipzig). 1965 Österreich 1:1, Ungarn 1:1, Ungarn 2:3, Österreich 1:0.

5 Wätzlich, Siegmar (Dynamo Dresden). 1972 Finnland 5:0, 1974 Australien 2:0, Chile 1:1, BRD 1:0, Brasilien 0:1.

4 Weber, Gerd (Dynamo Dresden). 1977 Österreich 1:1, Österreich 1:1, Malta 9:0/1, Türkei 2:1.

1 Weidemann, Uwe (FC Rot-Weiß Erfurt). 1985 Bulgarien 0:1.

4 Weigang, Horst (1. FC Lok Leipzig). 1965 Österreich 1:1, Ungarn 1:1, Ungarn 2:3, Österreich 1:0.

16 Weise,. Konrad (FC Carl Zeiss Jena). 1972 Finnland 5:0, 1973 Finnland 5:1, Albanien 4:1, 1974 Australien 2:0, Chile 1:1, BRD 1:0, Brasilien 0:1, Niederlande 0:2, Argentinien 1:1, 1976 Türkei 1:1, 1977 Malta 1:0, Österreich 1:1, Österreich 1:1, Malta 9:0, Türkei 2:1, 1981 Polen 2:3.

6 Wirth, Günter (ASK Vorwärts Berlin). 1957 Wales 2:1/1, ČSR 1:3/1, Wales 1:4, ČSR 1:4, 1961 Ungarn 0:2, Niederlande 1:1.

3 Wolf, Karl (SC Wismut Karl-Marx-Stadt). 1957 Wales 2:1, ČSR 1:3, Wales 1:4.

4 Wolf, Siegfried (SC Wismut Karl-Marx-Stadt). 1957 Wales 2:1, ČSR 1:3, Wales 1:4, ČSR 1:4.

## Z

1 Zapf, Kurt (SC Empor Rostock). 1957 ČSR 1:4.

1 Zapf, Manfred (1. FC Magdeburg). 1973 Albanien 2:0.

5 Zötzsche, Uwe (1. FC Lok Leipzig). 1984 Jugoslawien 2:3, 1985 Luxemburg 3:1, Frankreich 2:0, Jugoslawien 2:1, Bulgarien 2:1/1.

# Die 45 WM-Treffen der DDR-Nationalmannschaft

| Datum | Ort | Gegner | Ergebnis | Zuschauer |
|---|---|---|---|---|
| 19. 5.57 | Leipzig | Wales | 2:1 (1:1) | 100 000 |
| 16. 6.57 | Brno | ČSR | 1:3 (1:0) | 50 000 |
| 25. 9.57 | Cardiff | Wales | 1:4 (0:3) | 30 000 |
| 27.10.57 | Leipzig | ČSR | 1:4 (1:3) | 110 000 |
| 16. 4.61 | Budapest | Ungarn | 0:2 (0:1) | 40 000 |
| 14. 5.61 | Leipzig | Niederlande | 1:1 (0:0) | 70 000 |
| 10. 9.61 | Berlin | Ungarn | 2:3 (0:1) | 25 000 |
| 25. 4.65 | Wien | Österreich | 1:1 (0:0) | 65 000 |
| 23. 5.65 | Leipzig | Ungarn | 1:1 (1:1) | 105 000 |
| 9.10.65 | Budapest | Ungarn | 2:3 (1:1) | 80 000 |
| 31.10.65 | Leipzig | Österreich | 1:0 (1:0) | 95 000 |
| 29. 3.69 | Berlin | Italien | 2:2 (1:0) | 60 000 |
| 16. 4.69 | Dresden | Wales | 2:1 (1:0) | 45 000 |
| 22.10.69 | Cardiff | Wales | 3:1 (0:0) | 22 500 |
| 22.11.69 | Neapel | Italien | 0:3 (0:3) | 100 000 |
| 7.10.72 | Dresden | Finnland | 5:0 (0:0) | 16 000 |
| 8. 4.73 | Magdeburg | Albanien | 2:0 (0:0) | 25 000 |
| 27. 5.73 | Bukarest | Rumänien | 0:1 (0:0) | 75 000 |
| 6. 6.73 | Tampere | Finnland | 5:1 (3:0) | 7 000 |
| 26. 9.73 | Leipzig | Rumänien | 2:0 (1:0) | 95 000 |
| 3.11.73 | Tirana | Albanien | 4:1 (2:1) | 25 000 |

(Nach diesem Sieg war die DDR-Auswahl für die X. WM-Endrunde 1974 in der BRD qualifiziert)

| Datum | Ort | Gegner | Ergebnis | Zuschauer |
|---|---|---|---|---|
| 14. 6.74 | Hamburg | Australien | 2:0 (0:0) | 17 000 |
| 18. 6.74 | Berlin-West | Chile | 1:1 (0:0) | 30 000 |
| 22. 6.74 | Hamburg | BRD | 1:0 (0:0) | 62 000 |
| 26. 6.74 | Hannover | Brasilien | 0:1 (0:0) | 64 000 |
| 30. 6.74 | Gelsenkirchen | Niederlande | 0:2 (0:1) | 65 000 |
| 3. 7.74 | Gelsenkirchen | Argentinien | 1:1 (1:1) | 20 000 |
| 17.11.76 | Dresden | Türkei | 1:1 (1:1) | 18 000 |
| 2. 4.77 | Valletta | Malta | 1:0 (0:0) | 10 000 |
| 24. 9.77 | Wien | Österreich | 1:1 (1:1) | 72 000 |
| 12.10.77 | Leipzig | Österreich | 1:1 (0:1) | 95 000 |
| 29.10.77 | Babelsberg | Malta | 9:0 (3:0) | 15 000 |
| 16.11.77 | Izmir | Türkei | 2:1 (1:0) | 10 000 |
| 4. 4.81 | Valletta | Malta | 2:1 (2:1) | 6 000 |
| 2. 5.81 | Chorzow | Polen | 0:1 (0:0) | 74 000 |
| 10.10.81 | Leipzig | Polen | 2:3 (0:2) | 85 000 |
| 11.11.81 | Jena | Malta | 5:1 (2:1) | 2 000 |
| 20.10.84 | Leipzig | Jugoslawien | 2:3 (1:1) | 63 000 |
| 17.11.84 | Esch | Luxemburg | 5:0 (0:0) | 2 000 |
| 8.12.84 | Paris | Frankreich | 0:2 (0:1) | 50 000 |
| 6. 4.85 | Sofia | Bulgarien | 0:1 (0:0) | 40 000 |
| 18. 5.85 | Babelsberg | Luxemburg | 3:1 (3:0) | 9 000 |
| 11. 9.85 | Leipzig | Frankreich | 2:0 (0:0) | 78 000 |
| 28. 9.85 | Belgrad | Jugoslawien | 2:1 (0:0) | 45 000 |
| 16.11.85 | Karl-Marx-Stadt | Bulgarien | 2:1 (2:1) | 32 000 |

*Bilanz:* 45 Spiele (39 Qualifikations-, 6 Endrundenspiele), 21 Siege, 9 Unentschieden, 15 Niederlagen, 83:57 Tore und 51:39 Punkte,
*Torschützen:* 30 (dazu 2 Selbsttore von Curran/Australien und Holland/Malta).
*Eingesetzte Spieler:* 109.
*Gesamtzuschauerzahl:* 2 204 500 (48 989 im Durchschnitt pro Spiel).

# Inhaltsverzeichnis

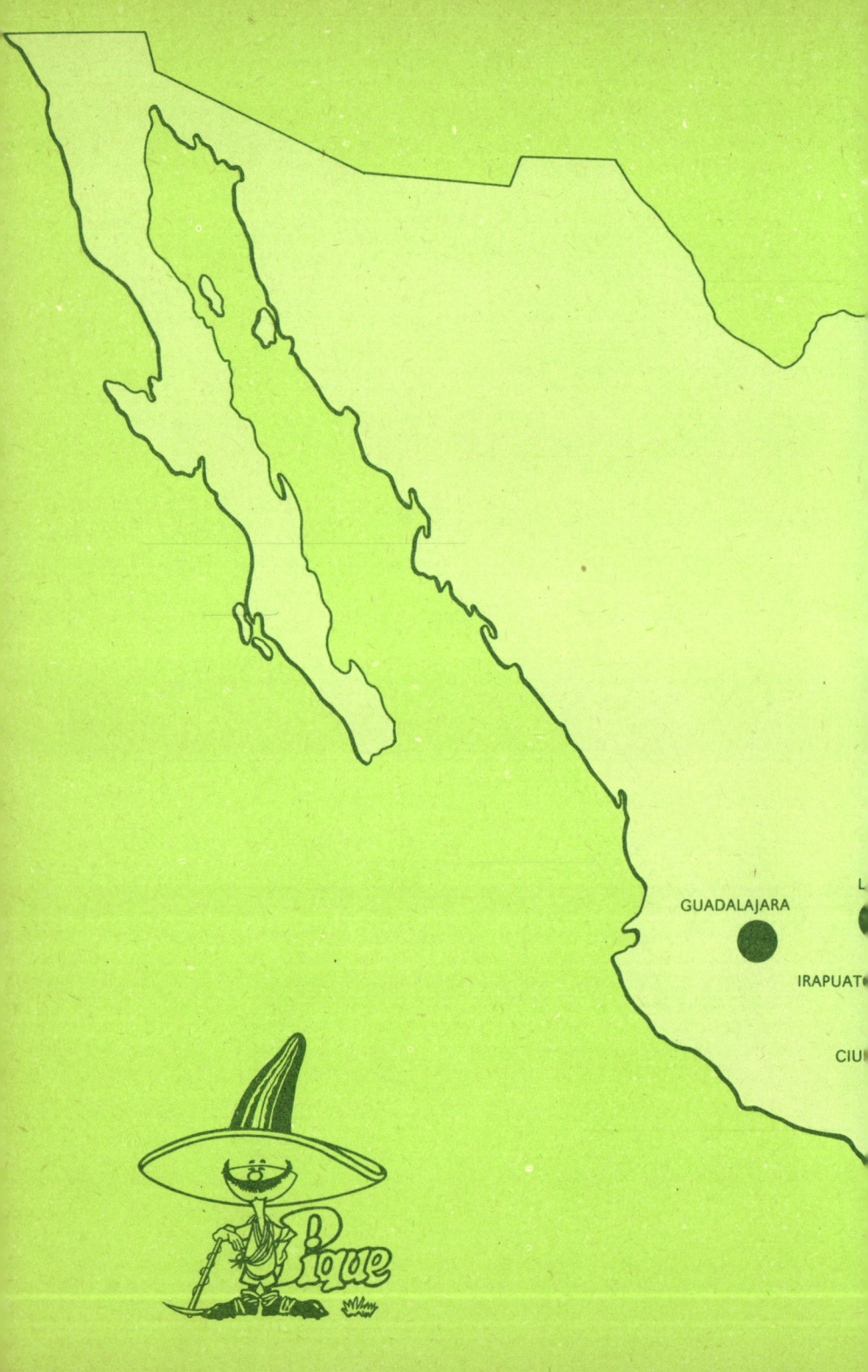